한국헌법의 이해

제4판

An Introducion to the Korean Constitution

fourth edition

In-Soo Park

Professor of Law
Yeungnam University
School of Law

2012
Yeungnam University Press
Gyeonysan, Korea

한국헌법의 이해

제4판

박인수 지음

영남대학교출판부

제4판 머리말

한국헌법의 이해 제4판을 출간하게 되었다. 제3판의 출간 이후 법령의 개정이나 헌법재판소의 새로운 판례를 보완하여 왔으나, 판례의 주된 내용을 개정판에 직접 소개하여줄 것을 요청하는 독자들이 증가함에 따라 이번에 제4판을 내게되었다.

민주시민으로서의 법적 교양 함양을 기본 목표로 본서를 출간하였으나, 출간 이후에는 법학을 전공하는 초학도들이 애독하고 경우에 따라서는 각종 국가고시에서의 헌법과목을 대비하는 수험생들도 본서에 관심을 보여주게 되었다. 헌법재판소의 판례 소개에 대한 수요는 이러한 독자층의 요구에 따른 것이라 할 수 있다.

또한 개정판에서는 그동안 미완의 상태에 있었던 부분에 관하여 대폭적인 보완을 하였다. 대표적인 부분으로는 국기긴급권의 발동요건, 민주주의의 기본 유형으로서의 참여민주주의, 제8차 헌법개정의 경과, 국민주권 원리의 간접민주제에 의한 구현, 2009년 북한 개정헌법, 우라나라에서 다양한 관점에서 이론적으로 모색하고 있는 이원정부제의 도입필요성, 기본권 보장의 연혁과 현대적 전개, 기본권의 제한 등에 관한 내용이라 할 수 있다.

판례와 내용에 있어서의 보완 뿐만아니라 체제와 형식에 있어서도 수정을 행하였다.

먼저 제4장 1987년 헌법의 정치제도 중에서 정부와 사법부에 관한 체제를 수정하였다. 수정의 방향은 현행 헌법전의 장절 순서와 동일하게 하고자 한 것이었으며, 대법원의 헌법상 지위를 독립적으로 고찰해 보고자 함이었다. 정치제도에 관한 일부 체제의 변경에 따라 국가기관에 관한 도표나 자료도 현재를 기준으로 하여 재구성하였다.

형식과 관련하여서는 본문 각주의 배열 위치를 종전에는 좌우측에 두었던 것을 하단으로 조정하였다. 이는 좌우측 여백을 독자에게 돌려주며, 나아가 본문에 집중할 수 있도록 하기 위한 것이었다. 또한 외국의 법학자들을 사진으로만 소개하던 것을 보완하여 그들의 간단한 약력과 활동을 추가하였다. 나아가 표지의 도면도 단순화함으로써 본서에 대한 친근감을 높이고자 시도하였다.

판례와 내용을 보완하고 체제와 형식을 수정하면서 분량이 증대하게 되었다. 분량에 따른 부담을 다소라도 줄이기 위하여 고육지책으로 부록편에 있던 1948년 헌법을 삭제하였다. 제헌헌법의 수록은 현행헌법과의 비교와 그동안의 변화를 이해하게 하고자 하는 의도였으나, 지면의 제약으로 삭제하게 된 것은 아쉬움으로 남게 되었다.

나름대로 여러 부분에서 보완과 수정을 하였으나 여전히 많은 부분에서 부족한 것을 보게 된다. 독자 여러분들의 꾸준한 관심과 요청에 의하여 본서를 더욱 새로운 모습으로 가다듬을 수 있게 될 것이라 믿으므로 제4판의 출간을 주저하지 아니하였다. 여러분들이야말로 본서의 원천이므로, 여러분들의 소리에 항상 귀 기울이고 여러분들의 의견을 반영하기 위하여 최선을 다할 것을 다짐해 둔다.

제4판의 출간은 법학전문대학원 재학생들의 헌신적인 협조에 의하여 이루어졌다. 제3판 이후 법학전문대학원 제도가 도입됨에 따라 개정판의 필요성을 절감하고 있던 중 영남대학교 법학전문대학원 제1기 박원연 법학석사의 적극적인 협조로 인하여 개정 작업의 실행이 가능하게 되었다. 평소 헌법학에 뛰어난 실력을 갖추고 있던 2기의 배석희 군과 차현일 군이 자료수집에서부터 판례와 내용 보완에 이르기 까지 전반적인 개정활동을 주도하였으며, 전체적인 편집과 정리는 제1기 함진우 법학석사가 맡아주었다. 이들의 협조와 헌신적 기여가 없었더라면 본서의 출간 또한 없었을 것이라는 점에서 독자들과 함께 감사의 뜻을 전한다.

민주주의와 법치주의, 나아가 입헌주의는 국가와 사회에게는 평화와 안전 그리고 발전을 기약하게 하는 원리이며, 개인에게는 자유와 권리 그리고 행복을 보장하게 하는 근본이라 할 수 있을 것이다. 여러분들의 헌법에 관한 이해가 이러한 원리와 근본을 보다 성숙케 할 것이라 본다. 본서에 대한 여러분들의 지속적인 관심과 질정을 기대한다.

2012년 4월 청명
새봄에 개화하는 봄꽃을 기다리며
박 인 수

제3판 머리말

대통령 탄핵심판 기각결정, 신행정수도의건설을위한특별조치법 위헌결정, 국가유공자등예우및지원에관한법률 헌법불합치결정 등과 같은 헌법재판소의 결정은 헌법규범에 대한 일반 시민의 관심을 괄목할 만한 정도로 증폭시키고 있다. 이러한 헌법규범에 대한 관심은 교양으로서의 헌법에 대한 이해에 있어서도 상당한 수준에서의 전문성을 요구하고 있으며, 헌법 현실에 대한 문제를 헌법규범적 측면에서 분석·평가·비판할 수 있는 지식의 축적까지를 필요로 하기에 이르고 있다고 할 것이다. 이러한 수요를 다소나마 반영하고자 한 것이 제3판의 기본 의도라 할 수 있다.

2002년 개정판이 출간된 이후 헌법재판소의 심판사건은 매년 증가하여 2003년 1163건, 2004년 1214건, 2005년 1468건으로 나타나고 있으며, 제17대 국회에서의 처리 법안도 종전에 비해 상당히 증가하고 있다. 헌법재판소의 결정, 대법원의 재판, 국회에서의 처리 법률안 등과 같은 많은 헌법적 해석들이 매일같이 쏟아져 나오고 있으나, 이들을 모두 제3판에 반영할 수는 없었다. 그러나 2003년 이후 매년 20~30건 정도로 심판을 받고 있는 위헌법률심판사건과 주요 헌법소원심판사건, 대통령 탄핵심판사건, 권한쟁의심판사건 등을 소개함으로써 최근의 헌법적 변화와 해석을 이해할 수 있도록 하였다. 또한 국회에서의 입법행위와 관련하여서도 위헌법률 및 헌법불합치법률 등에 대한 국회에서의 사후적 입법조치를 기본적인 검토대상으로 하여, 새로이 제정 또는 개정되는 법률 중 선거법, 정당법, 국회법 등과 같은 실질적 의미의 헌법에 속하는 내용은 최대한 보완함으로써 제3판의 개정의도를 지켜보고자 하였다.

우리는 수많은 미완의 헌법적 문제들을 안고 있다. 현안이 되고 있는 문제만 하더라도 독도와 간도에서의 영토주권 문제, 시민의 사법참여 문제, 고등법원 상고부 설치문제, 정당의 민주화 문제, 선거제도 문제, 지방자치와 지방분권 문제, 남녀평등, 재외국민 보호, 소수자 기본권 보호 문제 등 이루 헤아릴 수 없을 정도이다. 이러한 산적한 헌법적 문제들이 국민의 자유와 권리를 신장하며, 국민통합과 국가의 경쟁력을 강화할 수 있는 방향으로 해결의 실마리를 갖추어가기 위해서는 헌법규범에 대한 지속적인 관심과 입헌주의의 확립에 대한 노력이 선행되어야만 할 것이다. 따라서 본 개정판에서는 현재의 미완적 헌법 문제들에 대한 호기심을 자극하고, 나아가 새로이 야기되어질 정치 등 사회 제반 현상들에 대한 헌법적 문제 제기 정도까지는 가능할 수 있도록 의도하였다. 헌법적 문제 전반을 이론적인 관점에서 기술하는 제약으로 인하여 구체적인 헌법 현실적 문제를 상세하게 다루지 못함으로써 개정판의 의도를 충분히 반영하지 못하였으나, 이론을 현실에 적용하면서 행간을 읽을 수 있는 여러분들의 지혜에 기대하면서 부끄러움을 무릅쓰고 제3판을 출간하게 되었다.

제3판의 출간은 대구과학대학 박화식 교수, 아시아대학교 장병연 교수, 경남대학교 서보건 교수, 법학박사 이윤영 선생, 박사학위과정 중인 김춘곤·정수근·박문석 선생의 헌신적인 협조와 자문에 의하여 가능하였다. 자료수집에서부터 집필의 방향과 내용, 원고 수정 등 다양한 측면에서 이 분들의 소중한 도움이 없었더라면 제3판의 출간은 없었을 것이라는 생각이 든다. 이 지면을 통하여 다시 한번 감사의 말씀을 전하며 많은 학문적 발전이 있기를 기원한다. 원고 정리와 교정을 맡아 준 대학원생 최창훈·소진헌·박재영 군에게도 심심한 사의를 표한다. 여러분의 헌법적 관심이 민주주의와 입헌주의 발전의 토대가 될 것이라 믿어 의심치 아니하며, 지속적인 편달과 조언을 기대한다.

2006년 4월 24일
만물이 소생하는 봄날
박 인 수

제2판 머리말

대통령의 중임제한, 국무총리서리제도, 제대군인 가산점제도의 위헌성 등과 같은 헌법적 문제들이 정치권 일부에 한정된 관심사가 아니라 국민 전체의 기본적 생활에 밀접한 관련이 있다는 것은 우리가 이미 익히 아는 사실이 되었다. 이는 대한민국 국민이면 누구나 헌법적 이해와 소양을 필요로 하고 있다는 반증이 되기도 한다.

일반인의 교양서이자 나아가 대학의 교양과목 교재로 활용하기 위하여 한국헌법의 이해를 출판한 지 벌써 2년이 지났다. 헌법 현실이 그 어느 때보다 생동하는 2년간이었으므로 제2판의 필요성은 절실하였다. 국회의원선거와 지방자치 4대 선거가 행해졌으며, 수차례의 행정부 개각이 있었으며, 원내교섭단체와 국회의원의 면책특권에 관한 문제가 현안화 되었으며, 헌법재판소에 의한 헌법판례의 축적도 가일층하였다. 따라서 제2판에서는 그동안 헌법 현실에서 도출되어 온 수많은 헌법적 쟁점들을 간명하게 정리하여 보완하고자 하였다. 또한 초판의 내용을 보다 쉽게 이해하도록 하기 위하여 가급적이면 사진, 그림 또는 도해 등과 같은 보조자료를 추가하고자 하였다.

의욕이 앞서고 있는 반면 이를 실행하기란 여러 가지 점에서 무리가 뒤따랐다. 의도했던 바대로 자료들을 수집하고 정리하는 것에서부터 이론을 분석하고 체계화하는데 이르기까지 어느 것 하나라도 충분히 준비된 것이 없었다. 마음만 성급하게 앞서 가고 있을 뿐이었다. 일본 오사카대학에서 법학박사학위를 취득하고 귀국하여 후학의 교육에 열정을 쏟고 있는 서보건 박사의 소중한 도움이 없었다면 제2판은 처음부터 엄두를 내지 못하였을 것이다. 이 지면을 빌어 서 박사의 학문적 입지와 대성을 기원한다. 또한, 원고를 처음부터 꼼꼼히 정리하고 교정까지 세밀하게 보아 준 대학원생 한동훈, 권동일, 김현실의 헌신적인 협조가 제2판을 가능하게 하였다고 할 수 있다.

어렵사리 출판하게 된 제2판이지만 아직까지도 부족한 부분이 너무나 많다. 앞으로 계속해서 보완하여 보다 여러분에게 친숙하고 가까이 다가갈 수 있는 한국헌법의 이해가 될 수 있도록 하고자 한다. 헌법규범에 관한 깊이 있는 이해는 민주 교양시민으로서의 기본적 덕목에 해당하며, 이것은 결국 성숙한 민주시민사회를 앞당기게 하는 관건에 해당한다고 믿고 싶다. 여러분의 끊임없는 질정과 격려를 기다린다.

2002년 8월

압량벌 연구실에서

박 인 수

머리말

1948년 대한민국헌법이 제정된 이후 헌법과 민주주의에 대한 국민적 인식이 상당한 정도의 변천과 진전이 있었으며, 정치적 여러 세력의 수많은 갈등과 투쟁·생성·소멸·이합집산이 있었다. 또한, 국제간의 정치적·경제적 대립과 타협·교류·협력관계가 국내에 미치는 영향력을 더욱더 가속화하고 있으며, 그 파고의 수위도 높여가고 있음을 보고 있다. 국내정치세력의 합종연횡, 국제관계의 변화와 국민들의 권리의식 고양은 제헌헌법을 비틀고 흔들고 용트림하게 하고 뒤집고 어루만지고 하여 아홉 차례의 개정을 거치도록 하여 열 번째의 헌법을 1988년 2월 25일부터 효력을 발생시키고 있다.

헌법은 국가의 정치문화를 토대로 하여 정치환경을 규율하고 조성하는 정치환경법이라 할 수 있다. 물을 떠나 살 수 없는 물고기에 있어서 물이 생명의 존재와 질을 가늠하게 할 수 있는 기준이 되고, 설계도와 자재 그리고 기술자들에 의하여 지어지는 구조물에 있어 제반 기초환경이 결과물에 대한 내구성과 이용편의성 나아가 사용자의 관심의 정도를 결정하게 할 수 있는 바와 같이, 국가규범력의 적용을 받고 있는 일반국민에게 있어 국가의 정치환경은 자연환경·인문환경·사회환경에 못지않게 직접적으로 중요한 역할을 하고 있다.

정치환경을 배경으로 하여 헌법이 출현하기는 하였으나, 산업혁명 이후 자본주의의 발전과 경제문제가 국가에서 차지하는 비중을 점차적으로 높여가다가 제1차 세계대전 이후 급속히 국가의 현안과제로 떠오르게 됨에 따라 경제의 영역이 헌법에 편입되고 현대헌법은 경제헌법의 영역을 수용하게 되었다.

이와 못지않게 다변화되어 있으며 급변하고 있는 국제환경 속에서 국가와 국민의 독자성과 일체성을 확립하고 국가경쟁력을 제고하기 위한 노력의 일환으로 국가 문화의 영역을 헌법규범으로 전환하고자 하는 문화헌법의 개념이 나타나고 있다고 할 수 있다. 이러한 관점에서 볼 때, 정치·경제·문화의 영역이 국가와 국민의 성장·발전을 위하여 작용할 수 있도록 규범적 역할과 방향을 제시하는 것이 헌법이라 할 수 있다. 즉, 오늘날 헌법은 헌법이 국가생활에 나타나기 시작할 때의 정치적 제도규범으로서의 성격이외에, 정치인이나 경제인이나 문화인들만이 아닌 전체국민의 생활과 삶의 질을 제고하기 위한 생활규범이며 행위규범으로서의 성격도 가지게 되었다고 볼 수 있다. 헌법의 생활규범성이 강조되면 될수록 헌법규범과 헌법 현실에 대한 이해가 현대인에게는 필수적으로 요구되는 바이라 할 것이다.

한국헌법에 대한 이해를 돕기 위하여 이 책에서는 다섯 개의 장으로 나누어 기술하였다. 제1장에서는 헌법의 기초개념에 속하는 국가·헌법·주권·민주주의에 대한 이론을 가급적 간략하고 쉽게 이해할 수 있도록 설명하고자 하였다. 제2장에서는 1948년 이후 분단국가로서 남과 북이 서로 다른 헌법을 가지고 있으므로, 남과 북의 헌법이 그동안 어떻게 변화하여 왔으며, 1948년 이전의 우리 나라 헌법의 모습은 어떠하였는지 살펴보고자 하였다. 제3장에서는 현행 제9차 개정헌법인 1987년 헌법의 기본구조와 내용·관련입법을 토대로 하여 도출할 수 있는 헌법원리를 정치원리·국제관계원리·행정원리·사회문화원리·경제원리로 나누어 고찰하고자 하였다. 제4장에서는 1987년 헌법의 정치제도에 대한 개괄적인 소개에 이어 헌법전의 장별에 따라 국회·정부·법원·헌법재판소의 순서로 간략하게 기술하였다. 제5장에서는 현행헌법 제2장 국민의 권리와 의무에 관한 규정 중 국민의 기본권에 해당하는 부분의 헌법기본이론과 내용을 대상으로 하여 헌법재판소와 법원의 판례를 일부 소개함으로써, 우리 나라에서의 기본권보장의 현주소를 나타내 보이고자 생각하였다.

헌법 및 관련 법학과목의 강의경험이 풍부한 법학박사 장병연, 박사과정을 수료하고 학위논문을 준비 중인 박화식, 박사과정 재학 중인 박문석이 집필의 방향과 내용에 대하여 조언하고 헌신적으로 협조하였음에도 불구하고 본인의 천학비재로 인하여 내용과 형식에 있어서 부족한 점이 너무나 많다. 출판을 망설였으나 판을 거듭하며 부족한 점을 보완할 수 있다는 주위의 격려에 힘입어 부끄러움을 무릅쓰고 용기를 내었다. 원고의 수정과 교정을 도와 준 대학원생 박진국, 이우철에게도 심심한 감사를 드린다. 동도 많은 분들의 관심어린 질책과 편달을 기다린다.

2000년 2월 22일

박 인 수 씀

차 례

제1장 헌법기초이론

제2장 한국헌법의 약사

Constitution 1

1948년 헌법 以前

Constitution 2

대한민국헌법 略史

제4장 1987년 헌법의 정치제도

Constitution 4
사법부(법원)

Constitution 5
헌법재판소

제5장 기본권의 이론과 실체

Constitution 1

기본권의 일반이론

Constitution 2

헌법상 주요기본권

Constitution 3

기본권의 보장

부 록

1

헌법기초이론

Constitution 1

국가

Ⅰ. 국가의 의의

1. 국가의 개념

지구촌에는 수많은 정치권력과 국가가 있다. 국제연합의 회원국으로 가입된 국가수[1]도 2006년도 6월 28일 몬테네그로에 이어 2011년 7월 14일 남수단을 마지막으로 193개에 해당하며, 비회원 국가와 일정한 영토를 기반으로 하지 않는 정치권력도 상당수 존재하고 있다. 정치권력은 형성되어 있다고 하더라도 이를 행사할 수 있는 지역적 기반과 인류공동체가 없다면 국가의 실체가 구성되어 있지 않다고 할 수 있다.

국제연합의 비회원국가라고 할지라도 국가로서의 실체를 갖추고 있는 한, 국내에 있어서나 국제간에 있어서 정치권력을 행사함에 아무런 문제가 없으며, 법률행위의 주체가 될 수 있다.

이러한 관점에서 본다면 국가란 일정한 지역을 기반으로 하는 인류공동체에 행사할 수 있는 정치권력의 정당성의 근원이 되는 의제된 법인격 주체라 할 수 있다. 국가의 기반이 되는 지역이 합병·분할하게 되면 국가도 합병·분할되지만, 일정한 지역 내에서의 정치권력이 소멸하면 더 이상 국가는 존재할 수 없다고 할 수 있다.

국가와 사회가 서로 구별될 수 있는지의 문제에 대하여는 견해가 나누어진

1 남북한은 1991년 9월 17일 UN에 함께 가입하였다.

다. 국민을 통치의 대상으로 여기던 절대주의에서 벗어난 근대 시민사회에서는 국가와 사회를 구별하는 이원론이 지배적이었으나, 그 후 사회주의자와 통합주의적 헌법관에서는 양자를 동일시하는 일원론을 주장하였다. 그러나 자유민주주의를 전제로 하는 헌법이론에 의하면 국가와 사회는 서로 상이한 독자적 영역을 가진 개념으로 구별하여야 한다.

2. 국가의 발생

국가 발생의 원인에 대하여는 여러 가지 견해가 나뉘어지고 있으나, 일반적으로 계약설의 입장에서 설명하고 있다. 계약설에는 홉스T. Hobbes의 복종계약설, 로크J. Locke의 위임계약설, 루소J.J. Rousseau의 사회계약설과 칸트I. Kant의 국가신탁설 등이 있다.

홉스는 인간의 본성을 악하다고 보며, 자연상태는 만인의 만인에 대한 투쟁상태여서 인간은 자기보호의 필요에 의해 국가에 절대복종의 계약을 체결하여 국가를 통한 보호를 받는다고 본다. 따라서 홉스에 의하면 이 복종계약의 취소는 불가능한 것이다(저항권의 부정).

로크는 인간의 본성을 선하다고 보고 있을 뿐만 아니라 자연상태도 정돈되고 평화로운 상태로 보기 때문에, 자연상태에서도 인간은 자기 자신을 스스로 보호할 수 있지만, 보다 평화롭고 안전한 재산권의 행사를 위해 국가와 위임계약을 체결하였다고 한다. 그리고 이 위임계약은 취소할 수 있으므로 국가를 통한 보호뿐만 아니라 국가에 대한 보호를 강조한다(저항권의 인정).

로크처럼 인간의 본성을 성선설의 입장에서 보고 있지만, 루소는 인간은 태어날 때에는 공익을 추구하는 일반의사만을 가지지만 그 후 사유재산이 축적됨에 따라 사익을 추구하는 개별의사를 가지게 되며, 따라서 자연상태의 사회는 혼란과 갈등으로 가득 찬다고 보고 있다. 그래서 인간은 고유한 자유·평등·정의를 되찾기 위해서는 새로운 사회가 필요하게 되고 이때의 국가는 복종계약도 아니고 위임계약도 아닌 누구나가 자기 자신의 권리를 행사할 수 있는 사회계약에 의한 국가질서이어야 한다고 보았다.

II. 대한민국의 구성요소

고전적인 국가구성요소설에 따라 우리 헌법도 대한민국의 3요소설을 규정하고 있다. 헌법 제1조 2항은 주권과 국가권력, 제2조는 국민, 제3조는 영토를 규정하고 있다.

1. 주권과 국가권력

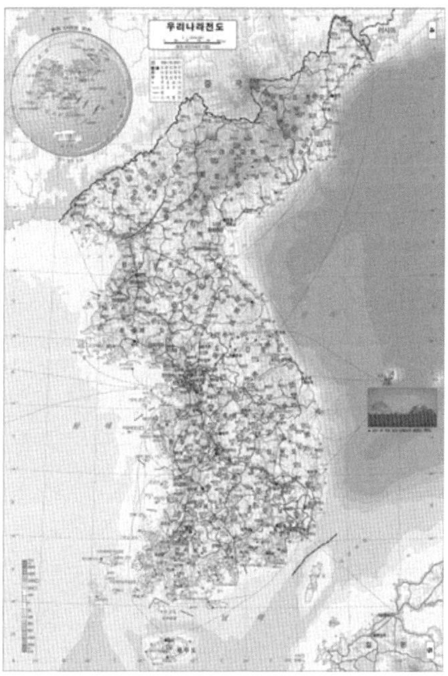

대한민국전도

헌법 제1조 2항은 「대한민국의 주권은 국민에게 있고, 모든 권력은 국민으로부터 나온다」라고 규정하여 국민주권주의를 선언하고 있다. 여기서의 「주권」은 국가권력의 최고독립성 또는 국가의사를 최종적으로 결정하는 권력 또는 권위를 말한다. 그리고 「모든 권력」은 주권의 내포로서의 국가권력 또는 통치권을 말한다. 국가권력은 최고·독립의 권력인 국민주권에서 파생하는 권력으로서 국가의 목적을 실현하기 위하여 행사되는 국가의 지배권을 총괄하여 일컫는다. 국가권력은 기능상 입법권·집행(행정)권·사법권으로 나누어진다.

2. 국민

국민이란 국가의 인적 요소 내지 항구적 소속원으로서 국가의 통치권에 복종할 의무를 진 개개인의 전체집합을 의미한다. 국민은 법적인 개념이라는 점에서 민족과 구별되며 인종 내지 종족과도 구별된다.

헌법은 제2조 제1항에서 「국민이 되는 요건은 법률로 정하도록」 규정하고 있으며, 이를 국적법률주의라고 한다. 국적단행법주의에 입각하여 제정된 국적법에 따르면 국적득실에 관한 일반원리로서 혈통중의(속인주의)에 입각하고 있으나(동법 제2조 1항 1·2호, 부모가 모두 분명하지 아니하거나 국적이 없는 상태에서 대한민국에서 출생한 자는 출생과 동시에 대한민국의 국적을 취득한다(동법 제2조 1항 3호). 또한 대한민국에서 발견된 기아는 대한민국에서 출생한 것으로 추정한다(동법 제2조 2항). 국적을 상실한 자는 대한민국의 국민만이 누릴 수 있는 권리를 누릴 수 없다(동법 제18조 1항). 대한민국의 재외국민도 대한민국의 보호를 받으며, 국가는 법률이 정하는 바에 의하여 재외국민을 보호할 의무를 진다(동법 제2조 2항). 재외국민(교민)이란 대한민국의 국적을 가지고 있으면서 외국에 생활근거를 가지고 거주하는 자를 말한다.

가. 헌법재판소 결정례

재외동포의 출입국과 법적지위에 관한 법률 제2조 제2호 위헌확인소송에서, 헌법재판소는 재외동포인 외국인의 기본권주체성이 인정되는지 여부에 대하여 재외동포인 '외국인'은 '국민'과 유사한 지위에 있으므로 원칙적으로 기본권 주체성이 인정된다고 보았다(2001.11.29, 99헌마494).

나. 탈북자의 지위

국내법상으로 북한주민은 국민이므로 정부는 탈북자들을 해외에 있는 대한민국 국민(재외국민)으로 보고, 이들에 대해 관할권과 보호의무를 진다. 탈북자는 분단국에서 발생하는 국내법상 대한민국 국민, 국제법상 북한 국민이라는 이중적 신분을 가지며 남북한 간의 관할권 충돌이 불가피하다.

3. 영역

영역이란 국가가 국제법상의 제한이 없는 한 원칙적으로 배타적 지배를 할 수 있는 장소적 한계인 공간으로서, 영토·영해·영공을 포함하고 있다. 영토는 토지로써 성립하는 국가영역으로서, 국가영토의 범위는 이를 성문헌법으로 규정하는 나라도 있고 미국처럼 이를 규정하지 않는 나라도 있다. 영해는 그 나라의 주권이 미치는 해역을 말하는 것으로, 영해의 범위에 대하여서는 대체로 12해리설을 취하고 있다. 최근에는 수산자원이나 해저 지하자원의 관리를 위한 목적으로 인하여 대륙붕에 대한 지배권의 범위와 배타적경제수역Exclusive Economic Zone; EEZ의 문제가 국제사회의 중요쟁점이 되고 있다. 한국과 일본은 1996년, 중국은 1998년에 200해리 EEZ를 선포하였고 이에 따라 한·일 어업협정, 한·중·일 어업협정이 체결되었다.

헌법재판소 2001. 3. 21. 자 99헌마139 결정
【대한민국과일본국간의어업에관한협정비준등위헌확인】

헌법 제3조의 영토조항은 우리나라의 공간적인 존립기반을 선언하는 것인바, 영토변경은 우리나라의 공간적인 존립기반에 변동을 가져오고, 또한 국가의 법질서에도 변화를 가져옴으로써, 필연적으로 국민의 주관적 기본권에도 영향을 미치지 않을 수 없는 것이다. 이러한 관점에서 살펴본다면, 국민의 개별적 기본권이 아니라 할지라도 기본권보장의 실질화를 위하여서는, 영토조항만을 근거로 하여 독자적으로는 헌법소원을 청구할 수 없다할지라도, 모든 국가권능의 정당성의 근원인 국민의 기본권 침해에 대한 권리구제를 위하여 그 전제조건으로서 영토에 관한 권리를, 이를테면 영토권이라 구성하여, 이를 헌법소원의 대상인 기본권의 하나로 간주하는 것은 가능한 것으로 판단된다. … 이 사건 협정과 배타적경제수역과의 관계를 살펴보면, 이 사건 협정의 명칭과 본문 및 부속서의 각 조항의 내용으로부터 알 수 있듯이 이 사건 협정은 '어업에 관한' 협정이라는 점이다. … 이 사건 협정과 영해와의 관계를 살펴보면, 해양법협약에서는 배타적경제수역을 영해밖에 인접한 수역으로서 영해기선으로부터 200해리를 넘을 수 없도록 규정하고 있고(제55·57조 참조), 이에 따라서 한일 양국의 국내법에서도 동일한 취지의 규정을 두고 있다(우리나라의 배타적경제수역법 제2조 제1항 및 일본의 배타적경제수역및대륙붕에관한법률 제1조 제2항 참조). 따라서 이 사건 협정은 배타적경제수역을 직접 규정한 것이 아닐 뿐만 아니라 배타적경제수역이 설정된다 하더라도 영해를 제외한 수역을 의미하며, 이러한 점들은 이 사건 협정에서의 이른바 중간수역에 대해서도 동일하다고 할 것이므로 독도가 중간수역에 속해있다 할지라도 독도의 영유권문제나 영해문제와는 직접적인 관련을 가지지 아니한 것임은 명백하다 할 것이다.

영공은 영토와 영해의 상공을 말한다. 영공의 범위에 관해서는 지배 가능한 상공에 한정하고 있으며, 우주권에 대해서는 새로운 법적 규제가 필요한 실정이다.

헌법 제3조에서 「대한민국의 영토는 한반도와 그 부속도서로 한다.」라고 규정하여 북한지역을 대한민국의 영토로 보고 있다. 헌법은 영해에 대하여 규정하지 않았으나, 영해및접속수역법 제1조에서 영해의 범위를 12해리로 규정하고 있으며, 대륙붕에 관해서는 국제조약과 국제관습에 의존하고 있다. 헌법 제3조의 영토조항은 대한민국의 영역이 구한말시대의 국가영역을 기초로 한다는 구한말 영토승계론과 우리나라의 영토의 범위를 명백히 함으로써 타국의 영토에 대한 야심이 없음을 표시하는 국제평화주의론을 수용하고 있다. 그러나 현실적으로 우리나라가 분단국가인 점과 통일을 지향하고 있다는 점에서 제9차 개정헌법은 평화적 통일지향조항인 제4조 「대한민국은 통일을 지향하며, 자유민주적 기본질서에 입각한 평화적 통일정책을 수립하고 이를 추진한다」를 신설하여 제3조의 규범을 보완하고 있다.

1991년에는 남북한이 동시에 유엔에 가입하였으며, 남북합의서를 교환함으로써, 북한을 사실상의 정부로 인정하는 현실이 되었다.

영토조항의 헌법규범과 헌법현실의 괴리는 헌법해석론이나 헌법변천론에 의하여 설명될 수밖에 없다. 이 문제에 관하여 종래 정부당국은 '한반도에서의 유일한 합법정부는 대한민국'이라고 해석하거나 '휴전선 이북지역은 인민공화국이 불법적으로 점령한 미수복지역'이라고 해석해 오고 있다. 이러한 해석논리를 따를 때, 대한민국의 헌법과 법률은 휴전선 남방지역뿐만 아니라 북방지역에도 적용되는 것이며, 따라서 인민공화국의 지배체제를 찬양하거나 지지하는 자는 처벌을 받게 된다. 그에 관한 기본적인 법률이 국가보안법이라 할 수 있다. 대법원과 헌법재판소도 이러한 입장을 고수해 오고 있다.[2] 그러나 국제정치면에서는 이데올로기적 대결의 종식으로 동서간에 신데탕트 분위기가 급속히 확산되면서 그 동안 북한의 배후 지원국으로 우리와 적대 관계에 있었던 러시아·중국과도 국교관계가 정상화되고, 국내정치면에서도 통일과업의 성취

2 1992. 7.24 대판 92도 1148, 헌재 1996. 10.4[95헌가2], 헌재 1997. 1.16[92헌바 6등(병합)], 대판 2004. 7.22. 2002도 539국가보안법위반,

가 조속히 해결되어야 할 민족적 과업으로 인식되고 있는 현실에 비추어 볼 때, 영역에 관한 종래의 해석논리는 수정되어야 할 것이다. 1990년 8월 1일 법률 제4239호로 제정된 남북교류협력에관한법률도 이러한 관점에서 이해할 수 있을 것이다.

Ⅲ. 국가형태

1. 의의

국가형태는 국가의 전체적 성격 내지 그 기본적 가치질서가 어떠한 것인가를 기준으로 한 국가의 유형을 말한다.

2. 현대적 국가형태론

가. 군주국과 공화국

군주국이라 함은 세습적이며 종신적인 군주에 의하여 지배되는 군주주권적 국가를 말한다. 군주의 권력행사에 제한이 없는 전제군주국과 그 권력행사가 제한되는 제한군주국이 있다.

공화국이라 함은 군주국에 대칭되는 국가형태로서 군주제를 부정하는 비군주국을 말한다. 공화국도 자유주의적 내지 입헌적 민주공화국과 전체주의적 내지 독재적 전제공화국으로 분류된다.

나. 민주공화국과 인민공화국

민주공화국은 i) 국민주권의 원리 ii) 자유민주주의 iii) 권력의 분립 iv) 의회주의와 법치주의에 의한 정치과정의 통제 v) 상대주의 vi) 국가와 사회의 이원주의 등에 입각한 국가를 말한다. 민주공화국은 국가권력의 집중·분산 여하에 따라 단일공화국과 연방공화국으로 구별되고, 권력분립의 정도에 따라 대통령제·의원내각제·의회정부제의 국가 등으로 구별된다.

인민공화국은 민주공화국과 대립되는 국가형태로서 ⅰ) 인민주권의 원리 ⅱ) 사회민주주의 ⅲ) 권력의 통합 ⅳ) 군부 또는 단일 정당의 국가권력 독점 ⅴ) 사회와 국가의 일원주의 등에 입각하고 있다.

다. 단일국가·연방국가·국가연합

1) 단일국가와 연방국가

단일국가는 통치권을 중앙에 집중·통일시키는 집권주의에 입각한 국가를 말한다. 연방국가는 통치권을 각 지방에 분산시키는 분권주의에 입각하고, 분할된 각 지방이 결합하여 하나의 국가적 결합체를 구성하는 국가이다.

2) 연방국가와 국가연합

연방국가와 구별되는 개념으로서 국가연합이 있다. 국가연합이란 조약에 의하여 성립하는 주권국가들의 잠정적·정치적 결합체를 말한다.

그 예로는 EU 즉 유럽연합을 들 수 있는데, 경제와 화폐통합·공동의 외교정책과 안보정책·내정과 사법에 관한 회원국들의 협조가 있는 초국가적 정치·경제공동체이다.[3]

연방국가와의 차이점은 ⅰ) 국가성에 있어 연방국가는 진정한 국가이나, 국가연합은 진정한 의미에서 국가가 아니다 ⅱ) 연방국가는 헌법에 의거한 영구적 결합이지만, 국가연합은 구성국가간에 체결된 조약에 기초한 잠정적 한시적 결합이다. ⅲ) 국제법상주체성에 있어 연방국가는 연방국가 자체가 국제법의 주체가 되고 그 지방은 국제법상 주체가 될 수 없음에 반해, 국가연합은 그 자체가 국제법상 주체가 되지 못하고 그 구성국이 국제법상 주체가 된다. ⅳ) 통치권에 있어 연방국가의 경우 연방과 각 지방간에 통치권이 분할되지만, 국가연합의 경우에는 그 구성국만 통치권을 보유하므로 통치권의 분할이 이루어

3 유럽연합회원국 27개국은 Euro단일통화 등 경제적 통합을 추진하고 있으며, 정치적 통합을 위여 리스본조약(2009.12.1.)을 체결 · 발효하였다

지지 않는다. v) 국제법적 책임에 있어 연방국가는 연방이 자신과 지방의 국제범 위반 책임을 부담하는 데 반해, 국가연합은 각 구성국 만이 국제법적 책임을 부담하고 국가연합은 책임을 부담하지 않는다. vi) 병력보유와 관련하여 연방국가에서는 연방만이 병력을 보유하고 지방은 자체병력을 보유할 수 없는 데 반해, 국가연합에서는 그 구성국 만이 병력을 보유하고 국가연합은 병력을 보유하지 못한다.

연방국가의 경우 연방헌법·양원제의회·연방최고법원등이 존재하고 통치권의 분할을 특징으로 하는데, 국가연합은 연합조약·복수헌법·연합회의 등이 존재하고 최고연방법원이 존재하지 아니하는 것을 기본특징으로 하고 있다.

3. 대한민국의 국가형태

헌법 제1조 제1항은 「대한민국은 민주공화국이다」라고 규정하여 우리 나라의 국호는 대한민국이고 국가형태는 민주공화국임을 선언하고 있다.

소극적으로는 우리 나라의 국가적 질서가 전제·독재·전체주의적 인민공화국을 부정하는 공화국이며, 적극적으로는 대한민국의 국가적 질서가 자유 민주주의와 국민주권주의에 기초한 공화국으로 이해하여야 한다.

헌법 제1조 제1항은 한국국민이 그 정치적 공동체의 조직형태에 관하여 결단한 국민적 합의이므로 헌법개정절차에 의해서도 개정될 수 없다.

민주공화국의 정치적 내용이 되는 민주주의는 헌법의 전 체계에 비추어 볼 때 국민대표에 의한 대의제민주주의를 기본으로 하되 여기에 직접민주제와 정당제민주주의 및 방어적 민주주의 등의 요소가 가미된 현대적 민주주의를 그 특징으로 한다.

Constitution 2

헌법

Ⅰ. 헌법의 의의

1. 헌법의 개념

헌법은 국가의 근본법으로서, 국민의 기본권을 보장하고 국가의 정치제도와 국가작용의 원리를 정하는 최고법을 말한다. 프랑스의 1789년 인권선언 제16조가 「권리의 보장이 확보되지 아니하고 권력분립이 규정되어 있지 않은 사회는 헌법을 가진 것이라고 할 수 없다」하고 선언함으로써 입헌주의헌법이 대두되었다.

헌법은 국가의 정치제도와 국가작용의 원리를 규정하는 법이므로 개인 상호간의 관계를 규율하는 사법과는 달리 공법의 영역에 속한다. 헌법이 국내법이란 점에서 국가 상호간의 관계를 규율대상으로 하는 국제법과 구별하며, 헌법이 국가작용전반과 정치제도에 관한 법이란 점에서 행정조직과 행정작용 등을 규제대상으로 하는 행정법과 구별되고 있다. 행정법은 헌법과 가장 가까운 관계에 있으므로 대륙법계의 국가에서는 헌법과 행정법을 통칭하는 개념으로 국가법이란 용어를 사용하기도 한다.

2. 헌법개념의 역사적 발전

헌법은 역사적 발전과정에 따라 고유한 의미의 헌법, 근대적·입헌주의적 의미의 헌법, 현대적·복지주의적 의미의 헌법으로 나눌 수 있다.

가. 고유한 의미의 헌법

고유한 의미의 헌법은 역사성이 배제된 헌법개념이다. 국가고유의 헌법이라 함은 국가의 정치제도에 관한 기본사항을 정한 국가의 기본법, 다시 말하면 국가최고기관의 조직과 권한·국가최고기관 상호간의 관계·국가와 국민의 관계에 관한 기본원칙을 정한 국가의 기본법을 말한다. 이러한 의미의 헌법은 동서를 막론하고 국가가 존재하는 곳이면 성문의 형식이건 불문의 형식이건 반드시 존재하는 헌법이다.

나. 근대적·입헌주의적 의미의 헌법

근대적인 헌법은 국가권력을 제한하고 기본권을 보장하는 면에 더욱 중점을 두게 되었다. 입헌주의적 의미의 헌법은 그 구성원리로서 i) 국민주권의 원칙, ii) 기본권보장의 원칙, iii) 권력분립의 원칙을 그 내용으로 하고, 형식적인 면에서 iv) 성문헌법의 원칙, v) 경성헌법의 원칙을 필수적인 요소로 한다.

다. 현대적 · 복지주의적 의미의 헌법

개인주의와 자유주의를 사상적 기초로 했던 근대적 입헌주의적 의미의 헌법은 제1,2차 세계대전을 겪고 난 후에는 그 모습이 바뀔 수밖에 없었다. 부의 편재와 노사간의 갈등 등으로 인하여 심각한 사회문제가 야기되었고, 파시즘의 독재로 인한 국제적인 평화보장이 절실히 요구되었다. 시민사회의 존속을 위해서는 자본주의 체제를 보완하고 사회적 부조리를 제거하고 국민의 생존을 배려하지 않을 수 없었다. 그 결과 등장한 것이 현대적·복지주의적 헌법이다. 근대적·입헌주의적 의미의 헌법이 자유와 형식적 평등을 강조하고 재산권의 신성불가침성과 경제활동의 자유를 강조했다면, 현대적 복지주의적 의미의 헌법은 실질적 평등·재산권의 공공복리 적합행사 의무와 경제활동의 규제와 조정을 강조하고 있다.

현대적인 헌법은 생존권적 기본권을 보장하여 모든 국민에게 인간다운 생활을 보장하고, 나아가 국민의 복지향상을 가져오게 하는 사회적 법치주의의 이념에 입각하고 있다. 현대적 복지주의적 의미의 헌법은 i) 국민주권주의의 실질화 ii) 기본권보장과 사회정의실현 iii) 권력행사의 통제와 합리적 조정 iv) 사회적 시장경제질서체제의 보장 v) 행정국가화 경향 등을 그 내용으로 하고 있다.

최근 신자유주의와 세계화의 경향은 현대적·복지주의적 헌법원리에 대한 수정을 요구하고 있다.

3. 헌법의 효력 근거

헌법의 타당성의 근거를 어디에서 구할 것인가가 문제가 된다.

가. 규범주의적 헌법관

한스 켈젠(1881~1973)
체코 프라하 출생
빈 대학 졸업
공법에서의 주요문제, 일반정치학,
순수법학 빈 대학에서 공법과 행정법 정교수,
하버드 법대에서 올리버 웬델 홈스 교수

헌법을 국가의 법적인 근본질서라고 파악하는 켈젠H. Kelsen의 규범주의적 헌법관에 의하면 헌법의 최고규범성은 헌법이 국가의 기본질서라는 헌법규범의 내재적 논리로부터 나오는 당연한 결론이라고 본다. 이에 대하여는 헌법이

왜 국가의 법적인 기본질서가 되는 것인가를 설명한 것이 아니라 이를 오히려 당연한 전제로 하고 있다는 비판이 있다.

나. 결단주의적 헌법관

슈미트(1888~1985)
독일 플레텐베르크 출생
베를린 대학교, 뮌헨 대학교,
스트라스부르 대학교 졸업
정치 신학, 정치적인 것의 개념, 대지의 노모스,
독재론, 파르티잔-그 존재와 의미
베를린 대학교 교수, 법학자, 정치학자

실정헌법의 규범성만을 강조한 규범주의적 헌법관을 배척하면서, 슈미트C. Schmitt는 결단주의적 헌법관을 피력하고 있다. 결단주의적 헌법관에서는 헌법의 효력은 헌법을 제정하는 실력 또는 권위를 가진 자의 의사 때문에 타당하다고 한다. 이 견해에 의하면 헌법의 효력은 헌법제정권자의 결단적 의사에서 찾을 수 있으나 헌법률의 효력은 헌법에 있다고 한다. 이에 대하여는 헌법의 규범성을 지나치게 경시했다는 비판이 있다.

다. 통합주의적 헌법관

스멘트R. Smend는 국가를 하나의 정적인 완성체가 아닌 다양한 이해관계가 일정한 가치세계를 향하여 동화 통합되어 가는 과정으로 보기 때문에, 헌법은 다양한 이해관계를 하나의 가치세계로 동화 통합시킴으로써 정치적인 일원체

스멘트(1882~1975)
스위스 바젤 출생
괴팅엔 대학 법학박사
국가와 헌법
괴팅엔 대학 교수 역임

내지 국가를 조직하는 수단으로 파악한다. 따라서 헌법은 단순한 법질서만을 의미하는 것이 아니라 계속적으로 통합과정에 있는 현실 바로 그것이 된다. 이에 대하여 통합은 국가의 본질적 설명이기는 하나 통합은 동시에 모든 전체의 특징이기도 하다는 비판이 있다.

4. 헌법의 종류

가. 실질적 의미의 헌법 · 형식적 의미의 헌법

1) 실질적 의미의 헌법

실질적 의미의 헌법이란 법형식에 구애되지 않고 국가의 조직·작용의 기본원칙을 정하고 있는 법규범 전체를 의미한다. 따라서 헌법전 이외의 법률, 명령, 규칙의 형태를 취하였더라도 국가의 조직·작용의 기본원칙을 규율하고 있으면 실질적 의미의 헌법에 해당된다.

2) 형식적 의미의 헌법

형식적 의미의 헌법이라 함은 법에 규정되어 있는 내용이 어떤 것인가를 묻지 아니하고, 그 존재형식 또는 형식적 효력을 기준으로 한 헌법전의 형식으로 존재하거나 최고의 형식적 효력을 가진 법을 헌법이라고 한다.

형식적 헌법은 그 효력에 있어 법률보다 상위에 있고 그 개정절차도 법률에 비하여 까다롭게 하는 것이 일반적이다. 형식적 헌법은 대개 실질적 헌법과 그 내용이 일치하지만, 반드시 일치하는 것은 아니다. 그 이유는 ⅰ) 입법기술상의 이유 ⅱ) 편의상의 이유 ⅲ) 헌법정책상의 이유 ⅳ) 헌법사항의 가변성 등이 있다.

제퍼슨(1743~1826)
미국 버지니아 출생
윌리엄 앤 메리 대학교 졸업
제3대 미국 대통령

나. 성문헌법 · 불문헌법

헌법이 성문화되었느냐의 여부에 따라 성문헌법과 불문헌법으로 구분된다. 성문헌법의 장점은 헌법의 사회안정적 기능과 권력통제적 기능을 높일 수 있다는 데 있다. 세계최초의 근대적 성문헌법은 1776년 Virginia헌법이다.

다. 경성헌법 · 연성헌법

헌법의 개정이 일반법률의 개정절차보다 더 어렵고 엄격한 절차에 의해서만 이루어질 수 있도록 규정하고 있는 헌법을 경성헌법이라 하고, 일반법률과 같은 절차로 개정될 수 있는 헌법을 연성헌법이라 한다.

경성헌법의 원리는 헌법규범의 최고성을 확보하기 위한 제도적 장치로 고안된 것으로 근대적·입헌주의적 의미의 헌법의 필수적 요소에 해당한다. 연성헌법으로는 1876년 스페인헌법, 1947년 뉴질랜드 헌법, 영국헌법 등이 있다.

라. 흠정헌법 · 민정헌법 · 협약헌법 · 국약헌법

헌법 제정주체에 따라 흠정헌법·민정헌법·협약헌법·국약헌법으로 분류할 수 있다.

흠정헌법은 제정주체가 군주인 헌법을 말하고, 민정헌법은 제정주체가 국민인 헌법을 말한다. 협약헌법이란 군주와 국민대표의 합의에 의하여 제정된 헌법을 말한다. 여러 국가 사이의 합의에 의하여 성립된 헌법은 국약헌법이라고 한다. 둘 이상의 국가가 국가연합을 구성한 경우의 헌법으로는 1867년 오스트리아·헝가리 협약이 있으며, 국약헌법에 의하여 연방국가를 성립시킨 예로는 1787년의 미합중국 헌법이 있다.

마. 규범적 헌법 · 명목적 헌법 · 장식적 헌법

뢰벤슈타인K. Loewenstein은 헌법규범이 헌법 현실을 규율하고 있는가에 따라 규범적 헌법(헌법규범과 헌법의 현실이 일치하는 헌법), 명목적 헌법(헌법은 이상적으로 만들었으나 사회여건이 이상을 따르지 못하는 헌법)과 장식적 헌법(헌법은 있어도 하나의 장식에 불과한 헌법)으로 구분하고 있다.

바. 독창적 헌법 · 모방적 헌법

대부분의 헌법은 외국의 기존헌법을 그 국가의 정치적 현실에 적합하도록 재구성한 모방적 헌법이다. 미국헌법·소련헌법·1931년의 중국헌법·프랑스 제5공화국헌법 등은 다른 헌법을 모방하지 않은 독창적 헌법에 속한다.

사. 헌법사항을 중심으로 한 분류

헌법사항이라 함은 일반적으로 헌법전 중에 규정되어야 할 필수적 사항을 말한다. 현대민주국가의 헌법은 개인의 자유와 권리에 관한 부분과 정치적 통치기구에 관한 부분을 주요 헌법사항으로 하고 있다. 이 중에서 국민의 자유와 권리의 보장에 관한 부분을 권리장전이라 하고, 정치적 통치기구에 관한 부분을 정치헌법이라고도 한다. 이 중 어느 부분에 보다 중점을 두느냐, 바꾸어 말하면 헌법을 자유의 기술로 보느냐 혹은 권력의 기술로 보느냐에 따라 헌법에 대한 이해가 달라진다.

헌법사항의 내용을 보다 구체화하여, 헌법상의 경제관련조항들을 경제헌법이라 하고, 근로의 권리와 근로3권 등 근로자 보호규정들을 노동헌법이라 하며, 같은 맥락에서 사회헌법, 문화헌법, 환경헌법, 군사헌법 등의 개념이 헌법각론에서 사용되는 경우도 있다.

5. 헌법의 특성

가. 헌법의 사실적 특성

1) 정치성

헌법은 여러 정치세력간의 공존에 의한 정치적 투쟁이나 타협의 과정을 통하여 이루어진 것이므로 민법이나 형법 등 다른 법률보다 더 많은 정치성을 띠게 된다. 사실 헌법의 제정·변경·파괴 등과 같은 헌법현상은 정치 그 자체라고도 볼 수 있으며, 이러한 의미에서의 헌법은 정치환경법으로서의 성격을 가진다. 헌법은 정치를 규율대상으로 하므로 입법기술상 추상적·개방적·일반적·함축적으로 규정될 것이 요구된다.

2) 이념성 · 역사성

헌법은 가치와 이념의 세계를 다루고 있다. 일정한 이념이나 가치질서를 구현하려고 하는 점이 헌법의 속성이다. 헌법에 내재되어 있고 동시에 지향하고 있는 일정한 이념과 가치는 선험적이거나 보편적인 내용은 아니며, 역사적 조건이나 지배상황에 따라 제약된 역사적 가치이다.

이러한 의미의 역사성은 발전적 의미의 역사를 말하는 것이며 시대를 초월할 수 있는 살아 있는 역사를 의미한다.

근대 시민국가의 헌법은 개인적 자유의 보장을 내용으로 하는 시민적 자유주의를, 현대복지국가의 헌법은 사회국가를 그 특유의 이념 내지 가치질서로 하고 있다. 각 국가에서의 이념 내지 가치질서는 헌법정신의 중핵을 이루고 있으며, 헌법해석이 단순한 논리해석으로 그칠 수 없는 것도 이러한 이념성에 연유한다고 할 수 있다.

나. 헌법의 규범적 특성

헌법은 한편으로는 헌법제정 당시의 사실적 권력관계를 반영한 문서이면서 다른 한편으로는 국가의 정치제도를 제시하거나 사실적 권력관계를 규제하고 통제하려는 정치통제규범이며, 점차적으로 생활규범적 성격을 강화하고 있다.

1) 최고규범성

헌법은 국가의 법체계 속에서 최고의 단계에 위치하며 규범적으로 최상의 효력을 갖는 법이다. 헌법의 최고규범성은 헌법이 주권자인 국민에 의하여 제정되었다는 데 있다. 헌법은 최고규범이므로 법률·명령·규칙의 입법기준이나 해석기준이 되며, 헌법에 위반되는 하위법령 등은 그 효력을 상실한다. 헌법의 최고규범성을 확보하기 위한 제도적 장치로는 경성헌법제도와 위헌법률심사제도 등을 두고 있다.

2) 수권적 조직규범성

헌법은 국가권력을 조직하고, 조직된 국가기관에 권한을 부여하는 수권규범이다. 따라서 국가기관은 헌법에 의하여 부여된 권한만을 행사할 수 있을 뿐이며, 이를 위반하게 되면 위헌이 된다.

3) 권력제한 규범성

헌법은 국가권력을 서로 독립된 국가 기관에 분립시킴으로써 국가기관상호간을 견제하게 하는 권력제한규범성을 가진다. 국가권력을 제한하는 가장 중요한 이유는 국민의 기본권을 보장하기 위함이다.

4) 생활규범성(기본권보장규범성)

헌법은 이론적 논리와 체계에만 존재하는 규범이 아니고 국민의 생활 속에 존재하면서 국민의 일상생활에 의해 실현되고 발전되는 규범이다. 타 법규범도 생활규범의 성질을 지니고 있으나 전 생활영역에서 가치규범적 성격을 띠는 헌법과는 국가성·일반성에서 구별된다.

헌법이 살아 있는 규범이 되기 위해서는 그 사회공동체를 지배하는 사상이나 현상들이 헌법에 규범화될 것이 요구되며, 헌법의 규범정신에 따라 사회현실을 형성해 나아감으로써 규범력 있는 헌법구현과 기본권 보장이 가능하게 된다.

Ⅱ. 헌법의 제정

1. 헌법제정의 의의

헌법제정이란 헌법제정권력주체가 실정법규범의 공백상태에서 새로운 법규범의 확립을 위하여 성문헌법전을 제정하는 것을 말한다. 실정법규범의 공백상태가 발생하는 경우로는 주로 새로운 국가가 성립한 경우이거나 혁명에 의한 경우가 대부분이지만 경우에 따라서는 소멸되었다고 믿고 있었던 국가가 재건국한 경우 등도 들 수 있다. 헌법제정권력의 주체는 헌법을 제정하고자 하는 국가의 민주화 여부에 따라 다소 상이하다. 그러나 민주국가에서의 시원적 헌법제정권력은 항상 국민에게 속하며, 국민만이 헌법을 제정하게 된다.

헌법의 제정은 법규범의 공백상태에서 법창조행위이기 때문에 기존의 실정법규범을 전제로 하여 새로운 헌법규범을 창조하는 헌법의 개정과 구별된다. 그러나 헌법의 개정 역시 새로운 헌법규범을 정립한다는 점에서는 광의적 헌법제정의 개념에 속한다고 할 것이다.

2. 헌법제정권력

가. 개념

헌법은 특별한 정치적권위를 부여받은 권력주체에 의하여 제정된다. 헌법제정권력은 특별한 정치적 권력을 가진 권력주체에 의하여 행사되는 권력으로서,

정치권력의 귀속과 행사에 관한 근본규범을 제정하는 권력을 말한다. 다시 말하면 현실적으로 존재하고 있는 일정한 정치적의사를 국가의 근본규범으로 전환시키는 권력을 헌법제정권력이라 한다.

헌법제정권력의 개념을 주권과 동일한 개념으로 파악하는 견해가 있다. 이 견해는 국가의 의사에서의 최고결단능력이라는 면에서 주권의 개념과 헌법제정권력의 개념을 동일한 것으로 고찰하고 있으며, 독일의 지배적 다수설이자 일본의 통설이라 할 수 있다. 그러나 헌법제정권력은 국내법적·질서창조적 성격에 원칙적으로 한정되는 것이나, 주권은 국가내적·최고규범적 성격뿐만 아니라 국가의 중요한 구성요소 중 하나로서 국제적 관계에서의 독립성을 보장하는 규범이라 본다면 반드시 일치하는 개념이라고는 볼 수 없을 것이다.

시에예스(1748~1836)
프랑스 프레쥐 출생
소르본 대학 졸업
제3신분이란 무엇인가?
프랑스의 성직자이자 정치가

나. 이론적 배경

1) 시에예스 E.J.Sieyès의 이론

1789년 초에 익명으로 출판되었던 「제3신분이란 무엇인가? (Qu'est-ce que le tiers-éat?)」라는 소책자는 선풍적인 인기를 차지하였으며, 제4판부터 저자의 이름을 시에예스로 밝힘으로써 시에예스는 일약 유명인사가 되었다. 이 저서는 1789.5.1 소집예정이었던 삼부회에서의 제3신분의 정치적 의식과 역할을 각성케 하였던 것으로 결국 대혁명의 도화선으로 작용하게 되었다. 이 저서에서 체계화된 헌법제정권력은 제5장에서 기술되어 있다.

시에예스는 국민은 항상 적법하여 법 그 자체인 것이며, 국민이전에 초국민적인 규범은 자연법 밖에 존재하지 아니한다고 봄으로써 근대적 자연법론의 입장을 밝히고 있다.

국민의 의사를 실정법체계로 규범화하는 단계에서 나타나는 첫 번째의 규범이 헌법법률이며, 이 헌법법률의 근거가 되는 것이 헌법제정권력이라고 보고 있다. 그리고 헌법법률은 크게 두 부분으로 나뉘어질 수 있는데, 한 부분은 입법기관의 구성과 작용을 규율하는 헌법법률이며, 다른 한 부분은 다양한 집행기관의 구성과 작용을 결정하는 헌법법률이다. 이 두 부분 모두 다 헌법제정권력에 근거한 규범이기는 하나 그 첫 부분은 국민의 의사에 의하여 제정됨에 반하여 둘째 부분은 특별한 대표의사에 의하여 제정된다고 봄으로써 각 부분에 대한 헌법제정권력의 구현방법이 다소 상이함을 밝히고 있다. 이러한 헌법법률의 두 부분은 헌법의 기본규범으로 볼 수 있으며, 이러한 헌법법률에 의하여 헌법은 제정된다고 보고 있다. 그리고 또한 이렇게 하여 제정된 헌법과 헌법에 의하여 조직된 권력을 구별하고 있으며, 헌법에 의하여 권한을 위임받은 어떠한 권력도 스스로 그들의 위임조건을 변화시킬 수 없다고 함으로써, 헌법에 의하여 조직된 권력에 비하여 헌법전 또는 헌법규범의 우월적 성격을 분명히 하고 있다. 여기에서 헌법에 의하여 조직된 권력을 헌법개정권력으로 보는 견해도 있으나, 헌법개정권력이라기보다는 헌법에 의하여 구체화된 국가권력으로 보아야 할 것이다.

물론 시에에스는 헌법개정에 대하여도 언급하고 있긴 하나 그 개정주체는 헌법제정권력과 동일한 국민으로 보고 있기 때문에 헌법개정의 개념을 헌법제정의 개념과 엄격하게 구별하는 입장을 취하는 것은 아니다. 시에예스의 이론을 도표로 정리하여 보면 다음의 도표와 같다.

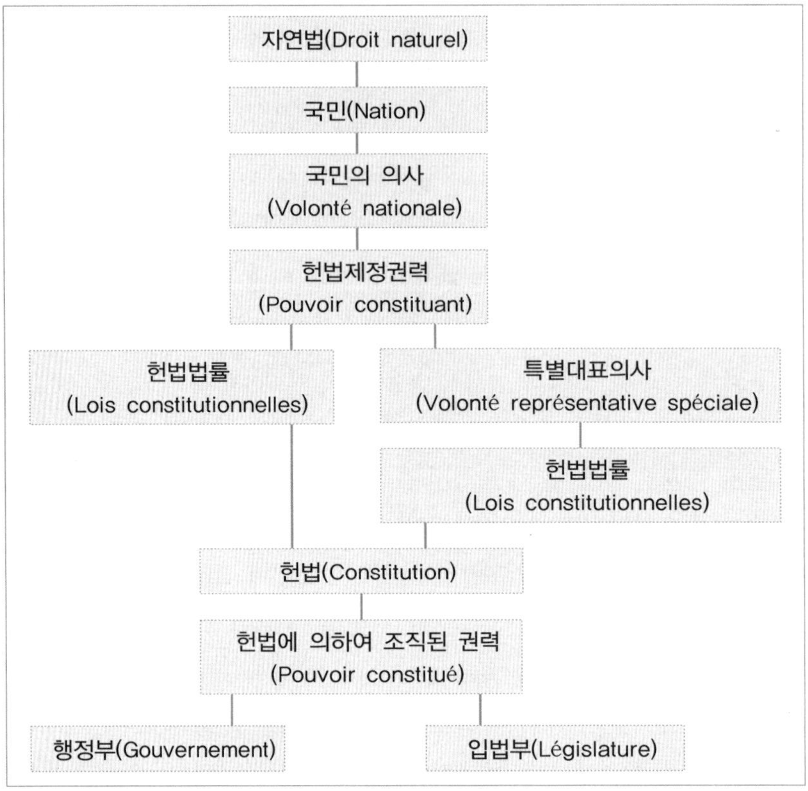

2) 슈미트C. Schmitt의 이론

19세기 중엽의 독일 법실증주의자 안쉬츠·라반트·옐리네크 등은 법적 개념으로서의 헌법제정권력 개념을 부정하고 있었으며, 국가법인설에 입각하여 국가가 모든 법의 연원이고 헌법이전의 권력은 사회적 존재이지 법적 문제가 아니라고 보았다. 켈젠도 또한 마찬가지로 헌법제정권력의 문제를 역사적·정치적 현상으로 보고 따라서 법외적 현상이라고 하였다. 독일에서 헌법제정권력의 문제가 본격적으로 거론되고 발전된 것은 슈미트에 의해서였다.

슈미트는 결단주의적 헌법관에 입각하여 헌법제정권력을 정치적 공동체의 종류와 형태에 관하여 구체적인 전체적 결단을 내리는 실력 또는 권위를 가진 정치적 의사라고 개념정의하고 있다. 그리고 헌법제정권력에 의하여 형성된 헌법규범을 다시 헌법개정권력에 의하여 개정이 가능하냐는 여부에 따라 헌법개정권력에 의하여 개정할 수 없는 헌법핵과 헌법개정권력에 의하여 개정할 수 있는 헌법률로 구별하고 있다. 이러한 헌법제정권과 헌법개정권과의 관계에 의하여 슈미트는 결국 헌법규범의 단계적 구조를 헌법제정권력→헌법핵→헌법개정권력→헌법률→헌법에 의하여 설정된 권력의 위계질서로 이해하여 헌법제정은 통일적·불가분적이며 모든 권력의 포괄적인 근거라고 보았던 것이다.

슈미트는 헌법제정권력의 주체를 국민에게만 한정하지 않고, 군주·조직된 집단 또는 국민이 각각 헌법제정권력의 주체가 될 수 있으며, 헌법제정권력의 주체는 정치적 실존의 양식과 형태에 관한 근본결단을 행할 수 있는 실력과 권위를 가진 자라고 보고 있다. 그리고 제헌권을 행사하는 실력자란 곧 주권자라는 등식을 성립시키고 있다.

다. 본질적 성격

헌법제정권력은 우선 실정법규범의 공백상태가 전제되어 있기 때문에 자연법에 의해서만 규율되고 있는 사실상의 힘의 관계를 실정헌법질서로 변환시키는 가교적 성격을 가진다(사실성과 규범성). 그리고 헌법제정권력의 행사에 의하여 비로소 실정헌법질서가 창설되기 때문에 실정헌법질서창조성을 가진다(시원적 창조성). 또한 실정법규범이 존재하지 아니하기 때문에 헌법제정에 대한 법형식이나 절차적 제약·통제는 성립될 수 없으며, 따라서 헌법제정권력은 스스로에 의하여 자율적으로 의도하는 바에 의하여 행사되게 된다(자율성). 헌법제정권력이 항구적 성격을 가지느냐는 문제에 대하여는 학설의 대립이 있다(항구성).

라. 한계

헌법제정에서의 법형식이나 절차·방법에 대하여 헌법제정권력은 자율적으로 결정할 수 있기 때문에 어떠한 제약이나 한계에도 기속되어지지 아니한다.

그러나 헌법의 실체적 내용에 대하여도 아무런 제약의 한계가 없는 것인지 또는 일정한 한계가 있는지에 대하여는 학설이 대립하고 있다.

1) 한계부인설

슈미트에 의하면 헌법제정권력은 모든 규범적 구속에서 자유로운 절대적 실력이기 때문에, 이것을 제약하는 어떠한 한계도 있을 수 없다고 한다.

2) 한계긍정설

헌법제정권력은 무제한적 성격을 갖는 것이 아니고, 근대헌법의 기본가치인 일련의 기본권보장원리에 의하여 규제되고 있다고 보는 견해가 있다. 한계긍정설이 현재 다수설의 입장이다. 그러나 제헌권을 기속하는 구체적 내용이 무엇인가는 논자에 따라 다소 상이하다. 현실적으로는 인격불가침의 기본가치, 법치국가의 원리, 민주주의의 원리 등을 지적하고 있다.

헌법제정권력은 규범적 공백상태에서 새로이 제정될 규범에 대하여는 시원적 성격을 가지는 것이긴 하나, 그 자체는 자연법에 의하여 형성되고 제약받는 국민의 의사에 근거하여야 한다고 하겠다. 이러한 관점에서 볼 때 헌법제정권력은 자연법과 국민의 의사라는 이중적인 실체적 한계를 가진다고 볼 수 있다. 시에예스의 이론도 이러한 맥락에서 이해될 수 있다고 하겠다.

3. 헌법제정의 시기와 방법

가. 헌법제정의 시기

헌법제정의 시기는 i) 새로운 국가가 성립한 경우 ii) 혁명의 경우 iii) 소멸되었던 국가가 재건국한 경우와 같이 세 가지의 경우로 나누어서 살펴볼 수 있다. 이러한 세 가지의 경우가 일반적으로 헌법을 제정할 필요가 있는 시기라고 볼 수 있으나, 오늘날 예외적으로 정부형태가 변화하는 때에도 새로운 헌법을 제정하는 경우가 있다.

1) 신국가의 성립

새로운 국가가 성립한 경우, 시원적 헌법제정권력의 주체는 가장 완벽한 형태로 제헌권을 행사하게 된다. 왜냐하면, 새로운 국가로 성립하기 이전에는 어떠한 실정규범질서도 존재하고 있지 않기 때문이다. 오늘날 국가가 새로운 무주지에 성립되는 것은 거의 찾아볼 수 없으며, 거의 대부분의 신생국은 기존 국가의 일부가 분리 독립하는 경우나 식민지배로부터 독립하는 경우 또는 복수의 국가가 합병하여 단일한 신국가를 성립시키는 경우에 해당된다고 하겠다. 이러한 신국가의 성립에 의한 헌법제정은 국제법적 차원에서의 국가의 성립이 있는 경우에 발생하는 것이 아니라 실정규범이 공백상태에 있으며 국내법적 차원에서 헌법제정의 필요성이 있는 경우라 할 수 있다.

2) 혁명

가) 혁명의 개념

기존에 성립하고 있는 국가가 헌법을 제정하여야 하는 일반적인 경우가 혁명에 의한 경우이다. 혁명의 경우는 기존의 규범질서가 존재하였으나, 혁명으로 인하여 기존의 규범질서가 소멸되어 버렸거나 효력을 상실하게 됨으로써 실정규범의 공백상태가 야기된 경우라 할 것이다.

권력이론의 관점에서 보면, 혁명은 사실과 규범간의 교차점에 존재하는 이익을 표명하고 있는 것이라 할 수 있다. 혁명은 순수하게 사실상태로 존재하는 것이긴 하지만, 새로운 실정헌법질서의 확립을 위하여 현행 헌법규범의 규범력을 소멸 또는 상실케 하는 것이다. 즉 혁명은 신규범질서의 재창조를 위하여 구질서를 파괴하는 것이다. 그러나 혁명은 권력을 장악하게 되는 경우에만 규범적 효력을 창조하게 된다. 다시 말하면, 현재 질서와 혁명적 사실이라는 양자 중 어느 일방이 반드시 정권을 획득하여야 하기 때문에 불균형적 상태에 있는 시기라 할 수 있다.

나) 특징

혁명의 주된 특징 중 하나는 기존의 조직사회 저변에 깔려 있는 사실에 대한 규범의 우위원칙을 부정함으로써 나타난다. 따라서 혁명에 대하여서는 법률적 해석이 불가능하게 되며 사실의 존재가 규범보다 우위를 차지하게 된다. 나아가 기존의 규범에 대한 거부에 대하여는 어떠한 통제나 형벌을 부과할 수 없을 뿐만 아니라 이것이 새로운 규범창조의 근원이 될 것이기 때문에 혁명은 모든 법적 해석과 상반함을 인정하여야만 한다.

프랑스대혁명, 1793년 1월 21일 처형되는 루이 16세의 모습을 담은 삽화

혁명의 또 다른 특징은 혁명은 부정만이 아니며 장래 지향적이라는 점이다. 물론 당장으로는 혁명은 새로운 기본제도의 확립을 위하여 보다 무거운 새로운 고통을 수반하게 되지만, 이것은 과도적 기간이며 반드시 지속적으로 계속되도록 예정되어 있지는 않다.

끝으로 혁명은 자발적일 수도 있으나 또한 다소 비자발적일 수도 있는 새로운 Consensus를 마련하고자 하는 것이며, 이를 표현할 수 있는 사회질서와 제도의 변화를 가져오게 한다. 이러한 관점에서 볼 때 혁명은 정치적·사회적 개량의 수단으로 보여질 수도 있는 것이다.

다) 쿠데타와의 구별

혁명과 쿠데타 또는 군사항명선언과는 구별되어야 한다. 물론 이 양자의 구별은 용이한 것이 아니다. 실행의 측면에서 보면 혁명과 쿠데타는 많은 공통점을 가지고 있다. 왜냐하면 이 양자에서 중요한 역할을 행하는 자는 혁명 주체세력이나 쿠데타 주체세력과 같은 행동하는 소수이기 때문이다. 그러나 혁명의 경우 국민이 반드시 이를 주도하지는 않지만 대단위 국민적 운동에 의한 지지와 참여가 있는데 반하여, 쿠데타의 경우 국민이 이를 ≪궁중혁명≫이라고 보는 바와 같이 두려움과 수동적인 동의에 의해 국민의 역할이 한정된다는 것을 지적할 수 있다.

혁명과 쿠데타를 구별할 수 있는 기준은 그 동기와 목적에 있다고 할 수 있다. 혁명은 민주적 이념에 의거하고 있으며, 국민이 새로운 사회를 건설하도록 하기 위하여 국민에게 시원적 헌법제정권력의 행사를 되돌려 주고자 하는 목적이 있다. 쿠데타와 군사항명선언은 집권세력을 축출하고 쿠데타 주체세력을 중심으로 새로운 집권세력을 대체시킬 계획을 가지고 있으며, 통치권을 장악하여 국민이 그들의 정치적 의견을 표명할 수 있는 기회 부여를 삼가며, 그렇지 않다면 일정한 시간이 경과한 이후 국민의 의사가 고려되지 아니한 정치적 압력의 상태에서 헌법을 승인하도록 하는 정도로 국민에게 정치적 표현의 기회를 부여하게 된다.

3) 소멸되었던 국가의 재건국

이미 소멸해 버렸다고 보고 있었던 국가가 전쟁 등을 통하여 그 국가를 재건국한 경우에도 실정헌법규범의 공백상태는 발생하게 된다. 이 경우에는 규범 공백상태 해소를 위하여 두 가지 방법이 고려될 수 있다.

먼저 영토의 장기간 점령으로 인하여 과거와 단절이 생긴 경우에는 새로운 헌법의 제정이 불가피하게 될 것이며, 이 경우에는 새로운 국가의 성립과 동일한 차원에서 고려될 수 있을 것이다. 여기에 해당하는 예로서는 제2차 세계대전에 패전하였던 서독이 1949년 5월 23일 기본법을 제정하였던 경우를 들 수 있다.

1215년 영국왕 존이 승인한 칙허장, 마그나카르타

또한, 국가작용이 일시적으로 타의에 의하여 정지되어졌음에도 불구하고 국가의 계속성을 강조하고자 한다면 그 이전의 헌법을 완전한 형태로 재적용하여야 한다고 생각할 수 있다. 이러한 경우로는 안쉴리쓰에 의하여 1936년부터 그 적용이 정지되었던 오스트리아 1920년 10월 1일 헌법을 1945년부터 재시행하였던 오스트리아의 경우를 들 수 있다. 따라서 재건국의 경우는 그 국가의 사실의 상태에 따라 헌법제정의 필요성의 정도가 상이하다고 보아야 할 것이다.

나. 헌법제정의 방법

헌법제정의 방법은 헌법제정권력의 주체가 누구인가에 따라서 非民主的 方

法, 折衷的·混合民主的 方法, 民主的 方法으로 나누어서 고찰할 수 있다.

1) 비민주적 방법

군주나 국가원수 또는 정권을 장악하고 있는 개인이 헌법제정권력의 주체로서 헌법을 제정하는 것을 비민주적 헌법제정방법이라 한다. 이 방법은 다시 군주에 의한 흠정헌법의 제정과 사실상 독재자에 의한 경우로 나누어 볼 수 있다.

2) 절충적 · 혼합민주적 방법

절충적·혼합민주적 방법은 헌법제정권력을 군주 또는 국가원수·국가최고권력자와 같은 개인과 국민이 공유하는 방법을 말한다. 절충적·혼합민주적 방법도 그 결합 유형에 따라 지배자 1인의 의사와 직접민주주의적 요소가 결합된 유형과 군주와 국민대표의 의사가 결합된 유형으로 대별하여 볼 수 있다.

3) 민주적 방법

성문헌법전은 민주주의만이 독점할 수 있는 전유물이 아니다. 그러나 이론적으로는 성문헌법전은 권력은 국민에게 속한다라는 관념에 기속되어 있다고 할 수 있다. 따라서 헌법제정권력은 본질적으로 국민의 고유한 권한에 속한다라는 관념의 전통이 확대되어 왔다. 그러므로 확립되는 제도 그 자체는 설령 민주적인 것이 아니라고 할지라도 헌법의 제정만은 민주적이어야 한다고 보았다.

민주적 헌법제정방법으로는 세 가지의 유형이 있다.

가) 대표민주주의형의 헌법제정

이 유형은 국민의 보통선거에 의하여 선출된 의회가 헌법을 제정하는 것을 말한다. 헌법제정권력을 국민의 대표인 의회가 행사하는 경우도 제헌전권의회가 제헌권만을 행사하는 특별의회 유형과 제헌권과 입법권을 동시에 행사하는 일반의회 유형으로 나누어 볼 수 있다. 전자에 해당하는 특별의회의 전형적인 유형으로는 1787년 미국헌법을 기안하였던 필라델피아의회를 들 수 있으며, 후자에 해당하는 일반의회유형으로는 프랑스의 제헌의회유형, 즉 대혁명 이후의 국민의회·Convention·1848·1875·1945~46년의 의회를 들 수 있다.

나) 직접민주주의형의 헌법제정

이 유형은 고대 그리스의 민회나 스위스의 주회와 같은 국민집회가 스스로 헌법제정기관임을 자처하며 직접 헌법을 제정하는 경우이다. 이 유형은 관념적으로는 가능할지 모르나 실제에 있어서 현실화된다는 것은 거의 불가능하다. 따라서 직접민주주의형은 대표제도와 결합되어지고 있으며 이것을 반직접민주주의형이라 할 수 있다.

다) 半直接民主主義型의 헌법제정

이 유형은 헌법의 제정은 국민의 대표인 의회에 의해 이루어지나, 이 헌법에 대한 국민의 동의가 있어야만 유효하게 헌법으로 성립하는 경우를 말한다. 이러한 국민적 합의를 구하는 수단으로는 국민투표가 주로 이용되고 있다.

Ⅲ. 헌법의 개정

1. 헌법개정의 의의

가. 헌법개정의 개념

헌법의 개정이라 함은 헌법에 규정된 개정절차에 따라(형식적 요건) 기존헌법과 기본적 동일성을 유지하면서(실질적 요건) 헌법의 특정조항을 의식적으로 수정 또는 삭제하거나 새로운 조항을 추가함으로써, 헌법의 형식이나 내용의 변경을 가하는 행위를 말한다. 헌법의 개정은 성문헌법에서만 문제 될 수 있으며, 불문헌법의 개정은 법률개정의 문제로 다루어진다.

헌법의 개정과 인접한 개념으로서 헌법의 파괴, 폐훼, 침해, 정지, 변천을 들 수 있다. 헌법의 파괴는 기존의 헌법을 소멸시킬 뿐 아니라 그 헌법의 토대가 되어 있는 헌법제정권력까지도 배제하는 것을 말한다. 이것은 새로운 헌법제정권력의 주체와 종래의 헌법제정권력의 주체가 교체되는 경우이다. 헌법의 폐훼는 기존의 헌법을 배제하지만, 헌법제정권력의 주체는 경질되지 아니하는 경우로서 정변이나 쿠데타 등에 의한 정권담당자의 교체시에 발생한다. 헌법의 폐훼는 형식적 의미에서는 헌법제정이지만, 실질적 의미에서는 헌법개혁에 해당한다. 헌법의 침해는 위헌임을 인식하면서도 의식적으로 특정한 헌법조항에 위반되는 명령의 발포나 공권력을 행사하는 경우를 말한다. 그 헌법조항의 효력은 계속 유지된다. 헌법의 정지는 특정한 헌법조항의 효력을 일시적으로 중단시킨다는 점에서 헌법개정과 구별된다. 이에는 합헌적 헌법정지와 위헌적 헌법정지가 있다. 헌법의 변천은 헌법의 특정조항이 헌법에 규정된 개정절차에 따라 정식으로 변경되는 것이 아니라 당해 조항은 그대로 존속하나, 그 의미·내용만이 실질적으로 변질하는 경우를 말한다. 헌법의 개정은 의식적인 헌법변경행위라는 점에서 암묵적인 헌법변경을 의미하는 헌법의 변천과는 구별된다.

나. 헌법개정의 불가피성

입헌주의 국가의 헌법들은 형식적인 면에서 성문헌법과 경성헌법을 원칙으로 하고 있다. 헌법의 성문화와 개정의 곤란성은 헌법규범의 법적 안정성을 확보하여 국민의 기본권 보장을 강화하고 또한 빈번한 헌법개정에서 결과하는 국가기본질서의 불안성을 방지하려는 것이 목적이다. 그러나 헌법이 미래의 정치적 상황을 미리 예견하여 입법하기 곤란하기 때문에 헌법규범이 헌법현실과 항상 간격이 생길 여지가 있다. 헌법규범과 현실간의 간격을 헌법해석의 방법에 의하여 보완하기는 하나, 이 간격이 헌법해석의 범위를 넘어설 정도로 벌어질 경우에는 헌법의 현실적응성과 실효성을 유지하기 위하여, 헌법불만세력의 헌법파괴와 폐훼를 방지하기 위하여 헌법 개정이 필요하다. 또한, 새로이 형성된 정치집단에 헌법형성에 참여할 수 있는 균등한 기회를 제공해 주기 위해서도 헌법 개정이 필요하다. 이는 명시적인 방법으로 헌법규범과 헌법현실의 간격을 해결하기 위한 수단이므로 이 간격을 암묵적인 방법으로 해결하는 헌법변천과 다르다.

2. 헌법개정의 유형

가. 헌법개정의 형식

1) 전면개정 : 현행의 헌법전의 내용이나 형식을 완전히 바꾸어 쓰는 개정형식이다.
2) 일부개정 : 헌법전의 하나 또는 수 개의 조항을 변경하는 개정형식으로서, 헌법개정의 보편적 형식에 해당한다.
3) 증보 : 기존의 헌법전 자체에는 손대지 않고 그와 별개의 새로운 조항을 추가하는 방법이다.

나. 헌법개정의 방법과 절차

1) 헌법개정의 방법

헌법개정방법은 각 국가에 따라 각양각색이라 할 수 있으나, 경성헌법국가에서는 통상의 법률개정방법에 비하여 헌법개정방법으로서 특수한 방법을 두고 있다. 이를 대별하여 보면 다음의 다섯 가지 방법정도를 들 수 있다.

가) 의회만에 의한 개정

보통의 입법절차보다는 곤란한 개정절차를 규정하면서도 통상의 의회만으로써 개정을 완료할 수 있는 헌법이다. 오스트레일리아, 스웨덴, 독일, 한국의 건국헌법이 이에 속한다.

나) 국민투표에 의한 개정

스위스, 이태리, 프랑스, 덴마크, 한국의 1980년 헌법, 1987년 헌법 등이 있다. 헌법 개정에 있어 국민투표에 의한 승인을 개정의 요건으로 하고 있다. 국민투표의 실시를 헌법 개정 때마다 필수적으로 요구하는 헌법과 특별한 경우에만 선택적으로 요구하는 헌법이 있다.

다) 헌법개정의회의 승인을 요건으로 하는 개정

헌법개정만을 담당하는 특별의회의 승인을 요구하는 헌법이 있다. 스위스, 벨기에, 네덜란드, 노르웨이, 미국헌법 등이 있다.

라) 의회의 의결 후에 특별한 기관의 동의를 얻게 하는 개정

타이페이 헌법과 한국의 1972년 헌법이 있다.

마) 연방을 구성하는 지방의 동의를 개정요건으로 하는 개정

미국에 있어서는 모든 주의회의 3/4이상의 승인을 요하도록 하고 있다. 미국, 스위스, 멕시코 헌법 등이 여기 속한다.

2) 헌법개정의 절차

헌법개정절차의 일반적 방법으로는 발안-공고-국회의결-국민투표-공포의 단계로 이루어진다.

가) 발안 : 발안권이 국회에만 있는 경우, 국회와 정부가 가지는 경우, 국회와 국민과 정부가 가지는 경우, 국회와 국민만이 가지는 경우로 나눌 수 있다.

나) 공고

다) 국회의결 : 국회에서 의결하는 경우에도 1회의 의결로써 족한 것과 2회의 의결을 필요로 하는 것이 있다.

라) 국민투표 : 필수적 국민투표유형과 선택적 국민투표유형이 있다.

마) 공포 : 군주국의 경우 헌법개정은 국왕의 재가를 받아 공포하고, 공화국의 경우 대통령이 서명·공포한다.

3. 헌법개정의 한계

가. 개정무한계설

헌법에 규정된 개정절차에 의하면 어떠한 조항이나 사항도 개정할 수 있으며, 심지어 명문으로 개정을 금지하고 있는 조항까지도 개정할 수 있다고 함으로써 헌법상에는 이론상의 한계가 없다는 주장이다. 논거로는,

첫째, 헌법을 비롯한 모든 법규범은 인간의 사회생활을 규율하는 것이라는 데 의미가 있다. 사회생활의 내용이 변화하면 헌법도 변화해야 하기 때문에 헌법의 개정에 한계를 인정할 수 없다(헌법의 현실 적응성의 요청).

둘째, 헌법개정권과 구별되는 헌법제정권력이라는 관념은 인정할 수 없으며, 헌법의 운명을 결정하는 최고의 법적 권력은 헌법을 개정할 수 있는 헌법개정권 이외에는 존재하지 아니한다(헌법제정권과 헌법개정권의 구별의 부인).

셋째, 헌법규정을 개정할 수 없는 상위규범과 개정할 수 있는 하위규범으로 구별하는 것은 이론적 근거가 없다(헌법규범등가론).

이 학설은 법실증주의적 헌법관에 입각한 것이라고 하겠다.

나. 개정한계설

개정한계설은 헌법에 규정된 개정절차를 따르더라도 일정한 조항이나 사항은 개정할 수 없다고 보는 견해이다. 논거로는

첫째, 헌법개정권은 헌법에 의하여 조직되고 제도화된 권력이므로, 헌법제정권력의 소재를 변경하거나 헌법제정당시의 국민적 합의인 헌법의 기본적 가치질서는 변경할 수 없다(헌법제정권과 헌법개정권의 구별에 의한 제약).

둘째, 실정헌법의 상위에는 헌법제정권력까지도 구속하는 자연법상의 원리가 존재하므로, 이 원리에 위반되는 헌법개정은 허용되지 아니한다(자연법상의 원리에 의한 제약).

셋째, 헌법조항들은 형식적으로는 그 효력이 동일하지만, 실질적으로는 상이하다. 주권의 소재나 헌법의 기본적 가치질서에 관한 규정은그 밖의 규정에 비하여 실질적으로 높은 효력을 가진다. 헌법개정권은 높은 효력을 가지는 상위규범은 개정할 수 없고, 다만 하위규범만 개정 할 수 있을 뿐이다(헌법규범의 위계질서에 의한 제약).

다. 헌법개정의 구체적 한계

1) 이론상의 개정한계

가) 헌법초월적·외재적 한계

헌법개정을 초헌법적으로 제약하는 사유, 자연법상의 원리, 국제법상의 일반원리 등을 들 수 있다.

나) 헌법내재적·논리적 한계

(1) 법내재적 제약

헌법존립의 기초가 되는 기본원리적 규정을 헌법 자체가 규정한 개정절차에 따라 변경하게 함으로써 기본적 동일성을 상실하게 하는 것은 헌법의 자살을 의미하는 것이므로 법내재적으로 불가능하다고 한다.

(2) 시기상의 제약

공정한 개정을 기대할 수 없는 시기의 헌법개정도 금지된다. 또한 헌법개정의 빈도를 억제하기 위하여 일정기간내의 개정을 금지하는 경우가 있을 수 있다.

(3) 방법상의 제약

헌법에 따라서는 그 개정의 방법에 제한을 가하여, 전면개정을 금지하는 경우와 헌법의 본문에 저촉되는 법률을 제정함으로써 헌법이 가지는 본래의 의미를 변질시키는 우회적인 개정을 금지하는 경우가 있다.

(4) 법논리상의 제약

법논리적 한계성을 인정한다면, 헌법개정조항도 개정의 대상이 될 수 없다고 보아야 한다. 헌법개정조항은 헌법개정권자의 자의로부터 헌법을 수호하기 위한 규정이므로, 경성헌법을 연성헌법으로 변경하는 것은 금지되지만, 연성헌법을 경성헌법으로 변경하는 것은 가능하다.

2) 실정헌법상의 한계

헌법 자체가 명문의 규정을 가지고 특정조항이나 특정사항의 개정을 금지하고 있는 경우에, 이것을 실정헌법상의 개정한계라고 한다.

3) 현실적인 개정금지사유

일반적으로 개정의 대상이 될 수 없는 내용 또는 사항이 정해져 있지 않으나 민주주의 국가의 경우, 일반적으로 국가형태, 정치적 기본질서, 핵심적인 기본권, 대의제와 의회주의, 권력분립제 등은 그것을 완전폐지하거나 공동화하는 개정이 금지된다.

4. 현행헌법의 개정

가. 헌법개정절차

현행헌법은 헌법개정절차를 제10장 제128조부터 제130조에 걸쳐 규정하고 있다.

1) **발안** : 개정안을 발의할 수 있는 자는 국회의원과 대통령이다. 국회의원이 헌법개정을 발의함에는 재적의원 과반수의 찬성이 있어야 한다. 대통령은 국무회의의 심의를 거쳐 헌법개정안을 제안할 수 있다.
2) **공고** : 공고는 헌법개정안의 내용을 국민에게 주지시키고 자유로운 비판과 의견교환을 통하여 국민적 합의를 형성하기 위한 필수적 절차이다. 제안된 헌법개정안은 대통령이 20일 이상의 기간동안 공고하도록 하고 있다.
3) **국회의결** : 국회는 공고된 날로부터 60일 이내에 이를 의결하여야 한다. 국회의 의결은 재적의원 2/3이상의 찬성을 얻어야 한다. 헌법개정안은 수정의결을 할 수 없고, 원안이 가부투표에 회부된다. 개헌안에 대한 국회의 표결은 기명투표로써 한다.
4) **국민투표** : 국회의 의결을 거친 개정안은 국회가 의결한 후 30일 이내에 국민투표에 회부한다. 대통령은 국민투표에 회부하기 위하여 국민투표일 전 18일까지 투표일과 헌법개정안을 동시에 공고하여야 한다. 과반수의 투표와 투표자 과반수의 찬성을 얻어야 헌법개정이 확정된다. 투·개표가 완료되면, 중앙선거관리위원회는 집계결과를 공포하고 이를 대통령과 국회의장에게 통보하여야 한다.
5) **공포** : 국민투표에 의해 헌법개정이 확정되면 대통령은 즉시 이를 공포하여야 한다.
6) **발효** : 발효시기에 관해서는 부칙에 특별한 규정이 없는 경우, 공포한 날로부터 효력이 발생한다는 공포시설과 헌법 제53조 제7항을 유추하여 공포한 날로부터 20일을 경과함으로써 효력을 발생한다는 20일 경과시설이 있다.

나. 헌법개정의 한계

현행헌법의 논리적 체계와 이론적 관점에서 다음 사항들을 헌법개정의 한계로 볼 수 있다.

1) 한국헌법의 정치적 기초가 되는 민주공화국으로서의 국가형태, 국민주권주의의 원리, 자유민주적 기본질서 등을 폐지하는 개정은 할 수 없다.
2) 핵심적인 기본적 인권도 헌법개정에 의해서 이를 전면적으로 배제하거나 삭제하는 것은 금지된다.
3) 국제평화주의도 이를 전면적으로 부정하는 개정은 할 수 없다.
4) 복수정당제도 이것을 전폐하거나 단일정당제와 대체하는 개정은 할 수 없다.
5) 경제적 기초가 되는 사유재산제와 시장경제질서의 전면적 부정을 위한 개정도 허용되지 아니한다.

또한 실정헌법상의 한계와 관련하여서는 제128조 제2항의 문제를 살펴볼 수 있다. 헌법 제128조 제2항의 『대통령의 임기연장 또는 중임변경을 위한 헌법개정은 그 헌법개정 제안당시의 대통령에 대하여는 효력이 없다』라는 규정은 대통령의 임기연장이나 중임변경을 위한 헌법개정도 가능하나, 다만 대통령의 장기집권을 방지하기 위하여 헌법개정 제안 당시의 대통령에 대해서만 개정의 효력을 배제한다는 헌법개정효력의 적용대상제한조항으로 보는 것이 일반적이다. 그러나 우리 나라의 헌정사적 교훈에 의하면 동조항을 헌법개정한계조항으로 해석할 수도 있을 것이다.

Ⅳ. 헌법의 변천

1. 의의

헌법규범과 헌법현실간의 간격을 일치시키기 위해 헌법규범이 정한 절차에 따라 헌법규범을 변경하는 헌법개정의 방법 외에 헌법규범을 변경하겠다는 직접적인 의사 없이 헌법규범을 달리 적용함으로써 헌법에 실질적인 변화를 야기시키는 현상을 말한다. 이는 명시적이지 않은 변화이므로 명시적으로 변경하는 헌법개정과는 구별되는 개념이다.

2. 헌법변천의 유형

옐리네크G. Jellinek는 헌법변천의 형태를 1) 의회·정부·법원의 해석에 의한 변천 2) 정치상의 필요에 의한 변천 3) 헌법상 관행에 의한 변천 4) 국권의 불행사에 의한 변천 5) 헌법의 결함을 보충시키기 위한 근본적인 변천으로 나눈다.

3. 헌법변천의 인정여부

헌법변천의 존재의의를 인정할 것인가에 관하여 긍정설은 헌법과 모순되는 국가적 행위의 반복은 헌법적 관습이 되고 이에 국민의 법적확신이 생기면 기존 헌법조항과 다른 관습법이 생기고 이때 신법우선의 원칙에 따라 기존의 헌법조항은 개폐되고 새로 탄생한 관습법으로의 헌법변천이 이루어진다고 본다. 여기에 반하여 부정설은 헌법과 모순되는 국가행위는 아무리 반복되어도 헌법위반인 사실에 불과하여 이는 헌법의 법원으로 되지 않는다고 보고 있다. 헌법변천의 개념을 인정하고 있는 긍정설이 일반적인 견해라 하겠다.

4. 헌법변천의 실례

가. 미국

미국의 헌법은 220년간 헌법개정에 의존하기보다는 헌법의 변천으로 그 생명력을 유지하고 있다.

대통령선거를 간접선거의 원칙으로 규정하고 있으나 오늘날 직접선거처럼 운용하고, 대법원은 헌법에 명시하지 않은 위헌법률심사권을 행사하고 있는 것이 그 예이다.

나. 일본

일본헌법 제9조에 전력의 보유를 금지하고 있으나 자위대라는 명목으로 전력을 가지게 되었다.

다. 영국

영국의 의원내각제도 헌법변천의 결과이다.[4]

라. 한국헌법의 변천

제1차 개정헌법 하에서 양원제를 단원제로 운용한 것, 제5차 개정헌법에서 지방의회를 구성하지 않고 관치행정으로 한 것 등을 들 수 있다.

V. 헌법의 보장

1. 헌법보장의 의의

헌법의 보장이라 함은 헌법의 규범력과 헌법질서의 유지를 위하여 선결적으로 요구되는 헌법의 최고성과 실효성의 확보에 필요한 사전적·사후적 요청을 말한다. 협의의 헌법보장은 국가의 최고법으로서의 헌법자체의 보장을 말하며, 광의의 헌법보장은 국가보장을 의미한다.

4 영국의 헌법변천에 대하여는 K. C. Wheare, Modern Constitution 참조.

2. 헌법의 수호자

헌법의 수호자가 누구인가라는 문제에 대하여는 슈미트C. Schmitt와 켈젠H. Kelsen의 논쟁이 유명하다. 슈미트는 국민에 의해 직접 선출된 중립적인 권력인 대통령이 헌법의 수호자라고 주장한 데 반해, 켈젠은 대통령·의회·헌법재판소 모두가 헌법의 수호자라고 주장하였다.

현행헌법에 의하면 공권력의 담당자인 공무원은 헌법을 준수할 의무를 짐으로 공무원의 선서제도와 결부되어 헌법의 제1차 적 수호자는 공무원이라고 보아야 할 것이다. 그러나 최후의 헌법수호자로는 국민으로 보아야 한다. 왜냐하면 모든 국가기관이 호헌의 임무를 다할 수 없거나 다하지 아니할 때는 결국 그 헌법의 운명은 국민의 손에 달렸다고 할 수 있기 때문이다.

3. 평상적 헌법보장제도

가. 사전예방적 보장

1) 헌법의 최고법규성의 선언(우리나라-간접적 선언)
2) 헌법수호의무의 선언(제66조 제2항, 제69조)
3) 국가권력의 분립(제40조, 제66조 제4항, 제101조 등)
4) 경성헌법(제128조, 제129조, 제130조)
5) 방어적 민주주의 채택(제8조 제4항, 제111조 제1항, 제113조 제1항)
6) 공무원의 정치적 중립성(우리나라-국군의 정치적 중립성까지 규정)
(제7조 제2항, 제86조 제3항 등)

나. 사후교정적 보장

1) 위헌법률·명령·규칙·처분심사제(제107조 제1항, 제2항)
2) 탄핵제도(제65조 제1항, 제111조 제1항 제2호)
3) 위헌정당해산제도(제8조 제4항, 제111조 제1항 제3호 등 : 사전예방적 보장성격도 가짐)
4) 헌법소원제도(제111조 제1항 제1호)

5) 국무총리·국무위원 해임건의제도(제63조 제1항)
6) 국정감사·조사제도(제61조 제1항)
7) 긴급명령 등의 승인제도 및 계엄해제요구제도
(제76조 제3항, 제77조 제5항)
8) 공무원의 책임제도(제7조 제1항)
9) 국헌문란자 처벌(형법, 국가보안법)

4. 비상적 헌법보장제도

가. 국가긴급권

1) 의의 및 이론적 근거

국가긴급권이란 천재지변·경제상 위기·전쟁 등과 같이 평상시의 입헌주의 통치기구로는 대처할 수 없는 비상사태가 발생한 경우에 대통령 또는 헌법수호기관이 국가의 존립과 헌법질서를 보전하기 위하여 필요한 조치를 취할 수 있는 비상적인 권한을 말한다.[5]

6월 민주화운동에 가담한 시민들의 명동시위, 1987년 6월

5 헌재결 1994.6. 30. 92헌가 18 국가보위에 관한 특별조치법 제5조 4항 위헌제청(위헌)

국가긴급권의 이론적 근거로는 첫째, 평상시의 법치국가의 기구로는 비상시의 국가적 위기에 대처할 수 없다. 둘째, 예상할 수 있는 비상사태를 미리 헌법에 제도화함으로써 헌법파괴를 방지할 수 있다. 셋째, 헌법에 실정화함으로 긴급시의 합헌적 독재권력행사를 정당화시켜주고 그 발동조건·기간·형식 등을 정하여 긴급권의 남용을 방지할 수 있다는 점을 들고 있다.

2) 국가긴급권의 발동 · 한계 · 통제

가) 발동요건

국가긴급권은 현행 헌법질서를 수호하기 위하여 행사되는 비상적 권한이므로 엄격한 발동요건을 성문헌법에서 규정하고 있다. 발동요건으로는 권한행사 주체의 확정·목적의 명학·헌법적 상황·헌법적 상황의 발생, 나아가 권한행사 절차의 이행을 들 수 있다.

국가긴급권 행사 주체로는 대통령 또는 특정한 헌법수호기관을 확정하여 두고 있으며, 국가긴급권은 저항권과는 달리 현재의 헌법규범과 질서를 유지·수호하기 위한 권한행사이므로 국가의 존립과 헌법질서의 보전이라는 목적을 명시하고 있다. 헌법적 상황의 발생은 천재지변이나 전쟁과 같은 비상적 상황 뿐 만 아니라 경제적·사회적 변화에 따라 야기되는 위기의 경우도 포함하고 있다. 또한 국가긴급권의 행사를 평상시의 통치기관과 통치작용으로는 구현할 수 없는 헌법적 상황 극복을 요구하는 것이므로 권한행사의 절차와 방법을 헌법에 구체적으로 명시할 것이 요구되며, 이를 권한행사절차의 이행요건이라 할 수 있다.

나) 한계

(1) 목적적 한계

국가의 존립, 입헌주의체제의 유지, 국민의 기본적 권리와 자유를 방어하기 위한 것이어야 한다.

(2) 시간적 한계

일시적·임시적인 긴급권 행사여야 한다.

(3) 상황적 한계

비상사태가 발생하고 긴급권 발동이 절대 필요한 경우이어야 한다.

(4) 내용적 한계

헌법질서회복에 필요한 최소한의 범위에 국한되어야 한다.

다) 국가긴급권의 통제

국가긴급권의 행사는 그 성격이 이율배반적이므로 남용에 의한 국민의 자유억압이 있을 수 있다. 국가긴급권의 남용을 방지할 제도적 장치, 의회의 승인이나 사후 법원의 심사를 거치도록 하고 있다. 하지만 최종적인 통제는 결국 국민의 감시와 비판 그리고 호헌의지일 것이라 할 수 있다.

3) 대한민국헌법상 국가긴급권의 변천

제1공화국 - 긴급명령권, 긴급재정처분권, 계엄선포권
제2공화국 - 긴급재정명령권, 긴급재정처분권, 계엄선포권
제3공화국 - 긴급명령권, 긴급재정·경제처분 및 명령권, 계엄선포권
제4공화국 - 긴급조치권, 계엄선포권
제5공화국 - 비상조치권, 계엄선포권
제6공화국 - 긴급명령권, 긴급재정·경제처분 및 명령권, 계엄선포권

나. 저항권

1) 의의

저항권이란 개인이나 국가권력의 헌법침해에 대하여 국민에게 허용된 최종적이고 예비적인 헌법보장수단을 말한다. 홉스나 칸트는 저항권의 개념을 부정하나 로크는 긍정하고 있다.

저항권은 시민불복종권·혁명권·국가긴급권과 구별된다. 시민불복종권은 헌법질서가 부정되거나 위협받는 경우뿐만 아니라 단순히 정의에 반하는 내용의 위헌 또는 위법한 개별법령이나 정책이 시행되는 경우에도 별다른 제약조건 없이 행사할 수 있으며, 비폭력적 방법으로 행사하는 것을 예정하고 있다. 여기에 비하여 저항권은 헌법질서 또는 기본권 보장체계가 근본적으로 부정되거

나 위협받는 경우에 다른 법적 구제수단이 더 이상 유효한 수단이 될 수 없는 예외적인 경우에 보충적으로 행사할 수 있으며, 폭력적 방법으로 행사되는 경우도 예정하고 있다. 혁명권은 기존의 헌법질서를 폭력적 수단으로 파괴하고 새로운 헌법질서를 수립하려는 목적을 가진다는 점에서, 기존 헌법질서의 유지·회복을 목적으로 하는 저항권과 구별된다. 국가긴급권은 국가의 자구행위임에 비하여 저항권은 국민이 행사하는 국민의 권리이다.

(1) 저항권의 재판의 근거규범 적용여부 - 대법원 1980. 5. 20. 선고 80도306 전원합의체 판결

[9] 현대 입헌 자유민주주의 국가의 헌법이론상 자연법에서 우러나온 자연권으로서의 소위 저항권이 헌법 기타 실정법에 규정되어 있는 없든 간에 엄존하는 권리로 인정되어야 한다는 논지가 시인된다 하더라도 그 저항권이 실정법에 근거를 두지 못하고 오직 자연법에만 근거하고 있는 한 법관은 이를 재판규범으로 원용할 수 없다고 할 것인바, 헌법 및 법률에 저항권에 관하여 아무런 규정없는 우리나라의 현 단계에서는 저항권이론을 재판의 근거규범으로 채용, 적용할 수 없다(다수의견). (소수의견) : 형식적으로 보면 합법적으로 성립된 실정법이지만 실질적으로는 국민의 인권을 유린하고 민주적 기본질서를 문란케 하는 내용의, 실정법상의 의무이행이나 이에 대한 복종을 거부하는 등을 내용으로 하는 저항권은 헌법에 명문화되어 있지 않았더라도 일종의 자연법상의 권리로서 이를 인정하는 것이 타당하다 할 것이고 이러한 저항권이 인정된다면 재판규범으로서의 기능을 배제할 근거가 없다고 할 것이다

(2) 입법하자와 저항권의 행사 - 헌법재판소 1997. 9. 25. 자 97헌가4 결정

[3] 저항권은 국가권력에 의하여 헌법의 기본원리에 대한 중대한 침해가 행하여지고 그 침해가 헌법의 존재 자체를 부인하는 것으로서 다른 합법적인 구제수단으로는 목적을 달성할 수 없을 때에 국민이 자기의 권리·자유를 지키기 위하여 실력으로 저항하는 권리이므로, 국회법 소정의 협의 없는 개의시간의 변경과 회의일시를 통지하지 아니한 입법과정의 하자는 저항권 행사의 대상이 되지 아니한다.

2) 저항권행사의 요건

가) 상황적 요건

개별 헌법조항의 단순한 위반이 아니라 헌법의 존재자체가 부인되는 경우라야 하고, 국가권력의 행사가 불법임이 명백하여야 하고, 저항권의 행사가 최후의 보충적 수단이어야 한다.

나) 목적

인간의 존엄을 수호하기 위한 것이어야 하고 입헌주의체제를 유지하기 위한 것이어야 된다. 사회적·경제적 체제를 개혁하기 위한 목적으로는 사용할 수 없다.

다) 방법

가장 평화적인 방법을 선택하여 행사하여야 한다.

3) 사법부의 입장

대법원에서는 80도306 판결을 통하여 저항권의 개념이 실정법에 근거하지 못하므로 재판규범으로 원용할 수 없다는 입장을 취하였으며, 헌법재판소에서는 97헌가4 결정을 통하여 헌법보호수단으로서의 저항권은 인정하지만 입법과정에서의 하자는 저항권 행사의 대상이 아니라고 보았다.

(가)내란목적살인, (나)내란수괴미수, (다)내란중요임무종사미수, (라)증거은닉, (마)살인 (변경된죄명) [대법원 1980.5.20, 선고, 80도306, 판결]

현대 입헌 자유민주주의국가의 헌법이론상 자연법에서 우러나온 자연권으로서의 소위 저항권이 헌법 기타 실정법에 규정되어 있든 없든 간에 엄존하는 권리로 인정되어야 한다는 논지가 시인된다 하더라도 그 저항권이 실정법에 근거를 두지 못하고 오직 자연법에만 근거하고 있는 한 법관은 이를 재판규범으로 원용할 수 없다. 더구나 오늘날 저항권의 존재를 긍인하는 학자사이에도 그 구체적 개념의 의무내용이나 그 성립요건에 관해서는 그 견해가 구구하여 일치된다 할 수 없어 결국 막연하고 추상적인 개념이란 말을 면할 수 없고, 이미 헌법에 저항권의 존재를 선언한 몇 개의 입법례도 그 구체적 요건은 서로 다르다 할 것이니 헌법 및 법률에 저항권에 관하여 아무런 규정도 없는(소론 헌법전문 중 "4.19의거운운"은 저항권 규정으로 볼 수 없다) 우리나라의 현 단계에서는 더욱이 이 저항권이론을 재판의 준거규범으로 채용적용하기를 주저 아니 할 수 없다. 따라서 위 당원의 판례를 변경할 필요를 느끼지 아니한다 할 것이어서 원심에 이점에 관한 법리오해 있다는 논지는 받아들일 수 없다.

노동조합및노동관계조정법 등 위헌제청 [97헌가4, 1997.9.25]

抵抗權은 국가권력에 의하여 헌법의 기본원리에 대한 중대한 침해가 행하여지고 그 침해가 헌법의 존재 자체를 부인하는 것으로서 다른 合法的인 救濟手段으로는 목적을 달성할 수 없을 때에 국민이 자기의 권리·자유를 지키기 위하여 실력으로 저항하는 권리이므로, 국회법 소정의 협의 없는 개의시간의 변경과 회의일시를 통지하지 아니한 입법과정의 하자는 저항권 행사의 대상이 되지 아니한다.

즉, 제청법원은 피신청인의 쟁의행위가 헌법질서 수호를 위한 저항권 행사로서 이유 있다는 주장이 받아들여질 여지가 있다면, 심판대상개정법의 국회통과절차의 위헌여부는 재판의 전제가 된다고 주장한다. 그러나 저항권이 헌법이나 실정법에 규정이 있는지 여부를 가려볼 필요도 없이 제청법원이 주장하는 국회법 소정의 협의 없는 개의시간의 변경과 회의일시를 통지하지 아니한 입법과정의 하자는 저항권행사의 대상이 되지 아니한다. 왜냐하면 저항권은 국가권력에 의하여 헌법의 기본원리에 대한 중대한 침해가 행하여지고 그 침해가 헌법의 존재 자체를 부인하는 것으로서 다른 합법적인 구제수단으로는 목적을 달성할 수 없을 때에 국민이 자기의 권리·자유를 지키기 위하여 실력으로 저항하는 권리이기 때문이다. 그리고 헌법의 수호자이고 인권의 보장자인 헌법재판소는 심판대상 법률과 관련하여 국회 본회의에 참석하지 못한 국회의원 125명이 국회의장을 상대로 제기한 국회의원과 국회의장간의 권한쟁의 심판청구 사건에서 "피청구인(국회의장)이 법률안을 상정하여 가결 선포한 것은 청구인들(국회의원)의 법률안 심의·표결의 권한을 침해한 것이다"라는 취지의 결정을 한 바 있다.

Constitution 3

주권

Ⅰ. 서설

1. 주권이론의 역사적 발전

역사적인 관점에서 본다면 주권이론은 신정적주권이론과 인본적주권이론으로 구분된다.

가. 신정적주권이론

오늘날 이 이론을 주장하는 학자는 없으며, 다만 법제사상의 측면에서 관심을 끌고 있는데 불과하다.

이 이론은 모든 권력이 신으로부터 유래된다고 보는 것으로, 주권도 역시 신으로부터 유래된다고 보는 것이다. 그러나 주권보유자가 누구에 의해 결정될 것인가 라는 문제를 두고 이 이론은 두 가지 해석방법을 제시하고 있다.

첫 번째 해석방법이 초자연적신법이론이다. 이 이론은 주권의 연원이 神일 뿐 아니라 주권의 보유자에 대한 결정도 신이 직접 행한다고 보는 것이다. 이 이론에 따라서 프랑스에서는 대혁명시까지 주권신수설이 지지되었다.

두 번째 해석방법은 여러 가지로 불리고 있으나 섭리적신법이론이라고 할 수 있다. 이 이론은 권력의 모든 원천이 신으로부터 유래되지만, 권력의 형태와 행사 즉 구체적 권력은 인간으로부터 유래한다고 보는 것이다. 이 이론에 의해서 비로소 통치형태는 필연적으로 예정된 것이 아니라 우발적이라는 설명이 가능하며 또한 신정적주권이론이 인본적주권이론과도 양립될 수 있는 소지가 있다.

나. 인본적주권이론

인본적주권이론은 모든 권력의 기원이 신으로부터 유래하는 것이 아니라 인간 자신으로부터 유래하고 있다는 관념을 체계화한 것으로 중세 말기의 토마스 아퀴나스(Tomas Acquinas)를 그 대표자로 들 수 있다. 전술한 신정적주권이론이 인본적주권이론과도 결부될 수 있는 바와 마찬가지로, 인본적주권이론은 군주제와도 양립될 수 있는 것이었다. 즉, 인본적주권이론은 국민을 권력의 기원이자 보유자로 보더라도 그 권력의 전부를 국민이 군주에게 이양함에 동의하고 있다고 이론적 전개를 함으로써 군주제와 결부될 수도 있는 것이다. 이 이론은 혁명기에 보다 명확해졌으며, 인본적주권이론의 구현을 위해서 요구되는 시기에 따라서 국민주권이론과 인민주권이론으로 발전하였다.

2. 군주주권론과 국민주권론

가. 사상적 기초

18세기의 철학자들은 그 결론에서 다소 상이한 견해를 나타내고 있지만, 한결같이 자연상태와 인간의 사회적 실존을 가설로 대비시키고 있다. 자연상태란 그 속에서 인간이 자유롭게 삶을 영위하고 있지만 불안함이 계속되는 상황을 말하며, 인간의 사회적 실존이란 그 속에서 인간의 안전이 확보될 수 있으나 반면에 그 대가로 자유의 일부를 양도한 것을 의미한다. 인간의 사회적 실존에서 보장될 수 있는 안전은 일정한 정치사회를 탄생시키는 원시적 계약 또는 사회계약에서부터 비롯될 수 있다고 보는 것이다.

이러한 공통적 가설은 (i) 신정적주권이론의 후퇴 (ii) 권력의 세속화에 대한 정당성 연구 (iii) 평등주의의 발전을 가져오게 하는데 큰 기여를 하였다.

이러한 공통적 가설에도 불구하고 17·18세기의 철학자들이 이끈 결론은 거시적으로 보아서 세 가지로 구분될 수 있다.

로크(1632~1704)
잉글랜드 라잉턴 출생
옥스퍼드 대학 졸업
인간오성론, 통치론, 관용에 대한 편지
잉글랜드 왕국의 철학자 · 정치사상가

1) 홉스는 그의 저서 「리바이어던Leviathan」(1651)에서, 자연상태를 만인의 만인에 대한 투쟁상태로 파악하며, 인간이 그의 안전을 확보하기 위해서는 주권자에게 절대적 권력을 위임하고 그 주권자에게 복종해야 한다고 보고 있다.

2) 로크는 그의 저서 「시민정부2론The Second Treatise of Civil Government」(1690)에서, 사회계약을 원시적 자유에 대한 제한적 부인으로 분석하고 있다. 그는 자연상태에서의 자유와 재산을 보전할 수 있는 수단으로, (i) 권력의 제한과 분립 (ii) 대표민주주의의 실천 (iii) 의회의 우월을 들고 있다.

3) 루소는 그의 저서 「사회계약론Du Contrat Social」(1762)에서, 상실된 자유를 회복시킬 수 있는 이론적 근거를 인민주권의 불양도성에서 구하고 있으며, 공공의 이익을 추구하기 위해서는 일반의사의 표현이자 국민에 의해 제정된 법률의 지배가 이루어져야 된다고 보고 있다.

루소(1712~1778)
스위스 제네바 출생
제네바 근교 기숙사 학교
사회계약론, 신 엘로이즈, 에밀, 참회록,
루소는 장자크를 이렇게 생각한다
프랑스의 사회계약론자이자 직접민주주의자,
공화주의자, 계몽주의 철학자

나. 군주주권론

1) 보냉J. Bodin : 그의 서서 '국가론'에서 최초로 주상하였나. 절대군주론에 입각하여 '주권은 절대적 권력으로 국왕에게 아무런 조건 없이 부여되는 것이다.'라고 하며 주권은 신성불가침의 권력이므로 일반국민에게 귀속되는 것이 아니라 신의(神意)의 대행자인 군주에게 귀속되어야 한다고 본다.

홉스(1588~1679)
잉글랜드 윌트셔 웨스트포트 출생
옥스퍼드 대학 졸업
리바이어던, 법의 요소들, 철학의 요소들 :
시민에 대하여, 철학의 요소들 : 물체에 관하여,
철학의 요소들 : 인간에 관하여
잉글랜드 왕국의 철학자

2) 홉스T. Hobbs : 그의 저서 '리바이어던'에서 절대군주정이 이상적인 통치체제라고 찬양하면서 "자연상태는 만인의 만인에 대한 투쟁상태이므로 인

간은 자연권의 안전한 보장을 위하여 계약을 통해 국가를 조직하고 이 계약을 준수하게 하기 위하여 개인이상의 권력이 필요하며 이는 군주가 행사하는 것이 가장 자연스럽고 윤리적이다."라고 하였다.

다. 국민주권론

1) **알투지우스**J. Althusius : 국민주권론을 최초로 주장하였으며, 국가성립을 위한 계약을 두 단계로 구분하였다. 원시적인 시민사회를 구성하기 위한 결합계약의 단계와 결합계약을 통하여 국가가 형성되는 통치계약의 단계로 구분하였다.

2) **로크**J. Locke : 그의 저서 '시민정부2론'에서 자연상태에서의 자유·재산을 상호보장하기 위하여 사회계약을 체결하여 시민사회를 구성하며 자유·재산을 보장하기 위한 수단으로 권력분립(입법권, 행정권), 대표민주주의, 의회의 우월을 들고 있다.
입법기관의 권력은 인민이 신탁한 것이므로 주권자는 입법권을 신탁한 인민전체가 아니면 아니된다.

3) **루소**J. J. Rousseau : 그의 저서 '사회계약론'에서 개인적 절대주권에 반대하면서 절대주권은 오로지 전체로서의 인민에게 있다고 한다. 개별의사의 주체인 개인은 피지배자의 지위를 가지나 일반의사의 구성원으로서 개인은 주권자의 지위에 있다고 하였다. 일반의사는 공공복리를 지향하는 의사로 합치된 개별의사의 단순한 총화에 지나지 않는다. 주권은 일반의사 속에 존재하고 주권적 권력은 일반의사의 작용이며 주권의 권위도 일반의사에서 유래한다고 하였다.

II. 주권의 개념과 보유자

국민주권과 인민주권은 주권의 보유자가 누구냐에 따른 구분이라고 볼 수 있다. 이러한 주권보유자의 문제를 살펴보기 이전에 기본적 개념으로서 주권의 개념을 고찰하고자 한다.

1. 주권의 개념

주권이론은 그 자체가 시대적·항의적·이념적인 성격을 띤 것이기 때문에 그 개념을 규명해 본다는 것이 여간 복잡한 것이 아니다. 또한, 주권이라는 개념은 일의적인 것이 아니라 국가적 주권과 국가내적 주권의 개념을 구별해야 하기 때문에 더 한층 미궁 속으로 빠져들기 쉬운 개념이다.

주권의 개념을 국가적 주권으로 파악하는 경우는 국가의 징표를 의미하는 것으로 최고 독립성을 뜻하며, 국가내적 주권으로 보는 경우는 국가최고권력의 근원 또는 통치권의 근거라고 볼 수 있다. 그러므로 주권은 국가를 구성하기 위한 하나의 요소에 불과한 것이라기보다는 오히려 국가의 대표적 속성이며 또한 모든 국가권력에 상위하는 사실상의 힘이 아니라 법적 권원인 것이다.

가. 국가적 주권(대외적 개념)

국가적 주권의 개념은 1576년에 발간된 보댕J. Bodin의 저서 「공화국 제6권」에서 도출되었으며, 국가의 법인격과 함께 국가의 기본적 속성을 이루는 것이다. 국가적 주권에 의하면, 국가는 여타의 어떠한 권력에 대해서, 그리고 여하한 종속으로부터도 해방된다는 것을 뜻한다. 이 개념은 당시의 시대적 상황과 특성을 반영하고 있다. 즉 16세기 프랑스왕정 하에서 거대한 봉건유족에 대한 군주의 우위를 확보하고, 또한 교황청과 대외적 정치세력들로부터 독립을 확보하고자 하는 것이었다. 이러한 국가주권개념에 의해서 군주는 그의 왕위가 설사 신으로부터 전수되어 계승하였더라도, 그의 왕국 내에서는 최고의 통치권자로 군림할 수 있었던 발판을 마련하게 된 것이었다.

국가적 주권을 한마디로 정의해 본다면, 법적·시원적·무조건적 최고의 국가권력으로 볼 수 있으며, 오늘날 단순히 주권이라 할 때에는 이 국가적 주권을 말한다. (ⅰ) 법적인 권한이란 그 권한이 사실상의 힘의 관계가 아니라, 법질서에 입각해서 규정된 권한임을 의미한다. (ⅱ) 시원적이란 그 권한이 국가 법질서의 연원이 된다는 것이다. (ⅲ) 무조건적이란 그 권한이 사전에 또는 외부의 어떠한 규범으로부터도 도출된 것이 아니라는 것을 뜻한다. (ⅳ) 최고의 권력이란 그 권한의 상위에는 어떠한 규범도 존재하지 않는다는 것을 말한다.

이러한 주권의 성격을 국제법적 관점에서 보면, 모든 국가는 타 국가로부터 독립하며 당해 국가가 서명한 국제조약에 의하지 아니하고서는 제한되지 아니한다는 의미로 해석되며, 또한 국내법적 관점에서는, 국가는 그 자신이 자유롭게 그의 영토 내에서 적용될 수 있는 기본법규와 권한을 규정할 수 있다는 의미로 해석되는 것이다. 국내법적 관점에서의 이러한 기본법규와 권한은 대체로 헌법에 규정된다.

나. 국가내적 주권(대내적 개념)

국가내적 주권이란 주권을 통치권의 근거 또는 국가최고권력의 기원이라고 보는 것이다. 이 개념은 통치권자가 누구인가 하는 문제로서 법적인 관점과 정치적인 관점에 따라 상이하다. 법적으로 볼 때, 통치권은 헌법에 규정된 개인이나 단체, 즉 선거인단·입법부·집행부·사법부 등에게 속하는 것이며, 시행중인 헌법에 의해 취해진 이들의 결정은 피치자에 항상 유효하고 기속적인 것이 된다. 이러한 관점에서 볼 때, 국가내적 주권은 국가적 주권이 단일불가분한 권력인 데 비해서 분할이 가능한 권력이라고 볼 수 있다. 통치권자에 관한 문제를 실정법에서 찾으려는 것이 법적인 관점이라면, 정치적인 관점은 이것을 시원적인 입장에서 규명하려는 것이며, 정치적 정당성의 문제라고 볼 수 있다.

다. 헌법제정권력과의 관계

주권의 개념을 위와 같이 파악하더라도 한 가지 더 해결해야 할 것이 헌법제정권력과의 관계이다. 이 문제에 대해서 슈미트는 헌법제정권력과 주권을 동일한 권력으로 파악하고 있다. 그리고 슈미트의 이러한 견해가 독일의 지배적

다수설이자 일본의 통설이라 볼 수 있다. 이 견해는 헌법제정권력을 「정치적 통일체의 종류와 형태에 관하여 내리는 실력」으로 이해하고, 주권을 국가의사와 국가적 질서를 보편적·종국적으로 결정할 수 있는 최고의 결단능력으로 보는 입장에서 도달할 수 있는 당연한 귀결이라 할 수 있다.

이러한 견해는 주권과 헌법제정권력의 개념 양자를 국가규범질서체계 내에서 파악할 때는 이해가 가능한 것이나, 국가의 성립이나 속성과 관련하여 고찰해 본다면 헌법제정권력과 주권은 서로 상이한 별개의 권력이라고 볼 수 있다. 즉 헌법제정권력은 헌법을 창조하려는 특수한 성격의 권력이며 그 행사시기는 (ⅰ) 신생국가의 성립 시기나 (ⅱ) 기존의 독립국가가 연합함으로써 가능한 연합국가의 성립 시기에나 (ⅲ) 기존의 정치체제가 혁명이나 전쟁으로 인해 완전히 와해되어 버리고 새로운 정치체제로 대체된 것이 요구될 때, 즉 국제법적 시각에서는 다소 명확하지 않더라도 최소한 헌법적 시각에서는 새로운 국가가 출범했다고 보여질 때라고 볼 수 있다. 다시 말하면, 헌법제정권력은 국가의 형성이나 정치제도의 변혁적 상황에서 발생하고 존재하는 것이라 볼 수 있다. 여기에 비해서 주권은 국가로서 성립하고 있음을 나타내는 징표이며, 성립된 국가 내에서는 법규범의 근원 내지 통치권의 근거로서 항상 존재하는 최고의 국가권력이라고 볼 수 있다.

라. 통치권과의 관계

주권과 통치권은 다음과 같이 구별된다.

주권이 국가의사를 최종적·전반적으로 결정하는 최고권력으로서 국가권력의 근원적인 힘을 의미한다면, 통치권은 주권에서 유래하고 주권에 의하여 조직된 권력이며 구체적인 국가목적을 수행하기 위하여 주권이 위임한 권력이다.

민주국가에서 주권은 국민에게 귀속되지만, 통치권은 헌법에 의하여 구성된 국가기관인 입법부·집행부·사법부 등이 헌법에 규정된 절차와 한도 내에서만 행사할 수 있는 권력이다.

주권은 단일불가분이며 불가양의 권력인 데 대하여, 통치권은 분할과 양도가 가능하다.

2. 주권의 보유자

절대전제군주제도와 앙시엥레짐(Ancien Régime)의 불평등에 대항하여 근세철학자들은 사회계약에 의한 인간의 평등과 자연권을 보장하고자 하였다. 따라서 더 이상 주권은 군주 1인에 의해서만 행사될 수 있는 것이 아니라, 그들의 자유를 포기하면서까지 사회단체의 구성을 허용했던 자들의 총체에 귀속시켜야 한다는 것을 주장하였다. 그리고 그들은 주권은 양도할 수 없는 것이며, 분리할 수 없는 것이라고 보았다. 그러나 이러한 공통적 인식에도 불구하고, 주권의 보유자 주권위임의 방법과 성격 등에 관한 견해는 국민주권이론과 인민주권이론으로 분리되었다.

국민주권론에서는 주권보유자를 Nation이라고 보고 있으며, 인민주권론에서는 주권의 보유자를 Peuple이라고 보고 있다. 따라서 여기에서 문제가 되는 것은 바로 Nation과 Peuple에 관한 개념이라 할 수 있다.

가. Nation

Sieyès에 의하면 Nation의 개념은 구체적 개개인의 총체를 나타내는 것이 아니라, 이념적·추상적·초월적·선험적·단체적 실체로서의 국민을 의미한다. 그러므로 Nation은 국가영토 위에 일정한 시기에 생존해 있는 사회계약참가자의 총체와 구별할 수 있다. 왜냐하면, Nation은 과거 현재 미래를 동시에 포함하는 것으로서 현재의 생존자만이 아니라 선조 후손들과 함께 구성되어지는 것이다. 다시 말하면 정치사회를 구성하는 개인을 초월해서 존재하는 총체로서 정치적 유권자단체 또는 선거인단을 Nation이라 부를 수 있다.

국민주권론에서의 국민은 곧 Nation을 말하며 Nation이 바로 주권보유자에 해당한다. 그리고 Nation은 그 자신을 구성하는 개인과는 별도로 새로운 법인격을 구성하며, Nation 스스로가 고유의사를 가진다고 보는 것이다.

이러한 국민주권론은 주권의 보유자인 Nation이 직접 주권을 행사할 수 없으므로 논리적 필연에 의하여 주권 행사자를 요구하게 되며, 주권 행사자에 대한 요구가 결국 국민대표제도의 발생과 확립을 가져오게 하였다고 하겠다. Nation의 불가분적 불양도성의 의사가 대표자를 통해서만 표현된다고 주장하는 데서 국민주권론의 이론적인 취약점을 발견할 수 있다.

나. Peuple

국민주권론에서 주권보유자를 Nation이라고 보는 데 비해서 인민주권론에서는 주권보유자를 Peuple이라고 본다. Peuple이란 루소가 사회계약론에서 정의한 바와 같이 국가의 영토에 거주하고 있는 모든 자연인의 총체를 말하는 것이다. 여기에서의 모든 자연인은 일반의사에 복종할 것을 수락한 사회계약 참여자를 말하며, 이들이 일반의사에 복종하는 이유는 본인들이 직접 일반의사의 형성에 참여할 수 있는 권리를 가지고 있는 주권행사자이기 때문이다. 따라서 인민주권론에 의하는 경우 사회단체를 형성하는 개인은 주권의 일정지분을 보유하는 자이며, 전체적인 의사를 도출해내기 위해서는 구체적 개개인에게 의사를 타진해 봄으로써만 비로소 가능한 것으로 보게 된다. 예를 든다면 한 도시국가에 10,000명의 시민이 있으면, 각 시민은 주권의 1/10,000 만을 가진다고 보는 것이다. 즉 주권보유자의 측면에서 국민주권과 인민주권을 비교해 보면 국민 주권은 불가분적 주권이며 인민주권은 지분적주권이라고 볼 수 있다.

	Nation 주권	Peuple 주권
국민의 범주	– 정치적 · 이념적 통일체로서의 국민	– 유권자로서의 국민
정치형태	– 대의정치(간접민주정치)	– 직접민주정치
주권의 주체	– 주권의 보유자로서의 국민과 행사자로서의 주체인 대표자와는 불일치	– 주권의 보유자와 행사자의 주체가 일치
권력통합	– 권력의 분립	– 권력의 통합
위임형태	– 무기속 위임(자유위임)	– 귀속위임(강제위임)
피위임자의 기속정도	– 대표자는 자기의사에 따라 결정함	– 국민의 의사에 따라야 함
선거	– 제한선거 · 차등선거 – 선거(시민의 의무 · 강제성)	– 보통선거 · 평등선거 – 선거(시민의 권리 · 위임성)

Ⅲ. 주권위임의 방법과 성격

국민주권(nation 주권)과 인민주권(peuple 주권)의 주권보유자는 상이하나, 주권의 행사를 위해서는 일정한 위임이 불가피하다는 데 서로가 견해를 같이 하고 있다. 그러나 주권위임의 방법과 성격에 대해서는 내용을 달리하고 있다.

1. 주권위임방법

주권위임의 방법에 관하여 국민주권(nation 주권)에서는 국민(nation)이 선거작용을 통하여 국민 대표를 선출하고, 선출된 국민대표에게 위임하는 것으로 보고 있다. 이 이론에 의하면 선거작용 자체가 국가작용으로서 필수적인 것이라 할 수 있다. 인민주권(peuple 주권)에서는 인민이 개별적으로 지분적 주권을 행사할 수 있으나, 자신의 대표(대리)를 선임하여 위임의 방법으로도 주권을 행사할 수 있다고 본다. 이 이론에 따르면 선거작용 자체는 필수적인 것이 아니라 보충적인 것이며, 선거권은 제한·박탈될 수 없는 것으로 보게 된다.

가. 선거권－국가작용이론

국민주권에서는 주권이 그를 구성하는 개인과는 명백히 구별되는 법률적·이념적 단체인 Nation에 있기 때문에, 헌법이 주권행사의 권한을 부여하고 있지 않다면 어느 누구도 주권을 행사할 수 없다. 따라서 헌법에 의하지 아니한 한 어떠한 개인이나 집단도 선거권을 갖지 못하며, 어떠한 형태로든 간에 국가의사의 표현에 참여할 수 있는 권리를 갖지 못한다.

따라서 Nation 주권에 의하면 헌법이 Nation의 이름으로 의사 표현할 수 있는 권한을 의회에 부여함으로써 일정한 주권행사기관을 규정하여야 하며, 헌법은 이러한 의회구성을 위한 국가작용을 담당할 수 있는 일정수의 의원도 미리 정해 두어야 하는 것이다. 이 경우에 헌법은 일정한 재산을 소유하고 있기 때문에 국정이나 지역사회의 제반 문제들에 대해서 심사숙고하기 위한 시간을 할애할 수 있고, 더구나 납세자로서의 자격이나 언급된 제반 문제들이 합리적으로 관리되기를 원한다거나 하는 등의 실질적인 이해관계를 가지는 시민들에게 일정수의 의원을 선출할 수 있는 국가작용을 맡기게 할 수 있을 것이다. 이것은 곧 납세에 의한 제한선거를 말한다.

헌법은 또한 이러한 국가작용을 일정한 최소한의 지식을 나타내 보일 수 있는 시민들에게 맡기게 할 수도 있는데 이를 능력에 의한 제한선거라고 할 수 있다.

헌법은 또한 선거라는 국가작용을 시민의 총체에 부여하도록 정할 수도 있는데 이것이 바로 보통선거이다. 그러므로 국민주권의 이론은 선거권에 대한 제한을 정당화시키기는 하지만, 반드시 그 제한을 의미하는 것이 아니며 보통선거와도 완벽하게 조화될 수 있다. 다만 일정수의 개인에 대해서나 전체 시민에 대해서나 헌법에 의해 부여된 유권자로서의 자격은 그들에게 국가작용으로서 부여된 것이다. 이것을 선거권-국가작용이론이라 한다.

선거권-국가작용이론은 다음의 두 가지 결론에 도달하고 있다. 첫째, 유권자들은 그들이 선임한 자들에게 일정한 행위를 요구할 수 있는 자격을 갖지 못한다. 유권자들은 다만 Nation의 대표자를 지명함으로써 그 역할을 다하게 되는 것이다. 둘째, 선거권은 국가작용이며 임의적인 권리가 아니므로, 시민에게는 의무로 될 수가 있다. 즉 선거권의 행사여부에 대해서 강제성이 부여될 수 있는 것이다. 이러한 입장에 의해서, 벨기에에서는 선거권을 행사하지 아니한 기권자들에게는 소정의 벌금이 부여되고 있으며, 이탈리아에서는 차기선거에서 선거권이 박탈되는 것을 감수해야 한다.

나. 선거권-권리이론

국민주권의 선거권국가작용이론에 대해서, 인민주권에서는 모든 시민이 일정지분의 주권을 보유한 자이며 동시에 주권행사자이므로 시민이 직접 그의 대표자를 선출할 수 있는 권리가 있다고 보고 있다. 이것을 선거권권리이론이라 부르는 것이다.

이 이론에 의하면 논리적으로 당연히 일정연령에 달하여 필요한 지적능력을 갖추고 있는 개인에게서 투표권을 박탈할 수 없게 하며, 보통선거제와 평등선거제의 도입을 불가피하게 한다. 그리고 선거권 자체가 국가작용이 아니라 하나의 권리이기 때문에 선거권 행사여부를 결정할 수 있는 것도 본인의 자유에 속하는 것이 된다.

생각건대, 이러한 선거권-국가작용이론과 선거권-권리이론의 대립 이면에는 사회적 정치적인 배려가 상당히 내포되어 있다. 즉, 국민주권론과 선거권-국가작용이론에 의해서 브루즈와지는 귀족특권계급의 정치적 권력을 타파하고 다른 한편으로는 경제적 약자계층으로부터 선거권을 박탈함으로써 정치적 권력의 행사에 대한 권리를 독점하게 되었던 것이다.

2. 주권위임의 성격

가. 대표위임론

국민주권론은 전술한 바와 같이 제한선거를 가능하게 할 수 있는 원리이며, 다른 한편으로는 필연적으로 대표제도로 통하게 되어 있는 이론이다.

헌법에 의해 설치된 대표기관이 국민으로부터 선출된 의회이기는 하지만, 의회는 반드시 하나의 단체en corps로써만 행위할 수 있다. 즉 전체의회만이 전체국민을 대표하는 것이다. 개별적인 각 의원은 자기 자신만을 대표하는 것이며, 대표자의 자격은 의회에 귀속되는 것이지, 그 구성원 개인에게 각각 속하는 것이 아니라고 보기 때문이다. 따라서 의원은 직접 그의 유권자를 대표하지 못한다. 그는 Nation전체를 대표하는 기관의 구성요소 중 하나에 불과한 것이다. 따라서 의원은 그의 유권자들로부터 국정의결에 대한 어떠한 지시도 받을 수 없으며, 자신의 양심에 따라서만 입법활동을 행해야 하는 것이다. 유권자와 의회간의 이러한 관계를 대표위임이라 한다.

대표위임론은 다음의 세 가지 특성으로 정리될 수 있다. (ⅰ) 국민의 대표자는 의회에서 제기될 수 있는 모든 사안에 대해서 완전히 독립된 지위로서 결정할 수 있는 일반위임을 가진다. 이 일반위임은 Nation의 이름으로 향유하는 것이다. 따라서 대표자의 모든 행위는 선거민에 의한 사후동의를 구해야 할 필요가 없다. (ⅱ) 모든 의원은 전체위임을 가진다. 즉 의원은 유권자를 대표하는 것이 아니라 Nation 전체를 대표한다. 왜냐하면, Nation 전체가 불가분적 방법으로 주권을 보유하기 때문이다. 대표이론의 이러한 기본관념의 필연적 귀결로써 의원은 자신의 행위를 정당화할 필요가 없는 의원면책을 갖게 된다. (iii) 세 번째 성격으로는 무기속위임 또는 비강제위임을 들 수 있다. 무기속위임이란 선거민들이 의원에게 구체적인 명령이나 지시를 행할 수 없으며, 의원도 또한 그의 선거민들에게 대해서 법적 보고의무를 가지지 아니하는 것을 말한다. 1791년 헌법이래 프랑스의 대부분 헌법에서 명기되고 있는 이 원칙의 주된 목적은 대표자에게 정신적인 독립과 자유를 최대한으로 보장해 주고자 함에 있다고 볼 수 있다.

나. 기속위임(강제위임)론

인민주권에서 주권자는 Peuple이다. Peuple은 직접 그의 자신이 주권을 행사할 수 있으며, 또는 자신의 주권을 양도함이 없이 위임할 수 있다. 주권자인 Peuple이 직접 그 주권을 행사함으로써 인민주권론은 직접민주주의제도로 이르게 된다. 그러나 주권을 위임하는 경우에는 그 대표자에게 구체적인 명령을 행하며, 그의 명령이 이행되지 아니하는 경우에 대표자를 해임할 수 있다. 이것을 기속위임 또는 강제위임이라 한다.

이 이론에 따르면, 의원은 한낱 선거민의 수임자에 불과하게 된다. 따라서 유권자들은 선거시에 그들 임의대로 의원의 권한을 제한할 수 있게 된다. 또한 유권자들은 의원에게 정치적 계획을 지시할 수 있으며, 추구할 행위지침을 부여할 수 있으며, 구체적이며 강압적인 지시를 행할 수 있다. 그러므로 의원은 위임인인 유권자에 의해 사전에 본인에게 지시된 표결 내용을 의회에 제시하는 데 그치게 된다. 의원이 위임인들의 지시에 반한 표결을 행한 경우에 의원의 표결은 선거민들에 대해서는 어떠한 효과도 가져오지 못하며, 위임인들은 의회의 결정에 기속되지 않는다.

강제위임 또는 기속위임의 이론은 인민주권론자들에 의해 지지를 받았으나, 실정법에서는 거의 외면 당해 왔다고 볼 수 있다. 1789년이래 프랑스에서 강제위임은 계속 금지되어 왔으며, 그 예로서는 공화력 2년헌법 제52조·1848년 헌법 제35조·1875년 11월 30일 하원의원선거법 제23조 등을 들 수 있으며,

현행 1958년 헌법에서도 제27조가 「어떠한 강제위임도 무효이다」라고 규정하고 있다.

Ⅳ. 현행헌법상 국민주권주의

1. 의의

현행헌법은 전문에서 국민이 헌법제정의 주체라고 규정하고 있으며, 제1조 제2항 전단에서는 '대한민국의 주권은 국민에게 있고'라고 함으로써 국민주권의 원리를 선언하고 있다. 주권은 대한민국의 국가의사와 국가적 질서를 최종적, 전반적으로 결정할 수 있는 최고의 권력을 의미하며, 국민은 형식적으로는 대한민국의 국적을 가진 국민의 전체를 의미하지만 현실적으로는 유권적 시민의 총체를 의미하는 이념적·추상적·선험적 단체를 말한다. 국민주권의 원리는 헌법의 기본원리이므로 그것은 헌법의 각 조항을 비롯한 모든 법령의 해석 기준이 되고, 국가권력발동의 근거가 되며, 헌법개정절차에 의해서도 폐기할 수 없는 개정금지사항이다.

2. 국민주권원리의 구현

국민주권의 이념은 반드시 직접참여라는 방식에 의해서만 실현되는 것이 아니라 간접참여의 방식에 의해서도 실현될 수 있다. 때문에, 오늘날에는 순수한 국민주권의 원리나 인민주권의 원리만을 구성 원리로 하는 헌법은 드물고, 오히려 국민주권(nation주권)의 원리와 인민주권(peuple주권)의 원리의 조화를 추구하고 있는 실정이다. 현행헌법도 이러한 관점에서 국민주권의 원리를 토대로 하여 인민주권의 원리를 일부 수용하여 국민주권을 구현하고 있다.

가. 간접민주제에 의한 구현

1) 국민대표제도

국민대표제도는 주권자인 국민이 대표자를 선출하여 대표자로 하여금 국민을 대신하여 국가의사나 국가정책 등을 결정하게 하는 원리이다. 자세한 내용은 "제4장 제1절 Ⅰ.국민대표제도"에서 후술하기로 한다.

2) 의회주의

의회주의는 국민이 선출한 의원들로 구성되는 의회가 집행부와 권력적 균형을 유지하면서 입법 등의 방식으로 국가의 정책결정과정에 참여하는 정치원리 내지 정치방식을 의미하며, 후술하는 "제4장 제2절 Ⅰ.의회주의"에서 후술하기로 한다.

나. 직접민주제의 가미

헌법개정안과 국가안위에 관한 중요정책을 국민이 직접 확정하는 국민투표를 통하여 간접민주제를 보완하고 있으며, 보통·평등·자유선거를 통하여 Nation주권에 의한 선거권국가작용이론의 문제점을 보완하고 있다.

그 외에도 국민발안제, 국민소환제 등이 도입될 필요가 있다. 국민발안제나 국민소환제를 도입하고자 하는 경우에는 국민주권의 본질적 내용을 침해하지 않는 범위내에서 이루어져야 할 것이다.

다. 헌법상의 구현장치

1) 기본권보장에 의한 구현

현행헌법은 공무원선거권, 공무담임권을 비롯한 언론·출판·집회·결사의 자유, 청원권 등 일련의 정치적 기본권을 보장하고 있는데 이것은 현대민주국가에서 국민주권의 원리를 구현하는 수단으로서 중요한 의미가 있다.

2) 정당제도에 의한 구현

정당제도가 발달한 대중민주주의 국가에서 국민은 정당을 통하여 입법과 국정수립에 참여하거나 영향력을 행사할 수 있다. 헌법은 제8조에서 정당제도에 관하여 규정하고 있다.

3) 지방자치제에 의한 구현

지방자치제는 국민주권사상과 지방분권사상이 결부되어 있으며, 지방적 행정을 주민 자신이 자기책임 하에서 자기의 기관으로 하여금 처리하게 하는 자율을 그 본질로 하므로 국민주권의 원리에 기여한다. 헌법도 제8장에서 지방자치제를 규정하고 있다.

4) 직업공무원제에 의한 구현

헌법이 제7조에서 「공무원은 국민 전체에 대한 봉사자이며, 국민에 대하여 책임을 진다. 공무원의 신분과 정치적 중립성은 법률이 정하는 바에 의하여 보장된다.」라고 규정하는 것은 국민주권의 원리에 바탕을 둔 직업공무원제도를 구현하고 있는 것이다.

Constitution 4

민주주의

Ⅰ. 민주주의의 의의

1. 민주주의의 어원론적 개념

국민 또는 민중을 뜻하는 Demos와 지배 내지 통치를 뜻하는 Kratia의 합성어인 그리스어 Democracy의 어원을 통하여 볼 때, 민주주의의 개념은 국민에 의한 지배로 명확하게 정의할 수 있다. 이 경우 국민에 의한 지배는 도시국가의 정치에 국민이 직접 참여하는 형태를 취하게 되며, 지배자와 피지배자의 自同性의 원리가 적용되고 있다.

2. 생활의 실천원리로서의 민주주의

민주주의의 개념은 생활실천원리의 관점에서 고찰할 수 있으며, 이는 넓은 의미의 민주주의에 해당하는 것으로 이론적 개념이라기보다는 역사적 개념이라 할 수 있다. 민주주의는 구체적인 국가생활이나 사회생활의 실천과정에서 형성된 개념이기 때문이다. 실천의 측면에 따라 다양한 내용을 가지는데 사회생활·정치생활·경제생활의 민주주의 등이 바로 그것이다. 민주주의는 특수적 개념이 아니라 보편적 개념이다. 민주주의는 특정의 시대와 장소에서의 국가생활이나 사회생활만을 지배하는 개별적·특수적 원리가 아니라 시간과 장소를 초월하여 모든 인간생활에 타당한 원리라 할 수 있다.

3. 정치원리로서의 민주주의

민주주의의 개념을 좁은 의미에서 파악할 때, 민주주의는 특정한 정치적 원리로 이해되고 있다. 민주주의를 정치적원리로 파악하는 경우에도 그것을 정치형태 내지 정치방식으로 인식하느냐 아니면 실현되어야 할 정치적 목적 내지 정치적 내용으로 인식하느냐가 문제되고 있다.

1930년에 막스 아들러M. Adler와 한스 켈젠H. Kelsen간에 교환된 유명한 민주주의논쟁에서, 켈젠은 민주주의를 특정의 정치형태 내지 정치방식으로 파악하여 국민에 「의한」 정치를 민주주의라고 하였다. 이에 대하여 아들러는 민주주의를 실현되어야 할 정치적 목적 또는 정치적 내용으로 파악하여 국민을 「위한」 정치가 민주주의라고 주장하였다.

II. 민주주의의 본질

1. 민주주의의 본질에 관한 논쟁

가. 민주주의를 정치형태로 보는 견해

민주주의를 국민에 「의한」 정치라고 하는 특정한 정치형태 또는 정치방식으로 인식하는 견해가 있다. 이 견해에 따르면 민주정치에 대한 평가기준을 국민에 의한 지배로 보고, 정치형태 구분도 국민에 의한 정치인가를 기준으로 판단한다. 이 견해는 정치형태로서의 민주주의에 공통된 분모라고 할 수 있는 본질적 요소로서 (i) 국민에 의한 국민의 지배 (ii) 다수결의 원칙 (iii) 정치과정의 공개와 자유성을 들고 있다.

나. 민주주의를 정치이념으로 보는 견해

민주주의를 실현되어야 할 특정한 정치적 이념이나 목적으로 인식하는 나머지 그러한 이념 또는 목적을 실현하기 위하여 필요한 경우에는 어떠한 수단과 방법이 동원될지라도 그것을 민주정치로 규정해야 한다는 견해가 있다. 이러한 입장에서는 국민 전체의 복지 실현을 목적이라고 한다든가 경제적 기회균등의 실현을 표방하는 것이면, 폭력적·자의적 지배일지라도 민주정치라고 해야 할 것이다.

2. 민주주의의 본질

가. 민주주의의 본질적 요소

이상적인 민주주의는 국민주권의 원리를 논리적 전제로 한 국민에 의한 지배를 그 수단과 방법으로 하여 자유·평등·정의라고 하는 인류 사회의 보편적 가치를 실현하려는 정치원리라 할 수 있다.

민주주의의 이상형은 정치형태로서의 민주주의와 정치이념으로서의 민주주의를 동시 조화적으로 구현하는 것이나 그 동시 실현이 현실상 부적당함으로, 양자 중 민주주의를 정치질서를 형성하기 위한 수단인 동시에 방법이라고 인식하는 쪽에 비중을 둔다. 이러한 관점에서 보면, 민주주의는 국가의 최고의사가 국민에 의하여 결정되어야 한다는 것을 전제로 하여 국민에 의하여 선출된 국민의 대표기관 혹은 능동적 시민 총체가 직접 국가의 의사를 결정하는 정치원리로 이해할 수 있다.

나. 민주주의의 보편적 가치

민주주의의 본질적 내용을 이루는 보편적 가치를 일반적으로 국민주권, 자유, 평등, 정의 복지 등으로 본다. 민주주의는 이들 가치를 실현하기 위한 정치원리라 하겠다.

1) 국민주권의 원리를 실현하기 위한 수단이다. 그 결과 직접민주주의와 간접민주주의는 그 모두가 국민주권의 실현수단이 될 수 있다.
2) 자유는 민주주의의 최고 이념으로 간주되고 있으므로 민주주의는 정치적

자유를 중시한다.

3) 민주주의는 평등을 추구하는 정치형태이므로 모든 국민은 모든 영역에서 균등한 기회와 동등한 처우를 보장받아야 한다.

4) 정의의 이념과 조화될 수 없는 자유와 평등은 진정한 의미에서의 자유와 평등일 수가 없다. 따라서 민주주의는 그 스스로의 존립을 위해서 정의를 추구해야 한다.

5) 민주주의는 인간다운 생활을 할 수 있는 최소한의 복지를 구현하기 위한 정치원리이며, 이를 위하여 국가는 적극적인 급부행정을 행할 수 있는 근거를 가지게 된다.

Ⅲ. 민주주의의 기본 유형

1. 직접민주주의 · 간접민주주의 · 半直接民主主義

직접 민주주의는 국민주권의 원리를 충실히 구현하기 위하여 국민이 직접 중요한 국가의사나 국가정책을 결정하는 유형을 말한다. 그 구현방법으로는 국민표결, 국민소환, 국민발안 등이 있다. 현대 국가에서는 기술적으로 불가능한 방법이라 할 수 있다.

간접민주주의는 국민이 직접 국가의사나 국가정책을 결정하지 아니하고 그 대표자를 선출하여 이 대표기관으로 하여금 국민을 대신하여 국가의사나 국가정책을 결정하게 하는 유형이다. 이런 유형에 있어 대표기관은 법리상 국민의 의견에 구속되지 않고 그 독자적인 판단에 따라 국가의사나 국가정책 결정에 참여한다.

半直接民主主義는 간접민주주의를 원칙으로 하여 직접민주주의의 원리를 보완하고 있는 것으로 혼합민주주의라고도 한다. 국민은 대표기관을 통하여 국정에 참여하지만 특정한 중요국정사안에 대하여는 헌법의 규정에 따라 국민이 직접참여하여 결정하는 민주주의라 할 수 있다. 대부분의 국가에서 채택하고 있는 제도이다.

2. 자유민주주의 · 사회민주주의

자유민주주의는 민주주의의 보편적 가치 중에서 자유의 구현을 평등의 실현보다 중시하는 유형의 민주주의를 말한다. 따라서 자유와 평등의 실질적 가치가 충돌할 경우 자유우위의 원칙에 따라 해결한다. 1·2차 세계대전 이후의 사회국가에서는 민주주의에 의하여 실현되어야 할 이념 또는 목적을 자유나 평등 어느 일방 중심적으로만 추구하지 않고 양자의 동시 조화적 실현으로 인식하고 있다.

사회민주주의는 자유민주주의를 부정하거나 배격하는 것이 아니라 사회정의, 국민복지의 실현을 위하여 자유의 체계에 어느 정도의 제한을 가하는 민주주의라고 할 수 있다. 현대적 사회민주주의는 인간의 존엄과 가치를 최우선시하고 자유와 평등의 이념 중에서 평등을 자유 못지않게 중요시한다는 점에서 평등민주주의와 상통한다. 사회민주주의는 자치와 권력 분화를 중시하고, 경제영역에서도 최대한의 자유 경쟁과 최소한의 계획경제만을 주장한다.[6]

3. 방어적 민주주의

바이마르 헌법하에서는 민주주의를 상대주의와 가치중립적인 원리로 인식한 나머지 자유민주주의 그 자체를 부정하는 정치체제에 대해서도 무제한의 자유를 허용하였다. 그 결과 바이마르 공화제 자체가 붕괴된 경험에서 교훈을 얻어 2차 대전 이후에는 자유민주주의를 부인하는 자유와 민주주의의 적에 대해서는 이를 방관하지 않는다는 자유민주주의 자기수호를 위한 단호한 결의를 다지는 새로운 민주주의 이론이 전개되었으며, 이를 방어적 민주주의라 한다.

6 권영성, 헌법학원론, 법문사, 2006. 161면

이를 구현하기 위한 것으로는 위헌정당해산제(제8조4항), 기본권상실제도가 있다.

기본권상실제도는 특정한 자의 기본권을 침해한 경우에 그 침해자의 기본권을 상실시키는 제도이다. 우리나라에서는 인정하지 않으나 독일기본법 제18조에는 명문으로 규정하고 있다. 그러나 독일에서도 과잉제한의 우려 때문에 판례가 아직까지 없다.

4. 참여민주주의

참여민주주의는 대의민주적인 선거를 넘어서, 시민들이 정치적 의사결정에 자발적으로 참여하는 것을 의미한다. 시민들은 대의제 민주주의가 보여주는 절차적 참여의 의례성과 공허함 및 엘리트적 속성에 불만을 지닌다. 참여민주주의는 이러한 문제점을 보완하기 위하여 대의제도 외에 시민들의 참여를 유도하거나 자발적 결사체와 매개집단을 통하여 공공영역에서의 교화된 시민간의 토론과 심의를 통해 결론을 도출하는 방향으로 해결하려고 한다.[7]

이러한 참여민주주의를 논의할 때 동전의 양면처럼 이야기 되는 것이 포퓰리즘이다. 포퓰리즘은 정치 지도자가 정책의 현실이나 가치판단, 옳고 그름 등 본래의 목적을 외면하고 일반대중의 인기에만 영합하여 목적을 달성하려는 형태를 의미하며, 대중주의 또는 인기영합주의로 불린다. 참여민주주의와 포퓰리즘은 결합할 수 있으나, 양자를 동일시할 수는 없다.

7 김일영, “신자유주의적 포퓰리즘과 진보정치10년” 철학문화연구소-철학과 현실 통권 제74호 2007.9. 30면

Ⅳ. 민주주의의 구현형태

민주주의는 개념자체가 다의적이므로 구현형태를 선명하게 도출해 낼 수 없는 한계를 지니고 있다. 일반적으로 민주주의를 제도적으로 구현할 수 있는 장치와 이념적 가치로서의 민주주의 구현을 위한 생활철학의 실천을 요체로 한다고 볼 수 있다.

1. 국민의 정치참여를 보장하는 제도적 장치

민주주의는 상술한 보편적 가치들을 국민의 정치참여를 통하여 실현하는 정치원리이므로, 국민의 정치참여를 실질적으로 보장하기 위한 기술적 수단이 강구되어야 한다. 현대민주국가에서 국민은 선거·국민투표·정치활동·정책비판·여론형성 등의 방법을 통하여 정치에 참여하게 된다. 따라서 현대민주국가에서는 기본권 보장·선거제도·정당제도·권력의 분립·지방자치제·공무원의 정치적 중립성·다수결의 원리 등이 민주주의를 구현하기 위한 기본원리라고 할 수 있다.

2. 국민의 생활철학으로서의 민주의식의 고양

「민주시민 없는 곳에 민주주의는 없다」라는 표현이 단적으로 설명해 주듯이, 민주주의가 제도적으로 성공하기 위해서는 모든 국민이 일정한 윤리적·도덕적 생활철학에 따라 행동하여야 한다.

V. 현행헌법과 민주주의

1. 헌법상의 민주주의·민주적 기본질서조항

헌법은 대한민국의 정치적 기본질서로서 민주주의 또는 민주적 기본질서를 여러 곳에서 규정하고 있다. 전문에서는 「4.19민주이념을 계승하고, 조국의 민주개혁과 …자유민주적 기본질서를 더욱 확고히 하여…」라고 하고 있고, 제1조 제1항에서는 「대한민국은 민주공화국이다」라고 하고 있으며, 제4조에서는 「자유민주적 기본질서에 입각한 평화적 통일정책을 수립하고 이를 추진한다」라고 규정하고 있다. 제8조 제2항에서는 「정당은 그 목적·조직과 활동이 민주적이어야 하며…」라고 하고 있고, 제4항에서는 「정당의 목적이나 활동이 민주적 기본질서에 위배될 때에는… 해산된다」라고 규정하고 있다. 제32조 제2항에서는 「국가는 근로의 의무의 내용과 조건을 민주주의원칙에 따라 법률로 정한다」라고 규정하고 있으며, 제119조 제2항에서는 「경제의 민주화」를 규정하고 있다.

2. 민주적 기본질서의 내포

대한민국의 정치적 기본질서는 민주적 기본질서이다. 민주적 기본 질서는 사회민주주의와 자유민주주의를 위시하여 모든 민주주의를 그 내용으로 포괄하는 공통분모적 상위 개념이다. 그리고 사회민주주의는 자유주의를 전제로 하여 특히 실질적 평등을 지향하는 민주주의의 한 유형이기 때문에, 그 개념이 자유민주주의보다 상대적으로 넓은 개념이다.[8]

헌법을 각 조항과 인접조항의 유기적인 관점에서 해석할 때, 현행 헌법의 정치적 기본질서는 민주적 기본질서이며, 이 민주적 기본질서의 핵심적 내포는 자유민주주의적 기본질서라고 할 수 있다.

8 권영성, 상게서, 160면

3. 자유민주적 기본질서

가. 자유민주적 기본질서의 개념

헌법재판소는 국가보안법 제7조에 대한 한정합헌결정에서 자유민주적 기본질서를 「모든 폭력과 자의에 의한 지배, 즉 반국가적 단체의 일인독재 내지 일당독재를 배제하고 다수의 의사에 의한 국민의 자치·자유·평등의 기본원칙에 의한 법치주의적 통치질서」라고 규정하였다.[9]

자유민주적 기본질서와 현행 헌법 제37조 2항의 관계에서 보면, 제37조 2항의 질서는 자유민주적 기본질서를 포함한 헌법질서를 의미한다고 본다.

나. 자유민주적 기본질서의 내용이 되는 기본원칙

헌법재판소는 국가보안법 제7조에 대한 한정합헌결정에서 자유민주적 기본질서의 내용이 되는 기본원칙으로 기본적 인권의 존중·권력분립·의회제도·복수정당제도·선거제도·사유재산과 시장경제를 골간으로 하는 경제질서, 사법권의 독립 등을 열거하고 있다.

다. 자유민주적 기본질서의 규범력

현행헌법에 있어서 자유민주적 기본질서는 (i) 법질서에 있어서 최고규범을 의미하며, 헌법의 개정절차에 의해서도 폐지될 수 없는 개정금지사항이다. (ii) 법질서에 있어서 최고규범이므로, 모든 법해석의 기준이 된다. (iii) 입법·사법·집행 등의 모든 국가작용을 구속하고, 모든 국가적 권력발동의 척도를 의미하며, 국가권력 발동의 타당성의 근거가 된다. (iv) 자유민주적 기본질서를 공격하기 위하여 기본권을 남용할 수 없고, 법률에 의하여 기본권을 제한하는 경우에 그 제한의 사유가 된다.

9 헌재결 1990.4. 2, 89헌가113.

라. 자유민주적 기본질서의 보장

1) 적극적 방법에 의한 보장

자유민주적 질서형성을 위해서는 자유로운 의견발표의 보장과 정치과정의 공개가 보장되어야 한다.

2) 소극적 방법에 의한 보장

현행 헌법의 자유민주적 기본질서는 방어적 민주주의를 그 특징으로 하기 때문에, 자유민주적 기본질서가 현실적으로 침해된 때에는 그 침해행위를 배제하여야 한다.

가) 정당의 목적이나 활동이 민주적 기본질서에 침해할 때, 정부의 제소와 헌법재판소의 심판에 의하여 정당을 해산한다.

나) 대통령, 국무총리, 국무위원들이 침해한 때에는 각각 탄핵, 해임건의, 위헌명령·규칙처분심사, 징계 등에 의해 책임을 추궁해야만 한다.

다) 국회가 입법 등의 방법으로 침해할 경우는 위헌법률심판과 헌법소원을 통하여 보장하도록 한다.

라) 개개의 국민이 침해하는 경우에는 형법, 국가보안법등에 의하여 보장하도록 하고 있다.

2

한국헌법의 약사

1948년 헌법의 以前

1948년 7월 17일 공포된 대한민국헌법은 2차 세계대전 이후 자연법사상이 부활하고 생존권 등의 복지국가적 요청이 강하게 요청되는 시기에 제정된 민주주의적 헌법으로서, 자주독립국가로서 대한민국의 성립을 대내외적으로 선포하게 된 역사상 획기적인 사건이라고 할 수 있다. 1948년 제헌헌법은 단순히 여러 서구민주주의국가의 헌법의 영향만으로 이루어진 것이 아니라, 우리 민족의 민주적 정신이 오랫동안 성장·발전하여 이루어진 것임이 틀림없다. 여기에 우리가 1948년 제헌헌법의 前史를 언급할 필요성이 요구되는 것이다.

1948년 건국헌법 제정 이전의 우리나라의 헌정을 간단히 시대구분을 하면 i) 19세기 말에 이르기까지 봉건적 또는 전제군주제적 헌정질서하에 있었으며, ii) 1910년 경술국치에 의하여 그 후 다시 실제적으로는 일본제국주의 식민지 통치 하의 헌정질서하에 있었으나, 대한민국임시정부가 헌법을 제정·공포하여 우리의 민주적 정신을 계승하였다고 볼 것이며, iii) 1945년 광복 후 대한민국정부가 수립되기 전까지 미 군정의 헌정질서하에 놓여있었다고 할 수 있다.

이하에서는 위의 헌정시대구분과 관련하여 i) 홍범 14조와 대한국국제, ii) 대한민국임시정부헌법, iii) 미 군정헌법으로 나누어 살펴보고자 하며, 역사적 사실에 대한 언급은 가급적 생략하고 각 헌법과 관련된 내용을 중심으로 살펴보고자 한다.

Ⅰ. 홍범14조와 대한국국제

한말 갑신정변과 갑오경장은 봉건적 정치·사회질서를 타파하기 위한 민주적 개혁의 계기가 되었으나, 이는 스스로의 개혁이 아니라 외세의 강압에 의한 개혁이라 할 수 있다. 고종은 1895년 1월 7일 자주적인 개혁정치의 추진을 서약하고 국가의 기본법이라고 할 수 있는 홍범 14조를 반포하였는데 그 내용은 다음과 같다.

홍범 14조 (『구한국관보』 개국 503. 12. 12.)

제1조 清國에 附依ᄒᆞᄂᆞᆫ 慮念을 割斷ᄒᆞ고 自主獨立ᄒᆞ는 基礎를 確建ᄒᆞ미라.
제2조 王室典範을 制定ᄒᆞ야ᄡᅥ 大位繼承과 밋 宗戚分義를 昭케 ᄒᆞ미라.
제3조 大君主가 正殿에 御ᄒᆞ여 視事ᄒᆞ미 國政을 親히 各大臣에게 詢ᄒᆞ야 裁決ᄒᆞ고 后嬪宗戚이 干預ᄒᆞ믈 容치 아니미라.
제4조 王室事務와 國政事務를 須即分離ᄒᆞ고 서로 混合아니 ᄒᆞ미라.
제5조 議政府와 各衙門職務權限의 制定을 明行ᄒᆞ미라.
제6조 人民이 稅를 出하믄 다 法令定ᄒᆞᆫ 率을 由하고 名目을 妄加ᄒᆞ야 徵收를 濫行ᄒᆞ미 不可ᄒᆞ미라.
제7조 租稅를 課徵ᄒᆞᆷ과 밋 經費를 支出ᄒᆞ믄 다 度支衙門을 由ᄒᆞ야 管轄ᄒᆞ미라
제8조 王室費用을 率先節減ᄒᆞ야ᄡᅥ 各衙門及 地方官의 模範을 되게 ᄒᆞ미라
제9조 王室費 及 各官府費用에 一年額算을 豫定ᄒᆞ야 財政基礎를 確立ᄒᆞ미라
제10조 地方官制를 亟히 改定ᄒᆞ믈 行ᄒᆞ야ᄡᅥ 地方官吏職權을 限節ᄒᆞ미라
제11조 國中聰俊子弟를 廣ᄒᆞ게 派遣ᄒᆞ믈 行ᄒᆞ야ᄡᅥ 外國學術과 技藝를 傳習ᄒᆞ미라
제12조 將官을 教育ᄒᆞ고 兵을 徵ᄒᆞᄂᆞᆫ 法을 用ᄒᆞ야 軍制基礎를 確定ᄒᆞ미라
제13조 民法과 刑法을 嚴明ᄒᆞ게 制定ᄒᆞ고 可히 監禁과 懲罰을 濫行치 말아ᄡᅥ 人民의 生命 及 財產을 保全ᄒᆞ미라
제14조 人을 用ᄒᆞ미 門地를 拘치 아니ᄒᆞ고 士를 求ᄒᆞ미 野에 遍及ᄒᆞ야 ᄡᅥ 人才의 登庸을 廣ᄒᆞ게 ᄒᆞ미라

홍범 14조의 주요 내용을 살펴보면, 자주독립국가지향과 왕실사무와 국가사무를 구분하여 봉건적 체제를 청산할 것과 민법·형법을 제정하여 인민의 생명과 재산을 보전케 하여 종래의 전제군주정치로부터 제한적 군주정치로 전환할 것과 모든 국민에게 기회를 균등하게 부여한다는 사민평등의 민주주의적 원칙을 채용했다는 점에서, 홍범 14조는 체계화되지 않았지만 우리나라 최초의 근대적 성질을 띤 헌법[10]이라 할 수 있으며, 단순한 개혁정치를 위한 강령

10 유진오, 신고헌법해의, 일조각, 1957, 11-12면

이라고만 할 수는 없을 것이다.

고종은 1897년 아관파천 후 독립국가로서의 면모를 내외에 알리기 위하여 국호를 대한제국, 연호를 광무로 하고 칭호를 황제라 바꾸었으며, 1899년에는 대한국국제를 반포하였다. 대한국국제에 대한 내용은 다음과 같다.

대한국국제 (『구한국관보』 광무 3. 8. 22.)

第一條 大韓國은 世界萬國의 公認되온 바 自主獨立ᄒᆞ온 帝國이니라

第二條 大韓帝國의 정치ᄂᆞᆫ 由前則五百年 傳來ᄒᆞ시고 由後則亘萬世不變ᄒᆞ오실 專制政治이니라

第三條 大韓國 大皇帝계옵셔ᄂᆞᆫ 無限ᄒᆞ온 君權을 享有ᄒᆞ옵시ᄂᆞ니 公法에 謂ᄒᆞᆫ 바 自立政體이니라

第四條 大韓國臣民이 大皇帝의 享有ᄒᆞ옵시ᄂᆞᆫ 君權을 侵損ᄒᆞ올 行爲가 有ᄒᆞ면 其已行未行을 勿論ᄒᆞ고 臣民의 道理ᄅᆞᆯ 失ᄒᆞᆫ 者로 論ᄒᆞᆯ지니라

第五條 大韓國大皇帝계 옵셔ᄂᆞᆫ 國內陸海軍을 統率ᄒᆞ옵셔 編制ᄅᆞᆯ 定ᄒᆞ옵시고 戒嚴解嚴을 命ᄒᆞ옵시ᄂᆞ니라

第六條 大韓國 大皇帝계 옵셔ᄂᆞᆫ 法律을 制定ᄒᆞ옵셔 其頒布와 執行을 命ᄒᆞ옵시고 萬國의 公共ᄒᆞᆫ 法律을 效倣ᄒᆞ샤 國內法律도 改定ᄒᆞ옵시고 大赦 特赦 減刑 復權을 命ᄒᆞ옵시ᄂᆞ니 公法에 謂ᄒᆞᆫ 바 自定律例이니라

第七條 大韓國 大皇帝계옵셔ᄂᆞᆫ 行政各府部의 官制와 文武官의 俸給을 制定 或 改正ᄒᆞ옵시고 行政上 必要ᄒᆞᆫ 各項 勅令을 發ᄒᆞ옵시ᄂᆞ니 公法에 謂ᄒᆞᆫ 바 自行治理이니라

第八條 大韓國 大皇帝계옵셔ᄂᆞᆫ 文武官의 黜陟任免을 行ᄒᆞ옵시고 爵位勳章及 其他榮典을

대한국국제의 내용을 간략히 살펴보면 국호를 조선에서 대한으로 변경했고, 국가형태를 군주국가로 했으며, 자주독립 자립정체임을 언명했고, 군주의 권한을 예시하고 있다.[11] 이러한 대한국국제는 기본적 인권에 관한 규정이 없으며, 군주주권국가로 대의제도조차도 없었고 권력이 황제에게 집중된다는 점에서 기본권보장과 권력분립을 대전제로 하는 근대적 의미의 헌법이라고 할 수 없을 것이다. 하지만 대한국국제를 헌법의 역사적 발전단계에 의한 고유한 의미의 헌법으로 이해한다면 분명히 헌법의 범주에 속한다고 할 수 있을 것이다. 여하튼 대한국국제는 대한제국의 기본법인 점에서 중요한 의의를 가진다고 할 것이다.

11 대한국국제는 한국최초의 성문헌법이며, 군주의 중요한 권한을 열거한 흠정헌법의 성격을 가진다는 의견도 있다(권영성, 헌법학원론, 법문사, 2006, 92면).

대한민국임시정부 요인들

II. 대한민국임시정부헌법

3·1 독립운동 이후 러시아령의 블라디보스톡과 중국의 상해 등지에서 임시정부가 조직되었는데, 그 중 가장 조직적이고 활성적인 것이 상해의 임시정부였다. 따라서 상해 임시정부가 주체가 되어 러시아령의 대한국민의회와 한성정부를 흡수·통합하여 대한민국임시정부를 수립하였다.

대한민국임시정부의 헌법을 논할 때 그 제헌헌법은 상해임시정부의 헌장이라고 할 수 있으나, 실질적으로 정통적인 임시정부가 탄생한 것은 상해임시정부가 대한국민의회와 한성정부를 통합함으로써 이루어졌으므로 임시정부통합과 함께 탄생한 헌법인 대한민국임시정부헌법 1919년 9월 1일 헌법을 대한민국임시정부의 제헌헌법이라 칭하여야 한다는 의견도 있다.[12]

여기서는 대한민국임시정부헌법을 1919년 4월 1일 임시헌장, 1919년 9월 11일 임시헌법, 1925년 4월 7일 임시헌법, 1940년 10월 8일 임시약헌, 1944년 4월 22일 임시헌장의 순서에 따라 그 내용과 특징에 관하여 살펴보고자 한다.

12 갈봉근, '대한민국임시정부 헌법사', 한국헌법사(상), 한국정신문화연구원, 1988, 266면.

1. 대한민국임시헌장(1919년 4월 1일)

헌법구조를 살펴보면 3·1운동이 언급된 전문과 본문 10개 조로 된 간략한 것이지만, 헌법의 체제를 갖추고 있으며, 민주주의원리에 입각한 한국최초의 기본법적 성격을 가지는 헌법이라 할 수 있다.

주요한 내용으로는 제1조에서 국체와 정체를 민주공화국이라 규정하고, 권력구조를 규정한 제3조 「대한민국은 임시정부가 임시의정원의 결의에 의하여 此를 통치함」이라고 한 내용을 볼 때 의회와 행정부를 구별하고 있다. 그리고 본 헌장의 핵심이 되는 제4조에 기본권규정을 두고 있으며, 제5조에서는 선거권·피선거권을 규정하고 있다.

제10조에서 「임시정부는 국토회복후 만 1개년내에 국회를 소집함」이라고 규정한 것은 그 당시 상해의 임시의정원에 의하여 성립된 임시정부가 전민족의 대표가 아닌 망명의회에 의하여 구성되었기에 국권회복 후에 본국국회에서 그 합법성을 되찾으려는 노력의 한 표현이기도 하다.

2. 대한민국임시정부헌법(1919년 9월 11일)

상해임시정부는 국민의회와 한성정부를 통합하면서 임시헌장을 변경하여 헌법전으로 만들었다. 전문·본문 8장 58개 조로 구성되어 있으며, 근대입헌주의적 헌법에 속한다고 할 수 있다.

전문의 내용으로는 한민족의 독립의지를 재확인하고, 3·1 독립선언문을 그대로 그 서두에 인용한 다음, 10개 조의 임시헌장을 기본삼아 본문 58개 조의 본 임시헌법을 제정한다고 선언하고 있다.

제1장 총령은 조직, 주권, 영토, 평등권, 권력분립 등을 규정하고 있으며, 제2장 인민의 권리와 의무에 대하여 규정하고 있다. 제8조에서는 인민의 자유로써 언론·출판·집회·결사의 자유와 재산권보장·영농의 자유 등과 제9조에서는 인민의 권리로서 정치권, 청원권, 재판권 등을 규정하고 있다. 제10조에서는 인민의 의무로서 납세의 의무, 병역의 의무 등을 규정하고 있다.

제3장부터 제6장은 임시대통령, 임시의정원, 국무원, 법원 등의 국가기관에 관한 규정을 두고 있으며, 제7장은 재정에 관한 규정을 두고 있다. 제8장 보칙에서는 국토회복 후 정식의회소집, 헌법의 개정절차 등을 규정하고 있다.

3. 대한민국임시헌법(1925년 4월 7일)

1925년 대한민국임시헌법은 전문 없이 제1장 대한민국, 제2장 임시정부, 제3장 임시의정원, 제4장 광복운동자, 제5장 회계, 제6장, 보칙 등 본문 35개 조로 구성되어있다.

본 헌법은 광복운동을 수행하던 임시정부의 현실적 요구와 헌법의 적용범위를 인민에서 광복운동자로 한정한 점, 「법원」의 장을 삭제한 점을 고려해 볼 때, 1919년 9월의 헌법보다 실용적 규범이라 할 수 있을 것이다.

본 헌법의 주요한 내용으로는 첫째, 대통령제를 국무령 중심의 완전한 의원내각제로 개헌하였으며, 제4조에서 국무령과 국무원으로 조직한 국무회의제도를 채택하고 이 국무회의의 결정으로 행정과 사법을 통변한다고 하여 삼권분립을 부정하고 있다. 둘째, 국무령의 임기를 3년으로 명문화하고 있으며, 셋째, 의정원의원의 선거를 간선제로 하였다. 넷째, 재정·회계의 조항을 축소하였다. 다섯째, 국민의 기본권에 관한 규정을 삭제함으로써 입헌주의와는 다소 거리가 멀어지게 되었다.

4. 대한민국임시약헌(1940년 10월 9일)

1940년 9월 정부가 중경으로 이전한 뒤를 이어 10월에 전시체제를 갖추기 위하여 대한민국 임시약헌이 제정되어 새 행정부를 구성하였다. 임시약헌의 구성을 보면 전문이 없는 5장 42개 조로 되었다.

주요한 내용으로는 첫째, 제27조의 국무위원회 주석의 권한을 강화한 것이 특색이며, 둘째, 제34조의 국무위원회주석 및 행정각부의 부장은 법률규정 및 국무위원회의 결정에 따라서 주관사무를 처리·집행하고 또한 임시의정원에 대하여 책임을 지게 하였으며, 셋째, 제14조에서 임시의정원은 주석 및 국무위원과 주외사절에 대하여는 탄핵심판하여 면직할 수 있게 하였다. 넷째, 사법부의 독립 등 약간의 변화가 있었다.

5. 대한민국임시헌장(1944년 4월 22일)

1944년 4월 22일에는 임시헌장이 제정되었는데 전문과 본문 7장 64개 조로 구성되었다. 이 헌장은 국민주권주의와 인권보장주의, 권력분립주의를 규정하고 있는데, 그 구성을 살펴보면, 첫째, 전문과 제2장 시민의 권리와 의무를 추가하였고 법률유보조항을 없앴다. 둘째, 통치구조는 제33조에서 국무위원회 주석제를 유지하면서, 부주석제도를 도입한 것이 특색이다. 셋째, 제51조에서 삼권분립적요소를 갖추었으며 법원의 조직을 구체화하고 별도의 장으로 규정하고 있다. 넷째, 헌법의 개정을 어렵게 하였다.

Ⅲ. 미 군정헌법관련규범

1945년 8월 15일 일본으로부터 해방 이후, 미군이 한반도에 진주하기에 앞서 1945년 9월 7일 포고 제1호로 맥아더 장군은 남한에 군정을 실시하겠다고 선언하였다. 해방 후 3년은 한민족의 운명을 결정 지울 수 있는 결정적인 시기이었음에도 불구하고, 무계획한 군정의 실시에 의해 국가의 장래가 타율적으로 결정될 수밖에 없었다. 이 기간 동안의 미 군정이 한국의 정치·사회·법률문화에 미친 영향은 매우 큰 것이었다.

법률문화적 측면에서 미 군정이 미친 영향 중 대표적인 것으로는 일제시대의 악법을 개폐하고 기본권보장에 노력하기 위하여 1945년 10월 9일에 발포된 미군정청법령 제11호는 「조선인민과 그 통치에 적용하는 법률로부터 조선인민에게 차별 及 압박을 가하는 모든 정책과 주의를 소멸하고 조선인민에게 정의의 정치와 법률상 균등을 회복케 하기 위하여 左記 법률과 법률의 효력을 가지 조령 及 명령을 폐지」한다고 규정하고 있다. 이에는 정치범처벌법, 예비검속법, 치안유지법, 출판법, 정치범보호관찰령, 神社法, 경찰의 사법권이 들어 있다. 그리고 제4조에서는 죄형법정주의와 적법절차를 규정하고 있었다.

또한, 1946년 2월 16일에는 법령 제50호를 발하여 합법적 재판 또는 재판 없이 처벌함을 금하였으며, 2월 23일에는 법령 제55호를 발포하여 정당의 등록을 의무화하였으며, 11월 7일에는 법령 제121호를 발하여 「노동자의 건강, 능률 및 일반복리를 유지, 보호하기 위하여 상공업 及 공무의 최고노동시간을 규제제한」하였으며, 1948년 3월 20일 법령 제176호는 불법구속에 대한 인민의 자유권을 충분히 보장하는 획기적 신체의 자유보장법령이었다. 특히 구속적부심사제도는 그 뒤 제정된 헌법에도 승계되었다.

1946년 11월 15일 법령 제126호에서는 「남녀의 차별이 없이 보통선거로써 관공리와 의회의원을 선출」하도록 하였다. 그 뒤 미 군정은 입법의원선거법과 국회의원선거법에서 평등선거의 원칙을 규정하여 여성에게도 참정권을 인정하여 선거권에 있어서의 남녀평등권을 실현하였다.

1948년 4월 7일 하지중장은 「조선인민의 권리에 관한 포고」를 발표했는데, 이는 제헌헌법의 기본권조항에 많은 영향을 끼쳤다. 이 밖에도 미 군정은 통치조직과 관련된 입법과 사법부의 독립보장에 관한 입법 등을 통해 1948년 제헌헌법에 많은 영향을 미쳤다.[13]

13 김철수, 한국헌법사, 대학출판사, 1988, 58면.

대한민국헌법 略史

Ⅰ. 1948년 헌법(건국헌법; 제헌헌법[14]) – [제1공화국]

1. 1948년 헌법제정의 경과

1945년 8월 15일 한반도는 일본의 식민통치에서 벗어나 남북한의 정치세력들은 새로운 질서의 수립과 국가건설에 착수하였다. 그러나 1945년 12월의 모스크바 3상 회의의 남북한분할 신탁통치결정에 대한 좌우익간의 찬반운동과 논쟁은 민족의 분열을 심화시켰다. 1947년 9월 한반도의 독립문제는 미소공동위원회를 떠나 유엔에서 논의하게 되었으며, 유엔총회에 상정된 뒤 11월 14일에는 유엔 감시하에 남북 총선거를 하도록 결정하였으며, 또한 이 임무를 완수하기 위하여 유엔한국임시위원단의 한국 파견을 결정하였다.

유엔한국임시위원단은 1948년 1월 8일 서울에 도착하여 활동을 개시하였는데 소련은 모스크바협정에 위반된다는 이유로 북한에의 입국조차 거절하였다. 유엔한국임시위원단은 소련군 점령하의 북한 지역에서는 당분간 자기들의 기능을 행사할 가능성이 없으니 선거 가능한 지역에서만 우선 선거를 하는 것이 어떻겠느냐는 질의를 유엔에 내고 유엔 소총회의 승인을 받아 남한에서만의 선거를 실시하기로 하였다.

1948년 5월 10일의 총선거에 의하여 구성된 초대 국회는 헌법제정을 목적

14 건국헌법과 제헌헌법은 같은 의미로 사용되고 있으나, 이하 본서에서는 이를 모두 '1948년 헌법'이라 부르기로 한다.

으로 구성된 것이었으나 김구 선생과 김규식 선생 등의 선거불참으로 이승만 박사의 영향력이 절대적이었으며 한민당과 무소속이 이를 지원했을 뿐이었다. 5월 31일에는 국회가 소집되어 국회를 구성하고 6월 3일에는 헌법기초위원회를 구성하였다. 기초위원회는 유진오 씨 안을 원안으로 하고 권승열 씨 안을 참고 안으로 하여 초안을 작성하였다.

유진오 씨의 원안은 국회를 양원제로 하고, 정부형태를 의원내각제로 하고, 법률의 위헌심사권을 대법원에 부여한 것이 주요한 골자였다. 그러나 이승만 박사는 이 안에 대하여 반대하고 단원제와 대통령제를 주장하였다. 헌법기초위원회의 토의과정에서 이 박사의 뜻에 따라 국회는 단원제로, 정부형태는 대통령제로 수정하게 되었다.

6월 23일에는 헌법초안이 국회본회의에 상정되어 활발한 토론이 행해졌고, 수많은 수정안이 나와 한때는 헌법의 조속한 제정이 곤란한 것처럼 보였다. 그러나 국내외의 여건으로 보아 8월 15일 까지는 정부수립을 전세계에 선포하여야 할 필요를 느껴 헌법안의 심사를 일사천리로 진행하였다.

6월 30일에는 제1독회를, 7월 11일에는 제2독회를, 7월 12일에는 제3독회를 마쳐 국회를 통과하게 되었다. 이 헌법은 7월 17일 국회의장이 서명하여 공포하고 그 날로 시행하였다.

2. 1948년 헌법의 내용

가. 정치제도

1948년 헌법은 민주공화국·국민주권주의·국제평화주의를 규정하고 있으며, 정치제도와 관련하여 국가권력의 분립을 명시하고, 임기 4년의 의원들로 구성된 단원제 국회와 국회에서 간접선거로 선출되는 대통령제에 약간의 의원내각제를 가미하고 있다. 그밖에 법원은 10년 임기의 법관들로 구성되며, 지방자치·통제경제질서·헌법위원회·탄핵재판소를 규정하였으며, 헌법개정은 국회의 의결로 가능하게 하였다.

나. 기본권규정 및 기타규정

1) 고전적 기본권보장 즉, 평등권, 신체의 자유 등
2) 법률유보에 의한 기본권 제한을 규정
3) 노동3권과 사기업에 있어서 근로자의 이익분배균점권
4) 생활무능력자의 보호, 가족의 건강의 보호 등
5) 자연자원의 원칙적인 국유화, 경자유전의 원칙에 입각한 농지개혁을 규정
6) 재정에서는 조세법률주의와 일년예산주의가 규정

II. 1952년 헌법(발췌개헌) – 제1차 헌법개정

1. 제1차 헌법개정의 경과

이승만 박사는 대통령으로 선출된 뒤 정부구성에서부터 국회와 정당을 경시한 1인 집권을 하였다. 대통령은 국회에 대해 책임을 지지 않았으며, 한민당을 소외하였으므로 한민당을 중심으로 한 야당이 내각책임제로의 개헌안을 제출하였다. 그 내용은 대통령제를 의원내각제로 할 것과 위헌 여부가 문제되던 특별법원에 헌법적 근거를 둘 것, 천재·지변·기타 불가항력의 사태가 발생할 때에는 행정부가 선거를 연기할 수 있도록 한 것이었다.

헌법제정 후 1년 만에 있었던 이 개헌안은 이 대통령의 지시에 따른 여당계 의원들의 맹렬한 반대와 백지투표에 의하여 압도적인 표차로 부결되었다.

1950년 5월30일에는 제2대 국회의원선거가 실시되었다. 제헌국회 선거시에는 피선거권이 박탈되었던 민족반역자에게도 선거권이 인정되게 되었고 5·10선거를 보이콧했던 중도파들도 선거에 참여하게 되었다. 5·30선거로 구성된 제2대 국회는 야당이 의석의 절대다수를 차지하여 국회에서 이승만 대통령이 재선되기는 불가능하게 되었다. 그런데 6.25전쟁이 일어나 이승만 대통령

은 비상계엄과 긴급명령으로 통치를 연장할 수 있었다. 이승만 대통령은 4년 임기를 반년 남겨둔 1951년 11월 30일에는 정·부통령을 직접 선거하고 국회를 상·하 양원제로 하는 헌법개정안을 제출하였다.

정부의 이 직선제 개헌안은 1952년 1월 18일의 국회에서 표결되었는데 재적의원 1백63명 중 가 19, 부 1백43, 기권 1로 부결되었다. 야당은 이에 고무되어 그해 4월 17일 국회의원 1백23명의 찬성을 얻은 내각책임제 개헌안을 제출하였다. 이승만 대통령은 이에 대응하여 5월 14일에 지난 1월에 부결되었던 것과 같은 내용의 정·부통령 직선, 국회 양원제로의 헌법개정안을 제출하였다.

비상계엄 요건이 없는데도 비상계엄을 임시 수도인 부산 일원에 선포하였다. 군대는 야당 국회의원을 강제 연행·감금하였다. 또 지방민들을 강제 동원하여 국회의원 소환운동과 군·경의 삼엄한 경비하에 공포분위기를 조성하였다.

정부는 헌병대에 감금되었던 국회의원과 숨어 지내던 국회의원들을 임시의사당으로 강제연행해 7월 4일 임시국회에서 소위 '발췌개헌안'을 통과시켰다. 이 발취개헌안은 정부안과 야당안 중에서 일부분을 각각 발췌하여 만든 것으로 정부안의 대통령직선제와 야당안의 국무원연대책임제가 절충된 것이었다.

2. 제1차 헌법개정의 문제점

발췌개헌은 첫째, 공고의 절차에 위반한 개헌이었고 둘째, 투표의 자유에 하자가 있는 위헌적인 헌법개정[15]이었다. 그리고 우리나라 최초로 양원제를 채택하였으면서도 참의원선거를 하지 않아 실제로는 단원제로 운영되었다는 점이다.[16]

15 비상계엄이 선포된 가운데 국회의원의 토론의 자유없이 강행되었기 때문이다.

16 정부제안의 대통령직선제안과 야당제안의 의원 내각제안은 각각 공고되었으나, 이를 발췌한 개헌안을 공고됨이 없이 국회에서 정식으로 讀會를 거치지도 않고 가결된 것이기에 공고의 절차를 위반한 개헌이다(김철수, 헌법학신론, 박영사, 2005, 46면).

3. 제1차 헌법개정의 내용

발췌개헌은 헌법의 21개 조항을 수정, 삭제 또는 증보한 것으로서 그 주요 내용은 다음과 같다.

1) 대통령과 부통령의 직선제와 양원제국회
2) 국회의 국무원불신임권과 국무총리 인준권
3) 국무총리의 국무위원제청권

Ⅲ. 1954년 헌법(4사5입개헌) – 제2차 헌법개정

1. 제2차 헌법개정의 경과

1954년 5월 20일의 제3대 국회의원 선거에서 자유당이 원내 절대다수의 의석을 차지하자 자유당 정권은 이승만 대통령의 3선을 가능하게 하기 위한 개헌에 착수하였다. 1948년 헌법은 대통령의 3선을 금지하고 있었으므로 이를 개정하여 이 대통령의 영구집권을 가능하게 하기 위한 헌법개정안이 9월 8일 국회에 제출되었다.

이 안은 11월 17일 국회에서 표결한 결과 재적 3분의 2에 1표가 부족하여 부결선포 되었다. 그러나 자유당은 이틀 뒤 이것은 사사오입이라는 수학적 이론에 따라 가결된 것이라 하여 번복 의결하였다.

2. 제2차 헌법개정의 문제점

사사오입개헌은 첫째, 절차적인 면에서 정족수에 미달한 위헌적인 개정이었고, 둘째, 내용적인 면에서 초대 대통령에 한하여 중임제한을 철폐한 것은 평등의 원칙에 위반되는 위헌 무효의 헌법개정이었다.

4·19혁명당시
시민들의 시위장면

3. 제2차 헌법개정의 내용

1) 순수한 미국식 대통령제로 환원
2) 경제조항을 통제경제에서 자유경제체제로 대폭 수정
3) 초대대통령에 한하여 중임제한규정을 철폐한 것
4) 국무총리제 및 국무위원연대책임제의 폐지
5) 대통령궐위시의 부통령 승계제도
6) 주권의 제약 또는 영토변경의 경우에는 국민투표 실시
7) 국무위원에 대한 개별적 불신임제 채택
8) 헌법개정안에 대한 국민발안의 허용
9) 군법회의의 헌법석 근거 부여

Ⅳ. 1960년 헌법(의원내각제개헌) - 제3차 헌법개정[제2공화국][17]

1. 제3차 헌법개정의 경과

4사5입개헌으로 이승만 대통령의 영구집권의 길은 열었으나, 국민의 이 정권에 대한 불만은 극도에 달하였다. 자유당은 대통령의 3선에는 성공하였으나, 4선에는 성공을 낙관할 수 없어 3·15 부정선거를 행하였다. 3월 15일에 실시된 정·부통령선거는 이승만 대통령의 4기 집권을 관철하기 위한 철저한 부정선거였다. 이에 부정선거와 자유당 정권에 반대하는 학생데모가 전국적으로 일어나 저항권을 행사한 4·19혁명이 성공하였다.

1960년 4·19혁명으로 이승만의 독재정권은 무너지고, 5월 2일 허정을 내각수반으로 하는 과도정부가 구성되었다. 국회는 내각책임제로의 헌법개정을 위한 헌법기초위원을 선임하고 기초에 착수하였는데 6월 초에 헌법 개정안을 완료하였다. 국회는 6월 11일에 개헌안을 제출하고 6월 15일에 압도적 다수로 통과시켰다.

2. 제3차 헌법개정의 내용

가. 정치제도

제3차 헌법개정의 정치제도는 국회의 상실된 정치적 자유의 회복과 국민에 대한 책임을 지게 하기 위하여 내각책임제도를 채택하였고, 헌법재판소를 설치하였으며, 대법원장과 대법관의 선거제도를 규정하였으며, 중앙선거관리위원회를 헌법상 기관화하였으며, 지방자치단체장의 선거제를 채택하였다.

17 제3차 헌법개정은 진정한 의미에서의 새로운 민주공화국의 건설과 국민의 기본권보장을 철저히 한 측면에서 제2공화국 헌법의 제정이라고 보아야 한다는 의견도 있다(김철수, 상게서, 48면).

나. 기본권 및 기타규정

1) 기본권의 보장에 있어서 이제까지의 법률유보조항을 없애어 기본권보장을 강화한 점
2) 복수정당제도의 보장과 정당조항 신설
3) 경찰의 중립을 규정
4) 공무원의 신분 및 정치적 중립성 보장

V. 1960年 헌법(부정선거처벌개헌) – 제4차 헌법개정(부칙개정)

1. 제4차 헌법개정의 경과

자유당 치하에 억압되었던 국민들은 새로운 헌법이 보장하고 있는 언론·출판·집회·결사의 자유를 누렸으며, 전국각지에서 각종 시위와 집회 등이 잇달았고, 정부는 이를 자유의 만용이라고 보아 이를 제재하려는 입법까지 구상하고 있었다. 특히 3·15부정선거의 원흉들에 대한 법원판결이 지나치게 경하다고 하여 10월 10일에는 학생들이 일시 의사당을 점거하고 민족반역자를 처벌하는 득별법의 제정을 호소하였다.

이에 민의원은 10월 17일 헌법부칙에 특별조치법제정의 근거를 설치함을 목적으로 하는 개헌안을 제출하였다. 국회는 11월 29일 반민주행위자 처벌을 위한 소급입법의 근거를 마련하는 제4차 헌법개정안을 통과시켰다. 12월 31일에는 이에 따라 반민주행위자공민권제한법을 제정하였다. 이 법은 효력이 발생하여 명단공고까지 끝났으나 5·16에 의하여 폐지되고 말았다.

2. 제4차 헌법개정의 문제점과 내용

제4차 헌법은 소급입법에 의하여 참정권과 재산권 등을 제한할 수 있게 한 점에서 위헌이라는 논란을 가지고 있었으나, 5·16 군부쿠데타로 완결을 보지 못하였다. 그 내용은 다음과 같다.

가. 소급입법에 의한 반민족행위자의 공민권제한을 할 수 있는 특별입법의 근거부여

나. 부정축재자의 처벌에 관한 소급입법을 제정할 수 있는 근거부여

Ⅵ. 1962년 헌법(국가재건최고회의개헌) - 제5차 헌법개정[제3공화국]

1. 제5차 헌법개정의 경과

5·16군사쿠데타의 성공으로 군사혁명정부는 포고령과 계엄령으로 통치하였으며, 국가재건최고회의를 구성하여 1961년 6월 6일에는 국가재건비상조치법을 제정·공포하였다. 비상조치법 제정으로 헌법은 실질적으로 효력을 상실하였고, 비상조치법에 위반하지 아니하는 한도내에서만 효력을 유지하였다. 이 비상조치법은 혁명과업수행에 지장이 없는 범위내에서만 기본권을 보장하고 국가권력을 국가재건최고회의에 통합한 군사과도정부 입법이었다.

군사정권은 민정이양의 공약을 실현하기 위하여 비상조치법 개정의 방법으로 새로운 헌법의 제정을 선언하고 국민투표로 헌법을 채택하기로 하였다.

1962년 7월 11일 최고회의는 최고위원 9인과 민간인 학자 및 전문가 21명으로 헌법심의위원회를 구성하고 7월 16일부터 업무를 시작하였다. 10월 23일에는 새 헌법요강이 결정되고 11월 5일에 공고된 뒤, 12월 6일 최고회의의 의결을 거쳐 12월 17일의 국민투표에서 확정되었다.

서울역 앞의 군인

이것은 형식상으로는 헌법개정이라고 하였으나 국회가 헌법을 개정한 것이 아니고 최고회의가 비상조치법 개정의 방법에 의하여 개정한 것이니만큼 헌법의 개정이라고 할 수 없다. 이는 실질적 의미의 헌법이었던 비상조치법에 대신하는 새로운 헌법의 제정이라고 하겠다. 이 헌법은 제3공화국 헌법이라고 불린다.

2. 제5차 헌법개정의 내용

가. 정치제도

제5차 헌법개정은 3권 분립에 근거한 대통령 중심제를 채택하였으며, 국회를 단원제로 하여 국회의 조직·운영을 간소화하고 국회활동을 약화시켰다. 사법권 독립과 법원에 위헌법률심사권을 부여하여 사법권우위의 원칙을 확립하였으며, 탄핵심판위원회의 설치와 헌법개정에 국민투표를 필수적인 것으로 하고 있다.

나. 기본권 및 기타규정

1) 헌법전문이 최초로 개정
2) 기본권에 인간의 존엄과 가치를 추가

3) 극단적 정당국가화의 경향
4) 법관의 임명은 법관추천회의의 제청을 받도록 함
5) 경제과학심의회의, 국가안전보장회의 등을 둠

Ⅶ. 1969年 헌법(3선개헌) – 제6차 헌법개정

1. 제6차 헌법개정의 경과

1967년에 실시된 제7대 국회의원선거에서 민주공화당은 3분의 2의석을 차지하여 개헌여부가 관심의 대상이 되었다. 1969년 8월 7일에는 우여곡절 끝에 박정희 대통령의 장기집권을 가능하게 하기 위한 3선허용 헌법개정안이 국회에 제출되었다. 국민과 각 정당의 반대가 있었음에도 불구하고 9월 14일 국회 제3별관에서 야당에는 통지하지 아니하고 여당만으로 변칙 처리하였다. 10월 17일에 실시된 국민투표에서 확정되었다.

2. 제6차 헌법개정의 내용

가. 국회의원 정수의 상한을 250인으로 규정
나. 국회의원은 각료를 겸할 수 있도록 법률에 위임
다. 대통령에 대한 탄핵소추 요건의 강화
라. 대통령의 계속 재임은 3기로 제한

남북공동성명서를 발표하는
이후락 중앙정보부장

Ⅷ. 1972년 헌법(유신헌법) – 제7차 헌법개정[제4공화국]

1. 제7차 헌법개정의 경과

1971년 4월에는 제7대 대통령선거가 행해졌는데 박정희 대통령은 직선에서 어렵게 당선이 되었다. 1971년 5월 25일에 실시된 국회의원선거에서는 여·야 의석이 균형을 이루게 되었다. 제8대 국회는 균형 국회로서 민주정치의 발전이 기대되었으나 박 대통령은 국회기능에 대하여 부정적인 태도를 취하였다.

1971년 12월 27일에는 [국가보위에 관한 특별조치법]을 마련하여 헌법에 위반되는 국가긴급권을 행사할 수 있도록 하였다. 1972년에는 유명한 7·4남북공동성명이 발표되었고 남북조절위원회가 구성되어 통일에 대한 열망을 고조시켰다.

1972년 10월 17일 박 대통령은 [정상적인 방법이 아닌 비상조치로써 남북대화의 적극적인 전개와 주변정세의 급변하는 사태에 대처하기 위한 체제개혁을 단행한다]는 명분으로 비상조치를 단행하였다. 이 조치에서 국회를 해산하고 국회의 기능을 비상국무회의에서 대행하도록 하고 10월 27일까지 헌법개정안을 공고하고 국민투표에 붙이도록 하였다.

비상국무회의는 이 안을 상정하여 의결하고 10월 27일에 공고하여 11월 21일에 국민투표에 회부·확정하였다.

2. 제7차 헌법개정의 문제점

이 유신헌법은 국민의 여론 수렴 없이 밀실에서 모여 만든 것으로서 국회의 의결도 없이 위헌적인 절차에 의하여 개정되었다.

민주적 정당성이 없기 때문에 헌법의 개정이라고는 할 수 없고 쿠데타에 의한 헌법제정이라고 보는 견해도 있다.

3. 제7차 헌법개정의 내용

가. 정치제도

제7차 헌법개정의 정치제도는 강력한 대통령의 권한이 가장 큰 특징이라고 할 수 있다. 우선 대통령의 직선제를 통일주체국민회의에 의한 간선제로 바꾸었으며, 대통령은 국회의 동의나 승인을 필요로 하지 아니하는 사전적·사후적 긴급조치권을 비롯하여 국회해산권, 국회의원정수의 3분의 1의 추천권, 대통령에게 모든 법관의 임명보직권을 부여, 국회의 회기단축, 헌법개정에게 이원화, 중임이나 연임제한에 관한 규정을 두지 아니함으로써 1인 장기집권을 가능하게 하는 절대권력을 행사할 수 있게 되었다.

1979년 12월 27일
제10대 최규하 대통령 취임식
(장충체육관)

나. 기본권 및 기타규정

1) 기본권조항에 법률유보조항을 두어 기본권의 제한을 용이하게 함
2) 노동3권의 주체와 범위가 대폭 제한

Ⅸ. 1980년 헌법(국보위개헌) – 제8차 헌법개정[제5공화국]

1. 제8차 헌법개정의 경과

1979년 10·26사건에 의하여 비상계엄이 선포되었으나 긴급조치해제와 함께 새로운 헌법질서가 모색되기 시작하였다. 국회와 정당, 학계, 사회단체에서도 헌법개정의 기운이 일어났고 많은 시안이 발표되었으며 국회공청회가 각지에서 열리기도 하였다.

국회는 헌법개정에 있어 주도권을 장악하려고 하였고, 정부는 정부대로 주도권을 장악하려고 하여 개헌안에 대한 단일안 작성이 어려운 것처럼 보였다. 국회는 헌법개정심의 특별위원회를 만들어 공청회를 거쳐 1980년 5월 15일에는 국회안을 거의 마무리 지었다. 그러나 12·12사태를 통해 신군부 세력이 군부 및 징권 전반을 장악한 상태에서 1980년 5월 17일에는 비상계엄령이 전국에 확대실시되어, 국회·정당·정치활동이 금지되었으며 일대 정화작업에 들어갔으며 헌법개정작업도 정부로 이양되었다.

6월에는 국가보위비상대책위원회가 설치되어 정상적인 헌정이 중단되었다. 1980년 3월에 구성되었던 헌법심의위원회 소위원회에서는 국회안과 각계각층안을 참조하여 요강을 작성한 뒤 이를 8월의 헌법심의위원회 전체회의에 회부하였다. 9월 9일에는 심의위원회안이 확정되었으며, 국무회의에서 의결되어 9월 29일에 공고되었다. 10월 22일에는 국민투표로써 확정되었다.

정부는 10월 27일에 제 5 공화국 헌법을 공포하여 이를 시행하게 되었으나 신국회가 개원될 때까지 국가보위입법회의가 국회의 권한을 대행하였다.

2. 제8차 헌법개정의 내용

가. 정치제도

제8차 헌법개정의 정치제도는 대통령제를 기본으로 하였으나, 국회에 대한 대통령의 절대적 우월성을 보장하였다. 대통령선거인단 의해 대통령을 선출하는 간선제를 채택하였으며, 대통령의 임기 7년의 단임제와 임기연장 또는 중임변경을 위한 헌법개정은 그 헌법개정안 당시의 대통령에 대해서는 적용될 수 없게 하였다. 또한 일반법관은 대법원장이 임명하고, 대법원에 대법원판사가 아닌 법관을 둘 수 있게 하여 대법원의 구성을 이원화하였으며, 광범한 관리경제까지 규정하여 사회적 시장경제질서를 기본으로 하였다.

나. 기본권 및 기타규정

1) 전문에서 제5공화국의 출범을 명시
2) 제1장 총강에서 전통문화의 창달, 재외국민보호, 국가의 정당보조금 지급, 국군의 사명조항을 신설
3) 기본권조항에서는 개별유보조항을 없애고 연좌제금지, 사생활비밀, 환경권, 행복추구권, 적정임금보장조항 등이 새로 추가
4) 독과점금지·중소기업보호·소비자보호조항을 신설하였다.

X. 1987년 헌법(대통령직선제개헌) – 제9차 헌법개정[제6공화국]

1. 제9차 헌법개정의 경과

제5공화국 헌법이 시행된 이후 대통령선거인단에 의한 대통령간선제가 논란의 대상이 되었으며, 국회의 권한약화와 사법권의 행정부 종속화에 대한 비판이 대두되었다. 1985년 2월 15일에 실시된 제12대 국회의원총선거를 계기

로 하여 표면화된 민주화에 대한 요구와 대통령직선제를 통한 국민의 자유로운 정부선택권과 기본권보장의 확대·강화 등을 골자로 하는 국민적 개헌요구를 1987년 이른바 「6·29 민주화선언」의 형태로 수용함으로써 헌법개정작업에 착수하게 되었다.

1987년 8월에 여야 8인회담에 의하여 개정안이 합의되었으며, 9월 18일에는 대통령직선제 개정안이 국회에서 발의되고, 10월 12일에는 국회에서 의결되었으며, 10월 27일에는 국민투표로 확정되었고, 10월 29일에 공포되었다.

부칙 제1조가 1988년 2월 25일을 효력 발생일로 규정하고 있지만, 제9차 개정헌법을 1987년 헌법이라 부르고 있다.

2. 제9차 헌법개정의 내용

가. 정치제도

제9차 헌법개정의 정치제도는 과거의 대통령에의 권력집중의 폐단을 없애고, 1962년 헌법에 복귀하고자 하는 경향을 보여주고 있다. 입법부·행정부·사법부의 상호 견제와 균형을 기한 대통령중심제에 의원내각제적인 요소를 많이 가미하고 있다.

국회는 행정부에 대하여 국무총리임명동의권 및 국무총리·국무위원 해임건의권, 주요공무원에 대한 탄핵소추권, 국정감사권 등을 가져 견제하고, 사법부에 대해서는 대법원장임명동의권, 법원예산심사의결권 등을 통해 어느 정도 견제할 수 있다.

행정부는 국회에 대하여 법률안거부권, 긴급명령권 등을 가져 견제할 수 있게 되었으며, 사법부에 대해서는 대법원장 및 대법관임명권, 법원예산편성권 등을 가져 견제할 수 있다.

사법부는 국회에 대하여 위헌법률심판제청권을 가짐으로써, 행정부에 대하여는 위헌·위법명령심사권 등을 가짐으로써 견제작용을 할 수 있게 되었다.

헌법재판소제도를 도입하여 헌법재판소의 기능을 활성화하여 국민의 기본권 보장의 실질화와 국가권력의 남용을 규제하게 되었다. 국가의 최고기관 중

하나로 볼 수 있는 헌법재판소는 대통령, 국회, 법원과의 상호견제와 균형을 이루게 되었다.

나. 기본권 및 기타규정

1) 전문에서 대한민국임시정부의 법통과 불의에 항거한 4.19민주이념의 계승 및 조국의 민주개혁의 사명을 명시
2) 제1장 총강에서 국군의 정치적 중립성 준수, 자유민주적 기본질서에 입각한 평화적 통일정책의 수립·추진 규정을 신설
3) 적법절차규정을 도입하여 형사피의자와 형사피고인의 권리를 확대, 범죄피해구조청구권을 신설
4) 주택개발정책의 실시, 여자·노인·청소년·신체장애자의 복지향상에 의한 규정 보완
5) 언론·출판·집회·결사에 대한 허가제와 검열제를 금지
6) 경제의 민주화 규정

조선민주주의 인민공화국 헌법의 略史

Ⅰ. 1948年 북한헌법(인민민주주의헌법)

1. 1948년 북한헌법의 제정과정

1947년에 북조선임시인민위원회로부터 계승·개편된 북조선인민위원회는 헌법초안을 작성하기 위하여 '31인위원회'를 구성하였으며, 이 위원회는 한반도 전체에 적용될 헌법의 기초를 마련하고자 시도하였다. 이에 입각하여 이 위원회는 조선민주주의인민공화국 헌법초안을 작성, 조선민주주의인민공화국 최고인민회의 제1기 제1차 회의에 제출하여 그 초안이 채택되었는데, 이것이 1948년의 북한헌법인 「조선민주주의인민공화국헌법」이다.

1948년의 북한헌법은 사회주의적 발전단계 중 초기형태를 그대로 반영하고 있는데, 제8조의 생산수단의 사적 소유의 인정과 토지 중소상공업의 소유 및 상속을 허용하여 아직은 사회주의헌법으로 향하는 과도기적 헌법에 해당하고 있음을 입증하고 있다.[18] 이는 북한사회가 사회주의로의 발전과정에서 완전한 혁명을 경험하지 못한 이유에서 비롯된 현상이다.

이와 관련하여 1948년 북한헌법제정 당시 북한에는 김일성중심의 갑산파와 중국공산당 또는 소련군과 운명을 같이한 연산파 및 소련파, 그리고 국내의 조선공산당파가 각각의 세력을 형성하여 1948년의 북한헌법을 제정하는 과정에서 그들의 의견을 반영하고자 하였으며, 북한사회를 보는 그들의 인식의 차이

18 박상철, 북한법률용어의 분석 (Ⅰ)-헌법편-, 한국법제연구원, 1995, 36면.

로 인하여, 특히 토지소유제한의 범위·중소상공업의 허용여부 등에 대한 치열한 논란이 있었다.

소련파는 부르조아 청산을 주장한 반면에, 조선공산당파와 김일성의 갑산파는 친일파와 같은 민족반역자들을 숙청하고 봉건제도의 유습을 청산하여 진정한 민주주의제도를 정착시켜야 할 필요한 단계라고 주장하였다.

1948년의 북한헌법은 대체적으로 조선공산당파와 김일성의 갑산파들의 주장이 받아들여져 초기형태의 사회주의 발전단계에서 나타나는 일반적인 특징과 더불어 반봉건적·반자본주의적·반사회주의적 요소가 혼합된 헌법이 되었다.

1948년 9월 8일의 「조선민주주의인민공화국헌법」의 제정과 더불어 동년 9월 9일에 조선민주주의인민공화국을 수립함으로써 북한의 사회주의 정권이 성립되었다.

2. 1948년 북한헌법의 주요내용

1948년의 북한헌법은 총 10장 104개 조로 구성되어 있다.

1948년의 북한헌법은 제1장에서 10개 조의 총칙적인 규정을 두고 있으며, 제1조에서 國體 및 政體를 [조선민주주의인민공화국]이라고 밝히고, 제2조에서는 주권은 명목상이나마 인민에게 있음을 명시하되 그 주권의 행사는 인민의 최고주권기관인 최고인민회의와 지방주권기관인 인민위원회가 하도록 규정하고 있다.

제2장 [공민의 기본적 권리와 의무]에서는 제11조에서 공민은 성별·민족별·신앙·기술·재산·지식 정도의 여하를 불문하고, 국가·정치·경제·사회·문화생활의 모든 부문에 있어서 동등한 권리를 가지며, 제12조에서는 선거연령은 만 20세 이상으로 하였다.

제3장은 권력구조에 관하여 규정하고 있는데, 최고주권기관으로서 최고인민회의(제32조~제46조)·최고인민회의 상임위원회(제47조~제51조)를 두고, 제4장 국가중앙집행기관으로서 내각(제52조~제62조)·성(제63조~제67

조)을 두며, 제5장 지방주권기관으로서 각급 인민위원회를 두고 있다(제68조~제81조). 특히 제32조의 최고인민회의는 최고주권기관이며 입법권을 유일하게 행사할 수 있는 기관으로서 국가대표권을 가진 합의제국가의 원수의 지위에 있지만, 실질적으로는 최고인민회의의 휴회 중에 그 기능을 행사하는 최고인민회의 상임위원회가 권력의 핵심이었다고 할 수 있다.

제6장 사법제도부문에 관하여는 제82조에서 재판은 최고재판소, 도·시·군재판소·특별재판소에서 수행하며, 제83조에서는 재판소의 구성은 최고재판소의 경우 최고인민회의에서, 도·시·군재판소의 경우 비밀투표로 각급 인민위원회에서 선거하도록 하고, 특별재판소의 경우는 따로 법령으로 규정하도록 하였다.

이 밖에 기타 사항으로 제7장 [국가예산(제95조~제99조)]·제8장 [민족보위(제100조)]·제9장 [국장, 국기, 수부(제101조~제103조)]·제10장 [헌법수정의 절차(제104조)] 등에 대하여 규정하고 있다. 여기에서 특이한 것으로는 제103조에서 '조선민주주의인민공화국의 수부는 서울시'라고 규정함으로써 한반도 전체를 지배하는 헌법적 구상을 피력하고 있으며, 제104조에서는 조선민주주의인민공화국 헌법의 수정은 최고인민회의에서만 수행할 수 있고, 또한 대의원 전원의 3분의 2 이상의 찬성이 있어야만 채택된다고 규정하고 있다.[19]

II. 1972년 북한헌법(사회주의헌법)

1. 1972년 북한헌법의 제정과정

1948년 북한헌법의 다섯 차례의 개정 후, 1972년 10월 28일 최고인민회의 제5기 제1차 회의에서 「조선민주주의인민공화국 사회주의헌법」[20]이 제정되었다.

19 1948년 북한헌법 제104조는 1972년, 1992년의 북한헌법에서는 사라진 헌법의 개정절차를 갖고 있다.
20 1972년의 북한헌법은 북한정권의 수립으로부터는 제6차의 개정에 속하지만, 이 헌법의 성격상 새로운 헌

[1948년 북한헌법의 다섯차례 부분개정의 내용]

가. 제1차 개정은 1954년 4월 23일 최고인민회의 제1기 제7차 회의에서 헌법 제37조 제8항 '도·시·군·리(읍 및 로동자구)구역의 신설 및 변경'으로 개정하여 면을 폐지하고, 제58조의 내각구성 조항의 일부를 개정하였다.

나. 제2차 개정은 1954년 10월 30일 최고인민회의 제1기 제8차 회의에서 지방정권기관에 의결기관인 각급 '인민회의', 그 집행기관인 각급 '인민위원회'를 설치할 것을 골자로 하여 제5장과 이와 관련된 전조항을 수정하였고, 그 밖에 제36조에서 최고인민회의대의원의 임기를 '3년에서 4년'으로 조정하였다.

다. 제3차 개정은 1955년 3월 11일 최고인민회의 제1기 제9차 회의에서 제2차 헌법개정에 따른 각급 지방정권기관의 권한변경과 최고인민회의 상임위원회 구성조항 및 내각 구성조항의 개정이 있었고, 그 밖에 제53조의 내각권한에 대한 자구수정(지시를 명령으로)이 있었다.

라. 제4차 개정은 1956년 11월 7일 최고인민회의 제1기 제12차 회의에서 제12조 제1항의 선거권·피선거권의 연령을 만 20세에서 만 18세로 변경하였다.

마. 제5차 개정은 1962년 10월 18일 최고인민회의 제3기 제1차 회의에서 제35조를 수정하여 대의원의 선출을 인구 5만에 1명 비율에서 인구 3만에 1명으로 개정하였고, 그 밖에 제58조 내각구성원에 대하여 수정·보완하였다.

1972년의 북한헌법의 제정동기는 그들 나름대로 사회주의를 발전시키면서 사회주의 발전의 초기형태인 인민민주주의원리가 더 이상 맞지 않게 되었고, 그 가운데 중국과 소련사이의 이념분쟁과 '주체사상'의 등장이라는 이념적 변화를 겪었으며, 당과 국가기관에 관한 규정, 즉 권력구조부문의 실질적 변화에 대한 필요성 때문에 1948년의 북한헌법은 더 이상 유효하지 않게 된 것에 그 원인이 있다.

1972년의 북한헌법은 북한사회를 전체인민의 국가로서의 성격을 규명하지 않고, 제10조에서 [프로레타리아독재와 계급노선의 관철을 선언]하고 있는 점에서 사회주의국가의 완성을 선언한 것으로 받아들일 수는 없다.

이러한 1972년의 북한헌법의 주요특징으로서는 노동당에의 초헌법적 지위

법의 제정으로 해석하는 것이 타당할 것이다. 그 이유는 헌법의 명칭에서 볼 수 있듯이 1948년의 북한헌법이 [조선민주주의인민공화국헌법]이라고 사용하던 것을 1972년의 북한헌법은 [조선민주주의인민공화국 사회주의헌법]으로 바뀌었으며, 그 내용상으로도 그 기본이념과 권력구조(국가성격·혁명목표·경제체제·주석제 신설 등) 등에서 본질적인 변화를 보이고 있기 때문이다.

부여의 명시화·사회주의적 소유제도의 확립·주체사상의 헌법규범화·국가주석제의 도입·집단주의원칙의 강조·남북통일문제의 직접적 언급 등을 예시할 수 있다. 특히, 권력구조의 측면에서는 공산당(노동당) 1당독제체제와 김일성 우상화체제의 확립을 통한 [김일성 1인독재체제]의 제도적 강화를 더욱 공고히 한 헌법이라는 점에 그 특색이 있다.

2. 1972년 북한헌법의 주요내용

1972년의 북한헌법은 총11장 149개 조로 구성되어 있는데, 그 주요내용을 살펴보면 다음과 같다.

가. 이 헌법은 헌법의 기본원리에 대하여 제1장에서 제3장에 걸쳐 정치·경제·문화로 나누어 규정하고 있다.

1) 정치적인 면에서는 제1조에서 국가의 성격을 [사회주의국가]라고 정의하면서 제2조에서 국가의 기초로서 [로동계급이 령도하는 로동동맹에 기초한 전체인민의 정치사상적 통일과 사회주의적 생산관계와 자립적 민족경제에 의거한다]고 규정하여 사회주의체제를 명시하였고, 또한 제4조에서는 지도원리로서 주체사상의 우위성을 밝히고 있다. 제10조에서 조선민주주의인민공화국은 [프로레타리아독재를 실시하며 계급로선과 군중로선]을 관철한다고 규정하고 있다.
2) 경제적인 면에서는 제18조에서 생산수단은 [국가 및 협동단체]의 소유로 하고, 제19조에서 소유형태는 [국가소유(전체 인민의 소유)]로 하며, 제31조에서 국가경제는 [계획경제]로 한다고 규정하고 있다.
3) 문화적인 면에서는 제36조에서 [사회주의적 민족문화]의 발전을 규정하고 있다.

나. 국민의 기본권에 대하여는 제4장 [공민의 기본권리와 의무]에서 제49조는 [하나는 전체를 위하여 전체는 하나를 위하여]라는 집단주의 원칙

을 새로이 추가하였고, 1948년의 북한헌법과는 달리 제52조에서 선거권의 연령을 [만 17세 이상]으로 인하하였다.

다. 권력구조에 대하여 1972년의 북한헌법은 주권기관으로서 제5장 [최고인민회의]·제6장 [조선민주주의인민공화국 주석]·제7장 [중앙인민위원회]·제9장 [지방인민회의·인민위원회]를 두고, 행정적 집행기관으로서 제8장 [정무원]·제9장 [지방행정위원회], 사법기관으로서 제10장 [재판소 및 검찰소]를 두고 있다. 헌법 권력구조의 구성요소로서 각 기관의 성격과 관계를 구체적으로 살펴보면 다음과 같다.

1) 최고인민회의는 헌법상 입법권·국가주석의 선거권 등 강력한 권한을 가지지만, 실질적인 권한은 노동당에 있다는 점에서 사실상 실효성이 없는 기관이다.

2) 제100조에서는 중앙인민위원회는 1972년의 북한헌법에 신설된 국가주권의 최고지도기관으로서 1948년의 북한헌법상의 최고인민회의 상임위원회가 가지고 있던 [정령제정권]과 내각이 가지고 있던 [정책결정권]을 가짐과 아울러 사법과 검찰을 지도하는 권한까지도 가지는 강력한 기관이나 실질적으로는 중앙인민위원회가 국가주석의 보조기관에 불과하다(제91조, 제101조 참조).

3) 제89조에서 조선민주주의인민공화국 주석은 국가의 수반으로서 국가주권을 대표하고, 제91조에서는 주석은 중앙인민위원회를 직접 지도하며 제92조에서 정무원 회의를 소집·지도하고, 제93조에서 최고사령관·국방위원회 위원장으로서 일체의 무력을 지휘·통솔하는 등의 권한을 가진다. 그러나 최고인민회의는 국가주석에 대한 소환권을 갖고 있지 않기 때문에 1972년의 북한헌법에서 신설된 국가주석제는 1948년의 북한헌법이 최고인민회의·수상·최고재판소라는 형식적인 3권분립의 형식을 취하면서 최고주권기관인 최고인민회의를 통한 합의제적인 집단지도체제를 유지한 반면에 단일지도체제로 전환하였음을 반영한 것이다.

4) 노동당 관련조항으로, 1972년의 북한헌법은 제4조에서 "조선민주주의인민공화국은 맑스-레닌주의를 우리나라의 현실에 창조적으로 적용한 조선로동당의 주체사상을 자기활동의 지도적 지침으로 삼는다"고 규정한 것으로 보아 노동당은 헌법상 규정되어 있는 국가의 최고기관을 지도하는 초헌법적 기관으로서의 지위를 가진다.

라. 1972년의 북한헌법은 제11장 [국장, 국기 및 수도]에 대하여 3개의 조항을 두고 있다. 1948년의 북한헌법과 비교하여 특별한 것은 조선민주주의인민공화국의 수도를 [서울]에서 [평양]으로 개정한 부문으로서, 이는 제5조의 남북통일문제 조항에서 '북반부에서 사회주의의 완전한 승리를 이룩하여 전국적 범위에서 외세를 물리치고 조국을 평화적으로 통일하며…'와 균형을 맞춘 개정으로서 헌법상 현실을 수긍하여 수용한 것이다.

Ⅲ. 1992年의 북한헌법(사회주의수정헌법)

1. 1992년 북한헌법의 제정과정

1992년의 북한헌법은 1972년의 북한헌법이 제정된 이래로 20년만인 1992년 4월 9일 최고인민회의 제9기 제3차 회의에서 수정 채택되었다. 이 헌법은 사회주의헌법의 제1차 개정에 해당하고, 1948년의 북한헌법으로 부터는 통산 제7차 개정에 해당하는 것이다.

1992년의 북한헌법은 구사회주의권의 몰락 이후 국제환경의 급변에 대응하고 대외정책의 이념과 원칙을 수정하여 대외경제개방정책의 추진을 위한 법적 토대를 마련하며 김정일에로의 후계권력체계의 기반과 권력의 승계를 효율적으로 달성하기 위하여 권력구조를 부분적으로 다원화하기 위하여 개정되었다.

2. 1992년 북한헌법의 주요내용

1992년의 북한헌법은 총 7장 171개 조로 구성되어 있는데, 그 주요 특징과 내용은 다음과 같다.

첫째, 헌법구조에 대하여 살펴보면 1992년의 북한헌법은 [제4장 국방]의 장을 신설하고, 특히, 중앙인민위원회의 산하기관에 불과하던 종전의 [조선민주주의인민공화국 국방위원회]를 독립기관으로 격상시키고, 경제의 중요성을 강조하여 종전의 [지방행정위원회]를 [지방행정경제위원회]로 개칭한 것이 특색이다.

둘째, 국가지도이념에 대하여 살펴보면 제1장 정치·제2장 경제·제3장 문화·제4장 국방에 걸쳐 규정하고 있다. 이 헌법은 1972년의 북한헌법의 정책을 재확인하여 사회주의체제의 고수의지를 명백히 천명하면서 [맑스-레닌주의]의 이념을 포기하고 제3조에서 [주체사상의 독자성]을 강조하고 있다. 제12조에서 북한의 사회주의발전단계에 대하여는 [프로레타리아독재의 실시]에서 [인민민주주의독재의 강화]로 규정하여 하향 조정하였으며, 제11조에서 당의 역할에 있어서 [조선로동당의 영도밑에 모든 활동을 진행한다]라고 규정하여 조선노동당의 역할을 보다 강조하고 있다. 그리고 대외경제개방정책의 구체화로서 제16조 [외국인의 합법적 권리와 이익을 보장하는 규정]과 제37조 [외국인·외국법인과의 기업합영과 합작을 장려하는 규정]을 신설하여 그 법적 근거를 마련하고 있다.

남북통일문제에 대하여는 제9조에서 [조선민주주의인민공화국은 북반부에서 인민정권을 강화하고 사상, 문화, 기술의 3대 혁명을 힘있게 벌려 사회주의의 완전한 승리를 이룩하며 자주, 평화통일, 민족대단결의 원칙에서 조국통일을 실현하기 위해 투쟁한다]라고 규정하였다.

셋째, 제5장 [공민의 기본권리와 의무]에 대하여는 1972년의 북한헌법과 크게 달라진 것은 없으며 다만 1972년의 북한헌법이 규정한 "반종교선전의 자유"를 삭제한 것이 두드러진다. 그러나 이것을 곧 종교의 자유에 대한 헌법적 보장으로는 보기 어려운 것은 제68조 제2항에 의해 종교의 자유를 제한할 여지를 광범위하게 마련하여 놓고 있기 때문이다.

넷째, 국가권력구조 개정부문의 구체적인 내용으로서, 제91조에서 최고인민회의의 경우에는 그 권한의 내용으로서 [주석소환권]·[최고인민회의 상설회의 서기장, 위원들의 선거·소환권]·[조약의 비준·폐기권] 등이 추가되고, 제99조에서 최고인민회의 대의원에 대하여도 종전의 불체포권 외에 [처벌받지 않을 특권]이 추가되어 최고인민회의의 권한이 대폭 강화되었다.

제105조에서 조선민주주의인민공화국 주석에 대하여는 [국가의 수반이며 조선민주주의인민공화국을 대표한다]고 규정하여 종전의 [국가주권을 대표한다]는 규정을 수정하여 주석의 헌법상의 지위를 축소하고 있다.

조선민주주의인민공화국 국방위원회는 종전에 중앙인민위원회의 부문별 위원회의 하나에 불과하였지만, 국가주석과 중앙인민위원회가 수행하던 군사와 관련한 권한·기능을 이관·일원화하여 1992년 북한헌법에서는 국방위원회를 [국가주권의 최고군사기관(제111조)]으로 분리·독립시킨 것이다. 중앙인민위원회에 대하여는 종전과 큰 변화는 없다. 다만, 중앙인민위원회의 임무와 권한에 있어서 군사에 관한 규정은 국방위원회로 이관되었다.

다섯째로, 1972년의 헌법은 [국장·국기·수도]만을 규정하였으나, 1992년의 북한헌법은 제7장 [국장·국기·국가·수도]에서 [조선민주주의인민공화국의 국가는 〈애국가〉이다(제170조)]라는 규정을 신설하였고, [국장]의 조항에서 [혁명의 성산 백두산]을 삽입하였다(제168조).

Ⅳ. 1998年 북한헌법(김일성헌법)

1. 1998년 북한헌법의 제정과정

북한은 1998년 9월 5일 만수대 의사당에서 김정일을 비롯한 대의원 680명이 참석한 가운데 최고인민회의 제10기 제1차 회의를 개최하여 「사회주의헌법」을 수정하고 권력구조를 개편하였다. 최고인민회의에서는 김정일의 권력

승계를 제도적으로 정비함으로써 김정일 시대의 출범을 재차 공식화하였으며, 행사는 김정일 시대의 '출범식'으로 표현될 정도로 향후 북한의 정국 방향을 가늠할 수 있는 중요 사항들이 결정되었다.

주요 변화 사항들은 헌법 개정을 통한 정부형태의 변화, 김정일의 국방위원회 위원장 추대, 국가지도기관 선거 등 권력구조의 개편과 관련된 내용이다.

이번 북한의 헌법 개정에 나타난 주요 특징은 형식상이나마 권력분립을 통해 책임을 분산하고 권력기관간 상호 견제를 강화한 점을 들 수 있다. 김정일은 노동당 총비서와 국방위원장직을 유지함으로써 북한 권력의 양대 기둥이라 할 수 있는 당과 군을 제도적으로 직접 장악할 수 있는 여건을 마련하였다. 또한 정부의 권력은 최고인민회의 상임위원회와 내각에 분권화하는 방법을 통하여 상호 견제토록 하여 김정일이 막후에서 권력기관간 통제와 조정이 용이하도록 하였다. 이러한 권력구조하에서 김정일은 주요 국가업무를 자신의 의지대로 통치하되 사업결과에 따른 책임을 각 권력기관에 분산시키고 자신의 권위에 도전하는 세력의 성장을 철저히 억제할 것으로 판단된다.

2. 1998년 북한헌법의 주요내용

북한 '김일성헌법'의 주요 내용은 다음과 같다.

첫째, 김정일체제의 기반을 '김일성 유훈통치'에서 찾으려 한점이 이번 개정의 가장 큰 특징으로 종전에 없던 장문의 서문에서 김일성을 '공화국의 창건과 사회주의건설의 시조'로 칭송하고 있다. 또한, 서문의 내용에 '김일성헌법'이라고 표현하는 등 김일성 유훈통치를 지속함으로써 체제의 결속과 국민의 지지를 강화시키고자 노력하고 있음을 보여 주고 있다.

둘째, 경제부분의 부분적인 개정이다. 경제 활성화를 도모하기 위해 합법적인 경리활동을 통해 얻은 수입을 개인의 소유로 허용(제28조)하는 등 제한적이나마 사적 소유를 확대하는 한편, 종전 국가가 하거나 국가의 감독 밑에서 행하던 대외무역 통제 주체를 국가 또는 사회협동단체가 한다로 개정(제36조)하여 통제를 완화하였다. 또한 특수경제지대에서의 기업창설·운영을 장려

(제37조)하여 나진·선봉 등에서의 경제 활성화를 도모하려는 의도를 엿보이고 있다.

셋째, 권력구조의 변화 역시 주목되는 부분이다. 종전 주석에게 집중되어 있던 권한을 최고인민회의 상임위원회 및 내각 총리에게 분산하고, 국방위원회를 최고 권력기관으로 하는 것이다. 즉, 북한의 '김일성헌법'상 정부형태의 변화는 주석직을 폐지하고 종전 주석이 지닌 권한을 최고인민회의 상임위원회에 부여하는 한편 중앙인민위원회를 폐지하여 내각의 권한을 동시에 강화시킨 특징을 지니고 있다.

[북한 정부형태의 변화(1992년 헌법과 1998년 헌법비교)]

관련기관	1992년 헌법	1998년 헌법
최고주권기관	최고인민회의	최고인민회의
국가수반	주석	폐지(권력분산)
군통수권	국방위원회위원장	국방위원회위원장
최고지도기관	중앙인민위원회	폐지
행정적 집행기관	정무원	내각(정무원폐지)
지방주권기관	지방인민위원회	지방인민위원회
지방행정집행기기관	지방행정경제위원회	지방인민위원회

Ⅴ. 2009年 북한헌법

1. 2009년 북한헌법의 제정과정

가. 대외적 환경의 변화

최근 북한의 핵문제를 둘러싸고 미국을 위시한 국제사회로부터 받는 압박이 증가하고 있고, 이는 단순한 군사적 위협에 머무르지 않고 경제적인 형태로도 표출되고 있다. 뿐만 아니라, 중국 및 러시아와 등 기존의 우호적 관계에 있던 국가들과도 경제적인 문제로 다툼이 있다. 이에 11년간 사실상 김정일 1인 지배체제를 가져온 북한으로서는 정치체제를 공고히 하고 경제회생의 돌파구를 찾을 계기를 필요로 하게 되었다.

나. 대내적 환경의 변화

김일성과 그의 아들 김정일에 이어, 최근 북한은 김정은을 차기 국방위원장으로 사실상 내정하였다. 그런데 선친들과는 달리 김정은의 경우, 후계자 개인의 업적에 의한 권력의 정당성보다는 국가로부터의 체계적 정당성을 확보하기 위한 새로운 내용의 헌법을 필요로 하게 되었다. 특히 앞서 2차례의 권력 이양 작업 (1995년 장남 김정남, 2000년 차남 김정철)이 실패로 돌아간 점은 김정일에게 적잖은 부담이 되었다.

다. 2009년 헌법 개정의 과정

북한은 2009년 4월 제12기 최고인민회의에서 기존의 1998년 헌법을 개정하였다. 우선 헌법 개정의 구성을 보면, 기존의 7장 166조에서 7장 172조로 6개 조문이 늘어났다. 또한, 제2절 조선민주주의인민공화국 국방위원회 위원장을 제6장 국가기구편에 추가 신설함으로써 국방위원장의 법적 지위와 권한 강화를 헌법으로 명문화하였다.

다만, 의심스러운 점은 전술한 바와는 달리 이번 헌법 개정은 그 절차에서 있어서 헌법 초안 낭독이나, 대의원 전원일치의 찬성모습들을 방송을 통해 공표하지도 않고, 나아가서는 개정헌법의 내용을 즉시 알리지도 않았다는 것이다.

또한, 대내외적 요소에 비추어 이번 헌법 개정은 대폭적으로 이루어질 것이라는 관측과는 달리, 김정일 국방위원장을 중심으로 한 권력체제의 변화에만 중점을 둘 뿐 다른 부분은 최소한의 개정에 머물렀다는 점도, 북한체제에 대한 외부의 기대와 우려를 함께 만들고 있다.

2. 2009년 북한헌법의 주요내용

가. 비정상적으로 운영되어오던 국가체계를 정상화

북한은 1998년 헌법 개정 이후 사실상 비정상으로 운영되어오던 국가체계를 이번 헌법 개정을 통하여 정상적 국가체계로 제도화 하였다. 전술한 바와 마찬가지로 1998년 헌법은 주석직과 중앙인민위원회를 폐지하였다. 그 결과 국가 최고지도자와 최고지도기관의 공백이 발생하였던 것이다. 이에 이번 헌법 개정을 통해 국방위원장을 최고 영도자로 명시하였고, 국방위원회를 국가주권의 최고국방지도기관으로 격상시켰으며, 지방인민위원회가 최고인민위원회에 복종한다는 내용을 새로 첨가함으로써 국가주권을 대표하는 기관인 최고인민회의와 지방인민위원회 간의 관계를 보편적인 국가체계의 규범에 부합하도록 만들었다.

나. 후계체제 구축을 위한 국가체계의 정비

북한은 이번 헌법 개정을 계기로 후계체제 구축을 위한 국가체계를 정비하였다. 2009년 헌법 개정은 김정일 체제를 입헌적으로 완성한 것이자 동시에 후계자에게 확립된 국가체계를 물려주기 위한 의도가 내포된 것이다. 특히 1970년대 김일성 후계체제 구축과정을 보면, 김일성체제의 강화·완성과정과 김정일 후계체제 구축과정이 별개로 진행되는 것이 아니라 동시에 진행되었던 것처럼, 김정일 체제의 완성과 김정일 후계체제의 구축은 동시에 진행된다고 할 수 있다. 특히 국방위원회의 권한과 위상을 강화한 것은 국방위원회의 후계체제 구축을 위한 기반조직이자 후견그룹으로 활용하려는 포석이라는 점에서 주목할 만한 대목이다.

다. 최고인민회의와 최고인민회의 상임위원회의 권한 변동

국방위원장의 권한 강화는 자연스레 최고인민회의와 최고인민회의 상임위원회의 권한 축소를 가져왔다. 다만, 새로운 대외사업권 등을 추가함으로써 권한을 변화시켰다. 그러나 실질적으로는 최고인민회의와 관련된 개정내용이 국방위원장의 의안 제출권을 추가로 부여하는 것으로 그쳤으며, 상임위원회의 경우 특사에 관한 권한을 국방위원장에게 이양한 것에 불과하다.

라. 공산주의 문구의 의도적 삭제

이번 헌법 개정에서 공산주의라는 표현을 삭제한 것은 북한이 이미 선행노동계급이론으로서 맑스-레닌주의의 낙후성을 비판하고 이 보다 독창적인 혁명사상으로 주체사상을 내세운데 기인한다. 구소련방의 해체와 동구사회주의 국가의 체제붕괴내지 와해과정을 보면서 북한은 이들 국가들이 제대로 된 사회주의를 하지 않음으로써 사회주의의 몰락을 가져왔다고 설명하고 있다. 이 점에서 북한은 1992년 헌법 개정을 통해 맑스-레닌주의의 표현인 이른바 프롤레타리아독재, 프롤레타리아국제주의 등을 삭제한 바 있다.

이와 연관하여 북한헌법상 사회주의의 이상형으로 공산주의의 실현을 위하여 공산주의 이념을 명시하고 있었으나 이를 삭제하였다. 무엇보다 구소련의 전환과 여타사회주의국가의 변화과정에서 사회주의의 궁극목표인 공산주의의 실현이 사실상 무산된 현실을 반영하고, 선행노동계급이론의 전개과정을 비판해온 북한이 공산주의 이념을 내세우는 것은주체사상과 선군사상의 핵심내용이 선행노동계급이론을 뛰어넘는다는 내용에도 부합하지 않음을 고려한 것이라 할 수 있다.

마. 선군정치의 제도화

선군사상이란 김일성 주석의 주체사상처럼 김 위원장이 권력에 오른 뒤 내세운 집권 이데올로기다. 즉, 북한이 강성대국의 토대인 정치대국 건설을 위해 김정일 특유의 통치방식으로 제시한 것이 선군정치인 것이다. 선군정치는 말 그대로 군대를 중시하고 군대를 강화하는데 선차적 힘을 넣는 정치이며, 사상강국, 군사강국, 경제강국으로 이룩된 필승불패의 정치이다. 선군정치는 인민군대의 강화에 최대의 힘을 쏟고 인민군대의 위력에 의거하여 혁명과 건설의 전반 사업을 힘 있게 밀고나가는 것이지만, 그렇다고 단순히 군력강화에만 목적을 둔 정치를 말하는 것이 아니라는 점을 이번 헌법 개정을 통해 제도화하여 보여준 것이다.

바. 북한의 변화된 경제현실의 반영실패

최근 북한은 전대미문의 경제위기에 쳐해있다. 그럼에도 불구하고 이번 개정헌법은 경제 질서와 관련하여서는 일절 변화가 없다. 사실 외부에서는 7·1 경제관리개선조치 등 장마당의 활성화, 개성공단과 금강산관광사업 등 남북경제협력사업에 있어 많은 변화를 바탕으로 한 헌법 개정을 예상하였다. 이를 미루어 볼 때, 북한은 사회주의계획경제 및 인민경제계획사업방식을 고수할 것으로 보인다.

사. 인권관련조항의 일부 신설

제8조에서 조선민주주의인민공화국의 사회제도는 근로인민대중이 모든 것의 주인으로 되고 있으며 사회의 모든 것이 근로인민대중을 위하여 복무하는 사람중심의 사회제도이다 라는 규정을 신설하여 인권존중과 보호조항을 둔 것 자체는 의미가 있어 보인다. 다만, 이는 현재의 인권상황에 대한 국제사회의 비난여론을 의식한 것으로 보이며, 과연 실제에 있어서도 어느 정도 부합할 수 있을지는 여전한 의문이다.

3

1987년 헌법의 기본구조와 원리

Constitution 1

기본구조

Ⅰ. 1987년 헌법의 法源과 구조

1. 한국헌법의 법원

法源이란 법의 연원, 즉 무엇이 법인가를 결정하기 위한 근거로서 법을 구체적으로 해석·적용하는 경우에 기초가 되는 법의 존재형식을 말한다. 헌법의 法源도 일반법의 法源과 마찬가지로 성문법과 불문법으로 나누어 볼 수 있다.

가. 성문법원

1) 한국헌법전

우리 헌법의 제1차적 법원으로서 헌법전은 전문과 본문 10장·130조·부칙으로 구성되어 있다.

2) 헌법부속법령

광의의 헌법의 법원에는 대한민국헌법전의 위임에 따라 헌법적 사항을 구체적으로 규정한 법령이 포함된다.

가) 기본권관계법률 : 교육법·국가배상법·형사보상법·청원법·형사소송법·범죄피해자구조법·근로기준법·노동조합법·정기간행물등록에관한법률·방송법·집회및시위에관한법률·영해법·음반법·사회단체등록등에관한법률 등

나) 국가권력조직법률 : 국회법·정부조직법·법원조직법·헌법재판소법·선거관리위원회법·감사원법·지방자치법·공직선거및부정선거방지법·국가안전보장회의법·민주평화통일자문회의법·국가과학기술자문회의법·국민투표법 등

다) 조약과 국제법규

헌법 제6조 1항은「헌법에 의하여 체결·공포된 조약과 일반적으로 승인된 국제법규는 국내법과 같은 효력을 가진다」라고 규정하며, 제2차적인 법원으로서 인정하고 있다.

나. 불문법원

불문법원으로는 자연법과 국제관습법, 국내관습법, 판례법 등을 들 수 있다.

2. 한국헌법의 구조

가. 전문

대한민국헌법의 전문은 그 제명 아래 본문 앞에 두어져 헌법 본문과 함께 헌법전의 일부를 구성하고 있다.

나. 본문

헌법본문은 10장 130조로 구성되어 있다. 10개의 장은

1) 제1장 총강
2) 제2장 국민의 권리와 의무
3) 제3장 국회
4) 제4장 정부
5) 제5장 법원
6) 제6장 헌법재판소
7) 제7장 선거관리

8) 제8장 지방자치

9) 제9장 경제

10) 제10장 헌법개정으로 이루어져 있다.

제4장 정부를 제외한 나머지 모든 장은 장 이하에 조와 항으로 구성되어 있으나 제4장은 제1절 대통령·제2절 행정부를 두고 있으며, 제2절 행정부에는 다시 제1관 국무총리와 국무위원·제2관 국무회의·제3관 행정각부·제4관 감사원을 두고 있으며 관 아래에 조와 항을 두고 있다. 따라서 현행헌법의 본문상의 구조는 章-節-款-條-項의 다섯단계로 구성되어 있다고 할 수 있다.

다. 부칙

부칙은 6조로 구성되어 있다.

II. 1987년 헌법의 前文

前文

悠久한 歷史와 傳統에 빛나는 우리 大韓國民은 3·1運動으로 建立된 大韓民國臨時政府의 法統과 不義에 抗拒한 4·19民主理念을 계승하고, 祖國의 民主改革과 平和的 統一의 使命에 입각하여 正義·人道와 同胞愛로써 民族의 團結을 공고히 하고, 모든 社會的 弊習과 不義를 타파하며, 自律과 調和를 바탕으로 自由民主的 基本秩序를 더욱 확고히 하여 政治·經濟·社會·文化의 모든 領域에 있어서 各人의 機會를 균등히 하고, 能力을 最高度로 발휘하게 하며, 自由와 權利에 따르는 責任과 義務를 완수하게 하여, 안으로는 國民生活의 균등한 향상을 기하고 밖으로는 항구적인 世界平和와 人類共榮에 이바지함으로써 우리들과 우리들의 子孫의 安全과 自由와 幸福을 영원히 확보할 것을 다짐하면서 1948年 7月 12日에 제정되고 8차에 걸쳐 개정된 헌법을 이제 國會의 의결을 거쳐 國民投票에 의하여 개정한다.

1. 헌법전문의 의의

헌법의 전문은 본문 앞에 위치한 서문을 말한다. 헌법은 전문에서 헌법제정의 취지와 헌법이 입각하고 있는 기본적 입장, 그리고 이에 근거하여 헌법이 채택하고 있는 기본원리 내지는 근본사상을 명시하고 있다.

북한헌법은 전문이 없었으나 1998년 개정헌법에서는 헌법전문을 신설했다.

2. 헌법전문의 법적성격

헌법전문의 법적성격에 대해서는 견해가 나뉘어지고 있다. 일반적으로 헌법전문은 헌법제정권력의 소재를 밝힌 것일 뿐만 아니라 국민의 전체적 결단으로서의 헌법의 본질적 부분을 내포하고 있다고 봄으로써 법적성격을 긍정하고 있다.

가. 최고규범성

나. 재판규범성 : 재판규범으로서 성격을 가지느냐에 대해서는 학설이 대립하고 있으나, 헌법재판소에서는 헌법전문을 적용하여 판단한 다수의 판례를 내놓음으로써 재판규범성을 인정하고 있다.

다. 헌빕개정의 한계 : 헌법전눈은 헌법제정권력자의 근본적 결단과 헌법의 지도이념을 담고 있으므로 헌법개정의 한계에 속한다고 볼 수 있다.

라. 헌법해석의 기준

마. 헌법전의 일부를 구성

3. 헌법전문의 내용

헌법전문에서는 현행헌법의 성립유래와 헌법정신의 실체적 내용을 천명하고 있다.

가. 현행헌법의 성립과 유래

헌법전문에서는 헌법제정권자와 개정권자가 대한국민이며, 1948년 제정한 헌법을 9차로 개정한 것이며, 나아가 개정의 절차가 국회의 의결을 거쳐 국민투표에 의하여 확정되었음을 밝히고 있다.

나. 헌법정신의 실체적 내용

1) 대한민국임시정부의 법통계승

2) 대한민국의 건국이념

가) 조국의 민주개혁

나) 평화적 통일

3) 민족단결과 정의·인도·동포애의 실현

가) 사회적 폐습과 불의타파

4) 자유민주적 기본질서의 확립

가) 자율과 조화

5) 기본권보장과 법치주의

가) 모든 영역에서의 기회균등

나) 자유와 권리보장

다) 책임과 의무완수

6) 사회국가원리

가) 국민생활의 균등한 향상

7) 국제평화주의

가) 세계평화

나) 인류공영

8) 국민적 과제

가) 우리들의 자손의 안전·자유·행복의 확보

Constitution 2

정치원리

Ⅰ. 정당제도

1. 서설

제한선거와 차등선거를 토대로 하였던 19세기의 명망가적 민주정치는, 20세기에 와서 선거권제한철폐완화에 의한 보통선거제의 확산과 더불어 모든 국민의 정치적 평등을 실현하고자 하는 대중적 민주주의로 바뀌게 되었다. 현대의 대중적 민주주의는 정당에 그 근거를 두고 있으므로 정당제 민주주의라 불리며 이 점에서 19세기의 대의제 민주주의와 구별된다. 정당국가적 민주정치의 특성은 정당에 의한 국가권력의 통합, 의원의 정당에의 예속, 선거가 인물신거에서 정당선택적 국민투표적 성격으로 변화하였다고 할 수 있다.

[트리펠(H.Triepel)의 정당발전 4단계]

적대시 단계	→	무시 및 무관심 단계	→	승인 및 합법적인 단계	→	헌법수용(편입) 단계
미국헌법의 기초자와 루소의 견해				우리나라 제1공화국헌법(1948)과 1919년 독일 바이마르헌법		우리나라 제2공화국헌법(1960)

[우리나라 헌법의 정당규정]

제3차(1960)	정당규정을 헌법에 최초로 명시
제5차(1962)	정당의 발전과 촉진을 최초로 명시, 극단적 정당국가 시기 (복수정당제 최초)
제7차(1972)	정당국가적 경향 완화
제8차(1980)	정당의 운영자금을 국고에서 보조
제9차(1987)	정당의 목적·조직·활동의 민주성을 최초로 명시

2. 정당의 의의

정당이라 함은 국민의 이익을 위하여 책임 있는 정치적 주장이나 정책을 추진하고 공직선거의 후보자를 추천 또는 지지함으로써 국민의 정치적 의사형성에 참여함을 목적으로 하는 국민의 자발적 조직을 말한다(정당법 제2조). 반면 정치학적 관점에서는 정권획득을 궁극적 목적으로하는 투쟁단체이기도 하다.

이러한 정당은 대중의 다양한 의사를 조직하여 정부와 여론을 연결시키는 중개적 기능과 시민에게 정치적 책임을 교육하고 정치적 지도자를 선택하게 하는 기능을 행사한다.

3. 정당의 헌법상 지위와 법적 형태

정당은 헌법상 기관은 아니나 헌법의 영역에서 정치적·사회적·제도적으로 보장되어야 하고 국민의 정치적 의사형성에 중요한 역할을 수행하는 점에서 국민이나 국가간의 정치적 의사형성에 중개적 역할을 하는 기관(권력)으로 보는 중개적기관설(제도적 보장설)이 타당하다고 본다(多, 判例).[21]

21 [중개적 권력기관설의 입장에 있는 헌법재판소의 판례]
① 정당은 자발적 조직이기는 하지만 다른 집단과 달리 그 자유로운 지도력을 통하여 무정형적이고 무질서적인 개개인의 정치적 의사를 집약하여 정리하고 구체적 진로와 방향을 제시하며 국정을 책임지는 공권력으로까지 매개하는 중요한 공적 기능을 수행하기 때문에 헌법은 정당의 기능에 상응하는 지위와 권한을 보장함과 동시에…(헌재 1991.3.11 선고, 91헌마 21)
② 정치적 결사체로서 정당은 국민의 정치적 의사를 적극적으로 형성하고 각계 각층의 이익을 대변하며,

정당의 법적 성격은 정당이 국민의 정치적 의사형성에 참여함을 목적으로 하는 정치적 결사이기 때문에 헌법과 정당법 등에 의하여 특수한 지위와 기능이 부여되어 있을 뿐 그 법적 형태는 당원들에 의하여 자발적으로 구성된 단체로서 법인격없는 사법상의 사단[22]의 일종으로 보아야 할 것이다.

4. 정당설립의 자유와 복수정당제

정당의 설립은 자유이고, 복수정당제는 보장된다(헌법 제8조 제1항). 자유민주주의 체제에서는 누구든지 정당을 설립할 수 있으며, 정당을 설립하려는 자는 정당법이 정한 설립요건을 갖추어야 한다.

정당은 수도에 소재하는 중앙당과 특별시·광역시·도에 각각 소재하는 시·도당(이하 "시·도당"이라 한다)으로 구성한다(정당법 제3조). 정당은 5 이상의 시·도당을 가져야 한다(정당법 제17조). 시·도당은 1천인 이상의 법정당원을 가져야 하며, 당원은 당해 시·도당의 관할구역 안에 주소를 두어야 한다(제18조).

정당은 중앙당이 중앙선거관리위원회에 등록함으로써 성립하며, 시·도당의 창당에는 중앙당 또는 그 창당준비위원회의 승인이 있어야 한다(정당법 제9조).

정당의 창당활동은 발기인으로 구성하는 창당준비위원회가 이를 행하고, 창당준비위원회는 중앙당의 경우에는 20인 이상의, 시·도당의 경우에는 10인 이상의 발기인으로 구성한다(정당법 제5.6조). 정당을 창당하는데 있어서 창당집회는 공개하여야 하며, 중앙당창당준비위원회는 창당집회의 공개를 위하여 집회개최일 전 5일까지 「신문 등의 자유와 기능보장에 관한 법률」 제2조의 규정에 의한 일간신문에 집회개최공고를 하여야 한다.

정부를 비판하고 정책적 대안을 제시할 뿐만 아니라, 국민 일반이 정치나 국가작용에 영향력을 행사하는 매개체의 역할을 수행하는 등 현대의 대의 민주주의에 없어서는 안될 중요한 공적 기능을 수행하고 있다(헌재 1996.3.28 선고, 96헌바18·37·64·66(병합)).

22 판례 : 서울민사지방법원 합의부는 1979년 9월 8일 신민당총재단 직무집행정지 가처분결정에서 정당을 私法上의 社團으로 보고 있다. 헌재결 1993.7.29, 92헌마 262 불기소처분취소; 정당의 법적 지위는 적어도 그 소유재산의 귀속관계에 있어서 법인격 없는 사단으로 보아야 하고 중앙당과 지구당과의 복합적 구조에 비추어 정당의 지구당은 단순한 중앙당의 하부조직이 아니라 어느 정도 독자성을 가진 단체로서 역시 법인격 없는 사단에 해당한다고 보아야 할 것이다.

정당은 정당법이 정한 성립요건을 갖추어 중앙선거관리위원회에 등록을 하여야 하는데 이는 정당의 활동요건이 아니라 확인적 성격을 갖는 것으로 보아야 한다. 즉, 등록 없이도 정치활동을 할 수 있으나 이 경우 정당법이나 헌법에 의한 정당으로서의 특권을 가질 수 없다.

☞ **정당법상 정당의 발기인 및 당원의 자격이 없는 자(정당법 제22조)**

1. 국가공무원법 제2조 및 지방공무원법 제2조에 규정된 공무원은 발기인 및 당원이 될 수 없다. 다만, 대통령, 국무총리, 국무위원, 국회의원, 지방의회의원, 선거에 의하여 취임하는 지방자치단체의 장, 국회의원의 보좌관·비서관·비서 및 국회 교섭단체의 정책연구위원과 고등교육법 제14조(교직원의 구분)제1항 및 제2항의 규정에 의한 총장·학장·교수·부교수·조교수·전임강사인 교원은 발기인 및 당원이 될 수 있다.
2. 사립학교의 교원은 원칙적으로 발기인 및 당원이 될 수 없으나, 예외적으로 총장·학장·교수·부교수·조교수·전임강사는 발기인 및 당원이 될 수 있다.
3. 기타 법령의 규정에 의하여 공무원의 신분을 가진 자는 발기인 및 당원이 될 수 없다.

5. 정당의 특권과 의무

가. 정당의 특권

정당은 결성과 등록에 있어 특권을 누리며, 헌법과 법률에 의하여 활동의 자유를 가진다. 정당은 민주적 기본질서에 위배하여 헌법재판소의 심판에 의하지 아니하고는 강제해산되지 않는다. 이는 일반결사가 법령위반을 이유로 행정처분에 의하여 해산되는 점과 비교할 때 존립상의 특권이 인정되는 규정이다. 또한 정당은 법률이 정하는 바에 따라 그 운영에 필요한 자금을 국가로부터 보조를 받으며,[23] 정당이 수령하는 기부·찬조 기타 재산상 출원에 대하여는 면세의 혜택을 누릴 수 있다(정치자금에관한법률 제59조).

23 헌재결 1997.5. 29, 96헌마 85 정치자금에관한법률 제5조 등 위헌확인(기각).

나. 정당의 의무

정당제도는 국가를 전제로한 민주주의 정치제도로 개념 내재적으로 대한민국을 부인하거나 국가의 존립을 위태롭게 하는 행위는 할 수 없으며, 정당의 목적이나 활동은 민주적 기본질서를 존중하여야 하며 정당의 목적 조직 활동은 민주적이어야 한다(헌법 제8조 제3항). 또한, 국민의 정치적 의사를 형성하여 국정에 반영하는 중개적 기관으로서 정당의 재산은 국민전체의 재산으로서 공공성이 있기에 그 재원을 공개할 의무가 있다(정치자금에관한법률 제2조 제2항).[24]

☞ **정당의 재원**

1. 당비 : 당원이 당원으로서 출연한 자금
2. 국고보조금 : 정치자금에 관한 법률은 정당에 대하여 국고에서 보조금을 지급하도록 강제하고 있다(동법 제17조). 배분은 동일정당의 의원으로 구성된 교섭단체를 가진 정당에게 각 50%를 균분하고 5석 이상의 의석을 얻은 정당에 각 5%씩 배분한다.
3. 정당후원회의 후원금 : 후원회를 통한 정치자금의 조달방법으로 등록을 한 자에게 정치자금의 기부를 목적으로 설립 운영되는 단 체를 말한다.
4. 기탁금 : 정치자금을 기탁하려는 자는 선거관리 위원회에 기탁하여야 하며, 그 배분은 기탁자가 정한 바가 있으면 그에 의하고 정한 바가 없으면 국고보조금 배분율에 의한다.

6. 정당의 해산

정당의 해산에는 자진해산과 강제해산이 있다. 강제해산은 다시 중앙선거관리위원회의 등록취소에 의한 해산과 헌법재판소의 결정에 의한 해산이 있다

24 음성적 정치자금수수 헌재결 2004. 6.24, 2004헌바 16 정치자금에 관한법률 제30조 1항 위헌확인(합헌)

가. 정당의 자진해산

정당은 그 대의기관의 의결로써 자진해산할 수 있으며, 이 경우에 정당의 대표자는 지체없이 그 뜻을 당해 선거관리위원회에 신고하여야 한다(정당법 제45조).

나. 정당의 등록취소

1) 등록취소의 요건

정당이 동법 제17조(법정시·도당수) 및 제18조(시·도당의 법정당원수)의 요건을 구비하지 못하게 된 때(다만, 요건의 흠결이 공직선거의 선거일 전 3월 이내에 생긴 때에는 선거일 후 3월까지, 그 외의 경우에는 요건 흠결 시부터 3월까지 그 취소를 유예한다), 또는 최근 4년간 임기만료에 의한 국회의원선거 또는 임기만료에 의한 지방자치단체의 장선거나 시·도의회의원선거에 참여하지 아니하거나 임기만료에 의한 국회의원선거에 참여하여 의석을 얻지 못하고 유효투표총수의 100분의 2 이상을 득표하지 못한 때 중 하나의 요건에 해당하면 당해 선거관리위원회는 그 등록을 취소하여야 하며, 등록을 취소한 때에는 당해 선거관리위원회는 지체 없이 그 뜻을 공고하여야 한다.

2) 등록취소의 효과

당해 선거관리위원회의 등록취소로 정당은 해산된다. 해산된 정당의 잔여재산은 당헌이 정하는 바에 따라 처분하고, 처분되지 아니한 잔여재산은 국고에 귀속된다. 등록취소에 의한 정당해산의 불복은 행정심판 행정소송절차에 의한다.

다. 헌법재판소의 결정에 의한 해산

1) 강제해산의 의의

정당의 목적이나 활동이 민주적 기본질서에 위배될 때에는 정부는 헌법재판소에 그 해산을 제소할 수 있고, 정당은 헌법재판소의 심판에 의하여 해산된다(헌법 제8조 제4항). 이 규정은 정당의 강제해산에 대한 직접규정이면서 정당은 일반결사와 달리 행정처분에 의하여는 해산될 수 없음을 천명한 정당존립상의 특권조항으로서의 이러한 정당의 강제해산제도는 우리나라가 방어적 민주주의를 취하고 있음을 반영한 것이다.[25]

2) 강제해산의 요건

가) 실질적 요건 : 정당의 목적이나 활동이 민주적 기본질서에 위배되어야 한다. 여기서 정당이라 함은 중앙선거관리위원회에 등록을 필한 旣成政黨(지구당 전문위원회 청년부 정당훈련원 출판부와 같은 정당의 하부조직도 포함)을 의미한다. 또한 민주적 기본질서란 어떤 폭력적지배나 자의적 지배를 배제하고 그때 그때의 다수의 의사에 따른 국민의 자치에 근거한 법치국가적 통치질서와 자유와 평등이 확보되는 질서라 할 수 있으며 그 구체적 내용으로 인간의 존엄성 보장, 국민주권주의, 권력분립, 법치주의, 행정의 합법률성, 의회주의, 사법권의 독립, 복수정당제 등을 들 수 있다.

나) 절차적 요건 : 정부는 헌법재판소에 제소하고, 헌법재판소는 이를 결정한다. 정부는 정당의 목적이나 활동이 민주적 기본질서에 위배될 때는 헌법재판소에 해산을 제소할 수 있다. 정부의 제소가 있으면 헌법재판소는 구두변론을 통하여 심사하고 헌법재판관 9인 중 6인 이상의 찬성으로 해산결정을 할 수 있다.

라. 정당강제해신의 효과

헌법재판소의 해산결정은 創設的 효력을 갖는 것이므로, 헌법재판소 결정시 위헌정당으로 확정되어 자동적으로 해산된다. 해산된 정당의 강령과 동일하거나 유사한 대체정당을 창설하지 못하며, 해산된 정당의 명칭과 동일한 명칭을 다시 사용하지 못한다. 또한, 해산된 정당의 잔여재산은 국고에 귀속된다.

강제해산된 정당 소속의원의 자격이 상실되는가에 관하여는 명문규정이 없으나 현대 대중민주주의체제에서 의원의 의사결정과 활동이 정당의 의사에 기

25 방어적 민주주의란 가치지향적 헌법관에 기초하여 민주주의의 적에게는 민주주의 자유를 허용하지 않겠다는 즉, 민주주의를 부정하는 자에게는 민주주의의 자유를 부정하는 투쟁적 민주주의를 말하며, 독일에서는 정당해산제와 기본권실효제를 통하여 그 이념을 구현하고 있다.

속되는 점에서 본다면 위헌정당의 당헌과 강령에 따라 활동한 의원도 그 직을 상실하는 것으로 보는 것이 합리적일 것이다.

	등록취소에 의한 해산	헌법재판소의 결정에 의한 강제해산
헌법규정여부	미규정(정당법 제38조규정)	규정(제8조4항)
등록취소기관	선거관리위원회	헌법재판소
성 격	행정처분	헌법재판
효 과	1. 재산은 당헌에 의함 2. 유사정당·동일정당 창당 가능 3. 동일정당명칭가능 4. 무소속으로 남는다.	1. 재산은 국고에 귀속 2. 유사정당·동일정당 창당 불가 3. 동일정당명칭불가 4. 의원직상실(多), 무소속(小)
법원제소여부	가능	불가
사 례	있다	없다

II. 선거제도

1. 서설

선거란 국민적 합의에 기초를 둔 대의제민주정치를 구현하기 위하여 주권자인 국민이 그들을 대표할 국가기관(대의기관)을 선임하는 행위를 뜻한다. 이런 선거는 국가기관(대의기관)을 구성하는 기능, 국가권력에 대하여 민주적 정당성을 부여하는 기능, 치자와 피치자의 자동성을 보장하는 민주주의의 본질적 제도로서의 기능, 민의에 의한 정치를 가능하게 하는 기능, 정권의 담당자를 자유로이 교체함으로써 집권의 장기화를 방지하고, 폭력이나 쿠데타를 예방할 수 있는 기능 등을 가진다.

2. 선거의 기본원칙과 종류

가. 선거의 기본원칙

헌법은 명문으로 국회의원의 선거와 대통령의 선거에서 보통·평등·직접·비밀선거를 선거의 기본원칙으로 규정하고 있다. 여기에 자유선거를 합하여 일반적으로 선거의 5원칙이라고 한다. 이러한 선거의 5원칙은 헌법적 원칙으로서 파악되어야 하며, 선거권뿐만 아니라 피선거권 등 선거전반에 대해서 적용된다.

1) 보통선거

보통선거란 제한선거에 대응하는 것으로 선거인의 사회적 신분이나 재산·지위·성별·교육 등에 관계없이 일정한 연령에 도달한 모든 사람에게 선거권을 인정하는 제도이다. 보통선거의 원칙은 선거권에서 요구되었으나 최근에는 피선거권에서도 적용되고 있다. 선거권(피선거권)행사에 학력요건, 재산능력, 성별요건의 요구는 보통선거원칙 위반이다.[26]

> **헌법재판소 2007. 6. 28. 자 2004헌마644 결정** - 공직선거법(2005. 8. 4. 법률 제7681호로 개정된 것, 이하 '법'이라 한다) 제37조 제1항의 주민등록을 요건으로 재외국민의 국정선거권을 제한하는 것이 재외국민의 선거권, 평등권을 침해하고 보통선거원칙을 위반하는지 여부(적극)
>
> [3] -- 단지 주민등록이 되어 있는지 여부에 따라 선거인명부에 오를 자격을 결정하여 그에 따라 선거권 행사 여부가 결정되도록 함으로써 엄연히 대한민국의 국민임에도 불구하고 주민등록법상 주민등록을 할 수 없는 재외국민의 선거권 행사를 전면적으로 부정하고 있는 법 제37조 제1항은 어떠한 정당한 목적도 찾기 어려우므로 헌법 제37조 제2항에 위반하여 재외국민의 선거권과 평등권을 침해하고 보통선거원칙에도 위반된다.

26 헌재, 1989.9.8 88헌가6 ; 1991.3.11. 91헌마21

1. 헌법재판소는 舊국회의원선거법 제33조 기탁금규정에서 정당후보자와 무소속후보자의 기탁금을 1,000만원과 2,000만원으로 차등을 한 것을 헌법 제11조 평등권에 위배되며, 너무 과다하게 책정한 것은 보통선거에 반한다고 보고 憲法不合致決定을 내렸다.
2. 舊지방의회의원선거법 제36조 제1항의 市 道의회의원후보자(광역의회)의 기탁금(700만원)과 區 市 郡의 회의원후보자(기초의회)의 기탁금(200만원)규정에 대해서도 上記의 판례와 동일한 취지의 결정을 내린 바 있다.

2) 평등선거

평등선거란 차등선거에 대응하는 것으로서 1인 1표(ONE MAN ONE VOTE)를 원칙으로 하고 투표가치의 평등과 선거참여자의 기회균등[27] 등을 그 핵심으로 한다.

> ● **헌법재판소 전원재판부 2001.10.25. 2000헌마92·240(병합)**
>
> 인구편차의 허용한계에 관한 다양한 견해 중 현시점에서 선택가능한 방안으로 상하 $33\frac{1}{3}$% 편차(이 경우 상한 인구수와 하한 인구수의 비율은 2 : 1)를 기준으로 하는 방안, 또는 상하 50% 편차(이 경우 상한 인구수와 하한 인구수의 비율은 3 : 1)를 기준으로 하는 방안이 고려될 수 있는데, 이 중 상하 $33\frac{1}{3}$% 편차 기준에 의할 때 행정구역 및 국회의원정수를 비롯한 인구비례의 원칙 이외의 요소를 고려함에 있어 적지 않은 난점이 예상되므로, 우리 재판소가 선거구획정에 따른 선거구간의 인구편차의 문제를 다루기 시작한지 겨우 5년여가 지난 현재의 시점에서 너무 이상에 치우친 나머지 현실적인 문제를 전적으로 도외시하기는 어렵다고 할 것이어서, 이번에는 평균인구수 기준 상하 50%의 편차를 기준으로 위헌 여부를 판단하기로 한다. 그러나 앞으로 상당한 기간이 지난 후에는 인구편차가 상하 $33\frac{1}{3}$% 또는 그 미만의 기준에 따라 위헌 여부를 판단하여야 할 것이다.
>
> "경기 안양시 동안구 선거구"의 경우 전국 선거구의 평균인구수로부터 +57%의 편차를 보이고 있으므로, 그 선거구의 획정은 국회의 재량의 범위를 일탈한 것으로서 청구인의 헌법상 보장된 선거권 및 평등권을 침해하는 것임이 분명하다.

3) 직접선거

직접선거란 간접선거에 대응하는 것으로 선거인이 직접 후보자를 선출하는 제도를 말한다. 중간선거인을 선출하여 대표자를 선출하는 것은 선거인의 의사가 왜곡되기 때문에 직접선거가 보장되어야 한다.[28] 따라서 구속명부식 비례대표제는 직접선거원칙에 반할 여지가 많다 할 것이다.

27 선거운동에서 정당추천후보자와 무소속후보자에 관한 헌법재판소의 입장
헌법재판소는 舊국회의원선거법 제55조의 3 및 제 56조에서 정당추천후보자를 연설원으로 포함시킨 정당연설회와 정당후보자에게 2종의 소형인쇄물을 더 배부할 수 있도록 한 것은 무소속후보자에게도 그에 준하는 선거운동의 기회를 균등하게 허용하지 않는 한 위헌이라는 결정을 판시하였다(헌재 1992.3.13, 92헌마37·39). 기탁금의 차등규정 헌재결 1989.9.8, 88헌가6, 국회의원 선거법 제33조·제34조의 위헌심판(헌법 불합치)

28 헌재결 2001.7. 19, 2000헌마91 공직선거 및 선거부정방지법 제146조 제2항 위헌확인 등

4) 비밀선거

비밀선거란 공개선거에 대응하는 것으로 선거인이 누구를 투표하였는지를 제3자가 알지 못하게 하는 제도를 말한다. 비밀선거의 전형은 무기명투표, 투표의 비밀보장, 투표용지관급제, 투표내용에 관한 증언거부, 다른 기재의 무효, 비밀침해자의 처벌 등이다.

5) 자유선거

자유선거란 강제선거에 대응하는 것으로 선거인이 외부의 어떠한 압력이나 강제 없이 자유롭게 투표가 행해지는 제도를 말한다.[29] 자유선거는 선거의 내용 뿐만 아니라 선거의 可否(기권)까지도 선거인의 자유로운 결정에 맡겨져야 하므로, 선거의 의무를 법률로 규정한 것은 자유선거에 반한다.

나. 선거의 종류

1) 총선거

국회의원의 임기가 완료되었거나 해산등의 사유로 행하는 선거를 의미한다.

2) 보궐선거

임기중에 궐원 또는 궐위된 경우에 그 결원을 보충하기 위하여 새로이 선출하는 선거이다.

3) 재선거

당해 선거구 지역구에 후보자가 없는 때, 당선인이 임기개시전에 사퇴하거나 사망한 경우에 행한다.

29 헌재결 2001.8. 30, 99헌바92 공직선거 및 선거부정방지법 제93조 제1항 위헌소원 등

보궐선거	재선거
- 임기중 사망 또는 사퇴	- 임기개시전에 사망 또는 사퇴 - 후보자가 없는 경우 - 당선자가 없는 경우 - 당선무효시(선거사범) ※ 선거사범-100만원 이상의 벌금형, 징역형

3. 대표제의 유형

대표제라 함은 '의원정수의 당선결정방법'을 말하는데, 이를 '대표결정방식 또는 의원정수배분방법'이라고도 한다. 이는 의원정수를 어떻게 결정할 것이냐의 문제로서 그 유형에는 다수대표제, 소수대표제, 비례대표제, 직능대표제 등이 있다.

가. 다수대표제

다수대표제는 한 선거구에서 多數得票를 얻은 자를 당선자로 하는 제도이다. 이 제도는 대체로 소선거구제의 단기투표제와 결부되므로 소수득표를 얻은 정당에서는 한 사람의 의원도 낼 수 없어 다수당에 절대적으로 유리하며, 사표[30]가 많이 발생하며, 선거전이 치열하고, Gerrymandering[31]의 위험이 많다. 반면, 군소정당의 난립을 방지하여 정국의 안정을 가져오며, 정국구도의 예측이 가능하다.

나. 소수대표제

소수대표제는 한 선거구에서 2인 이상의 대표자를 선출하는 방법이다. 이는 다수대표제의 결함인 소수의견이 무시되는 것을 시정하여 소수파에도 득표수

30 死票란 대표자 선출에 기여하지 못한 표를 의미하여 당선자의 잉여표, 낙선자표, 무효·기권표를 내용으로 한다.

31 Gerry와 Salamander(그리스 신화의 도마뱀)의 결합어로서 미국 주지사 Gerry가 자기 정당에 유리하게 임의적으로 선거구를 확정한데 유래한 개념으로 특정인이나 특정정당에 유리하게 선거구를 확정하는 기법을 말한다. 이를 방지하기 위항 선거구는 법률로 정하도록 하고 있다(선거구법정주의).

에 상응하는 수의 의원을 내게 하려는 제도로서 중선거구제·대선거구제를 전제로 한다.

다. 비례대표제

비례대표제는 다수대표제의 문제점을 시정하고자 등장한 것으로서 각 정당이 얻은 득표수에 비례하여 의석을 배분하는 대표결정방법을 말한다. 이런 비례대표제는 사표를 가능한 한 줄이고 국민의 의사가 선거를 통하여 정확하게 반영되고 평등선거 원칙(특히 투표가치의 평등)에 합치하나, 직접선거원칙에 반할 여지가 있으며 군소정당의 원내진입이 가능하여 정국이 불안해질 염려가 있으며 선거관리의 곤란성이 단점으로 지적될 수 있다.[32]

라. 직능대표제

직능대표제란 지역대표제에 대응되는 제도로서, 선거인을 각 직능별 또는 직업단체별로 나누고 그 직능 또는 직업단체를 단위로 하여 대표를 선출하는 방법을 말한다. 이러한 직능대표제는 직능별 전문인을 선출할 수 있는 장점이 있는 반면에, 복잡한 職域의 합리적 분할과 이에 대한 공정한 대표자수의 합리할당이 곤란하다는 단점이 있다.

4. 선거구제

선거구라 함은 의원선출을 위한 선거절차상의 지역적 단위인 地區를 말한다. 이는 선거인단을 어떻게 나누느냐의 문제로서, 그 유형에는 소선거구제, 중선거구제, 대선거구제가 있다.

32 공선법 제189조 제1항은 헌법에 위반되며, 공선법 제146조 제2항 중 "1인1표로 한다"부분은 국회의원선거에 있어 지역구국회의원선거와 병행하여 정당명부식 비례대표제를 실시하면서도 별도의 정당투표를 허용하지 않는 범위에서 헌법에 위반된다 할 것인바, 그로 인하여 유권자인 국민들의 비례대표국회의원에 대한 선거권, 무소속후보자에 대하여 투표하는 유권자들의 평등권 등의 기본권이 침해된다(헌재2001.7.19, 2000헌마91·112·134(병합)).

가. 소선거구제

소선거구제란 한 선거구에서 1인을 선출하는 제도를 소선거구제라하며, 이 경우 선거인은 반드시 1인에게만 투표하고 다수표를 얻은 자를 당선자로 하므로 單記投票制와 多數代表制가 적용된다.

나. 중선거구제

중선거구제라 함은 한 선거구에서 2~4인을 선출하는 선거구제를 뜻한다. 이 제도는 지역구의 과대와 과소에 따르는 모순과 결함을 완화할 수 있는 장점이 있으나, 선거인들이 후보자를 선정하는 데 어려움이 있고 선거비용이 과다하게 소요되는 단점이 있다.

다. 대선거구제

대선거구제란 한 선거구에서 5인 이상을 대표자로 선출하는 선거구제를 말한다. 이 제도는 투표방법[33]을 어떻게 하느냐에 따라 여러 가지 결과를 나타낸다.

대선거구제의 장점으로 소수대표가 가능하고 소선거구제에 비하여 死票가 적으며, 인물선택의 범위가 넓어 국민대표의 적합한 후보자를 선택할 수 있음을 들 수 있다. 반면, 군소정당의 난립으로 정국의 불안정을 초래할 수 있고, 선거비용의 지출이 과도하게 소요되며, 유권자가 후보자의 인격이나 식견을 자세히 파악하기 힘들다는 단점이 있다.

5. 우리나라 선거제도

가. 대통령선거

대통령은 국민의 보통·평등·직접·비밀선거에 의하여 선출한다. 40세 이상

33 투표제에는 단기투표제와 연기투표제가 있다. 단기투표제는 1인이 1인만을 선출하는 방식이고, 연기투표제는 1인이 2인이상을 선출하는 방식이다. 연기투표제는 대표수에 해당하는 대표를 선출하는 완전연기투표제와 대표수보다 적게 선출하는 제한 연기투표제, 순서에 의하여 투표가지를 달리하는 체감연기 투표제가 있다. 또한 1인이 동일인에게 중복하여 투표할 수 있는 누적투표제가 있다.

인 자로서 국내에 5년 이상 거주한 자는 누구든지 대통령 선거에 입후보할 수 있다. 입후보하려는 자는 5억 원의 기탁금을 납부하여야 한다. 최다득표를 한 자가 당선자가 되며, 최고득표자가 2인 이상인 경우에는 국회의 재적과반수가 출석한 공개회의에서 다수표를 얻은 자가 당선자가 된다. 대통령 후보자가 1인 경우에는 그 득표수가 선거권자 총수의 3분의 1 이상이 아니면 당선될 수 없다. 임기만료로 인한 선거는 임기만료 70일 내지 40일 전에 실시하며(임기만료전 70일 이후 첫째 수요일에 실시한다 - 공직선거법 제34조 제1항 제1호), 궐위시에는 궐위된 날로부터 60일 이내에 실시한다.

[각 선거별 기탁금 액수]

- 대통령선거 5억원(헌법불합치결정)
- 시·도지사선거 5천만원
- 국회의원선거 1천500만원
- 자치구·시·군의 장선거 1천만원
- 시·도의회의원선거 300만원
- 자치구·시·군의원선거 200만원

제헌국회의원선거, 1945년 5월 10일

나. 국회의원선거

국회의원 선거제도는 전국구 비례대표제와 지역구 다수대표제가 병행되고 있다. 지역구 국회의원선거는 소선거구제 다수대표제에 의하며 최다득표자가 당선자가 된다. 최다득표자가 2인 이상인 경우에는 연장자가 당선자가 되며, 입후보자가 1인인 경우에는 무투표당선이 된다. 25세 이상인 자는 피선거권이 있으며, 선거는 임기만료 전 50일 이후 첫째 수요일에 실시한다. 국회의 의원정수는 지역구국회의원과 비례대표국회의원을 합하여 299인으로 하되, 각 시·도의 지역구국회의원 정수는 최소 3인으로 한다(공직선거법 제21조 제1항).

다. 지방선거

헌법은 자치단체장의 선임 방법을 법률에 위임하고 있으며 지방의회의원선출은 선거로 하도록 명시하고 있으나, 공직선거법은 자치단체장 선출도 선거에 의하도록 규정하고 있다. 피선거연령은 25세 이상이며 선거는 임기만료전 30일 이후 첫째 수요일에 실시한다.

6. 선거에 관한 쟁송

가. 선거소청

1) 선거효력을 다투는 선거소청

지방의회의원 선거 및 지방자치단체장 선거에 있어서 선거의 효력에 관하여 이의가 있는 선거인 정당 후보자는 선거일로부터 14일 이내에 당해선거구 선거관리위원회 위원장을 피소청인으로 하며, 시 도선거관리위원회 또는 중앙선거관리위원회에 선거소청을 제기한다.

2) 당선효력을 다투는 선거소청

지방의회의원 선거 및 지방자치단체장 선거에 있어서 당선의 효력에 관하여 이의가 있는 정당 후보자는 당선이 결정일로부터 14일 이내에 당선인을 피소청인으로 하여, 시·도선거관리위원회(지방의회의원선거 및 자치구·시·군의 장선거의 경우) 또는 중앙선거관리위원회(시·도지사선거의 경우)에 선거소청을 제기한다.

나. 선거소송[34]

1) 대통령선거와 국회의원선거

선거의 전부 또는 일부의 무효를 주장하는 것으로 선거의 효력에 관해 이의가 있는 선거인 정당 후보자는 선거일로부터 30일 이내에 당해선거구 선거관리위원회위원장을 피고로 하여 대법원에 소를 제기한다.[35]

2) 지방의회의원선거와 지방자치단체장의 선거

선거효력에 관한 소청의 결정에 불복하는 소청인(당선인 포함)은 당해선거구 선거관리위원회 위원장(위원장 궐위시 위원전원)을 피고로 하여 그 결정서를 받은 날로부터 10일 이내에 시 도지사선거에 있어서는 대법원에, 지방의회의원 및 자치구·시·군의 장선거에 있어서는 그 선거구를 관할하는 고등법원에 각각 소를 제기한다.

34 공직선거및선거부정방지법 제222조와 제224조에서 규정하고 있는 선거소송은 집합적 행위로서의 선거에 관한 쟁송으로서 선거라는 일련의 과정에서 선거에 관한 규정에 위반된 사실이 있고, 그로써 선거의 결과에 영향을 미쳤다고 인정하는 때에 선거의 전부나 일부를 무효로 하는 소송을 가리키며, 이러한 선거소송에서 선거무효의 사유가 되는 '선거에 관한 규정에 위반된 사실'이라 함은 기본적으로 선거관리의 주체인 선거관리위원회가 선거사무의 관리집행에 관한 규정에 위반한 경우와 후보자 등 제3자에 의한 선거과정상의 위법행위에 대하여 적절한 시정조치를 취함이 없이 묵인·방치하는 등 그 책임에 돌릴 만한 선거사무의 관리집행상의 하자가 따로 있는 경우를 말하지만, 그 밖에도 후보자 등 제3자에 의한 선거과정상의 위법행위로 인하여 선거인들이 자유로운 판단에 의하여 투표를 할 수 없게 됨으로써 선거의 기본이념인 선거의 자유와 공정이 현저히 저해되었다고 인정되는 경우를 포함하고, '선거의 결과에 영향을 미쳤다고 인정하는 때'라고 함은 선거에 관한 규정의 위반이 없었더라면 선거의 결과, 즉 후보자의 당락에 관하여 현실로 있었던 것과 다른 결과가 발생하였을지도 모른다고 인정되는 때를 말한다.
선거소송에서 선거무효의 사유가 되는 '선거에 관한 규정에 위반된 사실'에는 후보자 등 제3자에 의한 선거과정상의 위법행위로 인하여 선거인들이 자유로운 판단에 의하여 투표를 할 수 없게 됨으로써 선거의 기본이념인 선거의 자유와 공정이 현저히 저해되었다고 인정되는 경우까지 포함되지만, 여기에서 후보자 등 제3자에 의한 선거과정상의 위법행위는 특별한 사정이 없는 한 후보자 등 제3자의 고의에 의한 선거과정상의 위법행위만을 의미한다고 해석된다[대법원 2005.6.9. 선고 2004수54 판결].

35 또한 같은 법 제146조에 의한 당선소송의 성격은 피고의 당선 효력에 관하여 이의 있는 경우 또는 같은 법 제132조 제1항, 제133조 혹은 제135조 제1항 등에 의한 선거관리위원회의 결정이 위법임을 주장하는 데에 국한되는 형성소송이며 원고 자신의 당선확인을 구함과 같은 위 제146조에 의한 당선소송의 형식으로 다툴 수 없는 것이므로(당원 1965.7.1. 선고 63수13 판결참조) 이 사건 소 중 피고들에 대하여 원고 이석용의 당선확인을 구하는 소 부분 역시 부적법하다 할 것이다[대법원 1992.11.24. 선고 92수99 판결].

다. 당선소송

1) 대통령선거와 국회의원선거

당선소송은 선거자체는 유효하고 다만 당선인의 결정에 있어서 무자격 등록일 이후의 입후보등록 개표의 부정 또는 착오 등을 이유로 違法이라고 주장하는 것을 의미한다. 당선의 결정에 이의가 있는 정당 후보자(선거인은 제외)는 당선결정일로부터 30일이내에, 대통령선거의 경우에는 당선인이나 중앙선거관리위원장 또는 국회의장을 피고로, 국회의원선거의 경우에는 당선인 또는 당해선거구 선거관리위원회위원장을 피고로 대법원에 제소할 수 있다.

2) 지방의회의원선거와 지방자치단체 장의 선거

당선효력에 관한 소청의 결정에 불복하는 소청인 또는 당선인인 피소청인은 소청에 대한 결정서를 받은 날로부터 10일이내에 당선인 또는 선거관리위원회위원장(당선인의 결정, 공고, 통지의 위법시)을 피고로, 시·도지사 선거의 경우에는 대법원에 지방의회의원 및 자치구 시 군의 장선거의 경우에는 그 선거구를 관할하는 고등법원에 각각 소를 제기할 수 있다.

☞ 선거에 관한 소송에 있어서 사유가 발생한 날로부터 10일(지방의회의원선거, 지방자치단체장선거) 또는 30일(대통령선거, 국회의원선거) 이내에 제소하여야 하며, 관할법원은 제소일로부터 180일이내에 처리하여야 하며, 소청이나 소장을 접수한 선거관리위원회 또는 법원은 선거쟁송에 있어서 선거에 관한 규정에 위반된 사실이 있는 때라도 선거결과에 영향을 미쳤다고 인정하는 때에 한하여 선거의 무효 또는 당선의 무효를 결정하거나 판결하며, 그리고 선거소송에 관한 다른 규정이 없으면 행정소송법을 준용한다.

국제관계원리

Ⅰ. 국제평화주의

1. 의의

국제평화주의란 국제적 차원에서 평화공존·국제분쟁의 해결·각 민족국가의 자결권존중·국내문제불간섭 등을 핵심내용으로 하여, 국제협조와 국제평화의 지향을 그 이념적 기반으로 하는 것을 말한다.

이러한 국제평화주의는 1759년 Kant의 영구평화론, 제1차세계대전 후 1919년 국제연맹의 출현, 1928년 부전조약, 제2차세계대전 후 1945년 국제연합의 탄생 등을 거쳐 오늘날 대부분의 각국 헌법이 이를 수용하여 선언하고 있다.

2. 유형

유 형	입 법 례
최초의 국제평화주의를 선언한 헌법	1791년 프랑스헌법 (침략적 전쟁을 최초로 포기)
침략전쟁만 부인한 헌법	우리나라헌법, 1946년 브라질, 1950년 니카라과헌법
전쟁의 포기 뿐만 아니라 군비자체까지 금지한 헌법	1947년 일본헌법

유　　형	입　법　례
영구중립선언을 한 헌법	1955년 오스트리아헌법
평화교한행위까지 금지한 헌법	1947년 Bonn기본법
양심적 병역거부권을 인정한 헌법	Bonn기본법, 브라질헌법, 1963년 네덜란드헌법
국제기관에의 주권의 부분적 이양을 인정한 헌법	Italy헌법, Bonn기본법, 덴마크헌법
조약의 위헌심사를 금지한 헌법	프랑스헌법, 스위스헌법, 네덜란드헌법
국제분쟁의 평화해결을 국가의 의무로 규정한 헌법	네덜란드헌법, 포르투갈헌법

3. 헌법상 국제평화주의의 구현

헌법은 제5조 1항 「대한민국은 국제평화의 유지에 노력하고 침략적 전쟁을 부인한다」라고 규정하고 있는바 이는 正戰論에 입각하여 침략적 전쟁만을 부인하고 방위전쟁 내지 자위전쟁은 허용하고 있다.

국군은 국가의 안전보장과 국토방위의 신성한 의무를 수행함을 사명으로 하며(헌법 제5조 2항) 국회는 선전포고, 국군의 외국파견, 외국군의 국내주둔에 관한 동의권(헌법 제60조 2항)을 가지며, 모든 국민은 법률이 정하는 바에 의하여 국방의 의무를 진다(헌법 제39조 1항)는 조항도 자위전쟁만을 전제로 한 것이다. 여기서 자위전쟁 내지 방위전쟁이라 함은 국가의 계속성·헌법수호·영토보전·주권보장을 위한 전쟁을 말한다.

II. 평화통일주의

헌법 전문에서는 「조국의 ··· 평화적 통일의 사명에」라고 기술하고 있으며, 제4조는 「대한민국은 ··· 평화적 통일정책을 수립하고 이를 추진한다」라고 규정하고 있다. 또한, 제66조 제3항은 「대통령은 조국의 평화적 통일을 위항 성실한 의무를 진다」라고 하고 있고, 제69조는 대통령 취임시에 「조국의 평화적 통일···에 노력하여 대통령으로서의 직책을 성실히 수행할 것」을 선서하게 하고 있으며, 제92조 제1항은 「평화적 통일정책 수립에 관한 대통령의 자문에 응하기 위하여 민주평화통일자문회의를 둘 수 있다」라고 규정하여 평화통일 원칙을 천명하고 있다.

평화통일원칙을 실현하기 위한 구체적 입법으로 1990년 8월 1일에 공포된 남북교류협력에관한법률이 있는데 이 법률은 남한과 북한과의 왕래 교역 협력 사업 및 통신업무의 제공 등 남북교류와 협력을 목적으로 하는 행위는 정당하다고 인정되는 범위 안에서 대한민국정부의 허가를 받으면 가능하도록 하고 이러한 행위에 대하여는 이 법이 우선하여 적용되게 하고 있다.

평화통일원칙을 실현하기 위한 대외적 노력으로 1991년 12월에는 남북사이의화해와불가침및교류협력에 관한합의서가 채택되고 1992년 2월에 효력을 발하여 무력행사를 포기하였다.[36]

[대한민국의 통일방안] : 민족공동체 통일방안

가. 통일의 철학 : 자유민주주의

나. 통일의 원칙 : 자주·평화·민주

1) 자주 : 민족자결의 정신에 따라 남북 당사자간 통일

2) 평화 : 무력에 의거하지 않고 대화와 협상으로 통일

3) 민주 : 민주적 원칙에 입각한 절차와 방법으로 통일

36 남북교류협력에관한법률이 제정되자 국가보안법과의 상호충돌문제가 제기되었는바, 헌법재판소는 "두 법은 서로 입법목적과 규제대상을 달리하므로 국가안보법 제6조1항 소정의 잠입·탈출죄에서의 "잠입·탈출"과 남북교류협력에관한법률 제27조2항1호 소정의 죄에서의 "왕래"는 각기 그 행위의 목적이 다르다."고 해석하였다(헌재 94.7.29, 92헌바48).

다. 통일의 과정 : 화해협력 남북연합 통일국가

1) 화해협력

남북한이 서로의 실체를 인정하고 적대·대립관계를 공존공영의 관계로 바꾸어 다각적인 교류협력 추진

2) 남북연합 The Korean Commonwealth

궁극적으로 '1민족 1국가 1체제 1정부'의 통일국가를 지향하나, 남북간 체제의 차이와 이질성을 감안, 경제·사회공동체를 형성·발전시키는 과도체제를 설정

남북간 교류와 협력이 더욱 활발해지고 제도화되는 단계

가) 남북정상회의(최고결정기구)

나) 남북각료회의(집행기구)

다) 남북평의회(대의기구/남북 동수 대표)

라) 공동사무처(지원기구/상주연락대표 파견)

3) 통일국가

남북평의회에서 통일헌법 초안 마련 ⇒ 민주적 방법과 절차를 거쳐 통일헌법 확정·공포 ⇒ 통일헌법에 의한 민주적 총선거 실시 ⇒ 통일정부와 통일국회 구성

라. 통일국가의 미래상

- 자유·복지·인간존엄성이 구현되는 자유민주주의국가

[북한의 통일방안] : 고려민주연방공화국 창립방안

가. 통일의 철학 : 주체사상

첫 정상회담을 통한
615공동성명

나. 통일의 선결조건

남한 연공정권(민주정권으로 대체) 수립, 국가보안법 폐지, 주한미군 철수, 북미평화협정 체결, 미국 간섭 배제 등

다. 통일의 원칙 : 자주·평화·민족대단결

1) 자주 : 반외세자주화(미군철수), 외세 침략·간섭 배제
2) 평화 : 대남혁명노선 고수, 군축·비핵평화지대화 실현
3) 민족대단결 : 남한의 반공정책 포기, 공산당 합법화, 전민족 대단결 10대강령 및 민족대단결 5대방침 실천

라. 통일 = 연방정부 수립 (중간과정 없는 완성단계)

1) 사상과 제도는 그대로 두고 남북이 연합하여 연방국가 형성, 연방정부는 정치·외교·군사권 보유
2) 연방정부는 ① 최고민족연방회의(최고주권기관, 남북 동수, 해외 동포 참여)
   ② 연방상설위원회(상임기구)로 구성
3) 연석회의 방식 정치협상("민족통일정치협상회의")으로 통일

마. 통일국가의 미래상

고려민주연방공화국은 자주·중립·평화애호적인 국가

3. 2000년 6월 15일 남북공동선언

'6·15남북공동선언'에 포함된 통일 관련 합의는 두 가지다. 하나는 통일 문제를 "서로 힘을 합쳐 자주적으로 해결하자"는 것이고 다른 하나는 남측의 '연합제안'과 북측의 '낮은 단계의 연방제안'이 공통점을 지향한다는 내용이다.

가. 남측의 연합제안 : 김대통령의 3단계 통일방안(남북연합-연방-통일)중 1단계인 남북연합을 말한다. 그 내용은 유엔 회원국인 남북이 현재처럼 외교·국방권을 갖는 독립국가(1민족2국가2체제2정부)를 유지한 채 정상회의 등 상설기구를 통해 협력하자는 것이다.

나. 북측의 낮은 단계의 연방 : 먼저 연방안은 1980년 고려민주연방 창립방안(1민족1국가2체제2정부안)을 뜻한다. 남북의 두 자치 정부가 내치의 자율권을 갖되 외교·국방권은 연방정부가 행사하는 미국식 연방모델이다. 하지만 '낮은단계'라는 수식어가 결정적이다. 이는 '고려 연방제 방안에 대한 합의를 보다 쉽게 이루기 위해 자치 정부에 더 많은 권한을 부여하며 점차 중앙 정부 기능을 높여나가야 한다'는 1991년 김일성 주석 신년사에 나타나 있다. 연방정부를 약화시키고 남북자치정부의 권한을 강화하자는 것이다.

다. 공통점 : 현재 남북상태(2국가2체제)의 유지, 흡수통일 및 적화통일포기 및 평화공존지향, 교류협력의 확대 등

Ⅲ. 국제법존중주의

1. 서설

헌법은 제6조 제1항에 "헌법에 의하여 체결, 공포된 조약과 일반적으로 승인된 국제법규는 국내법과 동일한 효력을 가진다."고 규정함으로써 국제법존중의 의사를 명백히 밝히고 있다.

국내법과 국제법의 상호관계에 대해서는 국내법과 국제법을 동일한 법체계로 이해하려는 일원론(다수설)과 상이하게 이해하는 이원론이 있으며, 이원론 입장에서도 국제법우위론과 국내법우위론(다수설)의 견해대립이 있다.

2. 일반적으로 승인된 국제법규

일반적으로 승인된 국제법규라 함은 국제사회의 보편적 규범으로서 대부분의 세계 각 국가가 승인하고 있는 법규를 의미하며, 이에는 성문의 국제법규[37], 국제관습법[38] 또한 국제사회에서 일반적으로 규범성이 인정된 국제조약 등도 포함이 된다. 일반적으로 승인된 국제법규는 특별한 受用節次(국회의 동의 내지 입법조치)없이 직접 국내법으로 편입되어 효력을 발생하게 된다. 이때 국내법은 형식적 의미의 법률로 보는 것이 일반적이다.

37 우리 헌법재판소는 사립학교교원에 대한 노동3권의 제한 또는 금지(사립학교법)에 대한 위헌여부심판에 있어서 UN의 〈1945년 세계인권선언〉 및 〈1967년 시민적 및 정치적 권리에 관한 국제규약〉 그리고 UN교육과학문화기구와 국제노동기구(ILO)가 채택한 〈교원의 지위에 과한 권고〉는 우리의 현실에 적합한 교육제도의 실시를 제약하면서까지 교원에게 노동3권이 제한없이 보장되어야 한다든가, 교원단체를 전문직으로서의 특수성을 살리는 교직단체로서 구성하는 것을 배제하고 반드시 일반노동조합으로서만 구성하여야 한다는 주장의 근거로 삼을 수 없다. 따라서 문제된 법률조항들은 헌법 前文이나 國際法尊重의 정신에 어긋나는 것이라 할 수 없으므로 사립학교법 제55조·제58조 제1항 제4호는 헌법에 위반되지 아니한다." 헌재, 1991.7.22. 89헌가106

38 일반적으로 승인된 국제관습법의 예로는 전쟁법의 일반근본원칙, 대사나 공사 등의 법적지위에 관한 원칙, 조약준수원칙, 내정불간섭원칙, 민족자결주의 원칙, 주권존중의 원칙 등을 들 수 있다.

3. 조약

가. 조약의 의의 · 효력

조약이란 협약·협정·의정서·규약·선언·조약 등 그 명칭 여하에 불문하고 국가간에 文書의 형식으로 체결된 명시된 합의를 의미한다. 이런 조약 중 헌법 제60조에 의하여 국회의 동의를 얻어서 성립된 조약만이 법률과 동일한 효력이 인정된다. 그러므로 국회의 동의를 요하지 않는 조약은 대통령령에 준하는 형식적 효력이 인정될 뿐이다.[39]

나. 조약의 성립절차

1) 체결·비준 : 조약의 체결·비준은 대통령의 권한이다. 조약의 체결은 국가원수가 임명한 전권대표(전권위임장의 휴대)가 조약내용에 대한 기본방침에 서명하는 것을 말한다. 조약의 비준이란 조약체결권자인 국가원수가 임명한 전권대표가 서명한 조약이 국제법상 유효함을 확인함으로써 국가의무를 발생케하는 행위이다.

2) 국회의 동의 : 국회의 동의를 하는 이유는 국민의 권리·의무와 관련 되고 국내법과 같은 효력을 가지기 때문에 조약에 관한 국민적 합의를 유도하고 대통령의 전단을 방지하기 위한 민주적 통제가 그 목적이다. 헌법 제60조 제1항에서 상호원조 또는 안전보장에 관한조약, 중요국제조직에 관한조약, 우호통상항해조약, 주권의 제약에 관한조약, 강화조약, 국가나 국민에게 중대한 재정적 부담을 지우는 조약 또는 입법사항에 관한 조약의 체결비준에 대한 사전동의를 얻도록 하고 있다.

39 '1994년 관세 및 무역에 관한 일반협정'(General Agreement on Tariffs and Trade 1994, 이하 'GATT'라 한다)은 1994.12.16. 국회의 동의를 얻어 같은 달 23. 대통령의 비준을 거쳐 같은 달 30. 공포되어 1995.1.1. 시행된 조약인 '세계무역기구(WTO) 설립을 위한 마라케쉬협정'(Agreement Establishing the WTO)(조약 1265호)의 부속 협정(다자간 무역협정)이고, '정부조달에 관한 협정'(Agreement on Government Procurement, 이하 'AGP'라 한다)은 1994.12.16. 국회의 동의를 얻어 1997.1.3. 공포시행된 조약(조약 1363호, 복수국가간 무역협정)으로서 각 헌법 제6조 제1항에 의하여 국내법령과 동일한 효력을 가지므로 지방자치단체가 제정한 조례가 GATT나 AGP에 위반되는 경우에는 그 효력이 없다[대법원 2005.9.9. 선고 2004추10 판결].

3) 사법적 심사 : 조약이 사법적 심사의 대상이 되느냐에 대한 학설의 대립이 있는데 헌법우위설에 따라 위헌조약을 심사할 수 있다고 보는 긍정설이 통설이다.
법률과 동일한 효력의 조약은 헌법재판소가 심사하지만 명령과 동일한 효력을 가지는 조약일 경우에는 각급법원이 한다. 헌법재판소가 위헌으로 결정하면 결정이 있은날로부터 효력을 상실하고, 각급법원이 위헌으로 결정한 조약은 당해 사건에 한하여 그 적용이 배제된다.

[조약의 충돌]

조약과 헌법이 충돌	조약과 행정협정이 충돌	조약과 법률이 충돌
- 조약우위설 -헌법우위설	행정협정은 대통령령과 동일한 효력이므로 조약이 우월	신법우선의 원칙, 특별법 우선의 원칙에 따라

Constitution 4

행정원리

Ⅰ. 법치주의

1. 서설

법치주의라 함은 人의 지배가 아닌 법에 의한 지배에 따른 원칙을 말한다. 즉 국민의 자유와 권리를 제한하거나 의무를 부과함에 있어서는 국민대표기관인 의회가 만든 법률에 의하여야 함을 의미한다.

근대입헌주의 형성과정에서 성립된 법치주의는 오늘에 이르기까지 각국의 헌법에 반영되면서 발전해 왔으며, 이러한 법치주의는 우리헌법상 자유민주주의와 더불어 헌법질서의 양축을 이루고 있다. 헌법 제37조 제2항은 「국민의 모든 자유와 권리는 국가의 안전보장 질서유지 또는 공공복리를 위하여 필요한 경우에 한하여 법률로서 제한 할 수 있으며, 제한하는 경우에도 자유와 권리의 본질적인 내용을 침해할 수 없다」고하여 법치주의 원칙을 천명하고 있다.

이러한 법치주의 원리는 소극적으로 국가권력을 제한하고 통제하는 기능(자유민주국가에서만 볼 수 있음)을 수행한다.

2. 법치주의의 역사적 전개

가. 영·미에서의 법의 지배

영국의 법의 지배란 보통법Common law이외에는 지배받지 않는다는 법지상주의의 원칙을 말한다. 이러한 법의 지배이론은 Dicey에 의하여 체계화되었는데, 그 특징을 보면 왕권(전제권력)에 대한 보통법의 절대적 우위의 원칙, 법앞의 절대적 평등, 판례에 의한 인권의 확립 등이다.

반면 미국에서의 법의 지배원리는 성문헌법·경성헌법에 규정된 기본권보장을 중심으로 전개되었고 의회의 입법권에 대한 헌법의 우위사고가 위헌법률심사제를 탄생시켰다.

나. 독일에서의 법치국가론

독일의 법치국가론은 법치주의를 시민적 자유를 보장하기 위한 방법 내지 법기술적 성격으로 이해하여, 행정과 재판이 의회가 제정한 법률의 형식과 절차에 적합하도록 행하여지는 것만을 요구하고 그 법률의 내용이나 목적은 문제삼지 않는 형식적 법치주의를 기초로 성립하였으나 양차대전 후 Bonn 기본법체제하에서는 법률의 형식과 절차뿐만 아니라 내용의 타당성과 정당성을 요구하는 실질적 법치주의[40]를 발전시켰다.

3. 법치주의의 내용

법치주의란 국민의 자유와 권리를 제한하거나 의무를 부과함에 국민대표기관이 제정한 법률에 근거하여야 한다는 국가권력의 제한원리이다. 법치주의는 기본권제한에는 법률의 근거가 있어야 한다는 법률유보의 원칙과 행정권력은 법률에 반하여서는 안 된다는 법률우위의 원칙, 정당하게 구성된 의회에서 제

40 형식적 법치주의란 법률의 내용을 무시하고 법률에 의한 형식과 절차를 강조하는 원리로서 지배의 합법성을 내용으로 한다. 이에 반하여 실질적 법치주의는 법률의 형식과 절차뿐만 아니라 목적과 내용의 타당성을 전제로 한 법률의 지배원리로서 통치의 정당성을 내용으로 한다.

정된 법률만이 강제적 구속력을 가진다는 법률의 법규창조력, 법률에 반한 국가권력행사로 인하여 기본권이 침해되었을 때에는 사법심사를 통한 권리구제가 보장되어야 한다는 것을 내포한다.

4. 법치주의의 구성요소

법치주의의 목적은 국민의 자유와 권리의 보장이고, 그 제도적 기초는 권력의 분립이며, 그 내용은 법률의 우위, 법률에 의한 행정, 법률에 의한 재판이다. 구체적인 법치주의의 구성요소에 대해서는 학자마다 그 견해가 매우 다양하지만 일반적으로는 다음과 같은 내용을 포함하게 된다.

성문헌법주의, 헌법에 있어서 기본권과 적법절차의 보장 그리고 사법적 권리구제제도의 완비, 권력분립의 확립, 위헌법률심사제의 채택, 집행부에 대한 포괄적 위임입법의 금지, 행정의 합법률성과 집행 및 행정의 사법적 통제, 공권력행사에 대한 예측가능성의 보장과 신뢰보호의 원칙, 권력분립주의, 광범위한 자유재량의 배제 등을 구성요소로 한다.

5. 헌법상 법치주의의 구현

현행헌법에는 법치주의에 관한 직접적인 명문규정은 없으나, 성문헌법주의 채택, 신체의 자유와 적법절차, 기본권제한에 관한 일반원칙, 권력분립주의 채택, 헌법재판제도의 채택, 행정권에 대한 포괄적 위임입법금지, 행정의 합법률성과 사법적 통제, 신뢰보호의 원칙, 공권력행사의 예측가능성의 보장 등을 종합적으로 살펴볼 때 우리헌법은 법치주의를 기본원리로 채택하고 있음을 알 수 있다.[41]

41 헌재결 1999.5. 27, 98헌바70 한국방송공사법 제35조 등 위헌소원(헌법불합치, 잠정적용) → 법률유보원칙
헌재결 2001.2.22, 98헌바19 개발이익환수에 관한법률 부칙 제2조 위헌소원(합헌) → 신뢰보호
헌재결 2001.7.19, 2000헌바40 지방세법 제234조의9 제2항 제6조 위헌소원(합헌)
헌재결 1996.2.16, 96헌가2 등 5.18민주화운동 등에 관한특별법 제2조 위헌제청.

6. 헌법상 법치주의의 예외(제한)

현행 헌법은 대통령은 내우·외환·천재·지변 또는 중대한 재정·경제상의 위기에 있어서 국가의 안전보장 또는 공공의 안녕질서를 유지하기 위하여 긴급한 조치가 필요하고 국회의 집회를 기다릴 여유가 없을 때에 한하여 최소한으로 필요한 재정·경제상의 처분을 하거나 이에 관하여 법률의 효력을 가지는 명령을 발할 수 있다(헌법 제76조 1항). 대통령은 국가의 안위에 관계되는 중대한 교전상태에 있어서 국가를 보위하기 위하여 긴급한 조치가 필요하고 국회의 집회가 불가능한 때에 한하여 법률의 효력을 가지는 명령을 발할 수 있다(헌법 제76조 2항). 대통령은 전시·사변 또는 이에 준하는 국가비상사태에 있어서 병력으로써 군사상의 필요에 응하거나 공공의 안녕질서를 유지할 필요가 있을 때에는 법률이 정하는 바에 의하여 계엄을 선포할 수 있다. 비상계엄이 선포된 때에는 법률이 정하는 바에 의하여 영장제도, 언론·출판·집회·결사의 자유, 정부나 법원의 권한에 관하여 특별한 조치를 할 수 있다(헌법 제77조 1·3항)라고 하여 국가위기나 비상사태하에서 일정한 범위내에서 법치국가원리의 예외를 인정하고 있다.

II. 공무원제도

1. 서설

헌법재판소는 "공무원이라 함은 직접 또는 간접적으로 국민에 의해 선출되거나 임용되어 국가 또는 공공단체와 공법상의 근로관계를 맺고 공공적 업무를 담당하고 있는 자를 의미한다."고 하였다. 이러한 공무원의 개념은 제도적 소산이므로 법률이 정하는 바에 따라 그 범위가 달라질 수밖에 없는 多義性을 내포하고 있다.

2. 공무원의 헌법상 지위

헌법 제7조 제1항은 「공무원은 국민전체에 대한 봉사자이며, 국민에 대하여 책임을 진다」라고 하여 공무원의 헌법상 지위를 규정하고 있다

가. 국민전체에 대한 봉사자

공무원은 주권자인 국민전체의 이익을 위한 봉사자이어야지, 국민의 일부나 특정정당 또는 특정계급의 이익을 위한 봉사자이어서는 안된다는 뜻이다. 이때 국민이란 주권자로서 국민[42]을 의미하며, 공무원은 공무를 위탁받아 이에 종사하는 모든 자를 말한다.

나. 공무원의 국민에 대한 책임

공무원이 국민에 대하여 지는 책임의 성질은 법적 책임이 아니라 정치적·윤리적 책임으로 볼 수 있다. 정치적 책임의 유형으로는 선거에 의한 책임, 국회의 해임건의에 의한 책임, 청원에 의한 책임 등을 들 수 있다.

법적 책임설에 의하면 공무원은 주권을 가진 국민의 수임자이므로 언제든지 국민에 대하여 책임을 진다고 본다. 즉 공무원의 책임은 주권자인 국민에 대하여지는 책임이고 공무에 대한 책임이며 그 직무의 수행에 관하여 비판과 제재를 받을 책임이므로, 따라서 공무원의 책임은 국민에 대한 직무에 관한 법적 책임이라고 한다.

이에 반해 정치적·윤리적 책임설은 공무원이 국민의 수임자라고 하지만 국민과 공무원간에 엄격한 법상의 수임관계가 존재하지 않고 최소한 국민의 공무원 파면권이 인정되지 않는 이상 공무원은 엄격한 법적 의미에서의 국민의 수임자는 아니며 따라서 공무원의 책임이란 정치적·윤리적 책임으로서는 인정되나 엄격한 법적 의미에서의 책임은 성립할 수 없다고 본다.

42 국민의 헌법상 지위
① 주권자로서 국민 : 이념적 통일체로서 전체국민
② 주권행사자로서 국민 : 유권자 총체
③ 기본권 향유주체로서 국민 : 개개인으로서 국민
④ 의무주체로서 국민 : 개개인으로서 국민

공무원이 국민에 대하여 지는 책임의 성질은 법적 책임이 아니라 정치적·윤리적 책임으로 보아야 한다.

다. 관련 판례

1) 헌재결 2003.10.30, 2002헌마684 국가공무원법 제33조 1항 제5호 등 위헌확인(위헌)
2) 헌재결 2003.9.5, 2003헌마293·437 병합 군인사법 제40조 제4호 위헌확인
(위헌)
3) 헌재결 2004.9.23, 2004헌가12 구 경찰공무원법 제21조 위헌제청(위헌)
4) 헌재결 2005.5.26, 2002헌마699·2005헌마192 지방자치법 제101조의 2 제1항 제3호 위헌확인(기각)

3. 직업공무원제

가. 의의

헌법은 제7조 제2항에서 「공무원의 신분과 정치적 중립성은 법률이 정하는 바에 의하여 보장된다」고 하여 직업공무원제를 규정하고 있다. 이런 직업공무원제는 정당국가에 있어서의 정권교체와 상관없이 행정의 독자성을 유지하고 공무원의 신분을 보장하는 제도를 말한다. 헌법재판소는 "집권세력에 의한 논공행상의 제물이 되는 엽관제도를 지양하고 정권교체에 따르는 국정운영의 중단과 혼란을 예방하며, 일괄성있는 공무수행을 유지하게 함으로써 안정적이고 능률적인 정책집행을 보장하려는 민주적이고 법치국가적인 공직구조에 관한 제도를 직업공무원제"라고 한 바 있다.

구 분	내 용
협의의 공무원	국가 또는 공공단체와 공법상의 근무관계(특별권력관계)를 맺고 공무를 담당하는 자로서 직업공무원이 이에 해당된다.
광의의 공무원	국가와 특별한 공법상의 근무관계를 맺고 공무를 담당하는 자로서 협의의 공무원(직업공무원) 뿐만 아니라 명예직공무원 그리고 헌법기관구성원(국회의원 헌법재판소재판관 중앙선거관리위원회위원 등)이 포함된다.
최광의의 공무원	국가의 공무에 종사하는 일체의 공무담당자로서 사법상 고용관계 공법상 위임관계에 의하여 공무를 담당하는 자도 포함된다.

나. 내용

1) 정치적 중립

중립의 개념에는 不干涉·不加入을 의미하는 소극적 의미의 중립과 대립을 조정하여 통일을 형성하는 적극적 의미의 중립이 있는데, 여기서 정치적 중립이라 함은 집권당의 영향으로부터의 독립과 정당에 대한 불간섭·불가입을 의미하는 소극적 중립을 말한다.

2) 공무원의 신분보장

신분보장이란 정권교체에 영향을 받지 않는다는 것뿐만 아니라 같은 정권 아래서도 정당한 이유없이 함부로 해임당하지 않는다는 것을 의미[43]한다. 왜

43 ① 국가보위입법회의법 부칙 제4항 "조직의 변경과 관련이 없음은 물론 소속공무원의 귀책사유의 유무라든가 다른 공무원과의 관계에서 형평성이나 합리적 근거 등을 제시하지 않은 채 합리적 이유없이 임명권자의 후임자임명처분 등으로 공무원직을 상실시킨 것은 직업공무원제를 침해한 것으로 위헌"(헌재 1990. 6.25, 89헌마 220).

② 1980년 해직공무원보상등에관한특별조치법 제4조의 헌법소원에서 "특별채용의 대상을 6급이하의 해직공무원에게만 이를 허용하고 있는 바, 특별조치법 제정시에 공익상의 요청을 고려하여 5급이상의 관리직공무원과 6급이하의 실무직공무원을 구별해서 특별채용을 마련한 것이기 때문에 나름대로 합리적인 이유를 갖는 立法裁量의 범위내에서 이루어진 것이므로 헌법에 위반되지 아니한다."고 판시하였다(헌재결 1993.9.27, 92헌바 21).

③ 헌법재판소는 지방공무원법 제31조에 대한 헌법소원에서 "공무원의 신분은 헌법이 정한 신분보장의 원칙하에 법률로 그 내용을 정할 수 있는 바, 금고 이상의 선고유예판결을 받은 사람에게 공무원의 지위를 부여하는 것은 '공직에 대한 국민의 신뢰'를 손상시킬 우려가 있으므로, 벌금형의 선고유예판결은 그 결격사유로 하였다고 하더라도 금고형은 벌금형보다 훨씬 무거운 형이므로 합리성과 형평에 반한다고 볼 수 없기 때문에 이를 공무원 결격사유 및 당연퇴직사유로 한 지방공무원 제31조, 제61조는 '지방공무원의 신분보장원칙'을 규정하고 있는 제60조 및 헌법 제7조 제2항에 위반되지 아니한다"고 판시하였다.

④ 헌재결 2004.11.15, 2002헌바8 지방공무원법 제62조 1항 제3호 위헌소원(합헌)

⑤ 헌재결 2002.11.28, 98헌바101 지방공무원법 제29조의 3 위헌소원(합헌)

냐하면 공무원은 국민전체에 대한 봉사자이지 집권자를 위한 봉사자가 아니므로 집권자의 의도와 국민전체에 의사가 대립할 때에는 후자가 집권자를 위한 봉사자가 아니므로 집권자의 의도와 국민전체의 의사가 대립 될 때에는 후자가 우월해야 하기 때문이다. 국가공무원법 제68조는 「형의 선고, 징계처분 또는 이 법에 정하는 사유에 의하지 아니하고는 그 의사에 반하여 휴직 강임 또는 면직을 당하지 아니한다」고 명시적인 규정을 두고 있다.

3) 성적주의(실적주의)

성적주의라 함은 인사행정에 있어 정치적 또는 정실적인 요인을 배제하고, 자격이나 능력을 기준으로 하여 공무원을 임용하는 원칙을 말한다. 현행 국가·지방공무원법은 "공무원의 임용은 시험성적·근무성적 기타 능력의 실적에 의하여 행한다"고 하여 성적주의를 명시하고 있다.

다. 직업공무원제의 공무원의 범위

신분보장과 정치적 중립성이 요구되는 직업공무원은 협의의 공무원 즉, 일반직·특정직·기능직 공무원과 같은 경력직공무원만을 의미한다. 따라서 정무직·별정직·전문직·고용직과 같은 특수경력직공무원은 제외된다.

4. 공무원의 기본권 제한

헌법과 법률은 공무원의 국민전체의 봉사자로서의 지위를 확보하고 직무의 공정한 수행과 정치적 중립성을 보장하기 위하여 일반국민에게는 허용되지 않는 기본권제한을 규정하고 있다. 그 내용으로 정당가입과 정치활동의 제한(헌법 제7조 2항), 근로삼권의 제한(헌법 제33조 2항), 직업선택의 자유 제한, 결사의 자유 제한, 거주이전의 자유 제한을 들 수 있다.

5. 공무원의 권리 의무

공무원은 재산상의 권리(예컨대, 보수청구권, 연금청구권, 실비변상수령권 등)와 직무상 관련된 권한(예컨대, 신분보유권, 행정쟁송제기권 등)을 가지며, 그 이면에는 헌법상 국회의원에게 청렴의 의무, 직무수행에 있어서 국가이익 우선의무, 지위를 남용한 이권개입 등 금지의무를 부과하여 있으며, 국가공무원법상 경력직공무원에게는 성실의무, 직무전념의무, 법령준수의무, 비밀엄수의무, 명령복종의무, 품위유지의무, 청렴의무, 친절·공정의 의무, 영리업무 및 겸직금지의무 등이 요구되고 있다.

Ⅲ. 지방자치제도

1. 서설

가. 개념

지방자치라 함은 일정한 지역을 기초로 하는 단체나 일정한 지역의 주민이 그 지방적 사무를 자신이 선출한 기관(대표)을 통해서 처리하는 제도를 말하며, 이러한 지방자치의 관념은 주민자치와 지방분권이라는 두 가지 요청을 기반으로 한다.

나. 지방자치의 본질

지방자치의 본질에 관하여는 지역주민이 국가성립 이전부터 보유한 고유의 권능이라고 보는 自治固有權說과 국가가 승인하는 한도내에서만 행사할 수 있는 위임된 권능이라고 보는 自治權委任說이 대립하고 있는 데, 오늘날의 지방자치는 헌법과 법률의 범위안에서의 자치를 의미하기 때문에 국가의 의사로부터 완전히 독립된 지방자치라는 것은 존재할 수 없으므로 국가제도론의 관점에서 볼 때 自治權委任說이 타당하다.

2. 지방자치의 유형 및 형태

사항 \ 구분	주 민 자 치	단 체 자 치
자치권의 성질	자연법상의 권리(고유권)	실정법상의 권리(전래권)
자치권의 근거·범위	주민의 고유권리, 광범위함	국가에 의해 주어진 권리, 협소함
기본원리	민주주의의 이념	지방분권주의를 기초
권한부여방식	법률로서 개별적으로 부여	국가가 일반적 포괄적으로 부여
자치기관의 성격	국가의 지방행정청(독립×)	국가로부터 독립된 기관
지방정부의 구성형태	기관통합주의(의결기관과 집행기관의 결합, 기관단일방식)	기관대립주의(의결기관과 집행기관의 분리, 기관대립방식의 수장제)
우월기관	의결기관(지방의회)	집행기관(자치단체의 장)
관할사무	고유사무와 위임사무의 구별이 불명확함	고유사무와 위임사무의 구별이 명확함
국가의 감독	입법 사법적 감독위주(소극적)	행정적 감독위주(적극적)
중앙과 지방의 관계	비권력적 감독	권력적 감독
지방세제	독립세주의	부가세주의
대표적 국가	영국·미국	독일, 프랑스

3. 우리나라의 지방자치제

가. 서설

지방자치단체란 일정한 지역을 기초로 하며, 국가로부터 자치권을 받아 지방적 사무를 그 권한과 책임하에 처리하는 법인격을 가진 지방자치의 주체를 말한다. 지방자치단체는 주민과 구역 및 자치권을 구성요소로 하고 있다. 현행 지방자치제도는 단체자치형을 주로 하며, 주민자치형이 보완된 혼합형이다. 이러한 지방자치제도는 제1공화국헌법에서부터 제6공화국헌법에 이르기까지 모든 헌법이 규정하고 있다.

나. 지방자치단체의 종류

헌법은 지방자치단체의 종류를 직접 규정하지 않고 법률에 위임하고 있다. 이에 따라 제정된 지방자치법에 의하면 일반 지방자치단체와 특별자치단체로 규정하고 있으며, 다시 일반지방자치단체는 광역지방자치단체와 기초지방자치단체로 규정하고 있다.

광역지방자치단체로는 특별시·광역시·도가 있으며, 기초지방자치단체로는 시·군·자치구가 있다. 기초자치단체로서 시는 인구50만 이상인 경우 자치구 아닌 구를 둘 수 있다.[44]

다. 지방자치단체의 기관

1) 지방의회(의결기관)

지방의회는 지역주민이 선출하는 대표에 의하여 구성되는 합의제로서, 지방자치단체의 의결기관이며 최고의사결정기관일 뿐만 아니라 헌법상 필수기관이다. 따라서 지방의회는 주민의 대표기관으로서 집행기관과 대등한 지위에서 견제와 균형을 도모하고 있다.

지방의회는 지방의회의원들로서 구성된다. 지방의회의원의 총선거는 임기만료 전 60일 이후 첫째 목요일에 실시한다. 지방의회의원의 임기는 4년이며, 의원에게는 월정수당·여비 이외에도 매월 의정활동비를 지급한다(지방자치법 제32조 제1항 3호). 지방의회의 회의는 정기회와 임시회로 구분되며, 연간 총회기 일수는 120일을, 기초의회는 80일을 넘을 수 없다(지방자치법 제41조).

지방의회의 권한으로 의결권·행정사무감사 및 조사권·자치단체장에 대한 출석 답변요구권·의회의장단 선출권, 자율권·청원수리 처리권 등을 들 수 있다.

2) 지방자치단체의 장(집행기관)

우리나라 자치단체의 장은 국가기관과 지방자치단체의 기관 및 종합행정기관으로서의 지위를 가진다.

자치기관으로서 자치단체장은 자치단체 대표권자, 자치단체 최고집행권자로서의 지위를 가지며, 국가의 일반행정관청으로서의 지위도 갖는다. 地方自治團體長의 선임방법은 헌법에서 법률로 정하도록 위임하고 있고 법률에 의하여 선거로 선출된다. 임기는 4년이며, 정무직 공무원으로 본다 .

44 기초자치단체인 포항시는 자치구가 아닌 행정구로서 남구·북구가 있다.

지방자치단체장은 통할·대표권, 사무의 관리·집행권, 기초자치단체장에 대한 감독권, 규칙제정권, 소속직원의 지휘·감독권 및 임면권, 지방의회에 대한 제안권, 지방의회에 대한 견제권한으로 최초의 임시회의 소집 및 일반임시회의 소집요구, 의회 부의 안건의 공고, 의안 및 예산안의 발의, 조례의 공포, 재의요구 및 제소, 선결처분권 등의 권한이 있다.

라. 지방자치단체의 권한

1) 자치조직권

자치조직권이란 지방자치단체가 자치단체의 조직을 자주적으로 정하는 권능을 말한다.

2) 자치입법권

지방자치단체는 법령의 범위안에서 자치에 관하여 필요한 일반적·추상적 규정을 정립할 수 있는 권한이 있다. 이 자치입법에는 법령의 범위내에서 지방의회의 의결로서 제정되는 「條例」(다만 주민의 권리제한·의무부과·벌칙을 정할 때에는 반드시 법률의 위임이 있어야 함)와 집행기관(자치단체의 장, 교육감)이 법령 또는 조례의 범위내에서 제정하는 「規則」이 있다.

3) 자치행정권

지방자치단체가 수행하는 사무에는 고유사무·단체위임사무·기관위임사무가 있다.

가) 고유사무 : 지방자치단체의 존립목적이 되는 사무로써, 지방자치단체는 이를 자신의 의사와 책임하에 처리하고 자치사무의 경비를 원칙적으로 자치단체의 자주재원과 지방교부세로 충당해야 한다. 그 예로서 상·하수도 사업, 시장설치, 공원·운동장의 설치 관리, 도축장, 청소, 소독 등이 있다.

나) 단체위임사무 : 자치단체가 법령의 특별한 규정에 의하여 국가 또는 상급지방자치단체로부터 위임된 사무를 말한다. 그 예로서 예방접종사

무, 시·군의 국세징수사무, 전염병원 격리병사에 관한 사무, 생활보호사무, 보건소·농촌지도소의 운영사무 등이 있다.

다) 기관위임사무 : 전국적으로 이해관계가 있는 사무로서 법령의 규정에 의하여 국가 또는 상급자치단체로부터 지방자치단체의 장, 기타 집행기관에 위임된 사무를 말한다. 그 예로서 징병, 호적, 주민등록, 민방위, 선거, 인구조사, 경찰, 소방, 지적, 상공업진흥사무 등이 있다.[45]

4) 자치재정권

지방자치단체가 그 사업처리에 필요한 경비에 충당하기 위하여 자금을 자주적으로 조달하고 또한 그 자유로운 의사와 판단에 의하여 이를 사용할 수 있는 권능으로서, 지방자치의 실질을 확보하기 위해 매우 중요한 권능이다.

마. 지방자치단체에 대한 국가의 감독

1) 입법적 통제

입법기관(국회)이 법률의 형식으로 행하는 통제이다. 입법기관은 행정의 기본목표를 설정하고 예산을 심의 결정하여 줌으로써 행정에 대한 제1의 통제자라고 할 수 있다. 이러한 입법통제는 일반적이고 개괄적인 것을 그 특징으로 하며, 우리나라도 헌법 제118조 제2항「지방자치단체의 조직과 운영에 관한 사항은 법률로 정한다」에 입법통제의 근거를 명시해 두고 있다.

2) 사법적 통제

사법기관(법원)이 행하는 통제로서, 재판을 통하여 행사된다. 사법적 통제는 지방자치단체의 위법한 행위를 전제로 하여 그 시정수단으로서 행해지며, 소극적 기능밖에 못하는 것이 그 특징이다. 「명령·규칙 또는 처분이 헌법이나 법률

45 헌법 제117조, 지방자치법 제3조 제1항, 제9조, 제93조, 도로법 제54조, 제83조, 제86조의 각 규정을 종합하여 보면, 국가가 본래 그의 사무의 일부를 지방자치단체의 장에게 위임하여 그 사무를 처리하게 하는 기관위임사무의 경우에는 지방자치단체는 국가기관의 일부로 볼 수 있는 것이지만, 지방자치단체가 그 고유의 자치사무를 처리하는 경우에는 지방자치단체는 국가기관의 일부가 아니라 국가기관과는 별도의 독립한 공법인이므로, 지방자치단체 소속 공무원이 지방자치단체 고유의 자치사무를 수행하던 중 도로법 제81조 내지 제85조의 규정에 의한 위반행위를 한 경우에는 지방자치단체는 도로법 제86조의 양벌규정에 따라 처벌 대상이 되는 법인에 해당한다고 할 것이다.[대법원 2005.11.10. 선고 2004도2657 판결]

에 위반되는 여부가 재판의 전제가 된 경우에는 대법원은 이를 최종적으로 심사할 권한을 가진다」는 헌법 제107조 제2항이 사법통제의 근거규정이다.

3) 행정적 통제

행정기관(행정부)이 행하는 통제로서, 오늘날 자치단체에 대한 중앙정부의 통제 가운데 가장 광범하고 중요한 방식이 되었다. 행정적 통제는 통제작용의 권력성 여하에 따라 권력적 통제 (부단체장임명방법의 2원화, 직무이행명령과 대집행제도, 지방의회의결에 대한 제소지시권 및 직접제소권)와 비권력적 통제(기준설정, 협의, 조언, 정보제공, 보고, 보조, 지휘, 조정 등)로 나눌 수 있다.

Constitution 5

사회·문화 원리

Ⅰ. 복지국가의 원리

1. 의의

복지국가라 함은 모든 국민에게 그 생활의 기본적 수요를 충족시킴으로써 건강하고 문화적인 생활을 영위할 수 있도록 하는 것이 국가의 책임이면서 그것에 대한 요구가 국민의 권리로서 인정되어 있는 국가를 말한다.[46] 이러한 국가의 원리는 사회정의를 구현하기 위하여 법치국가적 방법으로 모든 국민의 복지를 실현하려는 국가적 원리를 의미하며, 이는 실질적 법치국가를 실천목표로 하고, 사회적 시장경제질서에 의하여 보장된다. 우리나라는 사회적 기본권을 통하여 복지국가원리를 간접적으로 제도화하고 있다.

2. 복지국가원리의 헌법적 구현

헌법 제34조는 복지국가원리의 직접적 근거로서 모든 국민은 인간다운 생활을 할 권리를 가진다(헌법 34조 제1항). 국가는 사회보장 사회복지의 증진에 노력할 의무를 진다(제2항). 국가는 여자의 복지와 권익의 향상을 위하여 노력하여야 한다(제3항). 국가는 노인과 청소년의 복지향상을 위한 정책을 실

46 우리나라 헌법재판소는 사회국가, 사회복지국가, 복지국가, 민주복지국가라는 표현을 동시에 사용하고 있다.

시할 의무를 진다(제4항). 신체장애자 및 질병·노령 기타의 사유로 생활능력이 없는 국민은 법률이 정하는 바에 의하여 국가의 보호를 받는다(제5항). 국가는 재해를 예방하고 그 위험으로부터 국민을 보호하기 위하여 노력하여야 한다(제6항)라고 규정하고 있다. 또한 헌법 전문의「국민생활의 균등한 향상」, 헌법 제119조의 경제질서에 관한 규제와 조정, 제23조 2항의 재산권의 사회적 구속의 강조, 노동3권, 환경권, 근로의 권리, 혼인 가족제도 등에서도 복지국가원리의 간접적 근거를 찾을 수 있다.

II. 문화국가의 원리

1. 의의

문화국가라 함은 국가로부터 문화의 자유가 보장되고 국가에 의하여 문화가 보호·지원·보장되어져야 하는 국가를 말한다. 여기서 문화란 헌법질서에 편입되어 있는 교육·학문·예술·종교·언론 등 정신적·지적 생활영역을 의미한다. 대부분의 현대국가는 문화현상의 자율성을 존중하면서 문화국가를 위한 문화정책을 하나의 문화복지정책의 차원에서 파악하고, 모든 문화현상에 대해서 국민에게 균등한 참여기회를 보장해 주기 위해서 문화·교육단체의 조직과 활동이 민주적으로 이루어질 수 있도록 최소한의 규제와 간섭을 하는 것이 보통이다.

우리 헌법은 前文에서 한민족의 유구한 역사와 전통의 계승을 강조하면서 문화생활영역에서도 개인의 기회균등·개성신장을 통하여 文化民族의 이념을 계속적으로 이어나갈 것을 천명하고 있다.

한국정신문화연구원

2. 우리 헌법상 문화국가원리의 구현

현행헌법은 문화국가의 원리를 실현시키기 위해, 헌법전문(문화의… 영역에 있어서…), 민족문화창달의무, 대통령의 의무, 무상의무교육제도, 교육의 자율성, 전문성, 정치적 중립성, 평생교육제도, 건강하고 쾌적한 환경문화유산의 조성, 학문·예술의 자유와 문화재 및 창작물 등의 보호, 종교의 자유, 언론·출판·집회·결사의 자유 등을 천명하고 있다.

3. 문화국가원리 구현입법

문화국가원리의 기본이 되는 교육을 받을 권리를 실질화하기 위하여 교육기본법이 제정되었으며, 교육기본법에서 교육은 홍익인간의 이념아래 모든 국민으로 하여금 인격을 완성하고 자주적 생활능력과 공민으로서의 자질을 구유하게 하여 민주국가발전에 봉사하며 인류공영의 이상실현에 기여하게 함을 목적으로 한다고 선언하고 있다. 우리나라의 전통문화예술을 계승하고 새로운 문화를 창조하여 민족문화의 창달에 이바지하고, 문화예술의 진흥을 위한 사업과 활동을 지원함을 내용으로 하는 문화예술진흥법이 있다. 또한 한국문화의 정수를 깊이 연구하여 새로운 창조의 기반으로 삼아 주체적 역사관과 건전한 가치관을 정립하고, 미래 한국의 좌표와 그 기본원리를 탐구하고 민족중흥을 위한 국민정신을 드높이고, 민족문화창달에 기여하기 위하여 한국정신문화연구원을 설립하고, 이를 보호·육성하기 위하여 한국정신문화연구원육성법이 있다. 문화재의 보존·관리 및 활용에 관한 문화재보호법, 문화의 형성과 발전이 필수적인 방송, 영화, 음반 등에 관한 보호육성을 위하여 방송법, 영화법[47], 음반및비디오물에관한법률, 저작권법 등이 있다. 그외 지역사회의 문화개발을 위한 지방문화 사업을 보호·육성함을 내용으로 하는 지방문화사업조성법이 있다.

47 현대사회는 영상문화의 시대이며 영화가 이 시대에 미치고 있는 영향력은 막중하다 할 것이다. 영화는 민족공동체의 문화적 창작력의 중요한 표현양식일 뿐만 아니라 텔레비전, 종합유선방송, 위성방송 등 방송매체가 영화를 기반으로 성장하여 왔으며, 비디오, 컴퓨터게임 등의 관련영상산업분야도 영화를 바탕으로 하여 제작 혹은 촉발되어지는 등 영화는 이 산업분야의 고부가가치산업이라 할 것이다. 그러나 우리 영화계의 실정을 살피면, 국산영화의 창작기반은 극도로 열악한 반면에 대중적 흥행성이 높은 외국산 영화는 무제한으로 수입되어 일정한 통제가 가해지지 아니하면 우리 공연장을 독점할 위험이 지대하여 국산영화의 존립자체가 극도로 위태로운 지경에 이르고 있음을 충분히 알 수 있다. 따라서 이와 같은 실정을 감안하면, 어 사건심판대상 규정이 국산영화 의무상영제를 두어 직업선택의 자유를 일부 제한하였더라 하여도 위와 같은 공공복리를 위한 목적의 정당성은 인정된다고 할 것이다[1995.7.21, 헌마125:영화법 제26조 등 위헌확인].

Constitution 6

사회적 시장경제 원리

Ⅰ. 서설

근대 시민혁명이후 확립된 시민적 입헌주의 헌법들은 경제질서에 관하여 국가의 중립을 내용으로 하는 자유방임주의를 원칙으로 하였고, 경제적 자유에 관하여도 사유재산 절대의 원칙, 계약자유의 원칙, 과실책임의 원칙이 그 주요한 법적 기초가 되었다.

자유방임적 경제질서는 개인과 기업의 자유경쟁과 창의를 통하여 생산력의 비약적 증가와 부의 경이적 증대를 가져왔다. 그러나 고도로 발달한 자본주의 경제사회에서는 자본의 집중으로 인한 부의 편재, 소수의 유산자와 무산계층간의 분배를 둘러싼 갈등과 대립, 주기적인 경제공황, 실업자의 대량배출등 여러 가지 모순과 부조리가 나타나게 되었다.

이에 따라 경제에 대한 국가의 자유방임을 청산하고 자유주의 시장경제원리에 내재된 모순과 부조리를 시정하고자 하는 방법이 강구되었다. 그 하나는 사유재산제를 기초로 한 자유주의 시장경제질서를 유지하면서 사경제에 국가가 적극적으로 개입하여 경제적 정의를 확립하고 경제주체간의 실질적 평등을 실현하고자 하는 사회개량적 방법이고, 다른 하나는 생산수단의 전면적 국유화를 통하여 사유재산제를 부정하고 시장경제원리를 부정하는 사회혁명적 방법이다. 전자가 현대 자본주의 국가에서의 사회적 시장경제질서라면 후자는 공산주의 국가에 있어서의 사회주의 계획경제질서이다.

II. 헌법상 경제질서

1. 헌법상 근거와 구현

현행 헌법은 제23조에서 재산권 일반을 보장하고 있고, 제 22조 제2항에서는 무체재산권을, 제15조에서는 직업선택의 자유를, 그리고 경제에 관한 제9장 등은 경제질서에 관한 직접적 규정이라 할 수 있다.

특히 헌법 제119조 제1항에서는 「대한민국의 경제질서는 개인과 기업의 경제상의 자유와 창의를 존중함을 기본으로 한다」라고 하여 자본주의적 자유주의 시장경제원리를 기본으로 하고 있지만, 동조 제2항에서는 「국가는 균형 있는 성장 및 안정과 적정한 소득의 분배를 유지하고, 시장의 지배와 경제력의 남용을 방지하며, 경제주체간의 조화를 통한 경제의 민주화를 위하여 경제에 관한 규제와 조정을 할 수 있다」라고 하여 국가의 경제에 관한 적극적 간섭의 가능성을 규정하고 있다. 따라서 현행 헌법상의 경제질서는 사회적 시장경제질서로서의 성격을 가진다고 할 것이다.

사회적 시장경제질서를 위하여 현행·헌법은 중요 천연자원 등의 사회화, 농지의 소작제도의 금지와 임대차·위탁경영의 허용, 국토의 이용제한과 의무, 농어촌 종합개발계획의 수립, 지역경제의 육성, 중소기업의 보호육성, 농어민의 이익보호, 소비자보호, 대외무역의 육성·규제·조정, 사영기업의 국공유화 및 통제·관리의 한계, 경제·과학기술의 창달·진흥 및 국가표준제도의 확립 등을 규정하고 있다(헌법 제120조 내지 제127조).

2. 헌법재판소의 견해

헌법 제119조 제2항 규정이 대한민국의 경제질서가 개인과 기업의 창의를 존중함을 기본으로 하고 있으나, 그것이 자유방임적 시장경제질서를 의미하는 것이 아님은 물론이다.

헌법재판소는 "입법권자가 국내의 영화시장을 수요와 공급의 법칙만에 의하여 방치할 경우 외국영화에 의한 국내 영화시장의 독점이 초래되고, 국내 영화의 제작업은 황폐하여진 상태에서 외국영화의 수입업과 이를 상영하는 소비시장만이 과도히 비대하여질 우려가 있다는 판단하에서, 이를 방지하고 균형있는 영화산업의 발전을 위하여 국산영화의무상영제를 둔 것이므로, 이를 들어 우리 헌법의 경제질서에 반한다고는 볼 수 없으며, 헌법이 보장하는 행복추구권이 공동체의 이익과 무관하게 무제한의 경제적 이익의 도모를 보장하는 것이라고는 볼 수 없으므로, 위와 같은 경제적 고려와 공동체의 이익을 위한 목적에서 비롯된 국산영화의무상영제가 바로 청구인들의 행복추구권을 침해한 것이라고 보기도 어렵다"[48]라고 하여 자유주의 시장경제질서를 바탕으로 한 사회적 시장경제원리가 우리 헌법상 경제원리의 기본임을 간접적으로 천명하고 있다.

화재로 인한 재해보상 및 보험가입에 관한 법률 제5조에 대한 헌법소원결정에서 "재산권 보장에 관한 헌법 제23조, 경제질서에 관한 헌법 제119조의 각 규정에서 볼 때 우리 헌법의 경제체제는 사유재산제를 바탕으로 하면서 법치주의에 입각한 재산권의 사회성, 공공성을 강조하는 사회적 시장경제체제임을 알 수 있다. 따라서 헌법상 보장된 재산권행사의 내용으로서의 사용·수익·처분의 자유 및 그에 따른 계약의 자유는 신체 및 정신적 자유와는 달리 그 행사에 많은 제약이 따르게 되었다.

특히, 헌법 제37조 제2항에 의하여 공공복리를 위한 제한이 광범위하게 예정되어 있다"[49]라고 하여 우리 경제체제가 사회적 경제체제라 밝히고 있다.

48 헌재 1995.7.22, 94헌마 125, 영화법 제26조 등 위헌확인

49 헌재 1991.6.3. 89헌마204 결정의 반대의견; 헌재 2005.2.24. 2001헌바71 주택건설촉진법 제3조 8호 등 위헌소원(합헌)

4

1987년 헌법의 정치제도

정치제도 개관

Ⅰ. 국민대표제도

1. 의의

주권자인 국민이 주권을 행사하는 직접민주정치는 다수의 인구를 가지고 있는 廣域國家에서와, 입법·집행에 고도의 기술성을 요하는 현대국가에 있어서는 채택하기 대단히 어려운 제도라 할 수 있다. 민주정치에 있어서 직접민주제를 이상적으로 생각한 루소도 대표자는 자신을 선출한 유권자의 지시와 명령을 따라야 한다는 강제위임원칙을 조건으로 하는, 또는 국민투표를 가미한 대표민주정치를 인정하였다.

또한 몽테스키외도 「국민은 대표자를 선택할 경우에만 통치에 관여할 것이다. 왜냐하면, 자기 능력의 정확한 척도를 아는 사람은 적으나, 각인은 일반적으로 자기가 선정한 사람이 대부분의 다른 사람보다 명석한가 않은가에 관해서는 알 수 있다. 대표민주제의 큰 장점은 대표자가 국무를 처리할 수 있다는 점이다. 국민은 이에 적합하지 못하다. 국민 모두가 국무의 처리를 담당하게 되면 그것은 민주주의의 큰 결함이 된다」라고 하여 직접민주주의를 비판하며 국민대표제도를 주장하였다.

이러한 몽테스키외의 이론은 1791년 프랑스 제헌의회를 지배하였고, 결국 프랑스혁명을 통해 확립된 국민대표개념은 절대군주제를 부정하고 타도하는데 성공하였다. 그리고 이는 루소의 민주주의를 부정하는 의미를 가졌다고 할 수 있다.

몽테스키외(1689~1755)
프랑스 지롱드 주 라 브레드 출생
줄리아 컬리지 졸업
페르시아인의 편지, 로마인의 흥망성쇠 원인론, 법의 정신
계몽주의 시대의 프랑스 정치사상가

2. 대표민주제의 법적 구조

대표민주제의 법적 구조는 대표위임(=자유위임)의 원리와 강제위임(=기속위임)금지의 원리라고 말할 수 있다. 대표민주제에 있어서의 국민은 선거에 의하여 구성된 대표기관을 통해서만 행동하고 대표기관의 행위는 국민의 의사를 반영하는 것이라고 간주된다.

3. 국민대표의 개념

국민대표의 개념을 요약하면 첫째, 국가기관의 행위가 국민의 행위로 간주되고 국민의 행위로서의 효과를 갖는 것을 의미하며, 둘째, 국가기관이 그 직무를 행함에 있어서 국민으로부터 아무런 기속을 받지 않고 완전히 독립이라는 것을 의미한다.

이러한 근대적 의미의 대표 개념이 처음으로 성문화 된 것은 프랑스의 1791년 헌법이지만, 실질적으로는 이에 앞서 영국의 의회제도의 발달과정에서 태동하였다고 볼 수 있을 것이다.

현대에 와서 국민이 주권을 대표자에게 전적으로 위양하였다는 이론은 많은 비판을 받았다. 그래서 오늘날에 있어서는 대표자가 국민의 여론을 반영해야 한다는 이론이 등장하고 있다. 직접민주주의적 요소의 도입, 혹은 직접민주주의적 요소를 통한 의회주의 및 간접민주제의 수정과 보완은 루소적 직접 민주주의에 접근하게 될 수 있으며, 오늘날에 있어 특히 현저하게 나타나고 있는 헌법현상이라고 할 수 있다.

4. 국민대표주의의 현대적 의의

가. 국민대표주의의 변용

20세기에 있어서 국민대표의 현실은 대표자의 행위와 피대표자의 의사간의 합치를 요구하고 있다. 의회에서 취해지는 결정이 선거시에 표명된 선거인의 의사와 유사하거나 또는 합치될 때 의회는 국민을 대표한다. 국민대표가 존재한다는 것은 의회의 결정이 선거인의 의사에 합치하였다는 의미라 할 수 있다.

나. 半代表制의 채택

국민이 직접의사를 표현하게 하는 직접민주정치제도가 국민대표주의에 접목됨으로써 반직접민주제 내지는 반대표민주제가 채택되고 있다.

국민투표는 고전적 대표원리를 보충하는 수단이 되고 있으며, 최종적 결정권을 국민에게 부여함으로써 루소적 직접 민주주의에 접근하게 된다.

국민대표주의의 현대적 의의 (2009. 3. 26. 자 2007헌마843 결정)

대의제는 국가의사를 간접적으로, 직접민주제는 직접적으로 결정하는 방식으로서, 상호 본질적으로 성격을 달리하므로 이들을 근본적으로 결합하기에는 어려움이 있다 할 것이나, 그렇다고 하더라도 어느 한 원리를 원칙으로 하면서 그 본질적인 요소를 훼손하지 않는 범위 내에서 이를 보완하기 위하여 다른 원리에서 유래된 제도를 일부 도입할 수는 있다 할 것이다.

근대국가가 대부분 대의제를 채택하고도 후에 이르러 직접민주제적인 요소를 일부 도입한 역사적인 사정에 비추어 볼 때, 직접민주제는 대의제가 안고 있는 문제점과 한계를 극복하기 위하여 예외적으로 도입된 제도라 할 것이므로, 헌법적인 차원에서 직접민주제를 직접 헌법에 규정하는 것은 별론으로 하더라도 법률에 의하여 직접민주제를 도입하는 경우에는 기본적으로 대의제와 조화를 이루어야 하고, 대의제의 본질적인 요소나 근본적인 취지를 부정하여서는 아니된다는 내재적인 한계를 지닌다 할 것이다.

5. 현행헌법의 국민대표제도

헌법은 제1조 제1항에서 민주공화국임을 천명하고, 제2항에서 「주권은 국민에게 있고, 모든 권력은 국민으로부터 나온다」라고 규정하여 국민주권주의와 대표적 민주정치를 채택하고 있다. 또한 헌법은 헌법개정에 대한 국민투표와 중요정책에 대한 국민투표를 인정하여 대표민주정치를 원칙으로 하면서도 직접민주적 요소를 가미하고 있다.

또한 헌법 제46조 2항은 「국회의원은 국가의 이익에 우선하여 양심에 따라 직무를 행한다」고 규정하여 대표위임(자유위임)원칙을 채택하고 있다. 이것은 헌법이 현대적 대표주의에 입각하고 있음을 증명해 주는 것이라고 하겠다.

II. 권력분립제도

1. 의의

정치제도구성의 원리일 뿐만 아니라 근대시민적 민주정치의 기본원리라 할 수 있는 권력분립주의는 국가권력의 집중과 남용을 방지하고 국민의 자유와 권리의 보호를 목적으로 한다. 권력분립주의는 국가작용을 입법·행정·사법 등의 구체적인 작용으로 나누고, 나누어진 국가작용을 독립된 국가기관에 맡기며, 이를 담당한 각 기관 상호간의 견제·균형을 유지하도록 하는 자유주의적인 정치조직원리이다.

권력분립제도의 본질은 첫째, 개인의 자유와 권리를 확보하기 위한 자유주의적 조직원리를 의미하고, 둘째, 집행과 사법을 국민의 대표기관인 의회가 제정한 법률에 따르게 한다는 점에서 국민이 주권자라는 민주주의 실천원리를 의미한다. 셋째, 권력의 남용과 자의적 행사를 방지하기 위한 소극적인 원리를 의미한다.

2. 로크·몽테스키외의 권력분립론

근대적 의미의 권력분립론은 로크와 몽테스키외에 의하여 이론적으로 체계화되었다. 먼저 로크는 국가에는 입법권, 집행권, 동맹권의 삼권이 있다고 하였다. 입법권은 국민으로부터 위임받은 권력중에서 최고의 권력이고 집행권과 동맹권은 이에 종속된다고 보았다. 입법권과 집행권은 분리되어야 하지만, 집행권과 동맹권은 이론적으로 구별되지만 실제로는 거의 구별될 수 없는 것이라고 봄으로써 이권분립을 주장하였다.

몽테스키외는 입법권·집행권·사법권의 삼권으로 분립할 것을 주장하였다. 몽테스키외의 권력분립론을 요약하면, 첫째, 국가작용은 입법·사법·집행의 세가지로 나누어 지며, 둘째, 각각의 국가작용은 각각 독립된 기관에 분속 되어야 하며, 셋째, 삼권의 기관은, 특히 입법부와 행정부는 상호 「저지하는 기능」을 가지고 상호억제하도록 조직되어 있을 것이 필요하다.

로크와 몽테스키외의 권력분립론을 비교하면 로크는 이권분립론에 입각하여 집행권에 대한 입법권의 우위를 강조한 데 대하여, 몽테스키외는 엄격한 삼권분립에 입각하여 각기관의 상호견제와 균형관계를 확립하려고 하였다. 로크의 입법권우위의 이권분립론은 영국의 헌정에 영향을 미쳐 의원내각제로 발전하였고, 몽테스키외의 엄격한 삼권분립론은 미국의 헌법제정에 영향을 미쳐 대통령제로 발전하였다.

3. 권력분립제도의 형태

각국 헌법에서 제도화된 권력분립의 형태는 다음 몇 가지 유형으로 대별할 수 있다.

먼저 입법부와 집행부의 관계를 기준으로 할 때, 첫째, 엄격분립형으로서 프랑스의 1791년 헌법, 미국헌법 등을 예로 들 수 있으며, 둘째, 균형형으로서 이는 의원내각제도를 채택하고 있는 나라에서 볼 수 있는 것으로, 양자간에 협력관계를 중시하는 입장이다. 셋째, 입법부우위형으로 의회정부제, 국민공회제 국가에서 볼 수 있는 정부형태로서 입법부가 행정권까지도 겸하여 가지고 있는 경우이다. 넷째, 행정부우위형으로 입헌군주제 하에서 볼 수 있으며, 국가원수에게 입법권과 행정권을 귀속시키고 있다.

다음으로 입법부와 사법부와의 관계를 기준으로 할 때, 첫째, 입법부우위형으로 영국과 같이 법률에 대한 사법심사제도가 없는 경우이고, 둘째, 균형형으로 미국과 같이 사법부는 구체적인 행정쟁송을 재판함으로써 행정부를 통제하고, 입법에 대하여도 구체적 규범통제에 의하여 법률의 위헌성을 심사하는 경우이다. 셋째, 사법부우위형으로 사법부가 위헌법률심사권을 가지고 위헌법률을 무효선언까지도 할 수 있어 사법부가 우월한 경우이다.

4. 권력분립론의 현대적 문제상황

20세기에 들어와서 권력분립제의 배경이 된 개인주의와 자유주의는 점차 퇴조하기 시작하였고, 따라서 필연적으로 입헌주의의 위기가 초래되었다. 게다가 입헌주의 내지 의회민주주의 위기는 정당국가적 경향과 더불어 권력분립의 원리마저 그대로 유지할 수 없게 하였다.

고전적 권력분립론이 오늘날에는 입법부우위의 입법국가, 사법부우위의 사법국가, 집행부우위의 행정국가로 변질되고 있다. 현대국가는 국가의 통합적 관리라는 점에서 강력한 정부를 필요로 하고 있어 권력분립론 그 자체에 대한 이론적 비판도 없지 아니하다.

그러나 오늘날 권력분립제는 입법은 민주적으로 선출된 의회에, 집행은 경험이 풍부한 전문가에게, 사법은 법에 능통한 법률가에 분담시켜야 한다는 국가기능의 합리적 분할을 의미한다는 점에서, 제도적 의의를 여전히 지니고 있다고 할 수 있다.

5. 헌법상 권력분립제도

헌정사에 나타난 권력분립의 변천을 살펴보면 제1공화국은 행정부우위적인 형태이며, 제2공화국은 균형제도를 채택하고 있다. 제3공화국은 헌법상으로는 국회와 대통령 및 법원은 상호 독립하여 견제·균형 할 수 있기 때문에 권력분립제도를 채택하고 있다고 하겠으나, 실질적으로는 집행권의 우월화 경향을 나타내고 있다.

한나라당대통령후보이명박의주가조작등범죄혐의의진상규명을위한특별검사의임명등에관한법률위헌확인(2008. 1. 10. **자** 2007**헌마**1468 **결정**)

헌법상 권력분립의 원칙이란 국가권력의 기계적 분립과 엄격한 절연을 의미하는 것이 아니라, 권력 상호간의 견제와 균형을 통한 국가권력의 통제를 의미하는 것이다. 따라서 특정한 국가기관을 구성함에 있어 입법부, 행정부, 사법부가 그 권한을 나누어 가지거나 기능적인 분담을 하는 것은 권력분립의 원칙에 반하는 것이 아니라 권력분립의 원칙을 실현하는 것으로 볼 수 있다. 이러한 원리에 따라 우리 헌법은 대통령이 국무총리, 대법원장, 헌법재판소장을 임명할 때에 국회의 동의를 얻도록 하고 있고(헌법 제86조 제1항, 제104조 제1항, 제111조 제4항), 헌법재판소와 중앙선거관리위원회의 구성에 대통령, 국회 및 대법원장이 공동으로 관여하도록 하고 있는 것이다(헌법 제111조 제3항, 제114조 제2항).

제4공화국의 권력분립제도는 헌법상 국가원수에 대한 권력집중현상이 강하게 나타나고 있는데 이는 신대통령제라고 할 수 있을 것이다. 제5공화국의 권력분립제도는 권력분산적 대통령제를 채택하였다고 할 수 있으나 복지국가적 요청과 위기정부적 경향 때문에 대통령이 국가기관 구성권에 관여함으로 변형된 권력분립주의를 채택하고 있다. 제6공화국의 권력분립제도는 국회해산제를 없애고 국가긴급권을 약화시킴으로써 더욱 권력분산적 대통령제를 채택하고 있는데 그 내용을 살펴보면 첫째, 대통령의 국회해산권을 폐지한 점, 둘째, 국회의 권한을 강화하여 국정감사권을 부활한 점, 셋째, 헌법위원회를 폐지하고 사법적 헌법보장기관인 헌법재판소를 신설한 점 등을 들 수 있다.

Ⅲ. 정부형태

1. 의의

정부형태는 국가권력구조에 있어서 권력분립의 원리가 어떻게 적용되고 있느냐 하는 것을 말한다. 결국 정부형태란, 국가권력이 입법부·집행부·사법부에 각각 어떻게 배분되어 있고, 또 입법부·집행부·사법부는 그와 같은 국가권력을 어떻게 행사하고 있으며, 이들 삼부의 관계는 어떠한가, 특히 입법부와 집행부의 관계가 어떠한가 하는 것을 말한다.

먼저 권력분립형 정부형태와 권력집중형 정부형태로 구분할 수 있다. 권력집중형 정부형태로는 전제주의 정부형태를 들 수 있는데, 전제주의에는 전체주의국가와 권위주의국가가 있다. 전체주의국가로는 파시즘의 이탈리아, 나치즘하의 독일, 공산주의하의 구소련등을 들 수 있고, 권위주의 국가로는 나세르치하의 이집트등 신대통령제국가를 예로 들 수 있다. 권력분립형 정부형태로는 입헌주의 정부형태가 일반적이며 입헌주의는 헌법에 의하여 국가권력이 제한되어 행사되는 국가를 말한다. 이는 다시 입헌군주제와 입헌공화제로 나누어지며, 입헌주의 정부형태로서는 직접민주제, 집정부제, 의회정부제, 의원내각제, 대통령제, 이원정부제 등이 있다.

2. 대통령제

가. 대통령제의 개념

대통령제라 함은 일원적 구조의 집행부가 입법부 및 사법부와 엄격하게 분리·독립됨으로써 국가기관 상호간에 권력적 균형이 유지되고, 국민에 의하여 선출되는 대통령의 집행부가 안정을 유지할 수 있는 정부형태를 말한다. 대통령제 또는 대통령중심제·대통령책임제·대통령주의제라는 것은 미국에서 창안되었을 뿐 아니라 오늘날까지 미국에서 성공적으로 운용되고 있는 정부형태이다.

나. 대통령제의 본질과 구조적 원리

1) 대통령의 직선제와 임기제

국민에 의해 직접 선출되는 대통령은 재직하는 임기동안 정치적 책임을 지지 아니하는 것을 대통령제의 본질적 요소로 한다.

2) 집행부의 일원적 구조

대통령은 국가원수와 집행부 수반의 지위를 겸하므로 집행부의 구조가 일원화 되어 있다.

3) 대통령과 의회의 상호독립성

대통령은 임기 동안 의회에 대하여 정치적 책임을 지지 아니하며 의회를 해산할 권한도 가지지 아니한다. 또한 의회의원과 집행부구성원의 겸직이 인정되지 아니하고, 정부의 법률안 제출권이나 집행부구성원의 의회출석·발언권도 인정되지 아니한다.

4) 입법부와 집행부의 상호억제와 균형

권력상호간의 억제와 균형이 대통령측에서는 대통령의 정치적 무책임성, 법률안거부권 등에 의하여 실현되고, 의회측에서는 양원제, 입법권의 독점, 집행부 고위공무원 임명에 대한 동의, 국정조사, 집행부 구성원에 대한 탄핵소추 등에 의하여 실현된다.

다. 대통령제의 유형

대통령제 유형은 대체적으로 미국식 대통령제(古典的 大統領制)와 라틴 아메리카의 대통령제, 후진국 대통령제 등으로 나누어 볼 수 있다.

1) 고전적 대통령제

삼권분립형 대통령제를 말한다. 미국의 대통령은 행정권의 수반으로서 4년의 임기로 선거된다. 대통령은 의회에 대하여 책임을지지 아니하며 국회해산권도 갖지 않는다. 의회 역시 정부불신임권을 행사할 수 없으며 입법에 관한 권한을 독점한다.

2) 의원내각제에 유사한 대통령제

남미의 칠레·베네수엘라·과테말라 등에서 행해지는 정부형태로서, 대통령제에 의원내각제적 요소를 가미한 것을 말한다.

3) 후진국의 신대통령제

신대통령제는 형식적으로는 미국 대통령제에 가까운 권력분립적인 형태를 유지하고 있으나, 실질적으로는 집행권이 우월한 제도로서 권위주의적인 정부형태라고 할 수 있다.

Nasser-Egypt 헌법, Thieu 정권하의 월남헌법, Marcos 정권하의 필리핀 헌법 등이 이 유형에 속한다.

3. 의원내각제

가. 의원내각제의 개념

의원내각제라 함은 집행부가 대통령(또는 군주)과 내각의 두 기구로 구성되고, 내각이 의회에 의하여 선출될 뿐 아니라 의회에 대하여 정치적 책임을 지며, 내각불신임권과 의회해산권이 상호 견제 수단이 되어 입법부와 집행부간에 권력적 균형이 유지되고, 밀접한 공화·협조관계가 형성되는 정부형태를 말한다.

나. 의원내각제의 본질과 구조적원리

1) 집행부의 이원적 구조

대통령(군주)과 내각의 두 기구로 구성되는 의원내각제의 집행부는 이원적 구조가 특색이다.

2) 내각의 성립과 존속의 의회에의 의존

의원내각제에 있어서는 내각의 수반이 의회에 의하여 선출되고, 내각이 의회에 대하여 연대하여 정치적책임을 진다.

3) 내각불신임권과 의회해산권에 의한 권력적 균형

의원내각제에 있어서는 의회의 내각불신임제와 내각의 의회해산권을 통하여 입법부와 집행부간에 권력적 균형이 유지된다.

4) 입법부와 집행부간의 공화와 협조

의원내각제의 경우에는 입법부와 집행부가 정치적으로 밀접한 공화·협조관계를 유지한다. 각료와 의원의 겸직이 가능하고 집행부도 법률안 제출권을 가지며, 집행부의 각료가 의회에 출석하여 발언할 수 있다.

영국의 국회의사당

다. 의원내각제의 유형

1) 고전적인 의원내각제

프랑스 제3·4공화국의 의원내각제는 고전적인 의원내각제이다. 집행권은 대통령과 내각에 분여되고 있으나 사실상은 수상이 행정을 맡고 있고 대통령은 의례적 권한만을 가진다. 의회는 정부에 대한 불신임권을 행사했으나 정부는 의회를 해산하지 않았고, 이것이 관례가 되어 강한 의회·약한 정부로 되어 정국이 불안정해졌다.

2) 통제된 의원내각제

현재 독일의 의원내각제도는 정부가 의회에 우월한 제도를 채택하고 있다. 대통령은 의례적인 권한을 가지는바, 조각권도 형식적으로만 가지고 있다. 그러나 연방수상은 행정의 대강을 결정하며, 의회는 건설적 불신임투표에 의하지 아니하고는 불신임결의를 할 수 없다. 이 건설적 불신임투표는 차기 수상을 과반수 찬성으로 선임하지 아니하고는 정부를 불신임할 수 없게 하는 것으로서 정국의 불안정을 예방하는 기능을 하고 있다.

3) 내각책임제

영국의 의원내각제는 수상정부제라고도 불린다. 영국의 정부는 하원의 다수당으로써 구성되는 비교적 작은 위원회이다. 수상은 총선의 결과에 따라 다수당의 공천을 받아 자동적으로 선출된다. 수상은 정책의 결정과 집행하는 방법과 형태 등을 독자적으로 결정하기 때문에 그 지위는 종종 '입헌적 독재자'라고 불린다. 영국에서는 집행권이 정치적 기능으로 우월하지만 권위주의적으로 변질되지 않는 것은 수상과 내각이 권력을 자제하고 또 야당의 권리와 여론의 추세를 존중하며 정당규율이 확립되어 있기 때문이다.

4. 이원정부제

가. 이원정부제의 개념

이원정부제란 의원내각제 정부형태를 본질로 하여 대통령제의 요소를 결합하여 가지고 있으며, 이는 국민이 정부형태를 결정하는 정치제도라 할 수 있다. 이원정부란 원칙적으로 선거결과에 의하여 대통령지지파와 의회다수파가 일치하는 경우이거나 또는 국가적 위기가 발생한 경우에 대통령이 행정권을 전적으로 행사하나, 대통령지지파와 의회다수파가 불일치하는 경우에 있어서는 내각의 수상이 행정권을 행사하며 하원에 대하여 책임을 지는 의원내각제 정부형태를 말한다.

나. 이원정부제의 본질과 구조적 원리

이를 일률적으로 말할 수는 없으나 다음과 같은 특징이 있다.

1) 대통령의 정치적 독립

대통령은 국민에게서 직접선거되며, 의회에서 독립하여 있다. 대통령은 집행권 행사에 대하여 책임을 지지 않는다. 또한 대통령은 전시 기타 비상시에는 긴급권을 가지고 있어 직접 행정권을 행사할 수 있다.

2) 내각의 정치적·법적 책임

내각은 의회에 대하여 정치적 책임을 지며, 대통령에 대하여는 법적 책임을 진다. 대통령은 수상을 지명하나 의회의 동의가 있어야만 임명할 수 있고, 의회는 내각에 대하여 불신임권을 가지고 있다. 의회가 내각에 대한 불신임결의를 한 경우에는 대통령은 의회를 해산할 수 있으며 내각은 연대책임을 진다.

3) 대통령의 헌법상 고유권한

대통령은 헌법상 명문규정에 의한 고유권한을 가진다. 국가 긴급시에는 대통령은 수상과 국무위원의 부서없이도 행정권을 행사할 수 있다. 대통령은 수상을 해임할 수 있고 국무회의를 주재할 수 있는데, 이점에서 대통령의 권한이 확대되고 수상의 권한이 약화된다.

드골(1890~1970)
프랑스 릴 출생
생시르 사관 학교 졸업
적의 내분, 칼날, 미래의 군대, 영예로운 소명, 화합, 회고록 구원
프랑스의 군사 지도자이자 정치인, 작가

다. 이원정부제의 유형

1) 바이마르 헌법의 이원정부제

바이마르헌법은 국민이 직접선거에 의하여 선출한 대통령에게 강력한 권한을 부여하였다. 대통령은 바이마르헌법 제48조에 따라 국가긴급권을 가지고 있었으며, 수상을 임명할 수 있었고, 의회를 해산할 수 있었으며(제25조), 의회가 의결한 법률을 국민투표에 붙일 수 있었고(제73조), 국군통수권을 가져 국가원수적인 지위를 차지하고 있었다.

의회는 국민의 직접·보통·평등선거에 의하여 선거되었고, 정부에 대한 불신임권을 가지고 있었으며 강력한 입법권을 행사할 수 있었다.

※ **바이마르 헌법의 정부형태**
1) 대통령 직선제
2) 수상은 대통령이 단독으로 임명
3) 대통령은 각료에 대한 임명권
4) 의회해산권은 대통령에게 있음
5) 수상과 내각은 의회에 대해 책임짐
6) 혼성적 의원내각제라고도 함

2) 드골De Gaulle헌법의 이원정부제

프랑스 제5공화국 헌법은 대통령에게 고유한 권한을 부여함으로써 고전적 의원내각제 집행부의 형식적인 이원적 구조를 실질화시킨 정부형태이다.

국민의 직접선거에 의하여 선출되는 대통령은 의회의 동의를 얻어 수상을 임명하고 행정부 각료는 수상의 제청에 의해 임명한다. 대통령은 일종의 법률안거부권을 가지며, 수상과 양원 의장에 자문한 뒤에 국민의회(하원)를 해산할 수 있다.

의회는 국민의회와 원로원으로써 구성된다. 국민의회는 불신임안의 가결에 의하여 정부에 책임을 물을 수 있다.

※ **프랑스 제5공의 정부형태**
1) 대통령 직선제
2) 양원제 의회
3) 행정국가형 행정소송(국참사원-Conseil d'Etat)
4) 사전위헌심사제(헌법평의회)
5) 대통령의 연임제한 규정 없다.
6) 의회는 대통령을 제외한 집행부에 대해서만 불신임 가능

라. 이원정부제의 정치적가치

1) 긍정적 측면

가) 평상시에 있어서는 의원내각제적으로 운영될 수 있기 때문에 입법부와 행정부의 대립에서 오는 마찰을 회피할 수 있으며

나) 국가의 위기에 있어서는 대통령이 직접 통치함으로써 신속하고도 안정된 국정처리를 가능하게 한다.

2) 부정적 측면

가) 대통령이 국가긴급권을 가지고 있으며 내각과 국회가 이에 대한 견제권을 가지고는 있으나 약하기 때문에 독재화의 우려가 있고,

나) 대통령이 위기를 빙자하여 비상권한을 행사하는 경우 국민대표기관인 의회의 권한이 축소·제한되어 국민주권주의에 충실하지 못할 가능성이 있고 국민의 여론을 외면한 행정이 행해지기 쉽다.

마. 이원정부제 도입필요성

현행 헌법에 의하면 여소야대 현상이 발생하는 경우 정치적 갈등을 수렴하기 어려운 구조로 되어 있다. 여기에 비하여 이원정부제의 경우에는 비교적 완만하기는 하겠으나 여소야대 정치적 상황에서도 헌법규범의 구체화가 가능하다는 점에서 보다 민주주의적 성격이 강하다고 할 수 있다. 또한, 국민의 의사에 의해 구현된 민주적 정당성을 정부의 형태 개념에서 통합할 수 있는 성격을 가지고 있으므로 보다 국민 통합을 유도하기에 용이하다고 볼 수 있다. 이러한 특징을 고려할 때, 여소야대가 빈번히 나타나고 사회적·정치적 갈등이 증폭된 우리나라에서는 이원정부제의 도입 필요성이 높다 할 것이다.

5. 의회정부제

가. 의회정부제의 개념과 구조적원리

의회정부제 또는 회의제는 집행부에 대한 의회의 절대적 우위로 특징지어지는 정부형태이다. 의회정부제에서는 집행부의 성립과 존속은 전적으로 의회에 의존하지만, 집행부는 의회를 해산할 권한이 없으므로 결국 집행부가 의회에 종속 할 수 밖에 없다.

1) 집행부의 구성원은 의회에 의하여 선임되고 의회에 대하여 연대책임을 진다. 의회는 언제나 집행부를 불신임할 수 있지만 집행부는 의회를 해산할 수 없다.
2) 국가원수가 없는 것이 특색이다.
3) 의회가 해산되면 집행부도 퇴진한다.
4) 의회는 상시 개회하고 선거민에 대해서만 책임을 진다.
5) 의회가 모든 국가기관을 지배함으로써 권력체계가 일원화 되어 있고, 복잡한 권력장치가 없는 것이 특징이다.

나. 인민회의제

1) 중국의 인민회의제

중국의 정부형태는 입법부·집행부·사법부가 최고국가권력 기구인 전국인민대표대회(대의원 : 2970인)와 그 상무위원회(위원 : 156인)에 의하여 조직되고 그 산하에서 활동하는 인민회의제를 기반으로 하고 있다.

중국인민대표대회제도의 바탕이 되는 기본원칙들로는 民主集中制의 원칙·議行合一의 원칙·法制의 원칙·공개성의 원칙·민족평등의 원칙 등을 제시하고 있다.

중국헌법(1993년) 제2조와 제3조가 인민대표대회의 우위성을 규정하고 있다. ⅰ) 전국인민대표대회는 입법권과 헌법개정권 및 헌법감독권, 국가기관(국가주석·부주석·국무원 등)의 중요구성원의 선출 및 파면권, 국가적 중대문제에 대한 결정권등을 행사한다. ⅱ) 전국인민대표대회 상무위원회는 헌법·법률에 대한 해석권과 여타 국가기관의 활동에 관한 감독권·국무원의 행정법규·결정·명령에 대한 위헌·위법심사권을 가진다. ⅲ) 국무원·중앙군사위원회·최고인민법원·최고인민검찰원은 전국인민대표대회와 그 상무위원회에 대하여 책임을 진다.

한편 인민대표를 선출하는 선거제도의 특징은 민주집중제에 입각한 간접·다단계선거제도(基層→縣級→省級→全國의 단계)라 할 수 있다.

2) 북한의 인민회의제

1998년 9월 5일의 최고 인민회의 제10기 제1차회의에서 개정된 북한헌법 제4조는「조선민주주의 인민공화국의 주권은 로동자, 농민, 근로인테리와 모든 근로인민에게 있다. 근로인민은 자기의 대표기관인 최고인민회의와 지방각급인민회의를 통하여 주권을 행사한다」라고 하고, 제6조는「군인민회의로부터 최고인민회의에 이르기까지의 각급 주권기관은 일반적·평등적·직접적 원칙에 의하여 비밀투표로 선거한다」라고 규정하여 헌법상 인민회의제를 채택하고 있다.

임기 5년의 대위원들로 구성되는 최고인민회의는 헌법의 수정·보충권, 부문법(법령)의 제정·수정·보충권, 국방위원회 위원장의 선출·소환권, 내각 총리와 중앙재판소장의 선거·소환권, 중앙검찰소장의 임명·해임권, 예산안의 심의와 결산승인권, 조약의 비준·폐기권 등을 가지며, 동시에 국방관리기관으로서 국가의 전반적 무력과 국방건설사업을 지도하고 전시상태와 동원령을 선포할 권한을 가진다(제100조, 제103조).

최고인민회의 상임위원회는 중앙 검찰소장의 임명·해임권과 더불어 최고인민회의를 소집하고 최고인민회의의 휴회 중 법안 등을 심의·수정하고, 헌법과 법령에 대항 해석권을 가지며, 조약을 비준·폐기하고, 사면권을 행사한다(제110조).[50]

6. 제3세계국가의 정부형태

제3세계국가의 정부형태는 그 대부분이 전통적인 대통령제도 아니고 의원내각제도 아닌 제3유형의 정부형태라 할 수 있다.

제3세계국가들은 막강한 권한을 가진 대통령중심의 정부형태를 선호하는데, 그 이유는 건국초기의 산적한 국가적 과제를 신속하고 효율적으로 처리하는데 대통령제가 능률적이며, 반쿠테타에 의한 실각을 예방할 수 있는 장벽으로 적합한 것으로 보기 때문이다. 그러므로 제3세계국가의 정부형태는 그 대부분이 뢰벤슈타인의 신대통령제에 유사한 것이거나, 폰 바이메의 반대통령제에 해당하는 것이라고 할 수 밖에 없다.

50 권영성, 전게서, 887면.

초대대통령 취임식

7. 대한민국의 정부형태

가. 제1공화국의 정부형태

1) 1948년 헌법상의 정부형태

가) 제도내용

1948년 헌법이 채택한 정부형태적 구조는 i) 대통령은 국회에서 간접선거되고 국회에 대해서 정치적인 책임을 지지 않았다. ii) 부통령을 두었다. iii) 국무총리와 국무위원이 국무원을 구성해서 중요국책을 의결했다. iv) 대통령은 법률안에 대한 거부권을 가졌다.

나) 평가 및 문제점

1948년 헌법이 택한 정부형태는 대통령제와 의원내각제의 요소를 혼합한 절충형 중에서도 '大統領中心의 折衷型'이라고 평가할 수 있지만, 다음과 같은 문제점이 지적될 수 있다. 첫째, 국회에 대해서 책임을 지지 않는 대통령에게 법률안거부권을 줌으로써 대통령의 국회에 대한 지위를 일방적으로 강화시켜 견제와 균형이 고려되지 않았다. 둘째, 국회의 입법기능을 약화시키고 집행부의 권한을 강화시켜 주는 결과를 초래한 점. 셋째, 대통령이 행정권의 수반으로서 실질적인 집행권자인데도 불구하고 국무총리를 둠으로써 행정구조상 불필요한 2원 구조를 만들었을 뿐 아니라, 국회의 승인을 받아 임명되는 국무총리를 대통령이 임의로 해임시킬 수 있도록 했는데 이것은 대통령제와 의원내각제의 요소를 잘못 혼합시킨 체계정당성의 결함이었다.

2) 제1차 개헌(拔萃改憲)후의 정부형태

가) 제도내용

(1) 대통령과 부통령은 임기 4년으로 직선제를 도입했다.

(2) 국회를 단원제에서 양원제로 고쳤다.

(3) 국무총리는 대통령이 임명·국회의 승인을 받아야 하지만, 국무위원은 국무총리의 제청·대통령이 임명하였다.

(4) 국회의 국무원에 대한 불신임제도를 신설하였다.

나) 평가 및 문제점

제1차 개헌 후의 정부형태도 개헌 전과 마찬가지로 여전히 '대통령중심의 절충형'이라고 평가할 수 있을 것으로 보인다. 그러나 집행부의 불필요한 2원 구조라든지, 집행부의 입법절차 참여의 길이 열려 있는데도 대통령의 법률안 거부권이 인정된 점 등은 문제점으로 남게 된 셈이다.

3) 제2차(四捨五入)개헌 후의 정부형태

가) 제도내용

(1) 국무총리제 폐지로 집행부의 구조를 일원화시켰다.

(2) 국회의 국무원에 대한 연대적 불신임제를 폐지하고 개별적 불신임제만 두었다.

(3) 국무위원의 국회의원 겸직허용, 집행부의 법률안 제출권, 국회출석·발언권 등을 그대로 두었다.

(4) 대통령의 법률안거부권도 계속 유지.

(5) 일정한 국정사안(주권의 제약 또는 영토의 변경을 가져올 국가안위에 관한 중대사안)에 대한 국민투표제를 도입했다.

의원내각제를 채택한 제2공화국의
장면내각의 첫 기자회견, 1960.8.23.

나) 평가 및 문제점

사사오입개헌으로 불리는 제2차 개헌 후의 정부형태는 의원내각제적인 요소가 많이 줄어들기는 했지만, 여전히 '대통령중심의 절충형'이었다고 볼 수 있다.

나. 제2공화국의 정부형태

제2공화국헌법(1960)은 헌정사상 의원내각제를 채택한 유일한 헌법이었다.

1) 제도내용

제2공화국헌법이 채택한 의원내각제의 주요내용은 다음과 같다.

윤보선(1897~1990)
대한민국 충남 아산군 음봉면 출생
일본 게이오 의숙 의학부 중퇴
구국(救國)의 가시밭길, 윤보선회고록:외로운 선택의 나날들
대한민국의 정치가이자 독립운동가, 공무원, 정당인,
사회운동가(대한민국 제4대 대통령)

가) 국가를 대표하는 대통령은 양원합동회의에서 간접선거 되는데, 의례적이고 형식적인 권한만을 갖는 것이 원칙이지만, 국무총리를 지명하고 민의원의 동의를 얻어 임명하고, 헌법재판소심판관을 임명함은 물론 정부의 계엄선포요구에 대한 거부권을 행사하고, 위헌정당에 대한 정부의 해산제소를 승인하는 등 실질적 권한도 있었다.

나) 대통령의 국무상 행위는 원칙적으로 국무원의 발의와 의결에 따르되 관계국무위원의 부서를 받도록 했다.

다) 국회는 양원제인데 민의원이 국무원 불신임권을 갖는 반면, 국무원도 민의원해산권을 가졌다.

라) 국무총리와 국무위원 1/2 이상은 반드시, 국회의원 중에서 임명토록 했다.

마) 헌법재판소를 두어 광범위한 헌법재판기능을 맡도록 했었다.

2) 평가 및 문제점

제2공화국의 정부형태는 입법부와 집행부의 조직과 활동·기능상의 의존성을 제도적으로 실현시킨 의원내각제였다. 제도 내용상 중대한 결함이나 체계정당성에 반하는 사항은 별로 없지만, 다만 국무총리임명동의 방법 및 민의원과 국무원의 불신임권과 해산권의 모호한 견제와 균형의 관계에 있다고 하겠다.

다. 제 3공화국의 정부형태

1) 제도내용

제3공화국헌법(1962)은

가) 대통령은 임기 4년으로 직선제이다.

나) 국무총리(국회의 동의와 대통령의 임명)와 국무위원(국무총리의 제청과 대통령의 임명)은 국무회의를 구성하고 국정을 심의하게 하지만 대통령의 보좌기관이며 심의기관에 불과하다.

다) 단원제국회는 국무총리와 국무위원의 해임건의권을 통해서만 집행권을 견제할 수 있었으나 해임건의는 기속력이 없었다.

라) 1969년의 개헌(제6차)에 의해서 국무총리와 국무위원의 국회의원겸직이 예외적으로 허용되었다.

마) 대통령은 국가긴급권을 비롯한 긴급명령과 긴급재정·경제명령권을 행사할 수 있었다.

바) 정당국가적 요소를 도입해서 국회의원의 필수적 정당공천제와 당적이탈·변경시의 의원자격상실제를 통해 정당기속을 강화했다.

2) 평가와 문제점

제3공화국의 정부형태는 '대통령중심의 절충형'이라고 보며 그 제도내용면에서 대통령제적 요소가 강한 것은 사실이지만 집행부의 2원구조, 입법부와 집행부와의 불균형한 견제장치, 국회의원의 정당기속을 강화, 대통령의 정당당수직 겸임을 허용과 대통령의 정당을 통한 국회지배를 용이하게 하는 것을 볼 때 뢰벤슈타인이 말하는 '신대통령제'적 요소를 고루 갖춘 절충형이었다고 말할 수 있다.

라. 제4공화국의 정부형태

1) 제도내용

가) 대통령은 임기 6년으로 통일주체국민회의에서 간접선거되었다.

나) 국무회의는 단순한 심의기관 내지 보좌기관에 지나지 않았다.

다) 대통령은 임의로 국회를 해산 할 수 있었다.

라) 대통령은 전통적인 국가긴급권외에도 예방적인 긴급조치권을 갖고 있었다.

마) 대통령은 국회의원정수의 1/3에 해당하는 수의 국회의원을통일주체국민회의에 추천해서 선출케 했었다.

바) 대통령은 국가의 중요정책을 국민투표에 회부할 수 있을 뿐아니라 대통령이 발의한 헌법개정안은 반드시 국민투표에 의해서만 확정토록 했다.

2) 평가 및 문제점

제4공화국의 정부형태에 대해서는 평가가 다양하다. '영도적대통령제', '절대적 대통령 중심제', '신대통령제', '권력융화주의적 대통령제' 등이 바로 그것이다. 생각건대 이 같은 다양한 평가는 이 정부형태의 독창적인 제요소 때문에 비롯된 것이라고 믿어지지만, '대통령제중심의 절충형' 내지는 '변형된 대통령제'라고 보는 것이 합리적이라고 생각한다.

유신헌법의 정부형태는 그 제도의 내용 면에서도 적지 않은 문제점을 내포하고 있었는데 첫째, 대통령선거방법과 대통령의 지위와 권한 사이에 민주적 정당성이 결여되어 있다. 둘째, 이념과 제도면에서는 대통령제를 지향하면서도 대통령에게 국회의원정수 1/3의 추천권을 줌으로써 집행부와 입법부의 조직이 독립성이라는 대통령제의 본질적 요소를 스스로 파괴했다는 점이다. 셋째, 대통령의 권력행사를 통제할 수 있는 실효성 있는 권력통제장치가 전혀 마련되어 있지 않았다.

제4공화국의 정부형태는 정권연장과 독재체제의 고착에 그 주목적을 두었던 당시의 정치상황을 그대로 반영한 지극히 비정상적인 헌법상의 제도였다고 볼 수 있다.

마. 제5공화국의 정부형태

1) 제도내용

가) 대통령은 임기 7년으로 대통령선거인단에 의해서 간접선거되며, 정치적 책임을 지지 않는다.

나) 국무총리(국회의 동의와 대통령의 임명)와 국무위원(국무총리의 제청과 대통령의 임명)은 국무회의를 구성하고 국정을 심의하지만 대통령의 보좌기간이며 심의기관에 불과하다.

다) 대통령의 국법상 행위는 국무총리와 관계국무위원의 부서가 있어야 한다.

라) 국무위원은 의원직을 겸할 수 있다.

마) 국회는 국무총리와 국무위원에 대한 개별적인 해임건의권을 갖는데, 국무총리에 대한 해임의결은 전 국무위원의 연대책임을 초래한다.

바) 대통령은 국회해산권을 가진다.

사) 대통령·국무총리·국무위원은 법률안제출권과 국회출석·발언권을 가지며, 대통령에게는 법률안거부권이 인정된다.

아) 대통령은 특히 국가긴급권과 헌법개정발의권 및 중요정책에 대한 국민투표회부권 등을 가진다.

자) 대법원장은 국회의 동의를 얻어 대통령이 임명하며, 대법원장의 제청에 의해서 대법원판사를 임명한다.

차) 헌법위원회를 설치해서 법률의 위헌결정, 탄핵심판, 위헌정당의 해산기능을 맡기고 있는데 그 위원정수의 1/3은 대통령이 임명한다.

2) 평가 및 문제점

의원내각제의 요소를 함께 내포하고 있다는 점에서는 절충형으로 분류되는 것이 옮겠지만, 그 비중면에서 대통령제의 요소가 의원내각제의 요소보다 크다는 의미에서 '대통령중심의 절충형'으로 평가하는 것이 옳다고 생각한다.

제5공화국헌법의 정부형태는 제4공화국의 그것에 비해서는 헌법이론상 문제점이 적다고 보여지지만, 그래도 적지 않은 결함을 내포하고 있다. 첫째, 간접선거되는 대통령의 민주적 정당성에 비해 그의 헌법상 지위와 권한이 불균형적으로 강화되고 있다. 둘째, 대통령의 탄핵소추절차를 지나치게 엄격하게 정하여 대통령의 전제와 독주를 뒷받침하고 있다. 셋째, 국무총리의 헌법상 지위와 권한을 단순한 대통령의 보좌기관 내지는 행정각부의 통합·조정기관으로 제한함으로써 그 기관존립의 헌법상 정당성이 의문시 된다.

바. 1987년 헌법상 정부형태

1) 제도내용

1987년 헌법은 대통령의 권한을 약화하여 권위주의에서 탈피하고 대통령을 직선으로 선출하여 대통령제정부형태에 가까워졌다. 제5공화국헌법에 있었던 국회해산권을 없앴고 내각연대책임제도를 부인하여 의원내각제적 요소를 상당히 완화하였다. 이로써 미국식 대통령제에 접근하고 있으나, 완전한 미국식 대통령제는 아니며 우리나라 제3공화국의 대통령제와 비슷하다.

가) 1987년 헌법의 대통령제적 요소와 의원내각제적 요소

(1) 대통령제적 요소

(가) 대통령은 국가의 원수인 동시에 행정권을 행사하는 정부의 수반이다(제66조).

(나) 대통령직선제(제67조 1항).

(다) 대통령은 5년 임기로 선출되며(제70조). 탄핵결정에 의하지 아니하고는 면직되지 아니한다(제65조).

(라) 대통령은 국회에 대하여 책임을 지지 않는다.

(마) 대통령은 법률안 거부권을 가진다(제53조).

(바) 대통령은 대법원장·대법관의 임명권을 가진다(제104조).

(2) 의원내각제적 요소

(가) 국무총리제도를 두고 국무총리임명에 대한 국회동의권이 있다(제86조).

(나) 국무총리와 국무위원에 대한 국회의 해임건의권(제63조)이 있다.

(다) 국회의원과 국무위원의 겸직이 허용되어 있다(제143조, 국회법 제31조).

(라) 국무총리·국무위원의 국회출석발언권이 인정되어 있다(제62조1항).

(마) 정부는 법률안제출권을 가지고 있다(제52조).

국가안전기획부를 대통령직속기관으로 함이 위헌인지 여부
(1994. 4. 28. 자 89헌마86결정)

우리나라의 정부형태는 약간의 의원내각제적 요소도 있기는 하나 기본적으로 대통령(또는 대통령중심제)로서 행정권 행사에 관한 최고·최후의 결정권자는 대통령이라고 해석된다.

(3) 이원정부제적 요소

(가) 대통령이 국가긴급권을 가지고 긴급명령권(제76조)과 계엄권을 가지며(제77조),

(나) 대통령이 국무회의의 의장이 되며(제82조), 대통령의 권력행사에는 국무총리와 관계국무위원이 부서 해야한다(제82조).

(다) 대통령은 중요정책에 대한 국민투표회부권을 가진다(제72조).

나) 현행헌법의 직접민주제적 요소와 정당국가적 요소

(1) 직접민주제적 요소

(가) 외교·국방·통일 기타 국가안위에 관한 중요정책에 관하여 대통령이 국민투표에 회부하는 경우, 국민은 이에 대하여 국민결정을 하는 권한을 가진다(제72조).

(나) 국민은 헌법개정 권력자로서 헌법개정안이 국회에서 의결된 경우 국민투표로써 확정할 수 있는 권한을 가진다(제130조).

(다) 공무원에 대한 책임을 물을 수 있으며(제7조), 국가배상을 요구할 수 있고(제29조), 공무원의 파면청원권을 가진다(제26조).

(2) 정당국가적 요소

현행헌법은 복수정당제도를 헌법에서 특별히 보장하고 있을 뿐만 아니라 정당에 대한 재정보조까지 규정하고 있다(제8조 3항).

2) 평가 및 문제점

현행헌법은 대통령제에 의원내각제 요소를 어느 정도 가미하고는 있으나 강력한 의원내각제의 요소인 국회해산권과 정부불신임권은 찾아 볼 수 없다. 엄밀히 말하면 이 정부형태는 '대통령제에 의원내각제적 요소를 다소 가미한 절충제'라고도 할 수 있다.

현행헌법의 정부형태는 기본적으로 제3공화국의 정부형태와 비슷하나, 법원이 위헌법률심사권을 가지고 있었던 제3공화국과는 달리 헌법재판소가 위헌법률심사권 등을 가지며, 정당국가적 경향을 보다 완화하고 있는 점에서 구별된다고 하겠다.

Constitution 02

입법부

Ⅰ. 의회주의

의회주의는 국민이 선출한 의원들로 구성되는 의회가 집행부와 권력적 균형을 유지하면서 입법 등의 방식으로 국가의 정책결정과정에 참여하는 정치원리 내지 정치방식을 말한다.

의회주의의 기원과 발전은 영국의 모범의회를 그 기원으로 보는데 근대적 의회제도의 발전과정은 대체로 다음과 같은 4단계로 구분할 수 있다. 제1단계는 중세말로부터 근세초에 이르는 참여형의회기, 제2단계는 시민혁명을 통하여 입헌정치가 실현된 입헌주의의회기, 제3단계는 의회제 민주주의가 확립된 시기로 보통선거제가 채택됨으로써 확립을 보게 되었는데, 국민주권주의의 원리를 이념적 기초로 국가권력의 분립에 의한 권력균형의 원리를 지향하는 것이다. 제4단계는 의회제 민주주의의 위기기로 사회국가·적극국가의 요청에 상응한 집행권의 강화, 정당정치의 확립과 정당의 과두화, 의회의 구조적 결함과 부패, 계급적 대립의식의 심화를 맞았다. 이와 같은 의회주의의 기본원리는 국민대표의 원리, 공개와 이성적 토론의 원리, 다수결의 원리, 정권교체의 원리이다. 앞서 언급된 바와 같이 현대사회에서 지적되고 있는 의회주의의 위기는 첫째, 국민적 동질성의 상실과 이로 인한 계층간의 갈등이고 둘째, 정당국가화의 경향에 따른 합의기능의 상실이며, 셋째, 행정국가화·사회국가화의 경향에 따른 의회의 기능적 정체이다. 넷째, 선거제도의 성격이 인물선택에서 정당 또는 정당지도자에 대한 신임투표로 변질된 점인데 이로 인해 의원의 전문성과

국회의사당

자질이 저하되고 있다. 다섯째, 의회의 운영방식과 의사절차의 비효율성이 원인이 되고 있다.

의회주의의 위기에 대한 극복방안으로는 우선 i) 사회국가원리와 사회적 시장경제질서의 실질적 구현 ii) 정당의 조직과 운영의 민주화 제고 iii) 직능대표의 의회진출을 제도화 iv) 의원의 능력과 자질을 제고하기 위하여 민주적 절차에 따른 후보자 공천 v) 의회의 운영을 상임위원회중심으로 개편 vi) 국민투표제나 의원소환제 등 직접민주제의 방식을 도입하는 것이 필요하다고 할 수 있다.

II. 국회의 지위와 국가기관과의 관계

1. 국회의 지위

첫째, 국회는 국민대표기관으로서의 지위를[51] 가진다. 국민 대표의 성질에 관해서는 정치적 대표기관설과 법적 대표기관설이 갈리고 있으나 정치적·이

51 1989. 9. 8. 88헌가 6 헌법재판소는 국회의원 선거법 33·34조에 대한 위헌심판사건에서 "국회의 권위를 존중하고 국민대표기관으로서의 본질적 기능을 보장하기 위하여~"라고 판시 국회가 국민의 대표기관임을 명시하고 있다.

념적 대표로 보는 편이 논리적이고 다수설이다. 둘째, 국회는 입법기관으로서의 지위를 가진다. 이는 실질적 의미의 입법에 관한 권한은 헌법에 다른 규정이 없는 한 원칙적으로 의회가 행사한다는 의미이다. 즉 우리 헌법은 제40조에서 「입법권은 국회에 속한다」가 이를 선언하고 있다.

셋째, 국회는 국정통제기관으로서의 지위를 가진다. 집행부와 사법부를 감시·비판·견제하는 것으로 고전적 의회의 입법기관성에 비하여 현대적 의회의 특징으로서 국정통제기관성[52]이 상대적으로 강화되고 있는 권한이다.

넷째, 국회의 최고기관성 여부인데 의원내각제하에서는 국회가 정부의 구성·전복권을 가지므로 국가최고기관으로서의 지위를 가지나, 현행 정부형태로는 국회에 대한 대통령의 상대적 우월성이 보장되기 때문에 국회가 국가의 유일한 최고기관일 수는 없겠지만, 정부·법원·헌법재판소와 같은 최고기관 중의 하나라고 볼 수 있다.

2. 국회와 다른 국가기관의 관계

가. 국회와 정부의 관계

1) 의회와 정부(집행부)의 기본관계

대통령제국가에서는 양자의 상호독립과 견제와 균형을 유지하게 하는 것이 원칙, 의원내각제국가는 법적차원에서의 분립과 독립을 전제로 정치적 차원에서는 상호의존과 밀접한 공화·협력관계를 유지한다. 오늘날의 정당제국가는 의회와 집행부의 관계에서 집행부우위를 낳고 있다.

2) 현행헌법에 있어서 국회와 정부의 관계

기본적으로 대통령제이지만 의원내각제의 요소를 가미, 국회에 대한 대통령의 상대적 우위를 그 내용으로 한다.

52 현행헌법의 국정통제기관성을 확인할 수 있는 규정: 탄핵소추의결권(65조), 국정감사 및 조사권(61조), 재정에 관한 권한(54,59조), 긴급명령·긴급재정 ·경제명령 승인권(76조), 계엄해제 요구권(77조)

가) 상호독립관계

첫째, 국회와 정부는 성립과 구성에 있어 독자적이며 대통령과 국회의원은 겸임이 허용되지 아니한다. 둘째, 국회와 정부는 존립에 있어 상호독립적이어서 국회는 대통령에 대한 불신임의결을 할 수 없고 대통령도 국회를 해산할 수 없다. 셋째, 실질적 의미의 입법권은 원칙적으로 국회에 귀속되고 실질적 의미의 집행권은 원칙적으로 대통령을 수반으로 하는 정부에 속한다.

나) 공화·협조관계

헌법기관구성에 있어서 공화하고 협력하는 관계에 있다. 대법원장·대법관·국무총리·감사원장·헌법재판소장 등은 대통령이 임명하되 국회의 동의를 얻도록 한다. 기능면에서도 대통령·국무총리·국무위원의 국회출석 발언권과 국회의 국무총리·국무위원에 대한 질의·답변권등을 통해 공화·협조 관계에 있다. 뿐만 아니라 헌법개정에 있어 협조를 한다.

다) 상호통제관계

(1) 국회의 정부통제 : 대통령에 대한 탄핵소추, 국정감사·조사
(2) 정부의 국회통제 : 국회임시회소집요구, 법률안거부권

라) 결론: 국회에 대한 대통령의 상대적 우월성

나. 국회와 법원의 관계

1) 국회와 법원의 기본관계

현행헌법상 국회와 법원의 관계는 균형형의 범주에 속한다.

2) 상호독립관계

조직·구성 및 기능면에서 상호독립적이다.

3) 공화관계

기능면에서는 共和關係가 형성될 수 없으나, 헌법기관을 구성함에 있어서는 국회와 법원이 상호협조한다.

4) 상호통제관계

가) 국회의 법원통제 : 법관탄핵소추, 법원행정에 관한 국정감사·조사
나) 법원의 국회통제 : 위헌법률심판제청, 국회규정에 대한 위헌위법심사.

다. 국회와 헌법재판소의 관계

1) 국회와 헌법재판소의 기본관계

기본적으로 상호독립적이지만 동시에 상호의존하고 통제하는 관계에 있다.

2) 상호독립관계

국회와 헌법재판소는 조직·구성·기능면에서 상호독립적이다.

3) 공화관계

기능면에서는 공화관계가 성립되지 않으나, 헌법재판관 3인을 국회가 선출.

4) 상호통제관계

가) 국회의 헌법재판소통제
나) 헌법재판소의 국회통제 : 위헌법률심판, 헌법소원심판.

일본의 의사당

Ⅲ. 국회의 구성

1. 양원제와 단원제

의회의 구성원리는 양원제와 단원제로 나누어 볼 수 있다. 양원제는 의회가 두 합의체(의원)로써 구성되고 두 합의체가 각기 독립하여 결정한 의사가 일치하는 경우에 이것을 의회의 의사로 간주하는 의회제도로서 의회제도의 모국인 영국과 미국, 프랑스, 독일, 일본 등에서 실시되고 있다.

양원제의 장점은 의안을 심의함에 있어 신중을 기할 수 있고 단원제에서의 파쟁과 부패를 방지할 수 있으며, 의회나 원내다수파의 전제와 횡포를 방지하고 상원이 직능단체나 구성주의 특수이익을 대변할 수 있다는 것이다. 이에 반하여 단점으로는 의안의 심의가 지연될 수 있고, 국비의 낭비, 책임소재의 불분명, 의회의 지위가 상대적으로 약화된다는 점이 있다.

단원제라는 것은 의회가 민선의원으로 조직되는 단일의 합의체로써 구성되는 의회제도를 말한다. 단원제의 단점으로는 신속·능률적인 의안심의, 정부에 대한 의회의 지위강화, 책임소재의 명확성, 국비의 절감등을 들 수 있고, 장점은 양원제의 장점에 반대된다.

초대 참의원선거 투표 장면

2. 한국헌법에 있어서 국회의 구성

1948년 헌법은 제헌국회를 단원제로 규정하였으며, 제1차 개헌으로 민의원과 참의원의 양원제가 규정되었으나 실제로 구성되지는 않았다. 1960년 헌법은 양원제를 채택하였으나 1962년 헌법에서는 단원제를 부활(지역구출신의원과 전국구출신의원들로 구성)시켰다. 그 이후 우리나라에서는 계속하여 단원제 국회제도를 채택하고 있다.

Ⅳ. 국회의 조직·운영

1. 의장과 부의장

의장 1인과 부의장 2인을 두며(제48조), 무기명투표로 선출하고(국회법 제15조) 임기는 2년이다(국회법 제9조). 의장은 당적을 가질 수 없으나 부의장은 당적은 가질 수 있다. 의장과 부의장은 국무위원을 겸할 수 없다.

2. 국회의 위원회

위원회란 전문적 지식을 가진 일단의 소수의원들로 하여금 의안을 예비적으로 심사·검토하게 하는 소회의제를 말하는 것으로 위원회의 종류[53]에는 상설적으로 설치되는 15개의 상임위원회와, 예산결산특별위원회, 윤리특별위원회, 여성특별위원회 등과 같은 특별위원회가 있다. 상임위원회의 정수는 국회규칙으로 정하고 있으며 임기는 2년이나, 정보위원회의 경우는 국회법상 12인으로 규

53 국회운영위원회, 법제사법위원회, 정부위원회, 기획재정위원회, 외교통상통일위원회, 국방위원회, 행정안전위원회, 교육과학기술위원회, 문화체육관광방송통신위원회, 농림수산식품위원회, 지식경제위원회, 보건복지위원회, 환경노동위원회, 국토해양위원회, 정보위원회, 여성가족위원회, 예산결산특별위원회, 윤리특별위원회

정하고 있으며 임기도 4년이다. 위원회는 본회의 의결·의장 또는 위원장·재적위원 4분의 1이상의 요구시에 개회되며, 정례회의는 폐회중이라도 최소한 월 2회 개회하도록 의무화하고 있어 상설의 의미를 유지하고 있다.

위원회의 장점으로는 의안의 심의나 운영에 있어 효율성과 행정기능의 확대·분화에 대응할 수 있는 전문성을 들 수 있으며(의회주의 회복에 기여), 단점으로는 본회의가 형식화되고 위원회와 관련정부기관과의 밀착에 따른 대정부통제기능의 약화와 이익단체의 로비로 인한 의안처리의 공정성을 해할 우려가 있다.

국회의원과 상임위원장 간의 권한쟁의(2010.12. 28. 자 2008헌라7 결정)

이 사건에서 위법한 질서유지권의 행사로 청구인들에게 회의장 출입이 원천 봉쇄된 상태에서 이 사건 회의를 개의하여 이루어진 이 사건 상정·회부행위는, 비록 의사정족수가 충족된 상태에서 이루어진 것이라 하더라도, 다수결의 원리를 규정한 헌법 제49조 혹은 다수결의 원리를 포함하는 상위 원리인 의회민주주의 원리에 위배되고, 이러한 헌법 원리를 구체적으로 구현하고 있는 법률규정으로 볼 수 있는 국회법 제54조의 규정에도 위배되는 것으로 볼 것이다. 그리고 피청구인은 회의가 시작되기 훨씬 전인 2008. 1.2. 18. 08:15경 회의장 출입문을 폐쇄하고 내부에 책상 등으로 바리케이드를 설치하게 함으로써 외통위 위원인 소수당 국회의원의 출입까지 불가능하게 한 상태에서 이 사건 회의를 개의하여 이 사건 상정·회부행위를 하였는바, 이는 의사공개의 원칙에 위배된다 하겠다. 따라서 청구인들은 위에서 본 바와 같이 피청구인의 위헌·위법한 이 사건 상정·회부행위로 인하여 헌법에 의하여 부여받은 이 사건 동의안의 심의권을 침해당하였다 할 것이다.

비록 이 사건 동의안의 상정·회부행위가 청구인들의 조약비준동의안 심의권을 침해하는 중대한 하자를 지니고 있기는 하지만, 이 사건 동의안에 대한 이후의 진행경과, 이 사건 통의안과 관련한 현재의 제반 상황, 이 사건 각 처분에 존재하는 하자가 국회 본회의 심사과정에서 이유될 가능성 등을 감안하여, 청구인들의 이 사건 동의안의 상정·회부에 대한 무효확인청구는 이를 기각함이 상당하다.

13대 국회개원 모습

3. 국회의 운영과 의사절차

국회의 회기는 매년 1회 9월 1일에 집회하여, 예산안을 심의 확정, 법률안 또는 그 밖의 의안을 심의 의결하는 정기회가 있고, 대통령 또는 국회의 재적의원 1/4 이상의 요구에 의하여 집회하는 임시회가 있다(제47조①). 단 정기회는 100일을, 임시회는 30일을 초과할 수 없도록 회기의 일수를 제한한다(제47조②). 국회의 의사절차의 원칙으로는 一事不再議의 원칙(제92조), 회기 계속의 원칙(제51조), 의사공개(제50조)의 3원칙[54]이 있다. 이 중 회기계속의 원칙은 회기중에 의결되지 못한 의안도 폐기되지 아니하고 다음 회기에서 계속 심의할 수 있다는 원칙이다. 일사부재리의 원칙은 의회에서 일단 부결된 의안은 동일회기 중에 다시 발의하거나 심의하지 못한다는 원칙을 말하는 것으로 소수파에 의한 의사방해를 배제하려는 데에 그 목적이 있다(국회법 92조).

또한 이러한 의사의 가부를 가리기 위한 정족수로는 일반정족수와 특별정족수가 있는데 일반정족수는 헌법 제49조에 의하여 재적의원 과반수의 출석과 출석의원 과반수의 찬성으로 의결하고, 가부동수인 때에는 부결된 것으로 보는 것을 말하는 것이다. 특별정족수로서는 법률안의 재의결은 재적 과반수의

54 의사공개원칙의 적용범위(헌재결 2000.6.29, 98헌마 443)
"의사공개원칙의 헌법적 의미를 고려할 때 위 헌법조항은 단순한 행정적 회의를 제외하고 국회의 헌법적 기능과 관련된 모든 회의는 원칙적으로 국민에게 공개되어야 함을 천명한 것이다. 따라서 의사공개의 원칙은 위원회의 회의에도 당연히 적용되는 것으로 보아야 한다. 또 소위원회는 소위원회의 회의도 가능한 국민에게 공개하는 것이 바람직하다"라고 판시.

출석, 출석 2/3 이상의 찬성(제53조 4항), 헌법개정안의 의결(제130조) 의원의 제명 대통령 탄핵소추의결은 재적 2/3 이상의 찬성(제65조 2항), 계엄의 해제(제77조 5항) 헌법개정안의 발의(제128조 1항) 대통령 이외의 자의 탄핵소추의결은 재적 과반수의 찬성(제65조 2항) 등이 있다.

V. 국회의 권한

국회의 권한으로는 입법에 관한 권한 재정에 관한, 권한 헌법기관구성에 관한 권한, 국정통제에 관한 권한, 국회내용사항에 관한 권한 등으로 분류할 수 있다.

1. 입법에 관한 권한

헌법 제40조는 「입법권은 국회에 속한다」라고 하여 국회가 입법권을 가지고 있음을 명시하고 있는데, 입법권은 국회의 가장 본질적이며 고유한 권한이다.

입법권의 종류로는 헌법개정에 관한 권한, 법률제정에 관한 권한, 조약의 체결·비준에 관한 동의권, 국회규칙 제정권이 있다. 국회규칙제정권은 국회의 자율권에 근거한 입법권이라 할 수 있다.

가. 헌법개정권

국회는 헌법개정에 관한 발의권과 의결권을 가지며, 개정안 공고후 60일 이내에 재적의원 2/3 이상의 찬성으로 개정안을 의결할 수 있다. 헌법개정안은 수정의결 할 수 없고(공고절차에 위배), 기명투표에 의한다.

나. 법률제정권

법률의 제정은 제안·심의 의결 공포의 절차를 거치게 되는데 법률안의 제안은 국회의원(20인 이상 찬성)과 정부가 제출할 수 있고(제52조), 법률안이 제출되면 국회의장은 본회의에 보고한 후 소관상임위원회에 회부하여 심사하게 된다. 본회의에 상정된 법률안의 의결은 재적의원 과반수의 출석과 출석의원 과반수의 찬성으로써 한다. 본회의에서 의결되면 정부에 이송되며, 국무회의의 심의를 거쳐 법률안은 법률로서 성립한다. 대통령은 법률안이 정부에 이송된 날로부터 15일 이내에 이를 공포하여야 한다. 단, 이례적 입법절차로서 대통령이 이송된 법률안에 대해 이의가 있으면 15일 내에 거부권 행사를 할 수 있는데 대통령의 법률안거부는 환부거부라야 하고 보류거부는 인정되지 아니한다. 환부거부된 법률안은 국회에서 재의에 붙여지고, 재적인원 과반수의 출석과 출석인원 2/3 이상의 찬성이 있으면 법률로 확정된다(제53조).

[국회의 법률안 심사]

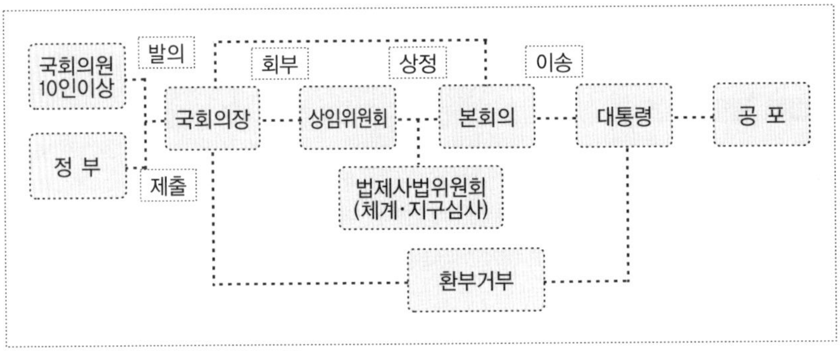

다. 조약동의권

조약의 체결 비준에 대한 동의권(제60조 1항)은 대통령의 자의적인대외적 대표권행사를 민주적으로 통제하려는 것으로서 이 조약에 대한 동의권은 사전동의를 말하는 것이다. 특히 헌법 제60조 1항에 예시된 조약[55]은 국회의 동의가 없으면 국내법으로서의 효력이 발생하지 않는다. 또한, 조약의 수정동의권에 있어서는 수정부정설이 타당하다고 할 수 있다.

55 상호원조 또는 안전보장에 관한 조약, 중요한 국가조직에 관한 조약, 우호통상항해조약, 주권의 제약에 관한 조약, 강화조약·국가나 국민에게 중대한 부담을 지우는 조약, 입법사항에 관한 조약

2. 재정에 관한 권한

국회의 재정에 관한 권한으로 헌법은 제54조·제56조에서 예산 및 추가경정예산의 심의 확정권을, 제55조 제1항에서는 계속비에 대한 의결권을, 제99조에서는 결산심사권을, 제58조에서는 국채의 모집과 예산 외의 국가의 부담이 될 계약의 체결에 대한 의결권을 규정하고 있다.

가. 조세법률주의

재정에 관한 헌법원칙으로는 재정의 민주화와 의회의결주의, 조세평등주의와 조세법률주의를 들 수 있다.

헌법 제59조는 '조세의 종목과 세율은 법률로 정한다.'라고 하여 조세법률주의를 명문으로 선언하고 있다. 즉 조세법률주의는 법률에 근거가 없으면 조세납부를 요구받지 아니한다는 원칙을 말하여, 과세요건법정주의, 과세요건명확주의, 소급과세금지의 원칙 등을 핵심내용으로 한다. 조세법률주의에 대한 예외로는 조례에 의한 지방세의 세목규정(지방세의 특례), 긴급재정경제처분 명령에 의한 조세부과, 조약에 의한 세율규정이 있다.

가. 조세평등주의 관련판례

1) "평등한 것은 평등하게, 불평등한 것은 불평등하게 취급함으로써 조세법의 입법과정이나 집행과정에서 조세정의를 실현하는 원칙"(헌재결 91헌바1·2·3·4, 92헌바 17·37·94)
2) "헌법 제11조 1항에 규정된 평등원칙의 세법원칙에서의 구현이라 할 수 있는 조세 평등주의는 조세의 부과와 징수를 납세자의 납세능력에 상응하여 공정하고 평등하게 할 것을 요구하며 합리적 이유없이 특정의 납세자를 불리하게 차별하거나 우대하는 것을 허용치 아니한다"라고 판시
3) "조세감면의 우대조치는 …… 정책목표달성이 필요한 경우에 그 면제 혜택을 받는자의 요건을 엄격히 하여 극히 한정된 범위내에서 예외적으로 허용하여야 한다"라고 판시

헌재결 2002.6.27, 2001헌바44 소득세법 88조 1항 위헌소원(합헌)
헌재결 2000.2.24, 98헌바 94 구 지방세법 제112조 2항 위헌소원(합헌)

헌재결 2002.8.29, 2001헌가 24, 헌재결 2003.1.30, 2002헌바 65

나. 조세법률주의

1) 과세요건 법률주의

"조세는 국민의 재산권을 침해하는 것이 되기 때문에 납세의무자·과세물건·과세표준·과세기간·세율 등 과세요건과 조세의 부과·접수절차를 모두 국회가 정한 법률로 규정해야 한다"는 원칙(헌재결 1995.11.30, 94헌바 14 등 다수)

"무선고, 과오신고의 경우 상속세·증여세를 부과할 상속재산·증여재산의 가액은 상속 당시 또는 증여당시가 아닌 조세부과 당시고 하는 것은 용납될 수 없다"라고 판시(헌재결 1992.12.24, 90헌바 21)

2) 과세요건 명확주의

"비록 과세요건이 법률로 명확히 정해진 것일지라도 그것으로 충분한 것은 아니고 조세법의 목적이나 내용이 기본권 보장의 헌법이념과 이를 뒷받침하는 헌법상 요구되는 제 원칙에 합치되어야 하고 이에 어긋나는 조세법 규정은 헌법에 위반되는 것이다"라고 판시(헌재결 1998.2.27, 95헌바 5)

3) 소급과세의 원칙(헌재결 1998.12.24, 97헌바 33)

4) 조세법률주의 예외

가) "세법이 제정되거나 개정된 후에 조세를 납부할 의무가 성립한 경우 소급과세의 원칙이 적용될 여지가 없다"(대판 1998.9.29, 88누 11957)

나) 사용료나 부담금의 경우(텔레비젼 수신료에 대해) 적용되지 않는다.(헌재결 1999.5.27, 98헌마 70)

나. 예산안 심의·확정권

국회의 재정에 관한 권한의 가장 중요부분은 예산심의 확정권(제54조)을 들 수 있다. 예산이라 함은 일회계년도에 있어서 국가의 세입 세출의 예정계획을 내용으로 하고, 국회의 의결로써 성립하는 법규범의 일종을 말하는 것으로 법률과는 구별이 된다.

예산과 법률은 불일치와 조정이 불가피하게 되는데, 이를 위해 예비비제도(제55조)와 추가경정예산제도(제56조), 법률의 시행기일을 연기, 일시 유예, 필요한 법률을 제정하는 등의 방법으로 그 불일치를 조정한다. 예산안의 편성과 제출은 정부가 하게 되며, 현재 우리나라에서는 예산일년주의·총계예산주의·단일예산주의를 취하고 있다. 또한 국회의 심의·의결과정 중 예산의 폐지·삭제·감액권(소극적 수정권)은 인정되지만 증액수정 또는 신비목설치권(적극적 수정권)은 인정되지 아니한다(제57조).

그 밖의 정부재정행위에 대한 국회의 권한으로는 긴급재정경제처분 명령에 대한 승인권(제76조 1항), 예비비비지출에 대한 승인권(제55조), 기채동의권(제58조) 등이 있다.

구 분	예 산	법 률
존재형식	非법률	법률
제출권자	정부	국회의원과 정부
법적성질	법규범	법규범
의결정족수	일반의결정족수	일반의결정족수
표결방법	기립	기립
공포절차	거부권없음	법률안거부권있음
법적효력	국가기관과 공무원만기속	모든국가기관과 국민
시간적효력	1년간	폐지시까지 영구적

3. 헌법기관구성에 관한 권한

헌법기관구성에 관한 권한으로 국회는 헌법재판소 재판관의 일부선출권(3인), 중앙선거관리위원회 위원의 일부선출권(3인)을 가지며, 국무총리임명에 대한 동의권, 대법원장과 대법관의 임명에 대한 동의권, 헌법재판소장의 임명에 대한 동의권, 감사원장임명에 대한 동의권을 가지고 있다.

4. 국정통제에 관한 권한

국회의 권한 중 현재 가장 중요시 되고 있는 부분으로서 의회가 그 밖의 국가기관들을 감시 비판 견제할 수 있는 권한인데, 현 우리나라와 같은 대통령제하에서는 국정통제권도 의원내각제에 비해 상대적으로 미약한 것이 될 수밖에 없다. 국정통제권의 유형으로는 탄핵소추권(제65조), 국정감사·조사권(제61

조), 긴급명령 등에 대한 승인권(제76조 3항), 계엄해제요구권(제77조 5항), 국방·외교정책에 대한 동의권(제60조), 일반사면에 대한 동의권(제79조 2항), 국무총리 국무위원에 대한 해임건의권(제63조), 국무총리, 국무위원 등의 국회출석요구 및 질문권(제62조 2항) 등이 규정되어 있다.

가. 탄핵소추권

현행헌법상 탄핵제도는 형사재판적 성질의 것이 아니고, 징계적 처벌의 성질을 가지는 것으로 국민주권의 원리를 구현하는 것이라 할 수 있다. 제도적으로는 헌법수호기능까지 수행하는 것이다.[56]

탄핵소추의 대상자는 대통령, 국무총리, 국무위원, 행정각부의 장, 헌법재판소 재판관, 사법부의 법관, 중앙선거관리위원회 위원, 감사원장, 감사위원, 기타 법률이 정한 공무원(제65조 1항)이 해당된다.

탄핵소추의 사유로는 직무집행과 관련된 것, 헌법과 법률을 위배한 경우, 위법한 행위가 있으면 탄핵의 대상이 되는데, 대통령 탄핵소추에는 재적 과반수의 발의, 의결은 재적의원 2/3 이상의 찬성이 필요하고 그 외의 자의 탄핵소추에는 재적의원 1/3 이상의 발의, 재적의원 과반수의 찬성으로 의결한다(제65조 2항).

나. 국정조사·감사권

국정조사권은 특정한 국정사안에 대하여 조사할 수 있는 권한을 말하고, 국정감사권이라 함은 국회가 매년 정기적으로 국정전반에 대하여 감사할 수 있는 권한을 말한다. 즉 국정조사가 부정기적 특정국정조사 라면, 국정감사는 정례일반국정조사 라는 점에서 구별된다.

국정감사는 소관 상임위원회별로 매년 9월 10일부터 20일간 행하고, 국정조사는 국회재적의원 1/4 이상의 요구가 있는 때에 특별위원회 또는 상임위원회가 특정의 국정사안에 관하여 행하는 것으로 감사 조사의 방법으로는 보고 서류제출 증인 등의 출석요구와 상임위원회중심으로 행하여 지는 청문회를 들

56 헌재결 2004. 5. 14., 2004헌나 1 대통령(노무현)에 대한 탄핵(기각)

수 있다.

또한 감사·조사의 방법으로 국내에서도 쟁점화 되었던 특별검사제의 도입 문제가 있는데, 특별검사라는 것은 대통령을 비롯한 고위공직자의 비위 또는 비행에 관하여 방증자료를 모집하고 기소하기까지 독자적으로 수사를 할 수 있는 독립수사기구를 말한다. 이는 미국에서 최초로 채택된 제도로서, 그 직접적인 계기가 된 것은 워터게이트사건이었으며, 현재 우리나라에도 특별검사제가 도입(옷로비 사건)되고 있다.[57]

국정감사 조사권의 한계로는 성질상 전혀 감사·조사의 대상이 될 수 없는 절대적 한계사항과 권력분립상의 한계로서 행정작용에 대한 간섭은 할 수 없으며, 사법권 독립의 침해가 되는 법원에 계속중인 사건에 대하여 이를 감사 조사할 수 없고, 현재 진행중인 수사의 속행을 방해하거나 소추에 간섭하는 감사 조사는 허용되지 아니하며, 지방자치단체의 고유사무에 대한 간섭은 할 수가 없다.

다. 국무총리·국무위원에 대한 해임건의권(불신임권)

탄핵제도는 '법적책임'을 묻는 것임에 반해 내각불신임제도는 '정치적 책임'을 묻기 위한 제도이기 때문에 내각불신임의 사유는 제한이 없으며, 탄핵제도 보다 훨씬 빈번히 사용된다고 할 수 있다. 개정전 헌법 제99조 3항에서는 국무총리에 대해 불신임을 했을 때, 그 효력이 내각전체에 미치는 일반적 불신임제를 채택했으나, 현행 헌법에서는 이 조항을 삭제하고 개별적 불신임제도를 채택하고 있다. 또한 대통령도 국회의 국무총리·국무위원해임건의에 대하여 구속 받지 않는다고 보는 견해가 일반적이다.

57 우리나라의 특별검사제

1) 특별검사제의 내용 국회의장은 특별검사를 임명할 것을 대통령에게 서면으로 요청, 대통령은 후보자추천을 대한변호사협회에 의뢰, 대한변협은 2인의 후보자를 서면으로 대통령에게 추천한다. 대통령은 추천후보자 중에서 1인을 특별검사로 임명한다.
각 사건과 직접 관련된 수사와 공소제기 여부의 결정 및 공소유지와 수사활동의 지원 등 수사협조를 요청할 수 있다.

2) 특검법의 문제점과 개선방향
수사대상을 엄격히 한정한 점, 수사기간이 지나치게 단기간인 점(30일간, 1차에 한하여 연장가능, 최장 60일) 전직검사인 변호사를 특별검사로 임명한 점 등이 문제점으로 지적되었다.

5. 국회의 자율권(국회내부사항에 관한 권한)

의회의 자율권이라 함은 의회가 그 밖의 다른 국가기관의 간섭을 받지 아니하고 헌법과 법률 그리고 의회규칙에 따라 의사와 내부사항을 독자적으로 결정할 수 있는 권한을 말한다.[58]

국회의 자율권에는 국회의사규칙제정권과 국회의원의 자격심사 및 제명권, 내부조직에 관한 자율권, 의사에 관한 자율권, 질서 유지에 관한 자율권이 있으며, 이 중에서도 의원의 신분에 관한 자율권(의원의 자격심사, 징계권)이나 법률제정 등에 관한 의사절차에 있어서는 국회의 자주성 존중차원에서 사법심사가 배제되고 있다.

국회의사당

의원에 대한 국회내의 징계권 (국회법 제163조)
공개회의에서의 경고, 공개회의에서의 사과, 30일이내의 출석정지, 제명

58 "국회의 자율권은 의회주의 사상에 뿌리를 두고 권력분립의 원칙에 입각하여 현대헌법국가의 의회에서는 당연한 국가기본의 하나로 간주. 국회의 자율기능은 국회가 갖는 입법·재정·통제·인사기능의 실효성을 높이기 위한 불가결한 전제조건을 뜻하기 때문이다. 규칙제정, 신분보장, 질서유지 등의 규정은 그 제도적 표현이라 할 수 있다"(헌재결 2003. 10.30, 2002헌라1)

Ⅵ. 국회의원의 지위와 권한과 의무

국회의원은 보통·평등·직접·비밀선거로 선출하며(제41조 1항), 선거권은 만20세 이상자에게, 피선거권은 만25세 이상자에게 주어지고 있다. 국회의원의 임기는 4년이며, 의원의 정수는 헌법상 상한을 규정하고 있지는 않고 법률로 정하되 200인 이상으로 규정하고 있다(제42조 2항).

1. 국회의원의 법적 지위

국회의원의 법적 지위로는 국회의 구성원으로서의 지위[59]와 국민의 대표자로서의 지위(정치적 대표를 의미)[60], 정당의 대표자로서의 지위를 가진다. 의원자격의 발생은 당선 후 임기개시에 따라 발생하고, 의원자격의 소멸로는 임기의 만료, 당선무효와 유죄판결의 확정, 퇴직, 사직, 제명(재적의원 2/3 이상의 찬성), 자격심사, 당적변경과 소속정당의 강제해산이 있다.

2. 국회의원의 특권

국회의원의 특권에는 면책특권과 불체포특권이 있다.

면책특권(제45조)이라 함은 국회의원이 국회에서 직무상 행한 발언과 표결에 관하여 국회 외에서 책임을 지지 아니하는 특권을 말하는 것으로 이는 인적

59 "헌법소원을 청구할 수 있는자는 원칙적으로 기본권의 주체로서의 국민에게 한정되며 국민의 기본권을 보호 내지 실현할 책임과 의무를 지는 국가기관이나 그 일부는 헌법소원을 청구할 수 없다. 국회의원이 국회내에서 행하는 질의권·토론권 및 표결권 등은 입법권 등 공권력을 행사하는 국가기관인 국회의 구성원인 지위에 있는 국회의원에게 부과된 권한이지 국회의원 개인에게 기본권으로 인정된 것이라 할 수 없으므로 설사 국회의장이 불법적인 의안처리로 헌법의 기본원리가 훼손되었다 하더라도 그로인해 헌법상 보장된 구체적 기본권을 침해당한 바 없는 국회의원인 청구인들에게 헌법소원심판이 허용된다 할 수 없다."(헌재결, 1995.2.23, 90헌마 125)

60 "국민과 국회의원 상호관계를 자유위임관계에 있는 것으로 보아 정치적 대표설의 입장에 있는 것으로 판단됨."(헌재결, 1998.10.29, 96헌마 186)

처벌 조각사유에 해당하는 것으로 형법상의 범죄나 민사상의 책임을 구성한다 할지라도 소추를 받지 아니한다.[61] 하지만 국회외에서의 면책이므로 국회내에서는 책임을 물을 수 있다. 이 면책특권의 주체는 오로지 국회의원이며, 임기만료 이후에도 적용된다.

불체포특권(제44조 1·2항)은 현행범인이 아닌 한 의원은 회기중 국회의 동의 없이 체포 또는 구금되지 아니하고, 회기전에 체포 또는 구금된 경우라도 국회의 요구가 있으면 회기중 석방될 수 있는 특권을 말하는 것으로 회기중에 한하여 체포를 일시적으로 유예받는 특권에 지나지 않는 것이므로 범법행위에 대한 형사책임의 면제를 의미하는 것은 아니다. 불체포특권의 예외로는 현행범인인 경우와 국회의 동의가 있는 경우에는 불체포특권이 인정되지 아니한다.

그 밖의 국회의원의 권한으로는 국회의 운영과 활동에 관한 권한으로 국회소집요구권, 의안발의권, 질문권, 질의권, 토론권이 있으며, 수당과 여비를 받을 권리와 국유교통수단의 무료이용권이 있다.

불체포 특권	면책특권
• 일시적특권-체포의 유예 • 회기중에만 인정되나, 직무와의 관련성은 묻지않는다. • 계엄선포시 강화된다 • 신체의 자유의 강화	• 영구적특권-처벌의 면제 • 회기중임을 묻지 않지만, 직무와의 관련성을 요한다. • 계엄선포시에도 확대되지 않는다. • 표현의 자유의 강화

61 국회의원 면책특권의 대상이 되는 행위의 범위 및 판단기준에 관한 판례
1) "국회의원의 면책특권에 속하는 행위에 대해서는 공소제기할 수 없으며 이에반해 공소가 제기된 것은 공소권이 없음에도 제기된 것이 되어 형소법 327조 2호의 '공소제기의 절차가 법률의 규정에 위반하여 무효인 때'에 해당함으로 공소를 기각하여야 한다."
"불체포 특권은 국회의 체포동의에 제한될 수 있는 상대적 특권임에 반하여 면책특권은 국회의 의결로도 제한할 수 없는 절대적 특권이다."(헌재결 1992.9.22, 91도 3317 국가보안법위반)
2) "위원회나 국감장 등에서 의원이 한 자료제출의 요구도 그것이 직무상 질문을 준비하기 위한 경우 면책대상이 된다." (대판 96도 1742)

3. 국회의원의 의무(제46조)

국회의원의 의무로는 헌법상 명시된 의무인 국가이익우선의 의무, 청렴의 의무와 이권불개입의 의무, 겸직금지의 의무가 있으며[62] 그 외 국회법이 정하고 있는 의무가 있다.

[국회내용도해]

<table>
<tr><th colspan="21">국 회</th></tr>
<tr><th colspan="4">국회의 헌법상의 지위</th><th colspan="3">국회 구성</th><th colspan="5">국회의회의</th><th colspan="8">국회의원</th><th rowspan="3">국회자율성</th></tr>
<tr><td rowspan="2">국민대표기관</td><td rowspan="2">입법기관</td><td rowspan="2">국정감사·조사기관</td><td rowspan="2">국정통제기관</td><td rowspan="2">의장</td><td rowspan="2">부의장</td><td rowspan="2">원내교섭단체</td><td rowspan="2">정기국회</td><td rowspan="2">임시국회</td><td colspan="3">국회회의 3원칙</td><td rowspan="2">헌법상지위</td><td colspan="2">신분상 특권</td><td rowspan="2">의무</td><td colspan="4">징계</td></tr>
<tr><td>회기계속원칙</td><td>의사공개의원칙</td><td>일사부재의원칙</td><td>면책특권</td><td>불체포특권</td><td>위원회출석금지(30일)</td><td>제명</td><td>사과발언</td><td>경고</td></tr>
</table>

62 겸직금지 의무(43조)에 의해 겸직이 금지되는 직종은 국회법 29조에 자세히 규정되어있다.

정부

3-1 대통령

Ⅰ. 대통령의 지위

대통령의 헌법상 지위는 정부형태에 따라 달라지게 되는데, 대통령제하에서는 실질적인 국가원수로서의 지위를 지니나, 의원내각제 국가에서는 정치적 영향력을 갖지 아니한 형식적·의례적인 국가원수의 지위를 지닌다고 할 수 있다. 그리고 회의제 국가에서는 의원내각제 국가보다 더 형식적인 지위를 지닌다.

1. 우리나라 대통령의 헌법상 지위의 변천

제헌헌법은 대통령제를 채택하여 부통령제를 두었으나, 의원내각제적 요소를 가미하였으므로 일종의 이원정부제의 대통령이라 할 수 있다. 1960년 헌법하에서는 전통적인 의원내각제를 채택, 대통령은 의례적·형식적 권한을 가진 상징적인 국가원수의 지위를 가졌으며, 5·16혁명 후 개정된 1962년 헌법에서는 국민의 직선 규정과 정부의 국회해산권, 국회의 정부불신임권을 인정하지 않았다는 점에서 고전적 대통령제의 대통령의 지위를 지니고 있었다. 1972년 헌법상의 대통령은 국회해산권등 일련의 강력한 대권을 가진 권위주의적 대통령에 해당하였으며, 1980년 헌법의 대통령은 기본적으로는 대통령제의 범주에 포함시킬 수 있으나, 미국식 대통령제와는 차이가 있고, 오히려 프랑스식 대통령제와 유사한 반대통령제의 형식을 취하고 있었다.

2. 현행 헌법상의 대통령의 헌법상 지위

현행 헌법상 대통령의 지위는 국가의 원수로서의 지위로써 대외적으로 국가를 대표하고 조약을 체결·비준하는 권한, 선전포고와 강화를 행하는 권한, 외교사절을 신임·접수하는 권한, 헌법재판소 소장·헌법재판소 재판관과 선거관리위원회 위원에 대한 임명권, 대법원장과 대법관에 대한 임명권, 영전수여권, 사면권 등이 있다. 그리고 행정권의 수반으로서의 지위로써 행정에 관한 모든 권한을 관장하고 국군통수권, 행정정책결정권, 국무총리·국무위원을 비롯한 행정공무원임면권, 행정정책집행권, 행정입법권이 있다.

3. 대통령의 신분상 지위

대통령은 국민의 보통·평등·직접·비밀선거에 의하여 선출되며, 임기는 5년이고 중임할 수 없으며(제70조), 대통령의 임기연장 또는 중임변경을 위한 헌법개정은 그 헌법개정 제안 당시의 대통령에 대해서는 효력이 없다(제128조 2항). 임기만료로 인한 대통령의 선거는 임기만료일 70일 내지 40일 전(임기만료일 전 70일 이후 첫번째 목요일)에 실시하여야 하며(제68조 1항), 대통령이 궐위된 때의 선거 또는 재선거는 그 선거의 실시사유가 확정된 때부터 60일 이내에 실시하되 선거일은 늦어도 선거일 전 29일에 대통령 또는 대통령권한대행자가 공고한다(제68조). 또한, 대통령의 특권으로써 대통령은 내란 또는 외환의 죄를 범한 경우를 제외하고는 재직중 형사상의 소추를 받지 아니하며 탄핵결정에 의하지 아니하고는 공직으로부터 파면되지 아니한다.[63]

63 대통령의 형사상 특권의 취지
→ 대통령이란 특수한 신분에 따라 일반국민과 달리 대통령 개인에게 특권을 부여한 것이 아니라 국가원

대통령의 궐위나 사고시 권한대행의 문제에 있어서는 직무수행이 불가능할 경우 1차적으로 국무총리가 그 권한을 대행하고, 2차적으로는 법률이 정한 국무위원의 순서에 따라 그 권한을 대행하게 되는데, 직무의 범위가 문제시 된다. 원칙적으로는 대통령의 권한전반에 걸치겠지만 그 임시적인 성질을 보아 다만 잠정적인 현상유지에만 국한되고, 정책의 전환, 인사의 이동과 같이 현상유지를 벗어나는 직무는 대행할 수 없다고 하여야 할 것이다.

[대통령의 선출방법과 임기]

구분	선출방법	선출기관	임기	중임여부
건국헌법	간선	국회	4년	1차중임
제1차개헌	직선	국민	4년	1차중임
제2차개헌	직선	국민	4년	초대대통령만 연임가능
제3차개헌	간선	국회	5년	1차중임
제4차개헌	직선	국민	4년	1차중임
제5차개헌	직선	국민	4년	3기연임
제6차개헌	간선	통일주체국민회의	6년	중임제한없음
제7차개헌	간선	대통령선거인단	7년	단임
현행헌법	직선	국민	5년	단임

수로서 외국에 대해 국가를 대표하는 지위에 있는 대통령이라는 특수직책의 원활한 수행을 보장하고 그 권위를 확보하여 국가의 체면과 권위를 유지해야 할 실제상의 필요 때문에 재직기간 동안만 형사상 특권을 부여한 것에 지나지 않는다.

"헌법 제84조는 대통령 재직중 형사상의 특권을 부여함으로 대통령 직책을 원활하게 수행할 수 있게 하기 위한 규정이기 때문에 대통령재직중 형사상의 소추를 할 수 없는 범죄에 대한 공소시효의 진행은 정지하는 것이 옳다."라고 판시 (헌재결 1995.1.20, 94헌마 246 불기소처분취소)

II. 대통령의 권한

대통령의 권한은 일반적으로 그 헌법상 지위에 대응하여 국가원수로서의 권한(대내외적 국가대표권, 국헌수호권, 국정의 통합·조정권, 헌법기관구성권 등)과 집행부수반으로서의 권한(집행에 관한 최고 지휘권, 집행부 구성권, 국무회장으로서의 권한 등)으로 분류할 수 있다. 그리고 그 권한의 실질적 성질에 따라 비상대권적 권한(국가긴급권), 헌법기관구성에 관한 권한, 입법·사법·집행에 관한 권한으로 분류할 수 있다.

1. 헌법기관구성에 관한 권한

가. 헌법재판소 소장과 재판관 임명권(제111조 2항)
나. 대법원장과 대법관 임명권(제104조 1,2항)
다. 국무총리와 국무위원 임명권(제86조)(제87조)
라. 행정각부의 장 임명권(제94조)
마. 감사원장과 감사위원 임명권(제98조)
바. 중앙선거관리위원회 위원 임명권(제114조 2항)

2. 국회와 입법에 관한 권한

국회에 관한 권한으로 국회임시회집회요구권(제47조 1항)과 국회출석·발언권(제81조)이 있으며, 입법에 관한 권한으로는 법률안제출권(제52조), 법률공포권(제53조 1항), 법률안거부권(제53조 1,2항), 행정입법권(제75조)[64], 조약체결·비준권, 긴급명령·긴급재정경제명령권이 부여되고 있다.

이 중 법률안 거부권은 미국의 대통령제에서 유래한 것으로 권력 상호간의

64 헌재결 2001.4. 26, 2000헌마 122; 헌재결 2003.4.24, 2002헌가 15

억제와 균형을 실현하는 장치로서 법률안의 완성에 대한 소극적인 권한이며, 법률안의 일부에 대하여 또는 법률안을 수정하여 재의를 요구할 수 없고, 환부거부만이 인정되고 있다. 이 법률안거부권행사에 대한 통제로는 국회의 재의제도와 국회의장의 법률공포권을 인정하고 있다.

또한 행정입법권으로 현대의 복지국가 행정에 있어 행정부의 위상이 증가함에 따라 행정입법이 많이 행해지고 있는데, 행정입법은 위임명령과 집행명령으로 나눌 수 있으며 위임명령은 법률의 구체적·개별적 위임이 있는 경우에만 가능하다.

① 위임받은 사항에 관한 대강을 정하고 그 중 특정범위를 정하여 다시 위임하는 경우에만 재위임이 가능하다. 헌재결 1996.2.29. 94헌마213
② 모법상 아무런 규정이 없는 입법사항을 하위명령이 규율하는 것은 위임입법의 한계를 위배하는 것이다. 헌재결 1997.4.24. 95헌마273
③ 처벌법규를 위임하기 위하여서는 … 관련법조항 전체를 유기적, 체계적으로 종합하여 판단하여야 한다. 헌재결 1997.5.29. 94헌바22
④ 위임입법에 관한 헌법 제75조는 처벌법규에도 적용되는 것이지만, … 형벌의 종류 및 그 상한과 폭을 명백히 규정하여야 한다. 헌재결 1997.9.25. 96헌가16
헌재결 2004.8.26, 2004헌바 14 새마을금고법 제66조 2항 6조 등 위헌소원
대판 1990.9.28, 89누 2493

3. 사법에 관한 권한

사법에 관한 권한으로는 헌법재판소구성권과 대법원구성권, 위헌 정당해산제소권(제8조), 사면권(제79조)(특별사면과 일반사면)이 있다.[65]

사면이라 함은 형사소송법이나 그 밖의 형사법규의 절차에 의하지 아니하고 형의 선고의 효과 또는 공소권을 소멸시키거나 형집행을 면제시키는 국가원수

65 대판 1965.3.25 63수 3, 대판 1997.10.13 96모 33, 대판 1997.7.22 96도2153,
"선고된 형의 전부를 사면할 것인지 일부사면할 것인지는 사면권자의 전권사항에 속한다."(헌재결 2000.6.1, 97헌바 74)
"복권대상자가 수개의 죄를 범하여…… 그 심사결과에 따라 복권이 이루어져야 한다."(대판 1986.7.3, 85수2)

의 특권(협의의 사면)으로 광의로는 감형과 복권까지 포괄하는 개념을 말한다.[66]

사면에는 일반사면과 특별사면이 있으며 일반사면에는 국회의 동의가 있어야 한다. 사면권의 한계로는 권력분립적 측면과 국익·국민화합차원 측면에서의 헌법내재적 한계가 있고, 이의 남용에 따른 사법적 통제의 여부도 문제가 된다. 독일에서도 특별사면의 거부와 관련하여 학설과 판례가 부정설[67]과 긍정설로 나뉘고 있는데, 부정설이 타당하다고 볼 수 있다.

금융실명거래 및 비밀보장에 관한 긴급명령에 의거, 1993년 8월 12일

4. 행정에 관한 권한

행정에 관한 권한은 대통령이 행정권의 수반으로서 권한을 행사하는 것으로, 외교에 관한 권한(제73조), 국군통수권(제74조), 공무원임면권(제78조), 정당해산제소권(제8조 4항), 재정에 관한 권한(예산안제출권, 추가경정예산안제출권, 예비비지출권, 긴급재정·경제처분 및 명령권 등), 영전수여권(제80조)이 있다. 특히 재정에 관한 권한 중 긴급재정·경제처분권은 중대한 재정·경제상의 위기에 있어 국가안전보장이나 안녕질서를 달성하기 위해 대통령이 행사하는 재정·경제상의 처분으로 공공복리와 같은 적극적 목적을 위해서는 발할 수 없고, 사후 국회의 승인을 얻어야 하며, 통제의 방법으로는 법원에 의한 심사나 헌법재판소에 의한 통제가 가능하다. 또한 긴급재정·경제처분을 위해 필요한 경우 법률의 효력을 지닌 명령을 발할 수 있다.

66 권영성, 헌법학원론, 2006, 1000면.
67 상게서, 1002면

5. 국가긴급권

– 긴급명령권, 긴급재정경제명령 · 처분권(제76조), 계엄선포권(제77조)

국가비상사태를 극복하는 통치방법을 위기정부Krisenregierung, crisis goverment라고 하는데, 우리헌법 제76조의 긴급명령권, 긴급재정·경제명령[68], 처분권과 제77조의 계엄이 이에 속한다고 볼 수 있다. 하지만 국가긴급사태에 따라 법치주의의 일시정지를 의미하는 국가긴급권에는 일정한 내재적 한계가 있게 되는데, 긴급권발동의 조건과 효과는 헌법 또는 법률에 규정되어야 하고, 긴급권의 발동의 결정권은 의회에 유보되어야 하며, 긴급권의 효력은 필요한 최소한도에 그쳐야 하는 것 등이다.

가. 긴급명령권

헌법 제76조 2항에 있어서의 긴급명령은 「국가의 안위에 관계되는 중대한 교전상태에 있어서 국가를 보위하기 위하여 긴급한 조치가 필요하고 국회의 집회가 불가능한 때에 한하여」 대통령이 발하는 법률의 효력을 가지는 명령으로 입법권과 행정권의 권력분립주의에 대한 일시적인 배제라고 할 수 있다.[69] 긴급명령은 지체 없이 국회에 보고하여 그 승인을 얻어야 하며(제76조), 만일 국회의 승인을 얻지 못한 때에는 이 긴급명령은 그 때부터 효력을 상실하게 된다. 이에 대한 통제로는 국무회의의 심의, 국회의 의한 승인거부, 탄핵소추, 법률제정 등의 방법이 있고, 법원은 위헌심판제청을, 헌법재판소는 위헌심판결정에 의하여 통제가 가능하다.

나. 계엄선포권(제77조 1항)

계엄에는 警備계엄과 非常계엄의 2종류가 있으며, 계엄선포권자는 대통령이고, 대통령이 계엄을 선포한 때에는 지체 없이 국회에 통고하여야 한다.[70]

68 긴급재정경제명령은 공공복지의 증진과 같은 적극적 목적을 위해서는 발할 수 없다. 헌재결 1996.2.29., 93헌마186

69 긴급명령권의 효력에 관한 대법원 판례
"위 긴급명령은 일반적으로 다른 명령에 우선하는 것이나, 조세의 감면에 관한한 특별법인 조세감면 규제법이 우선 적용된다고 해석함이 상당하다 할 것이다."라고 판시하였다(대판 1982.9.14., 81누376)

70 계엄포고위반(대판 1985.5.28, 81도1045)

계엄의 효력은 비상계엄이 선포된 때에는 법률이 정하는 바에 의하여 영장제도, 언론·출판·집회·결사의 자유, 정부나 법원의 권한에 관하여 특별한 조치를 할 수 있고 계엄사령관은 계엄지역은 군인·군무원의 범죄나 군사에 관한 간첩죄의 경우와 초병·초소·유독음식물공급·포로에 관한 죄 중 법률이 정한 경우에 한하여 단심으로 할 수 있다. 다만, 사형을 선고할 경우에는 그러하지 아니하다. 경비계엄의 경우에는 계엄사령관은 계엄지역 내의 군사에 관한 행정사무와 사법사무를 관장하는 효력을 가진다.

비상계엄	긴급명령	긴급재경처분·명령
행정적긴급권 국회개회 가능성 불문 법률의 효력은 없음 법치주의의 예외 (반대설 : 허영) 헌법, 법률에 근거 국회에 통고 국회의 해제요구 (재적1/2) 헌법재판소, 대법원의 사법심사불가 (통치기능설) 전시·사변 일부기본권의 제한 가능 통치기구의 권한 변경가능	입법적긴급권 국회의 개회기 불가 법률과 같은 효력 법치주의의 예외 헌법에만 근거 국회에 보고 사후승인 (정족수는 명문규정이 없으나, 다수설은 일반의결정족수로 본다) 사법심사가능 국가안위에 관한 중대한 교전상태 법률유보된 모든 기본권의 제한 가능	입법적 긴급권 국회의 개회가 곤란 법률과 같은 효력 법치주의의 예외 헌법에만 근거 국회에 보고 사후승인 (정족수는 명문 규정이 없으나, 다수설은 일반의 결정족수로 본다) 사법심사가능 재정·경제에 관한 중대한 위기 재정·경제상 최소한의 조치
공통점 : 국회의 국정조사·감사가 가능하고, 사후적·소극적·진압적 긴급권이다.		

Ⅲ. 대통령의 권한행사의 방법과 통제

대통령의 권한행사의 방법은 헌법과 법률에 규정된 절차와 방법에 따라 독자성이 인정된다. 방법상으로 국무회의의 심의, 국회의 동의 또는 승인, 부서,

문서에 의한 요식행위, 각종 자문회의의 자문[71]이 있게 되는데, 대통령의 국법상 행위는 반드시 문서에 의하여야 하며, 그 문서에는 국무총리와 관계 국무위원의 부서가 있어야 한다(제82조). 부서의 법적성격에 관해서는 권력통제기능과 책임소재의 명백을 위한 것이라는 것이 일반적 견해이며, 부서없는 대통령의 국법상행위에 대해서는 부서는 유효요건이 아니라 적법요건이기 때문에 당연 무효는 아니지만 위법행위가 되며 국회의 탄핵소추의 사유가 될 수 있다. 이 외에 헌법 제89조에 열거된 사항에 관해서는 반드시 국무회의의 심의를 거쳐야 하며, 권력분립의 요청에 따라 일정한 행위에 대해서는 국회의 동의·승인을 얻어야 한다.

이러한 대통령의 권한 행사에 대한 통제방법으로는 국무회의의 심의, 부서권 등의 행정부 내적인 통제가 있으나 사실상 견제기능이 거의 없으며(대통령의 국법상 행위에 있어 국무회의의 심의나 부서를 필수적으로 요하는 사항에 있어 이의 흠결은 탄핵소추의 대상이 되나 필수적 국무행위의 의결사항이라도 이의 의결에 대통령은 구속받지 아니한다), 행정부외 기관의 통제방법으로는 국민에 의한 방법으로 대통령 선출권이나 국민투표권, 국회에 의한 방법으로 탄핵소추권, 국정감사·조사권, 국무총리·국무위원에 대한 질문권, 법원에 의한 방법으로 명령에 대한 위헌·위법심사권, 헌법재판소에 의한 통제방법으로 탄핵결정권, 헌법소원 심사[72] 등이 있다.

71 ① 필수적 자문기관–국가안정보장회의(§ 91)
② 임의적 자문기관–국가원로자문회의(§ 90), 민주평화통일자문회의(§ 92), 국민경제자문회의(§ 93)

72 헌법재판소는 대법원규칙인 법무사법시행규칙에 관한 헌법소원을 인정한 이래 법규명령의 성격을 지니는 대통령령도 헌법소원의 대상이 된다고 한다. 즉, 국정교과서제도를 규정한 교육법 제157조의 위임으로 제정된 대통령령인 「교과용도서에 관한 규정」 제5조에 대한 헌법소원을 적법한 것으로 받아들였다. 그러나 국정교과서제도는 본안 판단의 결과 합헌이라고 결정하였다(헌재결 1992.11.12, 89헌마 88, 헌판집 4권, 739면 이하).

[대통령 내용도해]

긴급조치 제1호와 통치행위
(대법원 2010. 12. 16. 선고 2010도5986 전원합의체 판결)

평상시의 헌법질서에 따른 권력행사방법으로는 대처할 수 없는 중대한 위기상황이 발생한 경우 이를 수습함으로써 국가의 존립을 보장하기 위하여 행사되는 국가긴급권에 관한 대통령의 결단은 가급적 존중되어야 한다. 그러나 앞에서 살펴본 바와 같은 법치주의의 원칙상 통치행위라 하더라도 헌법과 법률에 근거하여야 하고 그에 위배되어서는 아니 된다.더욱이 유신헌법 제53조에 근거한 긴급조치 제1호는 국민의 기본권에 대한 제한과 관련된 조치로서 형벌법규와 국가형벌권의 행사에 관한 규정을 포함하고 있다. 그러므로 기본권 보장의 최후 보루인 법원으로서는 마땅히 긴급조치 제1호에 규정된 형벌법규에 대하여 사법심사권을 행사함으로써, 대통령의 긴급조치권 행사로 인하여 국민의 기본권이 침해되고 나아가 우리나라 헌법의 근본이념인 자유민주적 기본질서가 부정되는 사태가 발생하지 않도록 그 책무를 다하여야 할 것이다.

<table>
<tr><td rowspan="8">대통령</td><td>헌법상지위</td><td colspan="3">국가원수로서의 지위
행정부수반으로서의 지위</td></tr>
<tr><td colspan="4">신분상지위</td></tr>
<tr><td>권한</td><td colspan="3">입법에 관한 권한
사법에 관한 권한</td></tr>
<tr><td rowspan="3">비상적권한</td><td colspan="3">국가긴급재정·경제처분 및 긴급명령권</td></tr>
<tr><td rowspan="2">계엄
선포</td><td colspan="2">경비계엄</td></tr>
<tr><td>비상계엄</td><td>영장제도
표현의 자유
법원의 권한
정부의 권한</td></tr>
<tr><td colspan="4">의무</td></tr>
<tr><td colspan="4">권한통제</td></tr>
</table>

3-2 행정부

현행헌법에서 말하고 있는 정부는 대통령을 포함한 집행부를 의미하는데, 대통령을 정점으로 국무총리·국무위원·행정각부·감사원·선거관리위원회로 구성되고, 집행에 관한 주요정책을 심의하는 기구로 국무회의를 설치하고 있으며, 대통령의 자문에 응하기 위한 각종 자문회의를 두고 있다. 그러나 집행에 관한 실질적 권한은 대통령 1인에게 집중되어 있고 국무총리·국무위원·행정각부의 장 등은 단지 대통령을 보좌하기 위한 보좌기관에 지나지 아니한다.

Ⅰ. 국무총리

국무총리는 대통령의 보좌기관으로서 대통령을 보좌하며 대통령의 명을 받아 행정각부를 통할하고, 국무회의 부의장의 지위, 정부의 제2인자의 지위를 가지며[73], 중앙행정관청의 지위로서 법률이나 대통령의 위임 또는 직권으로 총리령을 발할 수 있다. 국무총리는 국회의 동의를 얻어 임명되며, 국무위원에 대한 임명제청권과 해임건의권을 가지며, 대통령의 권한대행권을 가지는데 그 범위는 잠정적인 현상유지에만 국한 될 뿐이다.

국무총리가 사고로 직무를 수행할 수 없을 때에는 대통령의 지명이 있을 때에는 지명된 국무위원이, 없을 때에는 정부조직법에 규정된 순서에 따라 직무를 대행하게 된다. 국무총리서리문제와 관련해서는 헌법 제86조 1항이 「국무총리는 국회의 동의를 얻어 대통령이 임명한다」고 하고 있으므로 국회의 동의를 얻지 못한 국무총리서리제는 위헌이나, 우리 헌법재판소는 '김대중 대통령이 국회의 동의를 얻지 못한 국무총리서리를 임명'한 것에 대한 권한쟁의 심판에서 각하결정[74]을 내린바 있다.

73 "국무총리는 단지 대통령의 첫째가는 보좌기관으로서 행정에 관하여 독자적인 권한을 갖지 못하고 대통령의 명을 받아 행정각부를 통할하는 기관으로서의 지위만을 가지며, 행정권 행사에 대한 최후의 결정권자는 대통령이라고 해석하는 것이 타당하다"라고 판시 (헌재결 1994.4.28, 89헌마 221).

[국무총리서리임명에 대한 헌법재판소의 판단[75]]

재판관	의견	이 유
김 용 준	각하	국무총리 임명동의권한은 국회의 권한이므로 국회가 아닌 국회의원은 당사자 적격이 없음
조 승 형 고 중 석	각하	헌법상의 권한을 침해한 바 없으며 권리보호의 이익도 없음
정 경 식 신 창 언	각하	국회의원이나 교섭단체는 권한쟁의심판의 청구인이 될 수 없음
김 문 희 이 재 화 한 대 현	위헌	국무총리직무대행에 대하여 국정곡백을 메울 수 있으므로 서리는 불필요하고 국회의 동의없이 총리서리를 임명한 것은 헌법에 위배됨
이 영 모	합헌	국정공백을 메우기 위한 서리임명은 합헌적임

또한 국무총리의 권한으로서 모든 사항에 대해 부서할 권한과 의무를 가지며, 총리령을 발할 수 있는 권한을 가지는데 총리령과 부령의 효력관계에 있어 동위설과 총리령상위설의 대립이 있긴 하지만 실질적으로는 총리령이 상위라고 볼 수 있다.

II. 국무회의

현행법상의 국무회의는 건국헌법이나 1960년 헌법상의 의결기관과는 달리 헌법상 필수적 심의기관으로서의 지위를 가지고 있으며, 대통령·국무총리와 15인이상 30이하의 국무위원으로 구성되는 최고의 정책심의기관이다. 국무회의의 심의사항[76]은 헌법 제89조에 열거되고 있으며, 국무회의 심의를 거치지

74 헌재결 1998.7. 14. 98헌라1, 국무총리서리임명 등 권한쟁의 심판사건

75 권영성, 전게서, 1014면.

76 "헌법 제89조" 국정의 기본계획과 정부의 일반정책, 선전 강화 기타 중요한 대외정책, 헌법개정안 국민투표안 조약안 법률안 및 대통령령안, 예산안 결산 국유재산처분의 기본계획 국가의 부담이 될 계약 기타 재정에 관한 중요사항, 대통령의 긴급명령·긴급재정경제처분 및 명령 또는 계엄과 그 해제, 군사에 관한

않은 대통령의 행위의 효력에 대하여는 유효설[77](국무회의의 심의절차는 효력 발생의 요건이 아니라 적법요건이므로 헌법위반으로 탄핵소추의 사유가 될 뿐이고 그 행위의 효력에는 영향이 없다는 견해)과 무효설[78](국무회의는 현행헌법상 최고정책심의기관이기 때문에 국무회의의 심의를 거치지 아니한 대통령의 국법상 행위는 무효)의 대립이 있는데 무효설이 다수설이며 타당하나 국무회의는 의결기관이 아니므로 실질적으로 대통령의 행위에 대한 효력을 부인하기는 어렵다고 할 수 있다. 또한 심의결과에 대한 대통령의 구속력 여부에 있어서도 국무회의 심의·의결사항과 다르게 집행할 수 없다는 구속설[79]과 국무회의는 단지 심의기관일 뿐 그 의결이 대통령의 집행을 구속할 수 없고 의결내용과 다른 정치적 결단을 내릴 수 있다는 비구속설[80]이 대립하고 있으나 통설상으로 보면 국무회의는 헌법규정에서 「심의」라는 표현을 사용하고 있으므로 대통령이 정치적으로는 몰라도 법적으로 이에 구속되지 않는다고 보고 있다.[81]

[한국헌정사에 있어서의 국무회의제의 변천]

헌법개정	성 격
건국헌법	의결기관(국무원이 중요정책 심의·의결)
1960년 헌법	집행에 관한 실질적 권한행사 (국무원이 국회해산권을 가짐-고전적 의원내각제)
1962년 헌법	최고정책심의기관 (대통령제의 각료회의와 의원내각제의 내각의 중간성격)
1972년 헌법	심의기관적 성격 (통설)-의결기관과 자문기관의 중간성격
1980년 헌법	심의기관

중요사항, 국회의 임시회 집회 요구, 영전수여, 사면 감형과 복권, 행정각부간의 권한의 확정, 정부 안의 위임 또는 배정에 관한 기본계획, 국정처리상황의 평가 분석, 행정각부의 중요한 정책의 수립과 조정, 정당해산의 제소, 정부에 제출 또는 회부된 정부의 정책에 관계되는 청원의 심사, 검찰총장 합동참모의장 각군참모총장 국립대학교총장 대사 기타 법률이 정한 공무원과 국영기업체관리자의 임명, 기타 대통령 국무총리 또는 국무위원이 제출한 사항.

77 권영성, 전게서, 1030면.

78 김철수, 헌법학신론, 2005, 838면.

79 윤세창, 신헌법(전정판), 1983, 243면, 일조각.

80 권영성, 상게서, 1030면.

81 김철수, 상게서, 858면.

Ⅲ. 행정각부의 장과 국무위원

대통령 또는 국무총리의 지휘 또는 통할하에 법률이 정하는 소관사무를 담당하는 중앙행정기관으로 행정각부의 장은 국무위원, 국무총리의 제청으로 대통령이 임명한다. 행정각부장관은 국무위원의 지위와 행정각부장관의 지위와의 이중적 지위에 있다. 행정각부의 장의 권한은 소관사무집행권, 부령발포권, 기타의 권한으로 소관사무에 관하여 정책을 수립하고 이를 운영, 이에 필요한 의안을 국무회의에 제출, 소관사무를 통괄하고 소속공무원을 지휘 감독한다.[82]

국무위원은 국무회의의 구성원으로써 대통령제하의 각부장관과 의원내각제하의 각료의 중간적인 지위를 차지하며, 대통령의 보좌기관으로서 대통령의 독주를 견제·방지할 수 있다는 점에서 제도적 가치가 있다. 국무위원은 정부의 중요정책에 관해 심의할 권한과 의무가 있으며, 국무회의의 소집요구, 의안의 제출 및 심의·의결에 참가할 권한이 있으며, 그 직무에는 한계가 없다. 국무총리의 제청으로 대통령이 임명한다.

[국무위원과 행정각부의 장 비교]

국무위원	행정각부의 장
국무총리의 제청으로 대통령이 임명	국무위원 중에서 국무총리의 제청으로 대통령이 임명
정책을 심의하는 국무회의의 구성원	결정된 정책을 집행
법적으로 대통령·국무총리와 같은 국무회의의 구성원	대통령·국무총리의 지휘·감독을 받음
사무의 한계가 없다	사무의 한계가 있다(행정입법권)

82 "행정각부의 장이 부령으로 제정할 수 있는 범위는 법률 또는 대통령이 위임한 사항이나 법률 또는 대통령령의 실시에 필요한 사항에 한정되므로 법률 또는 대통령령으로 규정할 사항이 부령으로 규정되었다면 그 부령은 무효이다" (1962. 1.25, 4294민상9 판결).
"모법의 위임에 의해 제정된 부령은 그 효력에 있어 우열의 차이가 없으나 동위의 법령사이에 서로 모순·저촉되는 점이 있는 경우 후법우선의 원칙에 따를 수 밖에 없다."(대판 1982.4.30 82노 530)

Ⅳ. 행정권의 내용과 행사

행정권은 협의의 행정권과 협의의 통치권을 포괄하는 개념으로, 통치권은 내정과 외정에 대한 전체로서의 책임 있는 영도권을 말하고 행정권은 일반적으로 법률을 집행하는 형식적인 국가작용을 말한다. 이런 통치권과 행정권의 구별은 통치권은 고도의 정치성을 갖는 행위이기 때문에 사법심사의 대상에서 배제되어진다는 것이나, 행정권의 행사는 법의 규제를 받으며 사법심사의 대상이 된다는 것이다. 현대행정에 있어 복지행정의 원칙과 국가의 급부행정의 확대로 행정권의 강화와 입법권과의 융화현상이 나타나기 시작하였는데, 이를 바탕으로 행정권의 종류, 특성, 작용에 대해 알아보기로 한다.

1. 행정권의 종류와 특성

행정권의 종류에는 외무행정·군사행정·내무행정·재무행정·복지행정·교육행정 등을 담당하는 국가행정과 주민의 복리에 관한 사무를 처리하고 재산을 관리 법령의 범위 안에서 자치에 관한 규정을 제정하는 자치행정으로 크게 구별할 수 있으며, 이런 행정권의 특성으로는 공무관리성과 법구속성을 들 수 있다.

2. 행정권의 작용

야경국가시대와는 달리 현대행정의 강화와 확대는 경제분야(제119조), 사회·복지분야(제34조), 문화·교육의 영역(제9조, 헌법 제22조, 헌법 제31조)에까지 이르고 있으며, 민주주의의 초석이라고도 할 수 있는 지방자치제도도 헌법 제118조에 의해 제도보장으로서 인정되고 있다. 이러한 행정권의 팽창에 따라 전문성과 신속성을 요하는 행정입법 또한 증가되고 있는 현실이다.

가. 지방자치제도

우리 헌법상의 지방자치는 제117조와 제118조에서 규정되고 있고, 자치단체의 자치권의 본질에 대해서는 고유권설과 자치위임설이 대립 되고 있으나, 자치위임설이 다수설이며 지방자치단체의 종류는 법률로 정하게 된다(특별시·광역시·도, 시와 군 및 자치구). 이 자치단체의 권한으로는 각 지역의 고유사무처리권, 자치입법권, 재산관리권, 주민투표권이 있다.

나. 행정입법

행정입법이란 행정기관이 일반적·추상적인 규범을 정립하는 것(적극국가, 행정국가의 영향)으로 종류에는 법규명령과 행정명령이 있다.

법규명령은 다시 위임명령과 집행명령으로 나눌 수 있는데, 위임명령은 법률에서 구체적으로 범위를 정하여 위임한 것으로 법률에 대한 종속성을 가지나 위임의 범위 안에서는 입법사항에 관해 새로운 규정 할 수 있다는 점이 집행명령과 구별되는 점이다. 위임입법의 범위와 한계는 포괄적·일반적 위임은 금지되고 특정위임만 인정되며 국회의 전속적 권한에 대한 위임은 불가하고 처벌규정의 위임에 있어서도 수권법률 범위 내에서의 처벌규정을 구체적 범위를 정하여 위임하는 것은 가능하다[83]. 이에 반해 집행명령은 특정법률의 집행에 관한 세칙을 규정한 것이므로 모법을 변경·보충할 수 없고, 모법에 규정이 없는 새로운 사항을 규정 할 수 없으며[84], 근거 법률이 소멸하면 집행명령도 소멸한다. 집행명령의 한계는 시행하려는 상위법령의 범위내에서 그 시행에 필요한 구체적 절차·형식 등을 규정할 수 있음에 그친다. 즉, 새로운 입법사항을 정하는 것은 집행명령의 한계를 일탈한 것이 된다.

83 헌재 1997.9.25. 96헌가16
84 헌재 1997.4.24. 95헌마273

구 분	법규명령	행정명령(행정규칙)
헌법적근거 여부	반드시 헌법과 법률의 근거	특별히 헌법이나 법률의 근거를 요하지 않음
입법대상	법규사상(국민의 권리, 의무사항) 규정	비법규사항만을 규정함이 원칙
효력(구속력)	대외적·일반적 효력을 가짐–일반 국민과 국가기관 모두 구속	대내적·일면적 효력만 가짐–수명기관만 구속

[현행정부조직표]

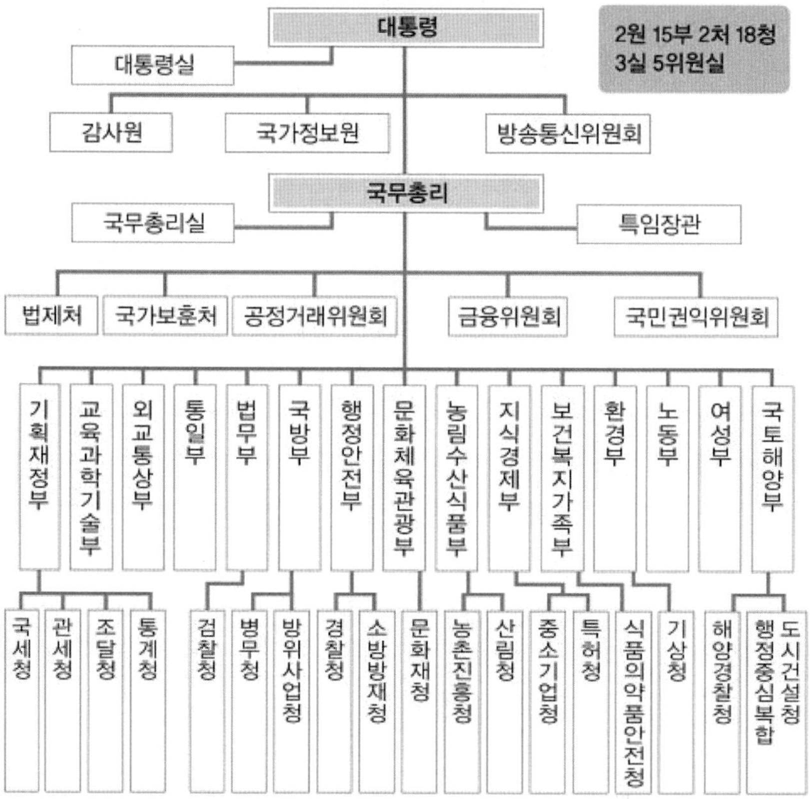

V. 감사원

감사원은 대통령소속하의 헌법상기관으로 원장을 포함한 5인 이상 11인 이하의 감사위원으로 구성되는 합의제기관이다.

헌법은 제97조 내지 제100조에 걸쳐 감사원의 지위, 조직, 권한을 규정하고 있다. 이는 법률의 개정에 의하여 함부로 감사원의 권한 또는 직무범위를 침해하지 않도록 하기 위함이다. 감사원법 제2조에 직무에 관한 독립과 공무원의 임면, 조직 및 예산의 편성에 있어서 독립성을 규정하고 있는데 감사원의 본연의 업무를 수행하기 위하여는 국무회의는 물론 대통령으로부터도 독립의 지위가 보장되어야 하기 때문이다.

감사원의 권한[85]은 국가의 세입 세출의 결산을 매년 검사하여 대통령과 차년도 국회에 그 결과를 보고하고 행정기관과 공무원의 직무에 관한 감찰권을 가진다. 하지만 현행법과 같이 국회가 국정감사와 조사권한을 모두 가지고 있는 상황하에서는 감사원의 감사기능이 다소 약화될 우려가 있다고도 할 수 있다.[86]

VI. 선거관리위원회

제5차 헌법개정에서 선거관리위원회를 헌법기관으로 규정한 이래 현재까지 이어지고 있는 선거관리위원회는 중앙, 시·도, 구·시·군, 투표구선거관리위원회의 4단계로 조직되어 있으며, 선거관리위원회의 지위는 헌법 제114조의 규정에 의하여 선거와 국민투표의 공정한 관리 및 정당에 관한 사무를 처리하기

85 ① 변상책임유무의 판정권
"감사원의 변상 판정처분에 대해 행정소송을 할 수 없고, 재결에 해당하는 재심의 판정에 대하여만 감사원을 피고로 하여……"(1984.4.10 84누91).
② 시정·주의 등의 요구권(대판 1997.6.28 76누 294)

86 권영성, 전게서, 1037면.

중앙선거관리위원회

위하여 설치된 국가기관으로 국회, 정부, 법원, 헌법재판소와 병립하는 독립된 합의제 헌법기관이다. 선거관리기관을 독립 위원회형의 헌법기관으로 규정하는 것은 세계적으로 그 예가 드문데 이는 선거관리위원회의 중립성을 보장하기 위한 것이라고 할 수 있다.

중앙선거관리위원회는 대통령이 임명하는 3인, 국회에서 선출하는 3인, 대법원장이 지명하는 3인 등 총 9인으로 구성되는 합의제 기관이며 위원의 임기는 6년이며; 위원장과 상임위원은 위원 중에서 호선한다.

선거관리위원회의 권한으로는 규칙제정권[87], 선거범죄 조사권, 선거비용 확인·조사권, 선거법위반행위에 대한 조치권, 선거법위반행위 예방 및 단속권, 정치관계법에 대한 제·개정의견 제출권 등이 있다.[88]

87 규칙제정권에 관한 판례
"공직선거관리 규칙은 중앙선거 관리위원회가 헌법 114조 6항 소정의 규칙제정권에 의하여 공선법에 위임된 사항과 각종 선거의 관리에 필요한 세부사항을 규정함을 목적으로 하여 제정된 법규명령이라 할 것이다. 그러나 개표관리요령은 각급 선거관리위원회 직원 등에 대한 업무처리지침 내지 사무처리 준칙에 불과할 뿐 국민이나 법원을 구속하는 효력이 없다."고 판시 (대판 1996.7.12 96무16).

88 선거관리위원회 관련 참고판례
헌재결 2000.6.29, 2000헌마 325 공직선거 및 선거부정 방지법 제9조 3항 3호 등 위헌확인 (각하)

사법부(법원)

현대민주주의 국가에서는 대부분 권력분립주의를 지향하고 재판을 전담하는 독립된 기구를 가지고 있지만 각국의 특성과 사법기구가 가지는 기능 및 성격은 나라마다 다소의 차이를 보이고 있다. 미국·영국·일본과 같은 국가는 일원적 사법부구조형을 취하는 권력집중형이고, 독일·프랑스는 이원적 사법부구조형을 취하는 권력분산형의 사법기구를 운영하고 있다. 우리나라의 경우는 현행헌법상 헌법재판소를 가지고 있으면서도 대륙식 권력분산제를 채택하지 아니하고, 영·미식 사법집중제를 채택하고 있다.[89]

헌법 제101조 1항은 「사법권은 법관으로 구성된 법원에 속한다」라고 하여 법원사법의 원칙을 규정하고 있다. 동조항은 제40조의 입법권의 조항과 제66조의 행정권의 조항과 더불어 권력분립의 원칙을 규정하고 있으며 아울러 사법권의 독립[90]을 규정하고 있는 조항이기도 하다. 권력분립의 원칙상 사법권의 독립은 필수적이며 특히 집행부와의 관계에서 더욱 그러하다고 할 수 있다. 이런 점에서 법원의 지위, 조직, 법원과 법관의 독립, 법원의 권한, 사법절차에 대해 알아보고자 한다.

89 권영성, 전게서, 1045면.

90 사법권의 독립관련 판례
1) 타국가기관으로 부터의 독립(헌재결 1992.4.28, 90헌바24)
2) 소송당사자로부터의 독립(헌재결 1990.6.25, 89헌가 98등 병합)
3) 상급심으로부터의 독립(헌재결 2002.6.27, 2002헌마 18)

대법원

Ⅰ. 대법원의 헌법상의 지위

1. 최고법원으로서의 지위
2. 기본권보장기관으로서의 지위
3. 헌법보장기관으로서의 지위
4. 최고사법행정기관으로서의 지위
5. 주권행사기관으로서의 지위

Ⅱ. 법원의 헌법상 구성과 권한

법원의 구성의 원리에는 독립성, 중립성, 공정성, 민주성, 경제성이 있으며, 현행헌법상 법원은 대법원 및 각급법원으로 이루어져 있고, 특별법원으로서 군사법원의 설치를 인정하고 있다. 또한 대법원과 각급법원의 조직은 법률로 정하도록 하고 있다.

1. 대법원

가. 대법원의 조직

대법원장의 포함한 14명으로 구성(법원조직법에 명시)되어 있다.

1) 대법원장(국회의 동의 후 대통령이 임명, 임기는 6년 중임불가능, 정년은 70세)
2) 대법관(대법원장의 임명제청으로 국회의 동의 후 대통령이 임명, 임기는 6년이며 연임가능, 정년은 65세)
3) 법관추천회(고등법원 이하급의 법관인사 때의 동의권을 행사)

나. 대법원의 권한

대법원의 권한에는 사법권(상고심, 명령·규칙처분심사권, 위헌심사제청권), 사법입법권(대법원규칙), 사법행정권(법관의 임명, 보직, 퇴직, 예산, 결산업무)이 있다.

다. 대법원의 규칙제정권

대법원의 규칙제정권(제도적 의의는 국민의 권리·의무에 직접적 영향이 없고 전문적·기술적 사항을 재판의 실정에 정통한 최고법원인 대법원이 제정한다는 것)은 국회입법의 원칙에 예외에 해당된다. 대법원의 규칙의 범위는 법원의 내부규율에 관한 사항·사무처리에 관한사항(사법부내부사항), 소송에 관한 절차사항(기술적·세부적 사항)이 있으며, 그 효력은 법률에 저촉시에는 무효이며, 법률우위가 적용, 공포 후 20일 경과 후 효력이 발생한다.

2. 고등법원

고등법원은 현재 서울, 대전, 대구, 부산, 광주 등 다섯 군데에 설치되어 있으며, 고등법원장과 대법원규칙이 정한 수의 판사로 구성되고, 그 심판권은 판사 3인으로 구성된 합의부에 의하여 행하여진다. 고등법원에는 법원 내부의 행정 및 일반직원의 지휘·감독을 위하여 사무국을 둔다.

고등법원은 1심 판결에 대한 항소사건, 1심 결정·명령에 대한 항고사건, 선거소송 등을 심판한다.

3. 지방법원 및 지원

지방법원장 및 지방법원 법관은 대법원장이 법관추전회의 동의 후 임명하고, 임기는 10년이며 연임 가능하며, 정년은 60세이다. 전국의 지방법원 수는 13개이며, 지방법원은 지방법원장과 대법원규칙으로 정한 수의 판사로 구성된다. 지방법원에는 행정사무를 관장하는 사무국을 둔다. 지방법원의 사무 일부를 처리하기 위하여 그 관할구역 내에 지원과 소년부지원, 시·군법원 및 등기소를 둘 수 있다.

지원에는 판사 3인 이상으로 구성되는 합의지원과 그렇지 아니한 단독지원이 있다.

지방법원은 민사 및 형사사건을 1심으로 재판한다. 1심의 재판은 원칙으로 단독판사의 관할로 하고, 특히 중요하다고 법률이 정하고 있는 사건은 합의부의 관할로 한다. 합의부에는 민사부와 형사부가 있는데 합의부가 주로 다루는 사건은 다음과 같다.

▶ **민 사 사 건** : 소송물가액이 1억 원을 초과하는 사건
(단 수표금, 어음금청구사건은 단독판사가 재판)
▶ **형 사 사 건** : 사형·무기 또는 단기 1년 이상의 징역 또는 금고에 해당하는 사건
(단, 공문서위조, 상습폭력, 도주차량, 상습절도사건 등은 단독판사가 재판)

4. 가정법원

가정법원에 가정법원장(판사로 補함)을 두고, 가정법원장은 그 법원과 소속 지원의 사법행정사무를 관장하며, 소속공무원을 지휘·감독하고, 다만, 1개의 지원을 두는 경우에는 가정법원장은 그 지원의 가사심판과 조정, 소년보호 및 호적에 관한 사무를 지휘·감독한다.

5. 특허법원

종래의 특허심판제도는 특허권의 발생·소멸·정정 등을 둘러싼 분쟁에 대하여 특허청에서 1차적으로 심사나 심판을 하고, 거기에 불복이 있을 때 특허청에서 다시 2차적으로 항고심판을 하며, 다시 불복이 있을 때에 대법원에 상고하는 방식이었는데, 사법제도 개혁 작업의 일환으로 1998. 3. 1.부터 고등법원급의 특허법원이 설치·운영되고 있다.[91]

특허법원은 전국을 관할하고, 특허심판원의 심결에 대한 불복의 소, 품종보호심판위원회의 심결 등에 대한 불복의 소 등을 심판하며, 특허심판의 사실심을 법원에서 관장함에 따라 기술분야에 대하여 법관을 보조하기 위하여 기술심리관을 두도록 하고 있다.

6. 행정법원

1998.3.1.부터 행정소송법에서 정한 행정사건을 심판하기 위하여 지방법원급의 행정법원이 서울에 설치·운영되고 있다.

서울행정법원은 서울특별시, 의정부시, 동두천시, 구리시, 남양주시, 고양시, 양주군, 파주시, 연천군, 포천군, 가평군 및 강원 철원군을 관할하며, 조세, 토지수용, 근로, 일반행정 등의 사건을 심판한다. 행정법원이 설치되지 아니한

91 헌재결 1995.9. 28, 92헌가 11등 병합판결 특허법 제186조 1항에 대한 헌법불합치 결정으로 인해 고등법원의 특허법원 설치·운영되어 "특허심판원 → 특허법원 → 대법원"의 순으로 진행

지역에 있어서는 행정법원의 관할에 속하는 사건은 행정법원이 설치될 때까지 해당 지방법원 본원이 이를 관할한다.

[법원조직도]

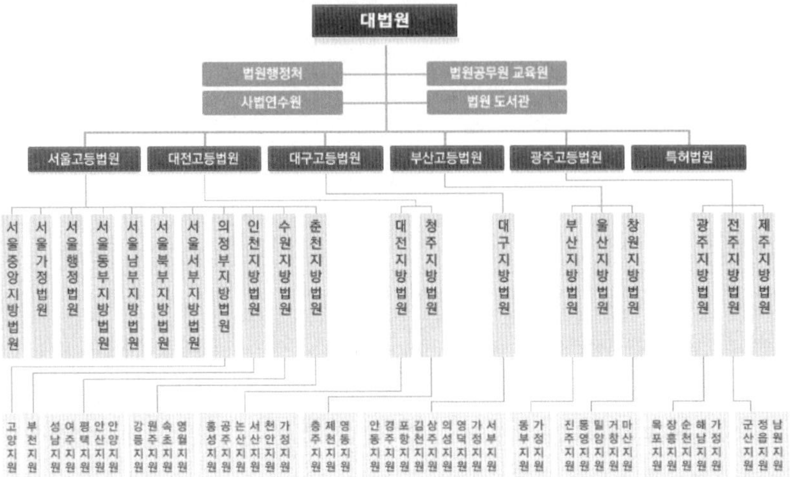

7. 예외법원과 특수법원

헌법이 규율하고 있는 사법제도나 그 원칙에 예외인 법원을 일반법원에 비하여 예외법원이라고 한다. 헌법상 사법제도나 원칙의 예외는 아니지만 특정 사항으로 관할권이 한정되어 있는 경우를 특수법원이라고 한다. 예외법원은 헌법상 예외인 법원을 의미하기 때문에 헌법에 명문의 규정이 있는 경우를 제외하고는 설치할 수 없음에 반하여, 특수법원은 재판실무상 편의와 전문성을 제고하기 위한 것에 불과하기 때문에 법률로써 얼마든지 설치할 수 있다. 현재 특수법원으로는 가정법원·특허법원·행정법원이 있다.

헌법 제110조에서 군사법원을 특별법원이라고 하고 있는데 이것이 예외법원을 의미하는 것인지, 아니면 특수법원을 의미하는 것인지에 대해 논란이 있으나 통설[92]과 판례[93]는 이를 예외법원이라고 보고 있다. 따라서 헌법을 개정하지 않는 한 군사법원 이외의 특별법원은 헌법상 허용되지 않는다.

92 권영성, 전게서, 1074면. 김철수, 전게서, 947면.
93 특별법원으로서의 군사법원 설치의 합헌성 헌재 1996.10.31. 93헌바25

Ⅲ. 사법권의 독립

사법권의 독립은 3권분립의 요체일 뿐만 아니라 개인의 자유와 권리를 보장하기 위한 헌법상의 기본권리라 할 수 있다. 우리 헌법은 제헌 헌법규정 제77조에서「법관은 헌법과 법률에 의하여 독립하여 심판한다」라고 규정함으로써, 법관의 독립을 규정하고 현행헌법도 사법기관인 법원을 입법부와 행정부에서 독립시키고, 법관의 물적독립과 인적독립을 보장하고 있다.

1. 사법부의 독립(법원의 독립)

입법부로부터의 독립으로 사법부는 위헌법률심사제청권을 가진다. 그리고 국정감사·조사권의 한계와 사법권의 한계로 인하여 국회는 사법행정에 관한 국정감사는 할 수 있으나, 계속중인 재판에 관여할 목적의 국정감사·조사는 할 수 없고, 법원도 국회의 내부행위에는 관여할 수 없는 권력분립적 견지에서 나오는 한계가 있다.

또한, 행정부로부터의 독립으로 법원은 행정처분이나 명령·규칙에 대하여 위헌명령심사권과 행정재판권을 가지고 있는데 대하여, 행정부는 사법부예산편성권과 일반사면권, 특별사면권 등을 가지고 있어 상호간에 견제와 균형을 하고 있다.

2. 인적독립과 물적독립

법관의 인적 독립은 법관의 인사의 독립(헌법 제104조), 법관의 자격제(제101조 3항), 법관의 임기보장(제105조)(법관임기 10년 연임가능 등을 규정함으로써 법관의 신분보장[94]을 기하여, 재판상의 독립을 보장하기 위한 것이다.

94 법관은 헌법과 법원조직법에 의하여 일반공무원 보다 훨씬 더 엄격하게 신분보장을 받으며... 따라서 특별

특히 법관의 신분보장을 위하여 법관은 탄핵 또는 금고 이상의 형의 선고에 의하지 아니하고 징계처분에 의하지 아니하고는 정직, 감봉 기타 불리한 처분을 받지 아니한다고 규정(제106조 1항)하고 있으며 법원조직법 제49조에서는 법관의 겸직 및 정치적 중립성을 명시하고 있다.

법관의 물적독립[95]은 법관의 직무상 즉, 재판상의 독립으로 헌법 제103조는 「법관은 헌법과 법률에 의하여 그 양심에 따라 독립하여 심판한다」라고 규정하고 있는데, 이 직무상의 독립이야말로 사법권독립의 본질적 요소라고 할 수 있다.[96] 법관은 타국가기관 소송당사자는 물론이고 재판권행사에 있어서 상급심법원의 지휘 감독 기타의 간섭을 받지 않으며, 오직 「헌법과 법률에 의하여 그 양심에 따라 독립하여 심판한다」는 것을 말하는 것이다. 여기서 양심이라고 하는 것은 객관적인 법관으로서의 양심, 즉 법조적 객관적 논리적인 양심을 말하는 것이다.

Ⅳ. 사법절차의 운영(심급제와 공개제)

우리 재판제도는 3심제를 원칙으로 하고 있다. 민·형사 사건 중 단독사건은 지방법원(지원) 단독판사 ⇒ 지방법원 본원 합의부(항소부) ⇒ 대법원의 순서로, 합의사건은 지방법원(지원)합의부 ⇒ 고등법원 ⇒ 대법원의 순서로 각 심급제를 이루고있다. 군사재판은 보통군사법원 ⇒ 고등군사법원 ⇒ 대법원의 차례로 이루어진다. 행정소송은 과거에는 고등법원 ⇒ 대법원의 2심급으로,

조치법 제2조 제2항 1호의 "차관급 이상의 보수를 받은 자"에 법관을 포함시키는 것은 헌법 제106조 1항, 제11조에 위반된다(헌재결 1992.11.12, 91헌가 2); 헌재결 2002.10.31, 2001헌바 557 법원조직법 제45조 4항 위헌확인(기각)

95 헌법재판소는 특가법 제5조의 3의 2항에 대한 헌법소원사건에서 ... 이는 사법권행사의 기본원칙인 법관의 양형재량의 독립적 권한을 지나치게 제한하여 위헌이라고 하였다(헌재결 1992.4.28 90헌바24).
헌재결 2001.11.29 2001헌가16, 헌재결 2004.6.24 2003헌바 53, 헌재결 2001.4.26 99헌바 43 형법 제337조 위헌소원.

96 김철수 교수는 물적독립으로, 권영성 교수는 재판상(직무상)독립으로, 허영 교수는 기능상 독립으로 설명하고 있다.

그리고 행정소송 중 행정처분 취소소송에 대하여는 소송제기에 앞서 행정심판을 거쳐야 했었으나, 1998.3.1. 부터는 1심법원으로 행정법원이 설치되어 3심제가 되고, 행정처분 취소소송도 다른 법률에 특별한 규정이 없는 한 행정심판을 거치지 아니하고, 행정소송을 제기할 수 있게 되었다.

1. 재판의 심급제

재판의 심급제는 헌법상 필수사항으로 대법원이 아닌 하급법원은 반드시 하나 이상 두어야 한다. 현재 법원의 재판은 원칙적으로 三審制度를 채택하고 있지만 헌법상 반드시 요청되고 있는 것은 아니다.[97]

[민·형사사건 심급제도]

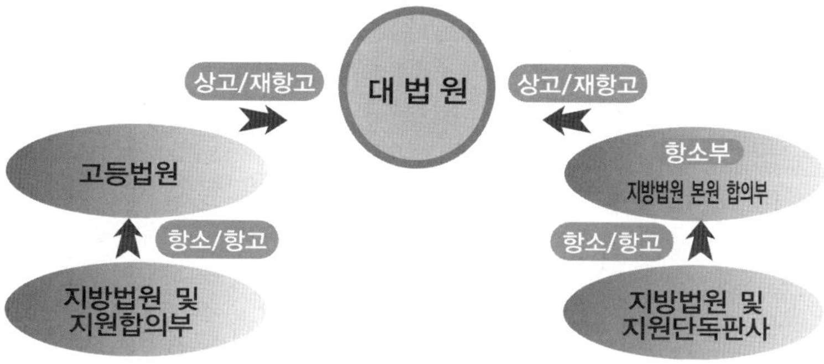

* 사법개혁안으로 논의 중인 고등법원 상고부제도

97 헌재결 1995.1.20. 90헌바1, 헌재결 1997.10.30. 97헌바37 등 병합

[가사사건 심급제도]

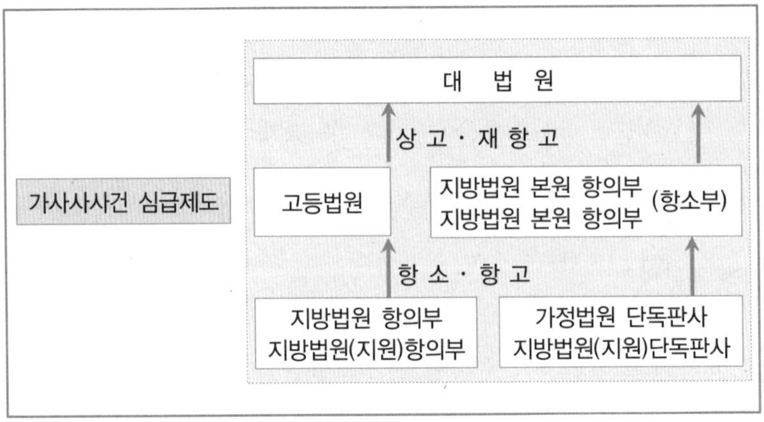

[행정사건 심급제도]

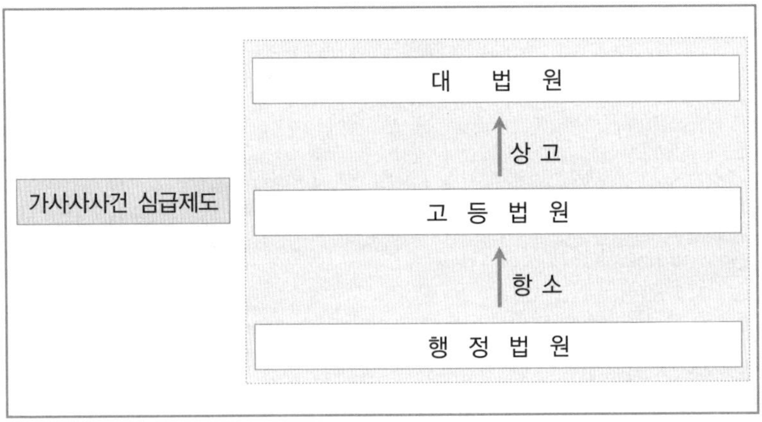

심급제의 예외는 소송에 있어 단심제를 채택하고 있는 경우인데 선거소송에 있어서는 대법원의 전속관할로 하고 있어 단심제로 하고 있고, 비상계엄하의 군사재판 역시 단심으로 할 수 있으나, 다만, 사형을 선고할 경우에는 그러하지 아니하다.

2. 재판의 공개제

재판공개의 원칙은 재판이 공정하게 행하여지고 재판에 대한 국민의 신뢰를 높이기 위하여 필요한 근대적 재판제도의 기본적이 원칙의 하나로, 「재판의 심리와 판결은 공개한다」는 것을 말한다.[98] 즉, 「공개」란 누구의 방청도 자유로 허용함을 의미하고, 「심리」란 법원 앞에서 원 피고가 심문을 받고 변론을 함을 말하는 것이며 「판결」이란 그 사건의 실체에 대한 결론으로서의 법원의 판단을 말한다.

다만 재판의 예외적 비공개로 국가의 안전보장 또는 안녕질서를 방해하거나 선량한 풍속을 해할 염려가 있을 때에는 비공개로 할 수 있지만 비공개는 어디까지나 심리에 한하며, 판결은 반드시 공개해야 한다.

V. 사법권의 범위와 한계

현행헌법상 법원이 행사하는 사법권의 범위에는 민사재판권, 형사재판권, 행정재판권, 헌법재판권(위헌법률심사제청권, 선거소송에 관한 재판권)이 있으며, 그 한계에는 실정법상의 한계(헌법재판소에 속하는 권한, 국회의원의 자격심사·제명, 비상계엄하의 군사재판), 국제법상의 한계(외교특권자, 법률적 효력이 발생한 조약), 권력분립상의 한계(통치행위[99], 국회자율에 속하는 사항, 행정청의 자유재량행위, 특별권력관계에 있어서의 처분, 행정소송상의 이행판결), 사법본질상의 한계(구체적 사건성, 당사자 적격, 소의 이익, 사건의 성숙성)가 있다.

98 대판 1990.6.8. 90도 646, 대판 71다 1027.

99 (1) 대통령의 긴급재정경제명령은 국가긴급권의 일종으로 통치행위에 속한다고 할 수 있으나 그것이 국민의 기본권 침해와 직접 관련되는 것인 때에는 당연히 헌법재판소의 심판대상이 된다. 헌재결 1996.2.29. 96헌마186.

(2) 대법원은 대통령의 계엄선포와 관련된 재판권재정 신청에 대한 결정에서 대통령의 비상계엄선포는 고도의 정치적·군사적 성격을 지니고 있는 행위로서 이에 대한 당·부당의 판단권은 오직 국회에만 있다고 하여 사법심사를 거부하였다. 대재 1964.7.21 64초6.

[사법권의 한계]

<table>
<tr><td rowspan="3">실정법상의 한계
(=규범적한계)</td><td rowspan="2">헌법상한계</td><td colspan="2">적극적한계 : 헌법64조4항</td></tr>
<tr><td colspan="2">소극적한계 : 헌법110조4항&111조1항</td></tr>
<tr><td colspan="3">국제법상한계</td></tr>
<tr><td rowspan="7">이론상한계</td><td rowspan="4">본질상한계</td><td colspan="2">사건성</td></tr>
<tr><td colspan="2">성숙성</td></tr>
<tr><td colspan="2">당사자적격</td></tr>
<tr><td colspan="2">소의 이익</td></tr>
<tr><td rowspan="3">정책상한계
(=통치행위)</td><td rowspan="2">대권
행위론</td><td>군주와 국민간의 권력분립(영국)</td></tr>
<tr><td>자유재량행위(독일)</td></tr>
<tr><td colspan="2">정치문제-사법부자제(미국)</td></tr>
</table>

Ⅵ. 사법작용

1. 헌법재판작용

가. 위헌법률심사제청권

헌법은 「법률이 헌법에 위반되는 여부가 재판의 전제가 된 경우에는 법원은 헌법재판소에 제청하여 그 심판에 의하여 재판한다」(제107조 1항)고 규정하고 있다. 위헌법률심판제청권의 주체는 대법원과 각급법원이며, 제청결정은 당사자의 신청이 있고 법원이 그 신청이 이유있다고 판단하여 제청하는 경우와 법원의 직권에 의한 경우가 있다. 단, 법원의 제청에 관한 결정에 대하여는 항고할 수 없고, 신청이 기각된 때에는 당사자는 헌법재판소에 헌법소원을 청구할 수 있다. 위헌법률심판제청의 대상은 형식적 의미의 법률, 법률과 같은 효력을 가진 조약, 긴급명령, 긴급재정경제명령이 있다. 위헌법률심판제청권 행사의 한계로 국회의 의사를 존중하는 입장에서 가능한 한 그 합헌성을 인정해야 한다는 등 오늘날 위헌법률심사청구권행사의 한계를 인정하려는 이론

('헌법판단회피설', '한정적 합헌해석이론[100] '적용위헌이론')들이 나오고 있다[101]. 위헌법률심판제청권의 효과로서 헌법재판소의 위헌여부의 결정이 있을 때까지 재판이 정지되며, 헌법재판소도 제청된 법률 또는 법률조항의 위헌여부만을 결정한다.

나. 명령 · 규칙심사권

헌법은 「명령·규칙이 헌법이나 법률에 위반되는 여부가 재판의 전제가 된 경우에는 대법원은 이를 최종적으로 심사할 권한을 가진다」(제107조 2항)라고 규정하고 있는데, 이는 국법질서의 통일을 유지, 헌법보장과 법률보장의 한 방법, 국민의 기본권을 보장을 위한 구체적 규범통제로서의 기능을 위해서이다[102]. 명령·규칙심사의 주체는 각급법원이며, 명령·규칙심사의 대상으로 명령은 행정기관이 정립하는 위임명령과 집행명령등 일반적 규범을 의미하고, 규칙은 행정부의 규칙, 국회의 규칙, 헌법재판소규칙[103], 지방자치단체의 조례와 규칙, 중앙선거관리위원회규칙을 포함한다. 명령·규칙심사의 절차로는 명령 또는 규칙이 헌법이나 법률에 위반되는 여부가 재판에 전제가 되어야 하는 구체적 규범통제절차를 가지며, 심사의 기준은 상위법규인 헌법과 법률이다. 헌법 또는 법률에 위반한 명령·규칙의 효력에 있어 법원의 심사권은 개별적 사건에 있어서의 적용거부만 하는 경우와 무효로 하는 경우가 있는데 우리 대법원은 무효선언[104]을 하고 있다.

다. 행정처분심사제

법원은 행정처분이 헌법이나 법률에 합치되는지의 여부를 심사할 수 있는 권한을 가진다. 우리나라의 행정처분심사제는 헌법 제107조 2항의 규정에 따라 우리나라는 사법형을 채택하고 있고, 헌법 제107조 3항의 규정은 행정심판의 헌법적 근거를 마련하였다. 행정처분심사제의 특색으로 행정심판전치주의를 채

100 국가보안법 제7조 1항, 5항에 대한 결정(헌재 1990. 4.2. 89헌가113)
101 김철수, 전게서, 972면 이하.
102 김철수, 전게서 973면.
103 법원조직법 7조 1항 2호에서 말하는 명령 또는 규칙이라 함은 국가와 국민에 대하여 일반적 구속력을 가지는 이른바 법규로서의 성질을 가지는 명령 또는 규칙을 의미한다. (대판 1990.2.27 88누 55)
104 대판 1983.7.12 선고, 82누148.

택하고 있다. 헌법재판소는 국가배상법 제16조 중 「심의회의 배상결정은 신청인이 동의한 때에는 민사소송법의 규정에 의한 재판상의 화해가 성립된 것으로 본다」라는 부분에 대하여 위헌결정을 하기도 하였다.

2. 사법입법작용(사법입법권)

헌법은 「대법원은 법률에 저촉되지 아니하는 범위 안에서 소송에 관한 절차, 법원의 내부규율과 사무처리에 관한 규칙을 제정할 수 있다」(제108조)라고 규정하여 대법원의 규칙제정권을 인정하고 있는데, 사법권의 자주 독립성을 보장함과 동시에 그 지위를 강화하기 위한 것이다. 대법원규칙이 규율하는 범위는 「소송에 관한 절차, 법원의 내용규율과 사무처리에 관한 사항」이며, 규칙제정권의 내용은 법원조직법에 규정[105]하고 있다.

대법원규칙의 효력은 헌법 제108조가 「법률에 저촉되지 아니하는 범위 안에서」라고 규정하여 법률우위설을 규정하고 있으며, 그 통제로서 헌법재판소는 법무사법시행규칙[106]에 대한 헌법소원에서 대법원규칙에 대하여 헌법재판소가 심사할 수 있다고 결정하였다.

105 ① 등기소의 설치와 폐지 및 관할구역, ② 대법관회의의 운영, ③ 법권공무원의 수, ④ 법원공무원교육원의 운영 등.

106 헌재결 1990. 10.15. 89헌마178, 법무사법시행규칙에 관한 헌법소원.
'사법부에서 제정한 규칙의 헌법소원대상성 인정'

Constitution 5

헌법재판소

Ⅰ. 헌법재판의 개념 및 특색

1. 헌법재판의 개념

헌법재판소는 1988. 9. 1. 설립된 이래 2012.2. 현재까지 21,810건의 사건을 접수하여 20,951건의 사건을 처리하였고, 그 중 1,052건의 사건에서 위헌내지 인용결정을 선고함으로써 인권보장기관으로서의 적극적인 면모를 보여주고 있다.

2. 특색

헌법재판은 헌법을 구체적으로 실현하여, 공권력 행사가 남용되는 것을 방지하고, 공권력 행사에 의하여 침해된 국민의 기본권을 회복하며, 나아가 정치세력간의 극한투쟁을 예방함으로써 사회질서를 평화적으로 유지하는 역할을 수행한다.

현행헌법의 헌법재판소제도의 특색으로 규범통제방식과 절차상의 특색이 있는데, 즉 사후적·구체적·교정적 규범통제이고 사전심사제가 없고 추상적 규범통제도 없다. 이는 1960년 헌법의 헌법재판소와의 비교한다면 권한상으로는 1960년 헌법의 헌법재판소제도에서는 헌법소원심판제도를 두지 않았던 반면, 현행 헌법에는 없는 추상적 규범통제가 있었던 점등이 다르다.

[1960년 헌법과 현행헌법상의 헌법재판소제도]

1960년 헌법	현행 헌법
1. 법률의 위헌여부심판 2. 헌법에 관한 최종적 해석 3. 국가기관간의 권한 쟁의 4. 정당의 해산 5. 탄핵심판 6. 대통령, 대법원장과 대법관의 선거에 관한 소송	1. 법원의 제청에 의한 위헌여부심판 2. 탄핵의 심판 3. 정당의 해산심판 4. 국가기관상호간, 국가기관과 지방자치단체간 및 지방자치 단체상호간의 쟁의에 관한 심판 5. 법률이 정하는 헌법소원에 관한 심판

II. 헌법재판소의 구성과 조직

1. 전원재판부

헌법재판소에는 9인의 재판관 전원으로 구성되는 1개의 전원재판부가 있다. 헌법재판소 심판사항은 원칙적으로 전원재판부가 관장한다. 9인의 재판관은 대통령이 임명하는데, 그 중 3인은 국회에서 선출한 사람을, 3인은 대법원장이 지명한 사람을 임명한다.

2. 지정재판부

지정재판부는 재판관 3인으로 구성되는데, 현재 3개의 지정재판부가 있다. 지정재판부는 헌법소원심판에서 사전심사만을 담당한다. 지정재판부의구성과 운영에관한규칙에 따라 운영된다.

3. 헌법재판소장과 헌법재판소 재판관

헌법재판소장은 국회의 동의를 얻어 재판관 중에서 대통령이 임명하고, 임기는 6년이다. 헌법재판소장은 헌법재판소를 대표하고, 헌법재판소의 사무를 총괄하며, 소속공무원을 지휘 감독한다. 헌법재판소의 결정에 있어서 표결권을 가진다. 헌법재판소는 법관의 자격을 가진 9인의 재판관으로 구성하며, 재판관은 대통령이 임명한다. 임기는 6년으로 연임할 수 있다.

4. 재판관회의

재판관회의는 재판관 전원으로 구성하며, 헌법재판소장이 의장이 된다. 재판관 회의는 헌법재판소규칙의 제정과 개정등에 관한 사항, 예산요구와 예비금지출과 결산에 관한 사항, 사무처장 임면의 제청과 헌법연구관 및 3급 이상 공무원의 임면에 관한 사항, 특히 중요하다고 인정되는 헌법재판소장이 부의하는 사항 등을 의결한다. 재판관회의는 재판권을 행사하지 아니한다는 점에서 전원재판부와 구분된다.

5. 헌법연구관·연구관보 및 연구원

헌법연구관 또는 헌법연구관보는 헌법재판소장의 명을 받아 사건의 심리 및 심판에 관한 조사와 연구에 종사한다. 헌법연구관은 특정직 국가공무원으로 보하고, 헌법연구관보는 별정직 국가공무원으로 보한다. 공법분야의 박사학위 소지자들을 연구원으로 채용하여 역시 사건의 심리 및 심판에 관한 조사·연구에 종사하도록 하고 있다.

6. 사무처

헌법재판소의 행정사무처리를 위하여 헌법재판소에 사무처를 둔다. 사무처에는 사무처장과 사무차장을 둔다. 사무처에 실·국·과를 둔다.

이 밖에도 헌법재판소장 비서실과 재판관 비서관 등을 둔다.

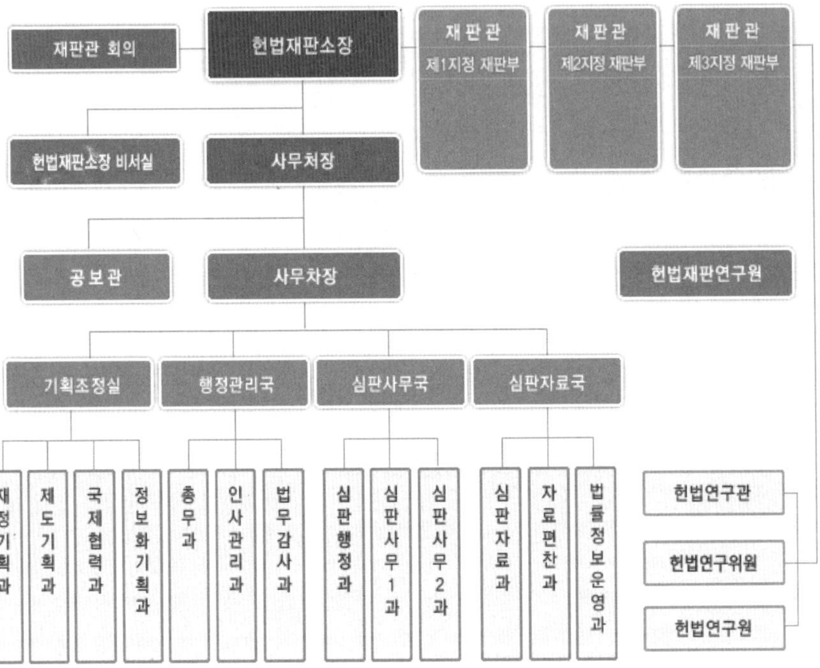

Ⅲ. 헌법재판소의 지위

헌법재판소의 지위는 헌법상 지위로써 헌법보장기관으로서의 지위, 주권행사기관으로서의 지위, 최종심판기관으로서의 지위로 나눌 수 있으며, 이러한 헌법상 지위에서 갖는 다른 국가기관과의 관계가 있는데, 이중에서도 특히 대법원과의 관계를 주시할 필요가 있다.[107]

1. 헌법상 지위

가. 헌법보장기관성(위헌법률심사권, 위헌정당해산결정권)
나. 사법적 헌법보장기관성(정치적 사건을 사법적 절차에 의해 해결)
다. 주권행사기관으로서의 지위(헌법소원심판, 위헌법률심판권, 위헌정당해산권, 탄핵심판권, 기관간권한쟁의심판권)
라. 최종심판기관성
마. 기본권보장의 최종적기관(헌법소원심판)으로서의 지위가 있다.

2. 헌법재판소와 대법원과의 관계

헌법보장기관으로서의 지위, 사법기관이라는 점에서는 대법원과 그 성격이 비슷하고 우열여부에 있어서도 헌법재판소가 대법원의 재판에 관여할 수 없으므로 양기관의 관계는 원칙적으로 상호독립적이고 동등한 관계이나 그 권한상의 차이는 크다. 헌법은 대법원에 대해서는 포괄적인 사법권·재판권을 부여하고 있지만 헌법재판소에 대해서는 한정된 권한만을 부여하고 있다.

대법원은 명령·규칙에 대한 위헌심사권을 최종적으로 가지고, 법률의 위헌여부가 재판의 전제가 된 경우 헌법재판소에 그 심판을 제청할 수 있다. 또한 대법원의 재판에 대한 헌법소원이 금지되어 있고 기본권구제절차로서 법원의 재판이 가능한 경우 그 절차를 거치지 아니하고는 헌법소원을 청구할 수 없다고 하여 양자의 관계를 조율하고는 있지만 다음과 같은 경우에 양기관간의 판례나 법리상의 차이를 보일 가능성이 있다.

명령·규칙의 규정 자체로 인한 기본권침해의 경우 그 명령·규칙규정에 대한 직접적 헌법소원을 인정 (헌법재판소법 제68조 2항)하고 있고, 대법원이 판결한 행정사건에 있어서 헌법재판소가 대법원판결이 아니라 그 사건의 행정처분(원행정처분)을 대상으로 하는 헌법소원을 받아들인다면 실질적으로 대법원 재판에 대한 헌법소원이 이루어지게 되는 결과가 되므로 양기관간의 대립의 가능성[108]이 존재할 수도 있다.

107 헌재결 1994. 8.31. 92헌마 126 "스스로를 사법기관의 일종"이라 봄

Ⅳ. 헌법재판소의 권한

헌법재판소는 헌법 제6장에 의하여 아래와 같은 다섯 가지의 헌법재판권한을 행사함으로써 헌법질서를 수호하고, 국민의 기본적 자유와 권리를 보호하고 있다.

1. 위헌법률심판[109]

위헌법률심판은 법원에서 재판중인 구체적인 소송사건에서, 그 사건에 적용될 법률이 위헌인지 아닌지가 문제되어 법원이 직권으로 혹은 소송당사자의 신청을 받아들여 법률의 위헌여부를 심판하여 줄 것을 헌법재판소에 제청하면, 헌법재판소가 그 법률이 위헌인지 아닌지를 결정하는 심판을 말한다.

108 헌법재판소와 대법원의 관계가 최초로 문제가 된 것은 1990년 10월 15일 헌법재판소가 법무사법시행규칙 제3조 제1항에 대한 헌법소원을 받아들여 위헌 결정을 한 때였다. 당시 헌법재판소의 이 결정에 대하여 대법원은 헌법상 명령·규칙의 심사권은 법원에 있고 처분적 행정입법에 대한 취소소송이 가능함에도 헌법재판소가 이를 심사한 것은 그 권한의 침해라고 주장하였다. 그러나 헌법재판소는 대법원의 명령·처분에 대한 최종심사권이란 구체적인 소송사건에서 명령·규칙의 위헌여부가 「재판의 전제가 되었을 경우」 대법원이 이를 최종적으로 심사할 수 있다는 의미로 해석하면서, 명령·규칙 그 자체에 의하여 직접 기본권이 침해되었음을 이유로 하여 헌법소원심판을 청구하는 것이 가능하며, 이에 대하여 헌법재판소가 심판하는 것은 당연하다고 하였다.(헌재결, 1990.10.15. 89헌마 178, 헌판집 2권, 365면) 권영성, 전게서 1010면.
두 번째로 크게 문제가 된 것은 헌법재판소가 1997년 12월 24일에 구소득세법 제23조 제4항의 단서 등에 대한 헌법재판소의 위헌결정에 따르지 아니한 대법원의 판결(1996.4.9. 선고 95누 11405)을 취소하고, 헌법소원청구인에 대한 동작세무서장의 7억여원 상당의 양도소득세등 부과처분도 함께 취소한 때였다. 이 때 헌법재판소는 헌법재판소법 제68조 제1항 본문(법원의 재판을 헌법소원의 대상에서 제외한다는)에 대하여, 「헌법재판소에 의하여 위헌으로 결정된 법령을 적용하여 국민의 기본권을 침해한 법원의 재판에 대하여까지 헌법소원을 허용치 않고 있는 한도에서 위헌이라고 결정」(한정위헌결정)함으로써 법원의 재판도 예외적으로 헌법소원의 대상이 된다고 판시하였다.[헌재결 1997.12.24. 96헌마 172, 173(병합)]. 그러나 대법원은 1998년 9월 25일에 헌법재판소가 취소한 위 판결을 인용하여 구 소득세법 제23조 제4항 단서 등에 의거한 양도소득세부과처분을 적법하다고 판시하여 헌법재판소의 결정을 무시하였다.(1998.9.25. 대판 96누 4572, 96누 8352, 96누 8369). 권영성 전게서 1010면.
헌법불합치결정의 소급효에 관해
1) 대법원-대판 1997.3.28 선고 96누 11068, 대판 1991.6.11 선고 90다 5450.
2) 헌법재판소-헌재결 1995.11.30 91헌바 1등
3) 실정법적 근거(헌재법 47조 2항)-대판 1997.8.26 96누 6707, 대판 2002.11.8 2002다 21882, 대판 1997.3.28 96누 15602.

109 헌법재판소가 위헌법률심판제도를 통해 국민의 자유와 권리를 신장한 대표적 사례-동성동본 금혼규정에 대한 위헌결정(헌재 1997.7.16. 95헌가6 등, 판례집 9-2, 1), 영화상영전에 공연윤리위원회의 사전심의를 받도록 하였던 영화법규정에 대한 위헌결정(헌재 1996.10.4. 93헌가13 등, 판례집 8-2, 212).

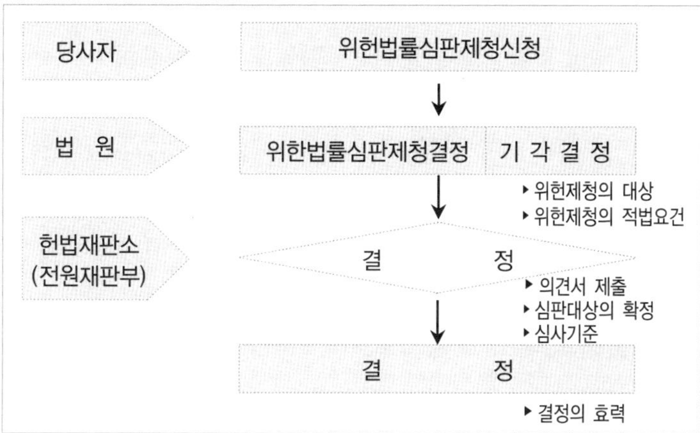

가. 제청권자

제청권자는 법원으로 "법원"만이 법률의 위헌여부에 대하여 헌법재판소에 위헌제청 할 수 있다. 법원은 "직권 또는 당사자의 신청에 의한 결정"으로 위헌제청 할 수 있다. 즉, 헌법소원심판이 아닌 위헌법률심판은 구체적 사건에서 법률의 위헌여부가 재판의 전제가 되어 법원의 제청이 있는 경우에 한하여 할 수 있고, 개인의 제소 또는 심판청구만으로는 위헌법률심판을 할 수 없다.[110] 당해소송의 당사자는 당해법원에 대하여 위헌제청의 신청을 할 수 있을 뿐이며, 직접 헌법재판소에 위헌심판을 청구할 수는 없다. 당사자의 위헌제청신청을 기각하는 결정에 대하여 당사자는 항고할 수 없으며(헌재법 제41조 제4항), 다만 법 제68조 제2항에 의한 "위헌소원"을 헌법재판소에 청구할 수 있다.

나. 제기요건

위헌법률심판의 제기요건으로는 재판의 전제성, 심판의 필요성, 당해법률 또는 법률조항의 위헌성을 갖추어야 한다.

1) 재판의 전제성[111]이란 첫째, 구체적인 사건이 법원에 계속중이어야 하고,

110 헌재결 1994. 6.30. 94헌아5

111 "재판의 전제가 된다고 하기 위하여는 우선 그 법률이 헌법에 위반되는지 여부에 따라 당해 사건을 담당하는 법원이 다른 판단을 할 수 밖에 없는 경우, 즉 판결주문이 달라질 경우여야 한다."(대판 1977. 2.11 98부 7)
※ 재판의 전제성 인정여부 관련판례

둘째, 위헌 여부가 문제되는 법률이 당해 소송사건의 재판에 적용되는 것이어야 하며, 셋째, 그 법률이 헌법에 위반되는지의 여부에 따라 당해 사건을 담당하는 법원이 다른 내용의 재판을 하게 되는 경우를 말하는 것으로 이 재판의 전제성 요건은 위헌법률심판절차의 "구체적" 규범통제절차로서의 본질을 드러내 주는 요건으로 위헌법률심판절차를 "추상적 규범통제절차"와 구분해 주는 의미를 가진다(헌재 1992. 12. 24. 92헌가8).

2) "재판"의 의미는 인적·물적으로 독립된 제3자인 법원이 법률이 정한 절차에 따라 구체적인 분쟁이나 법위반의 여부를 법규범을 기준으로 하여 유권적으로 판단하는 작용이다. 따라서 법원이 하는 사법행정은 재판이 아니며, 재판의 의미 중 특이한 점은 체포·구속·압수·수색영장·구속적부심사청구·보석허가에 관한 재판도 여기서 말하는 재판의 개념[112]에 포함되고 본안에 대한 재판뿐 아니라 '소송비용' 또는 '가집행'에 관하여도, 그리고 종국재판만이 아니라 '중간재판'에서도 위헌제청이 가능하다는 점이다.

3) 전제성판단의 기준시점과 사정변경에 있어서, 기준시점으로서의 재판의 전제성은 법원에 의한 법률의 위헌제청시만이 아니라 헌법재판소의 위헌법률심판의 시점에도 충족되어야 함이 원칙이다.[113]

다. 사정변경과 법적효과

위헌심판제청 후의 사정변경과 그 법적 효과로서는 당해소송의 당사자는 당해 법원에 계속된 소송의 종료를 초래하는 소송 행위(소·항소·상고 등의 취하, 화해, 인낙 등)를 함으로써 당해소송절차를 종료시킬 수 있다. 이 경우에는 법원에 계속된 구체적 사건의 존재를 전제로 하는 그 "구체적" 규범통제절차로서의 본질상 헌법재판소에 계속된 위헌법률심판절차도 무의미해진다. 따라서 제청법원은 이 경우 그 위헌제청을 철회하여야 하지만 예외적으로 객관

헌재결 2004.6.24 2003헌바30 지방공무원법 29373 위헌소원(각하)

112 5·18민주화운동 등에 관한 특별법 제2조 등에 관한 위헌제청은 법원에 대한 구속영장청구사건에 관한 재판절차에서 이루어졌는바, 헌법재판소는 그 재판의 전제성을 묵시적으로 인정하였다(헌재결 1996.2.16. 96헌가2등, 판례집 8-1, 51, 68).

113 헌재 1993.12. 23. 93헌가2, 판례집 5-2, 578,588.

적인 헌법질서의 수호·유지를 위하여 심판의 필요성이 인정되는 경우에는 그 위헌제청의 적법성을 인정할 수 있다고 보고 있다.[114]

라. 결정의 기속력

이러한 위헌법률심판 대해서 헌재법 제39조는 「헌법재판소는 이미 심판을 거친 동일한 사건에 대하여는 다시 심판할 수 없다」는 일사부재리의 원칙을 규정하고 있고, 위헌결정의 기속력에 있어서는 헌법재판소가 특정 법률을 이미 위헌으로 선언한 경우에는, 모든 법원은 헌법재판소의 위헌결정의 기속되기 때문에 그 법률에 대한 위헌제청은 부적법하다고 할 수 있다. 합헌결정의 경우에는 헌법재판소의 합헌결정이 기속력이나 법규적 효력을 갖는 여부의 문제에 관한 것으로 헌법재판소는 이미 합헌으로 선언된 법률에 대한 위헌제청을 적법한 것으로 봄으로써 합헌결정에 대한 기속력을 인정하고 있지는 않는 것 같다.[115]

마. 위헌결정의 효력

「위헌으로 결정된 법률 또는 법률조항은 결정이 있는 날로부터 효력을 상실한다. 다만, 형벌에 관한 법률 또는 법률의 조항은 소급하여 효력을 상실한다」(헌재법 제47조 2항). 이처럼 위헌 결정의 효력은 원칙적으로 장래효만을 가지는데 이는 법적 안정성 내지 신뢰보호의 원칙에 따른 것이고, 예외적으로 인정되는 소급효[116]는 평등원칙에 근거한 것으로 볼 수 있다.

114 법원의 보석허가 결정 등에 대한 검사의 즉시항고를 허용하는 형사소송법 제97조 제3항에 대한 위헌법률심판결정(헌재결 1993.12.23. 93헌가2, 판례집 5-2, 578, 591).

115 형법 간통죄에 관한 제241조에 대하여 1990.9. 10. 손고한 89헌마 82 결정으로 이미 합헌선언을 하였음에도 불구하고 결정으로 다시 합헌결정을 선고한 바 있다(헌재결 1993. 3.11. 90헌가70).
※ 불합치 결정의 기속력 대판 1991. 6.11 90다5450 부당이득금 반환, 헌재결 1989.9.8 88헌가6.
※ 한정위헌 결정의 기속력 헌재결 1997.12.24 96헌마172, 대판 1996.4.9 95누11405.

116 헌재결 2000. 8.31. 2000헌바6 헌법재판소법 제47조 2항 위헌소원

[위헌제청 신청서 서식례]

위 헌 법 률 심 판 제 청 신 청

사 건 : 96가합○○○○ 분담금
원 고 : 교통○○공단
피 고 : ○○해운(주)

위 사건에 관하여 피고는 아래와 같이 위헌법률심판제청을 신청합니다.

신 청 취 지

교통○○공단법 제13조 제2항 제1호와 제2호, 동법 제17조, 동법 제18조, 동법 제19조와 동법 제21조는 헌법 제11조 제1항, 헌법 제15조, 헌법 제23조 제1항과 헌법 제59조 등에 위반한다.

신 청 이 유

1. 교통○○기금에 관한 교통○○공단법 관련규정의 개요
2. 재판의 전제성
. . . 따라서 위 법률의 위헌성 여부는 현재 서울지방법원 ○○지원 96가합 ○○○○호로 계류중인 분담금청구소송에서의 재판의 전제가 된다고 판단됩니다.
3. 교통○○분담금제도의 위헌성에 관하여
가. 헌법 제11조상의 평등원칙 위반 여부
나.
4. 결어
앞에서 살펴본 바와 같이 . . . 위헌이라고 판단되므로, 신청인의 소송대리인은 귀원에 위헌법률심판을 제청해주실 것을 신청하기에 이르렀습니다.

200 . . .
위 피고 ○ ○ ○ (인)

서울지방법원 ○○지원 귀중

2. 탄핵심판

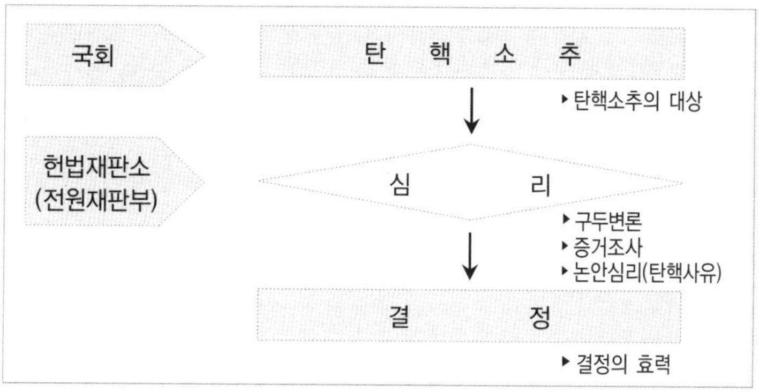

탄핵심판은 대통령, 국무총리, 행정각부의 장, 법관, 감사원장 등의 고위직 공무원이 직무집행에 있어 헌법이나 법률을 위배한 경우에 국회에서 탄핵소추의 발의와 의결을 하고, 이에 따라 헌법재판소가 당해 공무원을 파면하는 결정을 선고할 수 있는 심판제도이다.

국회만이 탄핵소추를 할 수 있으므로 일반 국민은 헌법재판소에 직접 탄핵심판을 청구할 수 없지만 국회에 대하여 탄핵소추를 하여 달라는 청원을 할 수는 있다.

3. 위헌정당해산심판

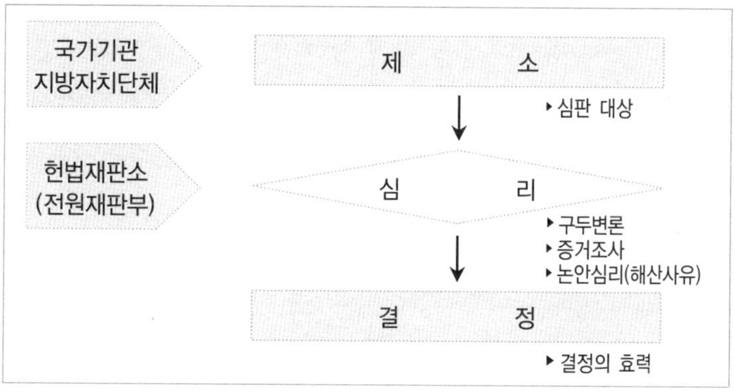

위헌 정당해산심판이란 정당의 목적이나 활동이 민주적 기본질서에 위배될 때, 정부의 제소에 따라 헌법재판소가 그 정당의 해산을 명하는 결정을 함으로써 위헌적인 정당을 해산하는 심판제도이다. 이 심판제도는 자유민주주의 체제를 파괴하려는 정당으로부터 자유민주주의와 헌법질서를 수호하는 역할을 한다.

정당해산심판은 정부만이 제소할 수 있기 때문에, 일반 국민은 헌법재판소에 정당해산심판을 청구할 수 없다. 다만, 정부에 대하여 위헌 정당해산심판을 청구하여 달라는 청원을 할 수 있다. 지금까지 정부가 위헌 정당해산심판을 청구한 것은 한 건도 없다.

4. 권한쟁의 심판

권한쟁의심판은 국가기관 상호간, 국가기관과 지방자치단체 상호간[117], 지방자치 단체 상호간에 권한의 존부나 범위에 관한 다툼이 생긴 경우에 헌법재판소가 헌법해석을 통하여 유권적으로 그 분쟁을 해결함으로써 국가기능의 원활한 수행을 도모하고 국가권력간의 균형을 유지하여 헌법질서를 수호·유지하고자 하는 심판제도이다.

권한쟁의심판은 국가기관 또는 지방자치단체 상호간의 권한분쟁을 해결하는 제도이기 때문에 일반 국민은 헌법재판소에 권한쟁의심판을 청구할 수 없다.

권한쟁의심판의 대표적인 사례로는 '국회의장과 국회의원간의 권한 쟁의' 사건을 들 수 있다.[118] 이 사건에서 헌법재판소는, 국회의장이 야당의원들에게 본회의 개의일시를 국회법에 규정된 대로 적법하게 통지하지 않음으로써 법률안의 심의 표결과정에 참여하지 못하게 한채 여당의원들만 출석한 가운데 법률안을 상정, 가결처리한 것은 야당의원들의 헌법에 의하여 부여된 법률안 심

117 (1)헌재결 1998. 6. 25. 94헌라1 영일군과 정부간 권한쟁의.
(2) 헌재결 1998. 8. 27. 96헌라1 시흥시와 정부간의 권한쟁의(기각).
(3) 헌재결 2007. 7. 26. 2005헌라8 국회의원과 정부간의 권한쟁의(각하)
쟁점 1 권한쟁의 심판에 있어 제3자 소송담당의 허용여부 권한쟁의 심판에 있어 제3자 소송담당은 허용하는 법률규정이 없어 국회의원의 조치의 조약에 대한 체결, 비준동의권 침해로 주장하는 권한쟁의 심판을 청구할 수 없다.
쟁점 2 국회외의 국가기관에 의한 국회의원의 심의 · 표결권의 침해 가능성 여부(소극)

118 헌재결 2003. 10.30 2002헌라1 국회의원과 국회의장간의 권한쟁의.

의 표결의 권한을 침해한 것이라고 결정[119]함으로써, 우리 헌정사에서 간헐적으로 반복되어 오던 법률안 변칙처리의 위헌성을 확인하였다.

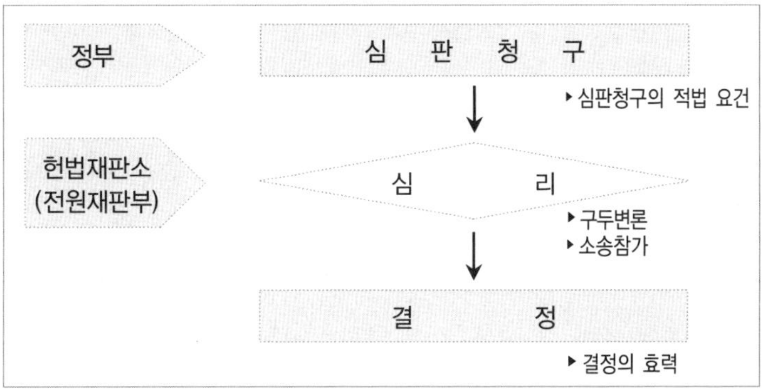

5. 헌법소원심판

가. 개념 및 특징

헌법소원심판이란 공권력의 행사 또는 불행사로 헌법상 보장된 국민의 기본권이 침해되는 경우에 국민이 헌법재판소에 대하여 자신의 기본권을 구제하여 줄 것을 청구하는 제도로서, 헌법소원이 이유있는 경우 헌법재판소는 기본권을 침해하는 공권력작용을 취소하거나 위헌확인을 함으로써 국민의 기본권을 구제하여 주는 심판제도이다. 이것은 현행헌법에서 처음으로 도입·시행되고 있다.

헌법소원심판은 기본권을 침해받은 국민들을 구제해 주는 심판이기 때문에, 일반 국민이 헌법재판소에 헌법소원심판을 청구할 수 있다. 다만, 헌법소원을 청구함에 있어 유의하여야 할 것은, 최후의 권리구제수단이라는 헌법소원제도의 성격으로 인하여 헌법소원을 청구하기 전에 반드시 법률에 정해진 다른 구제절차를 밟아야 한다는 점이다(헌재법 제68조 1항, 권리구제형 헌법소원).

119 (1) 헌재결 1997. 7. 16. 96헌라2, 판례집 9-2, 154.
(2) 헌재결 2004. 9. 23. 2002헌라2 당진군과 평택시간의 권한쟁의(각하)
(3) 헌재결 2004. 9. 23. 2003헌라3 강남구와 서울특별시간의 권한쟁의
"소각장 반입수수료 산정방식에 관한 서울특별시의 조례개정은 서울시 강남구의 폐기물처리시설 설치, 운영권한 등을 침해한 것이라고 할 수 없다."

국가나 지방자치단체 등이 행사하는 모든 공권력 작용이 헌법소원의 대상이 될 수 있다.[120] 그러나 법원의 재판에 대하여는 헌법소원을 청구할 수 없다. 다만, 헌법재판소에서 위헌이라고 결정하였음에도 불구하고 법원이 그 위헌법령을 적용하여 재판한 경우[121], 그러한 재판에 대하여는 예외적으로 헌법소원을 청구할 수 있다.

한편, 위와 같은 본래의 헌법소원외에 재판의 당사자가 재판에 적용될 법률 또는 법률조항의 위헌여부에 관하여 위헌법률심판을 헌법재판소에 제청하여 줄 것을 법원에 신청하였으나, 기각되는 경우에 그 당사자가 헌법재판소에 직접 헌법소원의 형식으로 법률의 위헌여부를 다툴 수 있도록 하는 헌법소원 심판제도도 있는데(헌재법 제68조 2항, 위헌심사형 헌법소원), 이는 우리나라의 독특한 헌법소원 유형이다.[122]

[헌법소원절차도]

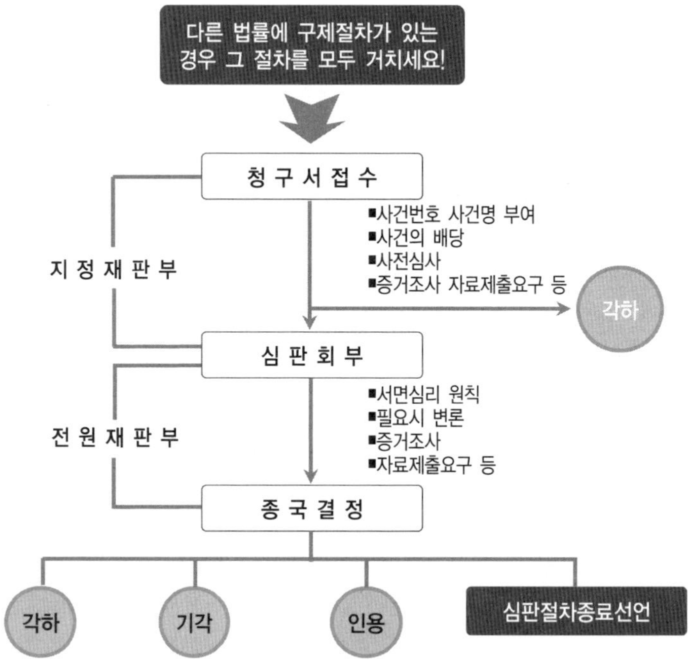

120 헌재결 1990. 10.15 81헌마178, 헌재결 1991.7.8 91헌마 42, 헌재결 2000.1.27 99헌마 123.

121 헌재결 1997.12. 24. 96헌마 172, 173 (병합)

122 헌재결 2004.6. 24 2001헌바 104(각하)

나. 요건

1) 헌법소원심판청구의 실질적 요건(청구사유)으로는 공권력의 행사 또는 불행사와 기본권의 침해가 있어야 하는데, 이는 자기관련성과 침해의 직접성이 있어야 함을 말하는 것이다. 즉, 자기관련성이란 침해된 기본권이 청구인 자신의 것이어야 함을 말하는 것으로 제3자의 기본권침해에 대해서는 원칙적으로 헌법소원심판을 청구할 수 없다[123]. 또, 침해의 직접성이란, 공권력의 행사·불행사로 인하여 청구인의 기본권이 직접적으로 침해되어야 한다는 것을 말한다. 이 밖에 보충성의 원칙과 권리 보호의 이익이 있어야 한다.

   보충성의 원칙은 구체적 규범통제성에서 기인하는 것이고, 권리보호의 이익은 헌법소원 자체가 국민의 침해된 기본권을 구제하는 제도이므로 제도의 목적상 당연히 권리보호의 이익(소의 이익)이 있어야 제기할 수 있으나 심판청구 당시 권리보호의 이익이 인정되더라도, 재판계속 중에 생긴 사정변경된 경우는 원칙적으로 심판청구는 부적법하게 된다.[124]

2) 헌법소원심판의 청구기간[125]으로는 사유가 있음을 안 날로부터 90일 이내에, 그 사유가 있은 날로부터 1년 이내에 청구하여야 한다. 다만, 법률에 의한 구제절차를 거친 헌법소원의 심판은 그 최종통지를 받은 날로부터 30일 이내에 청구하여야 하며, 위헌법률심판의 제청신청이 기각된 경우의 헌법소원심판은 그 기각일(기각결정 송달일[126])로부터 14일 이내에 청구하여야 한다.

다. 효력

인용결정의 효력의 효력으로 헌법소원의 인용결정은 모든 국가기관과 지방

123 헌재결 1989. 9.6. 89헌마194.
헌재결 2005.10.27 2004헌마 732, 헌재결 1994.4.29 96헌마 352 택지소유상환에 관한 법률2조 등 위헌확인
※ 직접성의 예외
헌재결 1992.4.14 90헌마82 국가보안법 19조에 대한 헌법소원, 헌재결 2003.7.24 2003헌마3, 헌재결 1995.2. 23 90헌마 214

124 헌재결 1998. 8.27 96헌마 298 통신의 자유침해, 헌재결 1997.12.24 95헌마 247 불법구금위헌확인, 헌재결 2005.9.29 2004헌마 323, 헌재결 2005.10.27 2005헌마 126

125 134) 헌재결 1996. 12.26. 95헌마383: 1996.12.16 95헌마 277, 헌재결 2001.9. 27 2001헌마 152, 헌법재판소법 70조 등 위헌확인.

126 헌재결 1991. 9.16. 89헌마231.

자치단체를 기속한다(법 제75조 제1항). 헌법재판소가 공권력의 불행사에 대한 헌법소원을 인용하는 결정을 한 때에는 피청구인은 결정취지에 따라 새로운 처분을 하여야 한다(법 제75조 제4항).

〈헌법소원심판청구서(행정행위)〉

헌법소원심판청구서

청 구 인 ○ ○ ○
서울 ○○구 ○○동
대리인 변호사 ○ ○ ○
서울 ○○구 ○○동
피청구인 공정거래위원회

청 구 취 지

"피청구인이 20 . . .○○회사에 대하여 한 무혐의결정은 청구인의 평등권 및 재판절차진술권을 침해한 것이므로 이를 취소한다."라는 결정을 구합니다.

침 해 된 권 리

헌법 제11조 제1항 평등권
헌법 제27조 제5항 재판절차에서의 진술권

침 해 의 원 인

피청구인의 20 . . .자 ○○회사에 대한 무혐의결정

청 구 이 유

1. 사건의 개요
2. 위 처분의 위헌성
3. 심판청구에 이르게 된 경위
4. 청구기간의 준수 여부 등

첨 부 서 류

1. 각종 입증서류
2. 소송위임장(소속변호사회 경유)

20 . . .
청구인 대리인 변호사 ○ ○ ○ (인)

헌법재판소 귀중

〈헌법소원심판청구서(법 제68조 제2항)〉

헌법소원심판청구서

청 구 인 ○ ○ ○
서울 ○○구 ○○동
대리인 변호사 ○ ○ ○
서울 ○○구 ○○동

청 구 취 지

"○○법(2001.12.30.법률 제○○○호)제○○조는 헌법에 위반된다."라는 결정을 구합니다.

당 해 사 건

서울고등법원 2006구000호 퇴직처분 무효확인
원고 ○○○, 피고 ○○○
위헌이라고 해석되는 법률조항
○○법 (2001.12.30.법률 제○○○호)제○○조

청 구 이 유

1. 사건의 개요
2. 재판의 전제성
3. 위헌이라고 해석되는 이유
4. 심판청구에 이르게 된 경위(청구기간의 준수 여부 등)

첨 부 서 류

1. 위헌제청신청서
2. 위헌제청신청기각 결정문 및 동 결정의 송달증명서
3. 당해 사건의 판결문 등 기타 부속서류
4. 소송위임장(소속변호사회 경유)

20 . . .

청구인 대리인 변호사 ○ ○ ○ (인)

헌법재판소 귀중

헌재법 제68조 제2항의 규정에 의한 헌법소원 및 법 제68조 제1항의 규정에 의한 법령소원을 인용하는 경우, 그리고 법 제75조 제5항의 규정에 따른 부수적 규범통제의 경우에는 단순위헌결정 뿐만 아니라 헌법불합치, 한정위헌, 한정합헌 등 이른바 "변형결정"의 다양한 유형이 있다. 그리고 이 경우 당사자는 위헌으로 결정된 법령에 근거한 유죄의 확정판결에 대하여 또는 당해 헌법소원과 관련된 소송사건이 이미 확정된 때에는 재심을 청구할 수 있다(법 제75조 제6항, 제7항, 제47조 제3항).

V. 헌법재판소의 결정유형

1. 위헌법률심판 종국결정의 기본적 유형

위헌법률심판절차에 있어서 내려질 수 있는 종국결정의 기본적 유형은 소송법적 결정으로서 각하결정, 본안에 관한 결정, 즉 실체법적 결정의 유형으로서 합헌결정과 위헌결정 및 이른바 변형결정이 있다.

가. 합헌결정

1) 단순합헌결정 : 법률의 위헌여부를심리한 결과 헌법위반임을 확인할 수 없는때에 행하는 결정을 의미하며, 재판관 5인이상의 합헌의견이 존재시 결정하는 형식이다.
2) 위헌불선언결정 : 위헌의견이 다수임에도 불구하고 위헌의결정족수의 미달(재판관 6인 이상, 재적2/3미달)로 인하여 인용되는 결정을 말한다.

나. 위헌결정

1) 단순위헌결정 : 위헌법률심사의 대상이 된 것이 위헌성이 확인되면 위헌결정을 하는 것을 말한다.

2) **일부위헌결정** : 위헌결정은 심판의 대상이 된 법률전체에 대한 무효선언 외에 그 일부에 대한 무효선언도 내포되어 있다.

다. 변형결정

변형결정이라 함은 헌법재판소가 법률의 위헌여부를 심사함에 있어서 심판대상인 법률의 위헌성이 인정됨에도 불구하고 헌법합치적 해석의 필요 또는 입법자의 형성권에 대한 존중, 법적 공백으로 인한 혼란의 방지 등을 이유로, 법률에 대한 단순 위헌선언을 피하고 그 한정된 의미영역 또는 적용영역이 위헌임을 선언하거나 법률이 헌법에 합치하지 않음을 선언하는 등 다양한 결정유형을 말한다. 이는 헌법해석의 기본원리인 헌법합치적 법률해석의 법리와 전부부정 결정권은 일부부정 결정권을 포함한다는 논리에 터잡은 것이고, 권력분립의 정신에 합치하고 민주주의적 입법기능을 최대한 존중하는 것이라 할 것이며, 그것은 국민의 대표기관으로서 입법형성권을 가지는 국회의 정직성, 성실성, 전문성에 대한 예우이고 배려라 할 것이다.[127]

<table>
<tr><td rowspan="3">헌재법 제68조 제1항 헌법소원
(권리구제형 헌법소원)</td><td rowspan="3">본안전결정</td><td rowspan="2">본안회부결정</td><td>인용결정</td></tr>
<tr><td>각하결정</td></tr>
<tr><td colspan="2">각하결정</td></tr>
<tr><td rowspan="4">헌재법 제68조 제2항 헌법소원
(위헌심사형 헌법소원)</td><td rowspan="4">본안전결정</td><td rowspan="3">본안회부결정</td><td>합헌결정</td></tr>
<tr><td>위헌결정</td></tr>
<tr><td>변형결정</td></tr>
<tr><td colspan="2">각하결정</td></tr>
</table>

권리구제형, 위헌심사형 각 헌법소원의 병합청구 가능성
(2010. 3. 25. 자 2007헌마933 결정)

① 헌법재판소법 제68조 제1항에 의한 헌법소원과 헌법재판소법 제68조 제2항에 의한 헌법소원은 비록 그 요건과 대상은 다르다고 하더라도 헌법재판소라는 동일한 기관에서 재판을 받고, 개인에 의한 심판청구라는 헌법소원의 측면에서는 그 성질이

127 헌재 1991.3.11. 91헌마21, 판례집 3, 91, 115.

동일한 점, ② 헌법재판소 판례 중에는 헌법재판소법 제68조 제2항의 헌법소원 절차에서 청구변경의 방법으로 예비적 청구를 헌법재판소법 제68조 제2항에 의한 청구에서 위법 제68조 제1항에 의한 청구로 변경하는 것을 허용한 예, 법원에 위헌법률심판제청신청을 한 적이 없는 청구인의 헌법소원심판청구를 헌법재판소법 제68조 제1항에 의한 헌법소원심판청구로 본 예, 헌법재판소법 제68조 제1항에 의한 헌법소원심판청구와 위 법 제68조 제2항에 의한 헌법소원심판청구를 병합하여 심판한 예가 있는 점, ③ 헌법재판소가 헌법재판소 사건의 접수에 관한 규칙에 의하여 헌법재판소법 제68조 제1항의 헌법소원사건의 사건부호를 '헌마'로, 헌법재판소법 제68조 제1항에 의한 헌법소원의 사건부호를 '헌바'로 달리 부여하고 있지만 이는 편의적인 것에 불과한 점, ④ 만약 이를 허용하지 않을 경우 당사자는 관련청구소송을 하나는 헌법재판소법 제68조 제1항에 의한 헌법소원으로, 다른 하나는 헌법재판소법 제68조 제2항에 의한 헌법소원으로 제기하여야 하는데 이는 소송경제에 반하는 점 등을 살펴볼 때, 하나의 헌법소원으로 헌법재판소법 제68조 제1항에 의한 청구와 헌법재판소법 제68조 제2항에 의한 청구를 함께 병합하여 제기함이 가능하다고 할 것이다.

1) 헌법불합치결정 : 법률의 위헌성이 인정되나 입법자의 입법형성의 자유존중 및 법의 공백과 혼란을 회피하기 위하여 일정기간 해당법률을 잠정적인 계속성을 인정하는 결정형식을 말한다.
2) 입법촉구결정 : 헌법의 완전한 합치상태를 실현하기 위하여 결정당시에는 합헌법률이지만, 위헌법률이 될 소지가 존재시 결정하는 형식을 의미하며, 헌법불합치와 달리 입법자에게 추상적인 입법개선의무를 부과하고 있는 점이 구별된다.
3) 한정합헌결정 : 위헌이 되는 부분을 헌법에 합치되도록 한정적으로 해석하여 위헌판단을 회피하려는 것을 의미하며, 그 예로는 '…이러한 해석 하에, …것으로 해석하는 한'이 있다.
4) 한정위헌결정 : 합헌적 의미를 초과한 확대해석은 헌법위반으로 불인정됨을 의미한다.

2. 헌법소원의 종국결정의 기본유형

종국결정에는 (ⅰ) 심판청구가 부적법한 경우에 하는 각하결정, (ⅱ) 심판청구가 이유없는 경우에 하는 기각(합헌)결정, (ⅲ) 심판청구가 이유있는 경우에 하는 인용결정, 그리고 (ⅳ) 심판절차종료선언의 4가지가 있다.

헌재법 제68조 제1항의 법령소원이 이유없는 경우에는 "심판청구를 기각한다"라는 주문을 내고 있는데 비하여, 법 제68조 제2항의 헌법소원이 그 이유없는 경우 헌법재판소는 당해 법률(조항)에 대하여 합헌임을 선언하는 주문을 내고 있다.[128]

또한, 각하결정, 기각(합헌)결정, 인용결정 이외에 특별한 결정유형으로 심판절차종료선언이 있다. 본안판단에 들어가지 않는 점에서는 각하결정과 같지만 각하결정과는 다른 성격의 결정인 심판절차종료선언은 청구인의 사망 또는 심판청구의 취하 등으로 심판절차의 종료여부에 관한 다툼이 있는 경우에 절차관계의 종료를 명백히 확인하는 의미에서 하는 결정이다.

3. 위헌 정당해산심판의 결정과 주문형식

위헌 정당해산심판청구가 이유있는 때에는 헌법재판소는 피청구정당의 해산을 명하는 결정을 선고한다. 해산결정은 "피청구인 ○ ○ ○ 정당을 해산한다"라는 형식을 취하게 된다. 위헌 정당해산심판청구가 이유없을 때는 기각결정을 한다. 또한, 피청구정당이 결정선고전에 자진해산하는 경우에도 심판청구를 기각해야 할 것이다.

128 이에 대하여는 "국민(청구인)이 위헌이라고 주장하여 심판을 청구한 데 대하여 그 뜻을 받아들일 수 없는 결론 즉 합헌이라는 결론에 이르렀다면 법 제75조 제7항, 제47조 소정의 기속력이 인정되지 아니하고 국민도 청구한 바도 없는 '합헌'을 주문에 표시할 필요가 없으며, 주문은 '심판 청구를 기각한다'로 함이 상당하다"는 별개의견이 있다(헌재 1997. 12.24. 95헌바29 등, 판례집 9-2, 780, 792).

4. 탄핵심판 결정과 주문형식

탄핵심판청구가 이유있는 때에는 헌법재판소는 피청구인을 당해 공직에서 파면하는 결정을 선고한다. 파면결정은 "피청구인 ○ ○ ○을 대통령직에서 파면한다"라는 형식을 취하게 된다. 탄핵심판청구가 이유없을 때는 기각결정을 한다. 또한 피청구인이 결정선고전에 당해공직에서 파면된 때에는 심판청구를 기각하여야 한다.

5. 권한쟁의심판의 결정과 주문형식

[헌법재판소의 권한]

위헌법률 심판권	대상	형식적 의미의 법률, 긴급명령, 긴급재정·경제명령, 법률의 효력을 가지는 조약
	결정	6인 이상의 찬성
	효력	결정이 있는 날로부터 법률은 효력 상실(형벌에 관한 법률은 소급효) 위헌결정은 법원 기타 국가기관, 지방자치단체를 기속)
탄핵심판권	소추	국회(소추위원은 국회 법제사법위원회 위원장)
	심판	6인 이상의 찬성
	효력	공직에서 파면(민사·형사상의 책임이 면제되는 것이 아님) 파면된 자는 5년 경과시까지 공무원이 될 수 없음
위헌정당 해산심판권	제소	정부
	심판	6인 이상의 찬성
	효력	결정선고시 해산, 대체정당결성금지, 잔여재산 국고귀속
권한쟁의 심판권	대상	국가기관상호간, 국가기관과 지방자치단체간, 지방자치단체상호간의 권한쟁의
	결정	7인 이상 출석과 출석재판관 중 과반수 찬성
	효력	모든 국가기관, 지방자치단체 기속 처분취소 결정은 이미 생긴 효력에 영향을 미치지 못한다(이를 막기 위해 가처분 결정).
헌법소원 심판권	유형	권리구제형(헌법재판소법 제68조 제1항) 위헌심사형(헌법재판소법 제68조 제2항)
	요건	공권력의 행사·불행사로 자기의 기본권이 침해되었을 경우에 법률에 의한 구제절차를 거친 후 제기(보충성의 원칙)
	결정	6인 이상의 찬성
	효력	모든 국가기관, 지방자치단체 기속

심리결과 헌법재판소는 심판의 대상이 된 국가기관 또는 지방자치단체의 권한의 존부 또는 범위에 관하여 판단하고, 나아가 피청구기관의 처분 또는 부작위가 이미 청구인의 권한을 침해한 경우에는 이를 취소하거나 그 무효를 확인할 수 있다.

5

기본권의 이론과 실체

Constitution 1

기본권의 일반이론

Ⅰ. 기본권보장의 역사

1. 기본권보장의 연혁

루소는 사회계약의 대전제적 명제로서 인간은 누구나 태어날 때부터 자유롭고 평등하다라고 보았다. 국가의 존재가 역사에 나타난 이후 지배권력과 피지배계급간에는 끊임없는 갈등이 있었다. 이러한 갈등은 결국 피지배계급의 경우에는 루소의 명제를 구현하기 위한 처절한 자구적 투쟁이라 볼 수 있다. 인간으로서의 자유와 평등의 구현을 위한 투쟁과 쟁취는 각 국가마다 서로 상이한 방법으로 전개되었다. 그러나 크게 보면 국가로부터의 자유(자유권보장)에서 국가에 의한 급부(생존권보장)로 발전하여 왔다.

영국의 인권보장의 역사는 마그나 카르타(Magna Carta, 1215) ·권리청원(Petition of Rights, 1628)·인신보호율(Habeas Corpus Act, 1679)·권리장전(Bill of Rights, 1689) 등에 의하여 일정한 귀족의 권리 자유가 국민의 자유 권리로 확대되었고, 이것은 국왕과의 타협에 의하여 얻어졌다는 역사적인 의의를 가지고 있다.

미국의 인권보장의 역사는 1776년 6월의 버지니아Virginia 권리장전과 1776년 7월의 독립선언에서 찾을 수 있다.

프랑스는 1789년 인간과 시민의 권리선언·1946년 헌법전문의 인권목록 등을 1958년 헌법에서 계승·보장하고 있다.

독일의 1919년 바이마르Weimar 헌법은 1848년의 Frankfurt 헌법에서 인정된 전통적인 자유권을 규정하였을 뿐만 아니라 최초로 생존권을 규정하였다. 1949년 본 기본법은 신자연법원리를 헌법적 원리로 수용하여 인간의 존엄성 보장을 규정하고, 또한 기본권조항을 직접 적용되는 것으로 규정하였다. 독일은 연방헌법재판소를 통하여 기본권 보장을 더욱 강화함으로써, 현대 국가에서의 모범적 사례에 해당한다고 할 수 있다.

2. 기본권보장의 현대적 전개

세계 제1차 대전을 계기로 하여 인권보장은 새로운 특색과 경향을 나타내고 있다. 20세기 이후 현대헌법에서의 기본권보장에서 나타난 경향과 특색으로는 (ⅰ) 현대적·복지주의적 헌법에서는 실질적 평등과 인간다운 생활의 권리·복지를 강조하면서 기본권보장의 중점이 자유권적 기본권에서 생존권적 기본권으로 옮겨가고 있다. (ⅱ) 형식적 법치주의·법실증주의 체제에 의한 인권탄압의 반성으로 개인의 존엄권 보장을 위한 자연법 사상이 부활하게 되었다. (ⅲ) 제2차 세계대전 후에는 인권의 국가적 내지 민족적 전파라는 현상에서 국제적 차원에 있어서의 보편화라는 현상으로의 전환이 두드러졌다.

개별 국가적 차원에서의 기본권 보장은 제2차세계대전 이후에는 세계적, 지역적, 유럽적 차원으로 발전되었다. 대표적인 인권 협약은 다음과 같다.

가. 세계적 차원

1) 1948년 12월 10일 세계인권선언 (UN 총회)

2) 일반적 국제협약

가) 1966년 12월 19일 시민적 · 정치적 권리에 관한 국제협약
나) 1966년 12월 19일 경제적 · 사회적 · 문화적 권리에 관한 국제협약

3) 구체적 국제협약

가) 1948년 12월 9일 민족대량집단학살genocide 처벌 및 예방을 위한 협약
나) 1965년 12월 21일 인종차별금지 국제협약

다) 1984년 12월 10일 굴욕적이거나 비인도적이거나 잔인한 처우 또는 형벌과 고문금지 협약

4) 새로이 보장하여야 할 인권

가) 여성차별금지 · 여성에 대한 폭력금지를 골격으로 하는 여성인권
나) 아동인권
다) 의료 및 생명과학의 발전에 따른 인간 게놈 및 유전자 보호 나아가 생명윤리의 강화

나. 지역적 차원

지역적 차원에서는 아메리카, 아프리카, 아랍에서의 인권 보장을 들 수 있다.

1) 아메리카

가) 1948년 4월 30일 보고타헌장
나) 1967년 부에노스아이레스 의정서
다) 1969년 11월 22일 아메리카인권협약[129]

2) 아프리카

가) 1963년 5월 25일 아디스아베바Addis-Abeba 헌장
나) 1981년 6월 27일 아프리카인권헌장(Nairobi 회의)[130]
다) 1998년 6월 9일 아프리카 인권재판소 설립을 위한 우아가두구Ouagadougou 헌장
라) 2004년 1월 25일 우아가두구Ouagadougou 헌장 집행의정서 발효

129 1978년부터 효력을 발생하고 있으며, 회원국 24개국에 의해 2006년 1월 1일 비준되었으나 미국은 비준하지 않았다.
130 1986년 10월 21일 발효되었다.

3) 아랍

가) 1981년 9월 19일 이슬람 인권선언(파리)

나) 1990년 8월 5일 이슬람 인권에 관한 카이로 선언[131]

다) 1994년 9월 15일 아랍인권헌장(카이로)[132]

다. 유럽적 차원

유럽의 경우에는 유럽협의회Counsel of Europe, Conseil d'Europe 차원에서만 인권의 문제를 다루어 왔으나, 2000년 니스정상회의가 유럽연합기본권헌장을 채택한 이후 유럽연합European Union, Union Européenne의 차원에서도 인권과 기본적 자유를 보장하고 있다.

1) 유럽협의회Counsel of Europe, Conseil d'Europe와 유럽인권협약

가) 1950년 11월 4일 인권과 기본적 자유 보장을 위한 유럽협약 체결

나) 1953년 9월 3일 동 협약 효력 발생

다) 1959년 유럽인권재판소 설립

라) 1998년 11월 1일 유럽인권재판소 상설 재판소 운영
(프랑스 스트라스부르그)

2) 유럽협의회의 구체적 인권협약

가) 1957년 12월 3일 범죄인 인도 유럽협약

나) 1974년 1월 25일 전쟁범죄 및 반인류적 범죄의 공소시효 배제 유럽협약

다) 1987년 11월 20일 굴욕적이거나 비인도적 처우 또는 형벌과 고문방지 유럽협약

라) 2005년 5월 16일 인신매매 금지 유럽협의회협약

마) 1981년 1월 28일 개인정보 자동처리에 따른 개인보호 유럽협약

131 윤리적·종교적 성격에 한정하고 있다.

132 이 헌장은 단순한 지역적 차원에서의 헌장이라기 보다는 종교적 성격을 배경으로 한 것이며, 아직까지 발효되지 않고 있다.

바) 2001년 11월 23일 사이버범죄에 관한 협약

사) 1997년 5월 4일 의학과 생물학 적용에 대한 인간의 존엄성과 인권보호 유럽협약

아) 유럽사회헌장(1961년 10월 18일 채택, 1965년 2월 26일 발효, 개정된 최종 헌장은 1999년 7월 1일 발효)

3) 유럽연합European Union, Union Européenne

가) 인권과 기본적 자유의 문제에 관해서는 유럽협의회가 유럽연합보다 활발한 활동을 전개하고 있다.

나) 2000년 12월 니스정상회의에서 유럽연합기본권헌장 채택

다) 유럽연합기본권헌장은 상징적 가치만 가지는 것으로 보았으나, 이를 수용한 리스본 조약이 2009년 12월 1일 발효됨에 따라 법적 구속력을 가지게 되었다.

라) 유럽연합기본권헌장은 인간의 존엄성, 자유, 평등, 연대, 시민권, 사법적 권리, 일반규정의 순으로 배열된 제7장 54개 조문으로 구성되어 있으며, 유럽에서의 핵심적인 인권목록장전이라 할 수 있다.

3. 한국헌법의 기본권보장조항의 변천

가. 제1공화국헌법의 기본권보장조항

제헌헌법은 최초로 기본권을 성문헌법전에서 보장한 점에 의의가 있다. 기본권을 천부인권으로 보지 아니하고 실정헌법상의 권리로 보고 있었으며, 각 기본권에는 법률유보조항을 두어 법률에 의하여 기본권을 제약할 수 있는 체제를 갖추고 있었다.[133]

133 김철수, 헌법학개론, 2006, 259면.

나. 제2공화국헌법의 기본권보장조항

개별적 법률유보조항을 삭제하였고 기본권의 본질적 내용의 훼손을 금지하였으며 언론·출판·집회·결사에 대한 허가와 검열을 금지하는 조항과 정당의 보호에 관한 규정을 두었다.

다. 제3공화국헌법의 기본권보장조항

생존권의 보장과 인간의 존엄과 가치보장에 대한 원칙을 규정하였고 고문의 금지와 자백의 증거능력제한에 관한 조항들이 신설되었으며 직업선택의 자유를 명문화하였다.

라. 제4공화국헌법의 기본권보장조항

구속적부심사제, 자백의 증거능력제한규정이 삭제되었고 국가배상청구에 있어서 군인과 경찰공무원 등에 대한 이중배상금지조항을 두었고 근로자의 단체행동권을 제한하였다.

마. 제5공화국헌법의 기본권보장조항

행복추구권, 사생활의 비밀과 자유, 연좌제의 금지, 형사피고인의 무죄추정권, 평생교육에 관한 권리, 환경권, 적정보상과 정당배상을 받을 권리 등이 신설되었고 자백의 증거능력제한, 구속적부심사제 등이 부활하였다.

바. 제6공화국헌법의 기본권보장조항

언론·출판에 대한 허가나 검열 및 집회·결사에 대한 허가를 금지하고, 통신방송의 시설기준과 신문의 기능보장에 필요한 사항을 법률로 정하도록 한 것과 범죄피해자에 대한 국가구조제도, 대학의 자율성의 보장, 과학기술자의 권리보호규정 등을 들 수 있다. 구속적부심사청구의 범위를 확대하고, 형사피의자에게도 형사보상제도를 확대하였으며, 재산권수용시에는 정당한 보상을 하도록 규정하였다. 근로자의 최저임금제를 실시, 여자의 근로를 특별히 보호하여 부당한 차별을 받지 아니하도록 하며, 단체행동권행사의 법률유보조항을 삭제하고, 여자 노인 청소년의 복지향상을 위한 국가의 의무와 신체장애자 및 질병 노령으로 인한 생활무능력자에 대한 국가의 보호의무, 국가의 재해예방 의무 및 주거생활의 보장 등을 규정하였다.

II. 기본권과 제도보장

1. 기본권의 의의

인권 혹은 인간의 권리란 인간이 인간으로서 당연히 가지는 생래적이며 기본적인 권리이다. 기본권이란 헌법이 보장하는 국민의 기본적 권리를 말하며, 인권이 인간의 본성에서 나오는 생래적인 자연권을 의미하는 데 비하여, 기본권 중에는 생래적인 권리도 있지만 국가내적인 생존권적 기본권, 청구권적 기본권, 참정권 등도 있는 까닭에, 엄격히 말한다면 인권과 기본권은 그 개념과 내용에 있어서 반드시 일치하는 것은 아니다. 그러나 각국 헌법에서 보장하고 있는 기본권은 인권사상에 바탕을 두고 인간의 권리를 실현하려고 하는 것이므로 인권과 기본권의 범위는 대체로 일치한다.

2. 제도보장의 의의

제도보장이란 국가존립의 기초가 되는 공·사법 제도를 최고법인 헌법에 보장함을 의미한다. 이는 역사적으로 성립된 제도의 본질 중핵을 객관적 법규범으로서 헌법자체에 규정함으로써일반적인 입법에 의한 폐지나 본질훼손을 방지하여 이를 보호하려는 것에 그 본래의 취지를 가지는 것이다.[134]

134 제도적 보장은 객관적 제도를 헌법에 규정하여 당해 제도의 본질을 유지하려는 것으로서 헌법제정권자가 특히 중요하고도 가치가 있다고 인정되고 헌법적으로도 보장할 필요가 있다고 생각하는 국가제도를 헌법에 규정함으로써 장래의 법 발전, 법 형성의 방침과 범주를 미리 규율하려는 데 있다. 헌재 1997.

3. 기본권의 법적 성격

가. 주관적 공권성

기본권의 주관적 공권성이란 기본권은 그 주체인 개인이 자신을 위하여 주장할 수 있는 현실적이고 구체적이며 주관적인 권리로써 모든 국가권력은 직접 구속할 수 있다는 것을 뜻한다. 따라서 개인은 국가에 대하여 일정한 작위나 부작위를 요구할 수 있다. 자유권에 관하여 켈젠은 권리성을 부인하고 반사적 이익설을 주장하고 있다. 반사적 이익설에 의하면 법률에 의하여 국민의 자유를 제한 할 수 있으나, 국가가 법률로 제한하지 않음으로써 그 범위내에서 국민은 자유를 향유한다고 보고 있다. 그러나, 자유권이 침해된 경우 그 침해의 제거를 요구할 수 있는 보호청구권이 따르게 된다는 점에서 자유권도 역시 권리로서의 성격을 가진 것이라 볼 수 있다.

나. 객관적 질서형성성

기본권은 주관적으로는 개인을 위한 공권을 의미하지만, 객관적으로는 국가의 기본적 법질서를 형성하는 요소라고 할 수 있다. 이것을 기본권의 이중적 성격 내지 양면성이라 한다. 즉 민주국가의 법질서는 법 앞의 평등이라든가 자유로운 여론형성의 보장 등을 구성요소로 하고 있기 때문에, 민주국가에서의 개개인은 평등권과 언론의 자유 등을 주관적 권리로서 보장받는 것이다.

다. 자연권성 여부의 문제

1) 실정권설

법실증주의자들의 이론으로 이들은 제정법의 만능을 믿고 제정법에 의해서만 권리가 창설되고 보장된다고 본다.

2) 자연권설

자연권설은 요컨대 기본권이 국가에 의하여 창설된 것이 아니라 국가에 의하여 전국가적 자연권이 확인 선언된 것이라고 한다.

4.24. 95헌바 48.

3) 동화적 통합기능설

우리 사회가 동화·통합되어 가기 위한 불가결의 전제조건이 기본권의 존중과 보장이라고 본다. 결국, 기본권의 성격은 그 국가형성적 기능과 동화적 통합기능에서 찾는 것이 타당하다고 본다.

4. 제도보장의 법적 성격-기본권과의 차이

가. 권리와 질서

기본권은 주관적인 권리인데 대하여, 제도보장은 객관적인 법규범인 점이 그 특색의 하나이다. 그러나 제도보장은 기본권과 결부되는 것을 배척하지 않으며 제도보장 중에는 기본권과 결부된 것들도 적지 않다.[135]

기본권은 개인의 권리나 청구권을 보장하는 데 비하여, 제도보장은 국가제도를 우선시키고 있는 것이 특색이다.

나. 최대한의 보장과 최소한의 보장

기본권의 보장은 최대한의 보장이고, 제도보장은 최소한의 보장이라고 할 수 있다.[136]

다. 소권과 제도

기본권은 입법권·집행권·사법권을 구속하는 법규범으로서 그 침해시 개인은 관련 소송을 제기할 수 있으며, 법관은 이를 재판에 적용할 수 있다. 제도보장규범도 객관적인 제도를 보장하는 규범이므로 단순한 방침규범이 아니고 객

135 이러한 제도적 보장은 주관적 권리가 아닌 객관적 범규범이라는 점에서 기본권과 구별되기는 하지만 헌법에 의하여 일정한 제도가 보장되면 입법자는 그 제도를 설정하고 유지할 입법의무를 지게 될 뿐만 아니라 헌법에 규정되어 있기 때문에 법률로써 이를 폐지할 수 없고, 비록 내용을 제한하더라도 그 본질적 내용을 침해할 수 없다. 헌재 1997.4.24. 95헌바48.

136 직업공무원제도는 지방자치제도, 복수정당제도, 혼인제도 등과 함께 '제도보장'의 하나로서 이는 일반적인 법에 의한 폐지나 제도본질의 침해를 금지한다는 의미의 '최소보장'의 원칙이 적용되는 바, 이는 기본권의 경우 헌법 제37조 제2항의 과잉금지의 원칙에 따라 필요한 경우에 한하여 '최소한으로 제한'되는 것과 대조되는 것이다. 헌재 1994.4.28. 91헌바 15등.

관적인 법규범인 이상 법관에 의하여 직접 적용될 수 있는 재판규범으로서의 기능을 할 수 있다. 그러나 제도보장규정 그 자체를 직접 근거로 하여 개인기본권침해를 이유로 하는 헌법소원을 제기할 수는 없다고 할 것이다.

Ⅲ. 기본권의 분류

1. 법적 성격에 따른 분류

가. 초국가적 기본권과 국가내적 기본권

초국가적 기본권은 자연법사상에서 나온 것으로 국가의 존재와 무관하게 생래적으로 인정되는 천부인권이며, 모든 인간의 권리로서 자연권을 의미한다.

국가내적 기본권은 국가의 입법에 의하여 그 내용이 확정되고 또 제한될 수 있는 실정권을 의미한다.

나. 진정 기본권과 비진정 기본권

진정기본권이란 개인을 위한 현실적·실질적 권리로서 국가의 부작위나 국가적 급부의 청구를 내용으로 하는 주관적 공권을 말한다.

비진정기본권이란 헌법이 일정한 문화질서·교육제도·혼인제도·가족제도 등을 규정하고 있는데, 이는 객관적 질서의 보장일 뿐이다. 이러한 객관적 질서를 규정하고 있는 결과 어떠한 이익이 주어지더라도 이는 반사적으로 또는 그에 수반하여 어떠한 권리를 누리게 되는 경우일 뿐이어서 권리는 아니므로 비진정 기본권이라 할 수 있다.

2. 내용에 따른 분류

가. 협의의 인간의 존엄과 가치·행복추구권
나. 평등권
다. 자유권적 기본권
라. 생존권적 기본권
마. 청구권적 기본권
바. 참정권

3. 효력에 따른 분류

가. 현실적 기본권과 입법방침적 기본권

현실적 기본권은 모든 국가권력을 직접적으로 구속하는 기본권이다.

입법방침적 기본권은 직접 행정권과 사법권을 구속하지 아니하며, 입법의 방향만을 지시하고, 입법이 이루어진 경우에 행정권·사법권에 효력을 미치고 비로소 공권이 발생하는 것이다. 프로그램Program적 기본권으로 부르기도 한다.

나. 대국가적 기본권과 대사인적 기본권

대국가적 기본권은 원칙적으로 대국가적인 권리로서 모든 국가권력을 구속한다. 대사인적 기본권은 국가에 대해서 뿐 아니라 사인간에 있어서도 효력을 갖는 기본권을 말한다.

Ⅳ. 기본권의 주체

1. 기본권의 주체의 의의

기본권의 주체란 헌법이 보장하고 있는 기본적 인권을 향유할 수 있는 자를 말한다.

2. 국민

모든 국민은 원칙적으로 헌법이 규정한 모든 기본권의 주체가 된다. 이때 국민은 개인으로서의 국민을 의미하며, 개인의 기본권능력은 민법상의 권리능력보다도 광범위하여 死者와 태아에게도 기본권능력이 인정되는 경우가 있다.

공무원·군인·학생·수형자 등 특수신분관계에 있는 국민의 기본권은 일반국민에 비하여 특별히 제한될 수 있다. 현행헌법은 공무원의 정치활동권과 노동3권, 군인·군무원의 재판청구권과 국가배상청구권 등에 상당한 제한을 하고 있다.

3. 외국인

외국인은 한국국적을 갖지 않은 자로서 외국의 국적을 가진 자 뿐 아니라 무국적자를 포함하는 개념이다. 외국인의 기본권 주체성여부에 대하여는 견해가 나뉘어 지고 있으나, 기본권의 내용에 따라 개별적으로 검토하여야 할 것이다. 인간의 존엄과 가치·행복추구권과 같은 초국가적인 자연권은 당연히 외국인에게 인정된다. 그러나 거주·이전의 자유, 출입국의 자유, 정치활동의 자유, 망명권 등은 외국인에게 인정되지 않거나 제한적으로 인정되고 있다.[137]

137 국민과 유사한 지위에 있는 '외국인'은 원칙적으로 기본권의 주체가 될 수 있다(헌재 1994.12.29. 93헌마120, 판례집 6-2, 477, 480). 청국인들이 침해되었다고 주장하는 인간의 존엄과 가치, 행복추구권은 대체

4. 법인

가. 기본권의 주체로서의 법인

기본권은 인간의 권리이므로 기본권의 주체로서의 국민은 원칙적으로 자연인인 국민에 한하고 법인이 당연히 포함되는 것은 아니라고 하는 부정설과 오늘날 법인은 국민생활에 있어서 자연인 못지 않은 활동을 하고, 또 법인의 활동은 그 효과가 자연인에게 귀속되는 만큼 국민의 권리와 의무에 관한 규정은 성질상 가능한 법인에게도 인정된다고 보는 긍정설이 있다. 법인에게도 자연인의 육체적 특성에서 유래하는 기본권이나 심리적·정신적 특성에서 유래하는 기본권을 제외하고는 그 일반적·추상적 기본권주체성을 인정하여야 할 것이다. 반면에 법인의 개별적·구체적 기본권주체성 유무의 문제는 당해 법인의 기능과 목적 그리고 그 활동의 유형에 비추어 개별적·구체적으로 판단할 수 밖에 없을 것이다. 이렇게 볼 때, 법인은 전면적·포괄적 기본권주체인 자연인과 비교하여 그 목적·기능·활동 등에 의하여 제한을 받는 부분적·제한적 기본권주체라 할 것이다.[138] 헌법재판소는 국가·국가기관·국가조직의 일부, 그리고 공법인은 기본권의 '수범자'이지, 기본권의 주체로서 그 '소지자'가 아니고 오히려 국민의 기본권을 보호 내지 실현해야 할 '책임'과 '의무'를 지니고 있는 지위에 있는 공권력행사의 주체일 뿐이라고 하면서 국회의 구성원인 국회의원, 국회상임위원회, 그리고 교육위원의 기본권주체성을 원칙적으로 부인하고 있다. 그러나 예외적으로 기본권에 의하여 보장될 생활영역에 속하는 공법인들, 예를들면 국·공립대학교나 언론기관에 대하여서는 학문연구의 자유라든가 언론의 자유 등은 인정된다고 할 것이다.[139]

헌법재판소는 법인 아닌 사단·재단이라고 하더라도 대표자의 정함이 있고, 독립된 사회적 조직체로서 활동하는 때에는 성질상 법인이 누릴 수 있는 기본권을 침해당하게 되면 그의 이름으로 헌법소원심판을 청구할 수 있고 다만 단체의 자체가 아닌 단체에 소속하는 분과위는 그의 이름으로 헌법소원심판을 청구할 수는 없다고 본다.

로 '인간의 권리'로서 외국인도 주체가 될 수 있다고 보아야 하고, 평등권도 인간의 권리로서 참정권 등에 대한 성질상의 제한 및 상호주의에 따른 제한이 있을 수 있을 뿐이다. 헌재 2001.11.29. 99헌마 494.

138 권영성, 헌법학원론, 2006, 317면.

139 헌재, 1992.10. 2, 92헌마68, 76.

나. 법인에 인정되는 기본권

법인은 경제적·사회적 자유권의 주체가 될 수 있으며 청구권적 기본권의 주체가 될 수 있다. 또한 법인은 그 성질이 허용하는 범위 안에서 평등권의 주체가 될 수 있다. 그러나 자연인, 즉 사람이기에 누릴 수 있는 인간의 존엄성·행복추구권과 혼인의 순결·보건권, 생존권, 인신의 자유, 형사보상청구권, 참정권 등은 법인에는 인정되지 않는다.

다. 관련 판례

1) 헌법재판소 전원재판부 2002.4.25. 2001헌바66, 85(병합) [합헌]
【구 부가가치세법 제12조 제1항 제10호 위헌소원】

위 법조항은 '보험용역' 가운데 구체적인 면세대상에 대하여는 그 입법취지를 고려하여 대통령령으로 규정하도록 위임하는 형태를 취하고 있으므로 청구인이 주장하는 바와 같이 위 법조항 자체에서 보험업을 행하는 사업자들을 자의적으로 과세대상과 면세대상으로 구별하여 차별하는 것은 아니다. 나아가 위 법조항의 위임에 따라 제정된 법시행령 제33조 제1항 제10호가, 별도의 법인이 보험조사용역을 수행하는 경우에는 부가가치세 부과대상이 되는 반면 동일한 보험조사용역을 보험회사가 직접 수행하는 경우에는 부가가치세 면제대상이 되도록 규정하는 것이어서, 가사 이것이 수권법률의 위임범위를 벗어난 불합리한 차별이라고 하여도 그러한 사정만으로는, 그 자체로는 평등원칙에 위배되지 아니하는 수권법률인 심판대상조항 자체가 그 하위법령의 위헌성 때문에 평등원칙을 위반하여 위헌이 되는 것은 아니다.

2) 헌법재판소 전원재판부 2002.2.28. 2001헌바73 [합헌]
【주택건설촉진법 제32조의3 제4항 위헌소원】

주택건설촉진법 제32조의3 제4항에 의하여 계약을 체결하여 채권을 취득하고서도 그 이행을 확보하지 못하고 강제집행을 할 수 없게 될 가능성이 생긴다는 점에서, 일응 헌법 제10조에 정하여진 행복추구권의 한 내포인 계약의 자유나 헌법 제23조에 정하여진 재산권에 대한 제한이 되나, 이와 같은 제한은 주택사업자 부도 등의 경우에 다수의 입주예정자들을 보호하기 위한 것으로서, 이러한 사회정책적 입법은 공공복리를 위한 것이라고 할 수 있으며, 또한 주택건설촉진법의 위 조항은 입주예정자들의 보호를 위하여 그 본문에서 일반적으로는 부기등기 후의 제3채권자들의 권리행사를 금하고 있으나, 예외적으로 그 단서에 의하여 부기등기 후에도 양수, 제한물권의 설정 또는 압류 등이 가능한 경우를 규정하고 있으므로 계약의 자유나 재산권이 제한되는 범위를 한정하여 최소화하고 있다고 할 수 있으므로 주택건설촉진법 제32조의3 제4항은 다수의 입주예정자 보호라는 공공복리를 위하여 필요한 최소한의 기본권의 제한으로서, 헌법 제37조 제2항에 정하여진 "국가안전보장·질서유지 또는 공공복리를 위하여" "필요한 경우"에 한한 기본권 제한에 해당하여 헌법에 위반되지 아니한다.

5. 외국법인

법인에 기본권주체성이 인정되는 경우에도 내국법인에 한정하고 외국법인에는 인정하지 않는 국가도 있다(독일). 그러나 외국법인의 기본권을 금지하는 명시적인 규정이 없는 우리 헌법에 있어서는 성질상 법인에 인정될 수 있는 기본권은 외국인에 준하여 외국법인에도 인정된다고 하겠다.

6. 정당

헌법재판소는 정당의 헌법소원청구권을 인정하여 정당의 기본권주체성을 인정하고 있다.[140]

140 정당(政黨)이나 그 지구당(地區黨)은 적어도 그 소유재산(所有財産)의 귀속관계(歸屬關係)에 있어서는 법인격(法人格) 없는 사단(社團)으로 보아야 하므로, 청구인(請求人)이 지구당(地區黨)의 당원(黨員)일 뿐만 아니라 부위원장(副委員長)으로서 위원장(委員長)의 명(命)에 따라 지구당(地區黨) 소유(所有)의 플래카드를 설치(設置)·관리(管理)하는 책임자라면 청구인은 그 물건의 총유자(總有者) 중 1인일 뿐만 아니라 그 물건을 적법(適法)하게 설치(設置)·관리(管理)하던 사람으로서, 그 물건에 대한 재물손괴죄(財物損壞罪)가 성립하는 경우에는 그 피해자(被害者)에 해당한다고 볼 수 있어 이 사건 심판청구(審判請求) 중 재물손괴죄(財物損壞罪) 부분에 관하여 청구인적격(請求人適格)을 갖추었다. 헌재 1993.7.29. 92헌마262.

V. 기본권의 효력

1. 기본권의 대국가적 효력

국민의 기본권을 보장하는 것은 국가의 의무로서 모든 국가권력은 이를 확인하고 존중하고 보호하여야 한다. 그런데 기본권규정이 직접적으로 국가권력을 구속하는가 그렇지 않으면 법률에 의하여 구체화되어야만 비로소 효력을 발생하는가에 대하여는 견해가 일치하지 않고 있다. 일반적으로 기본권은 입법권·행정권·사법권 등 모든 국가권력을 직접적으로 구속한다고 보고 있으며 이를 기본권의 대국가적 효력이라고 한다. 따라서 국가권력이나 공권력에 의한 기본권의 침해는 불법행위를 형성하며 그로 인하여 손해를 입힌 경우에는 손해배상의 책임을 져야만 한다.

2. 기본권의 대사인적 효력(제 3자적 효력)

오늘날 사인이나 공권력 이외의 사회적 여러 가지 제노력에 의하여 계약자유의 미명하에 실질적으로 개인의 자유를 침해하는 일이 많아짐으로써, 이러한 경우에 사인상호간의 기본권침해를 방지하고 사인의 생활의 안전을 보호하는 것이 문제로 제기되는데, 여기에 기본권의 타당 범위를 국가권력에 대한 관계에만 국한시키지 아니하고 일반 제3자인 사인상호간의 관계에 확대하여 사인으로부터의 법익침해에 대해서도 기본권의 효력을 인정할 필요가 절실하게 되었다. 이것이 기본권의 대사인적 효력의 문제이다.

가. 기본권의 대사인적 효력에 관한 외국이론

1) 독일의 이론

본Bonn기본법은 제9조 3항에서 노동자의 단결권의 직접적 효력을 인정하고 있는데 이 이외의 기본권도 사인간에 효력이 있는가에 관하여 논란이 많다.

가) 효력부인설(무관계설)

헌법상의 기본권은 국가권력에 대한 자유의 보장으로서 사인상호간에는 직접 적용되지 않는다고 보는 학설이며, 바이마르Weimar헌법하의 다수설이다.

나) 직접적 효력설(직접적용설)

(1) 절대적 직접효력설

모든 기본권의 효력을 모든 법률관계에 있어서 절대적으로 인정하고, 따라서 사인상호간의 관계에 있어서도 기본권의 효력을 헌법의 규정에 의하여 직접적으로 인정하려고 하는 견해이다.

(2) 한정적 직접효력설

기본권의 제3자적 효력을 일반적으로 확장하지 아니하고 특별한 기본권에 한하여 한정적으로 직접적 효력을 인정하려고 하는 것이다.

다) 간접적 효력설(간접적용설)

간접적효력설은 기본권 보장에 관한 헌법조항을 직접적으로 사법관계에 적용하지 아니하고, 당해 민사법 일반 조항의 적용을 통하여 간접적으로 헌법의 취지를 사법관계에도 확장하려고 하는 이론이다. 따라서 개인에게 당사자의 기본권 침해를 야기하는 사적계약이나 법률행위는 헌법상 당해 기본권규정에 의해서가 아니라 민법의 공서양속조항(우리 민법의 경우 제103조) 위반으로 무효가 된다고 본다. 이 견해를 공서양속설이라고도 한다.

2) 미국의 이론

미국에서도 초기에는 인권보장규정은 오로지 聯邦 또는 州의 행위에 대한 제한이며 사인의 행위를 제한하지 않는다고 보았으며, 이것이 연방대법원 판례의 입장이었다. 그러나 흑인에 대한 사적 차별문제를 중심으로 학설과 판례는 서서히 변천하기 시작하였다.

사인에 의한 기본권의 침해나 차별대우라고 하더라도 국가가 그 집행에 관여하거나, 정부가 그에게 원조를 해주는 경우와 같이 사인에 의한 기본권 침해가 공권력과 관련이 있음을 근거로 하거나 혹은 공적 관계로 의제함으로써 사인상호간에도 헌법의 적용을 인정하려고 하는 일련의 이론이 나타나게 되었다. 국가행위state action theory이론 또는 정부동시설looks like government theory 로 부를 수 있다.

가) 사법적 집행의 이론

나) 국유재산의 이론

다) 국가원조의 이론

라) 특전부여의 이론

마) 통치기능의 이론

바) 국가유사설

나. 현행 헌법상의 기본권의 대사인적 효력

1) 학설

우리나라에서도 기본권의 제3자적 효력에 관해서는 독일과 마찬가지로 효력부인설·직접적용설·간접적용설 등으로 나누어 검토할 수 있다.

2) 개별적인 기본권에 따라 사인간에의 적용여부

가) 적용이 부인되는 대국가적 기본권

직업공무원제도, 지방자치제도, 형벌불소급의 원칙, 죄형법정주의, 국가배상청구권, 형사보상청구권 등이 있다.

나) 직접적용되는 대사인적 기본권

노동삼권, 표현의 자유, 인간의 존엄과 가치·행복추구권, 참정권 등이 있다.

다) 간접적용되는 기본권

이들 이외의 기본권은 원칙적으로 간접적용된다고 본다.

3. 기본권의 보호의무

가. 의의

국가의 기본권보호의무란 기본권에 의하여 보호되는 법익이 국가나 사인에 의해 위법하게 침해되지 않도록 보호해야 할 국가의 의무를 의미한다. 이로써 국가는 국민의 기본권에 해한 침해자로서의 지위에 서는 것이 아니라 국민과 동반자로서의 지위에 서게 된다.

나. 헌법적 근거

1) 이론적 근거는 기본권의 이중성에서 찾을 수 있다. 기본권의 이중적 성격 중 객관적 가치질서의 측면은 보편적 효력, 즉 방사효를 갖게 되어 국가권력을 기속할 뿐만 아니라 당연히 사인 상호간에도 효력이 미치게 된다. 따라서 국가는 기본권 규범에 의하여 스스로 개인의 자유영역을 침해해서는 아니 될 뿐만 아니라 그에 대한 사회세력의 위해를 방지하여야 할 의무도 지게 된다.
2) 실정법적 근거로 헌법 제 10조 후문과 '우리들과 우리들의 자손의 안전과 자유와 행복을 영원히 확보할 것을 다짐하면서'라고 규정하고 있는 헌법전문, 생명-신체에 대한 범죄피해자에 대한 국가의 구조의무를 규정하고 있는 헌법 제30조, 혼인과 가족생활에 있어 양성의 평등을 규정하고 있는 헌법 제36조 제1항 등이 있다.

헌재판례 기본권 보호의무의 근거 1997.1.16 90헌마110

우리 헌법은 제10조에서 국가는 개인이 가지는 불가침의 기본적 인권을 확인하고 이를 보장할 의무를 진다고 규정함으로써, 소극적으로 국가권력이 국민의 기본권을 침해하는 것을 금지하는데 그치지 아니하고 나아가 적극적으로 국민의 기본권을 타인의 침해로부터 보호할 의무를 부과하고 있다.

다. 기본권보호의무의 발생요건

1) 기본권으로 보호되는 법익에 대하여 2) 사인인 제3자가 3) 위법한 방식으로 위해를 가하거나 가할 객관적인 위험이 존재해야 한다. 이로서 기본권 보호의무의 경우에는 항상 사인인 가해자-국가-사인인 피해자의 삼각관계가 이루어진다. 보호의 대상과 관련하여서는 사회적 기본권의 내용인 사회적 급부는 개념상 제외된다. 그리고 위법한지 여부는 궁극적으로 헌법에 의해 판단된다. 객관적인 위험이라 함은 현실적인 피해가 발생하지는 않았지만, 그 피해가 합리적으로 예상되는 경우를 의미한다.

라. 보호의무의 내용

기본권보호의무의 수범자는 입법, 집행, 사법 등 모든 국가기관이다. 기본권 보호의무의 구체적 내용으로는 기본권의 침해 금지의무, 기본권의 적극적 실현의무, 사인간의 기본권 침해 방지의무로 나누어 볼 수 있다. 다만 보호의무는 법률의 매개를 통하여 확정된다는 점에서 일차적으로 보호의무를 이행할 책임은 입법자가 진다. 행정기관은 법령의 집행에 있어서나 명령, 규칙의 정립에 있어서 국민의 기본권이 최대한 보장될 수 있도록 노력해야 하며, 사법기관도 국민의 기본권 침해에 대하여 기본권 최대보장의 정신을 존중하는 방향으로 법을 적용함으로써 국민의 권리구제에 적극적으로 임해야 한다.

마. 보호의무 이행에 대한 헌법재판소의 통제

헌재판례 기본권보호의무 위배 여부 판단기준으로서 과소보호금지원칙
2009.02.26, 2005헌마764

국가가 국민의 생명·신체의 안전에 대한 보호의무를 다하지 않았는지 여부를 헌법재판소가 심사할 때에는 국가가 이를 보호하기 위하여 적어도 적절하고 효율적인 최소한의 보호조치를 취하였는가 하는 이른바 '과소보호금지원칙'의 위반 여부를 기준으로 삼아, 국민의 생명·신체의 안전을 보호하기 위한 조치가 필요한 상황인데도 국가가 아무런 보호조치를 취하지 않았든지 아니면 취한 조치가 법익을 보호하기에 전적으로 부적합하거나 매우 불충분한 것임이 명백한 경우에 한하여 국가의 보호의무의 위반을 확인하여야 하는 것이다.

헌법재판소는 국가에 의한 기본권 침해를 판단할 때와는 달리, 과소보호금지원칙을 판단기준으로 설정한다. 즉, 국가가 국민의 생명·신체의 안전을 보호하기 위하여 적어도 적절하고 효율적인 최소한의 보호조치를 취하였는지 여부를 기준으로 판단하는 것이다. 그리고 이때 최소한의 보호수준과 관련하여서는 명백성 통제를 그 기준으로 삼는다.

Ⅵ. 기본권의 경합과 충돌

1. 기본권의 경합

가. 기본권경합의 의의

기본권의 경합이라 함은 「단일의 기본권주체가 국가에 대하여 동시에 여러 기본권의 적용을 주장하는 경우」를 말한다. 일반적으로 기본권경합의 문제는 상이한 제한의 정도를 규정한 법률유보가 부가됨으로써 그 제한의 가능성이 각기 상이한 여러 기본권을 단일의 기본권주체가 동시에 주장하는 경우에 발생하며, 이 경우 제한의 가능성이 보다 더 큰 기본권과 제한의 가능성이 보다 더 작은 기본권 중에서 어느 것을 우선적으로 적용할 것인가가 헌법문제로서 제기된다.[141]

나. 기본권경합의 유형

1) 집회나 시위에 참여하려는 사람을 체포·구속한 경우, 신체의 자유와 집회의 자유를 동시에 주장하는 경우.
2) 정치적 단체에 가입하였다는 이유로 교사를 파면한 경우 결사의 자유, 직업수행의 자유, 수업권 등을 동시에 주장하는 경우.

141 권영성, 헌법학원론, 2006, 332면.

3) 직업음악가의 연주회개최나 성직자의 설교를 제한한 경우 예술의 자유 또는 종교의 자유와 직업수행의 자유를 동시에 주장하는 경우.
4) 벽화 등 재산적 가치가 있는 예술작품을 강제로 철거하는 경우 예술의 자유와 재산권을 동시에 주장하는 경우.
5) 신문배달의 자동차를 압수한 경우 언론의 자유와 재산권을 동시에 주장하는 경우.

다. 기본권경합의 해결이론

독일에서는 제한의 가능성이 각기 상이한 여러 기본권이 경합하는 경우에 소수설은 제한의 가능성이 보다 더 큰 기본권을 우선시켜야 한다고 주장하지만 이러한 주장은 기본권은 최대한으로 존중되고 보장되어야 한다는 헌법이념에 부합하지 아니하는 것이다. 다수설은 제한의 가능성이 보다 더 작은 기본권을 우선시켜야 한다고 주장한다. 이것은 경합되는 기본권의 효력의 정도가 각기 상이할 때에는 '그 효력이 보다 더 강한 기본권'을 우선시켜야 한다는 것이다. "하나의 규제로 인해 여러 기본권이 동시에 제약을 받는 기본권 경합의 경우에는 기본권 침해를 주장하는…… 의도 및 기본권을 제한하는 입법자의 객관적 동기 등을 참작하여 사안과 가장 밀접한 관계에 있고 또 침해의 정도가 큰 주된 기본권을 중심으로 해서 그 제한의 한계를 따져 보아야 할 것이다."[142]

2. 기본권의 충돌

가. 기본권충돌의 의의

기본권의 충돌이라 함은 「복수의 기본권주체가 서로 충돌하는 권익을 실현하기 위하여 국가에 대해 각기 대립되는 기본권의 적용을 주장하는 경우」를 말한다. 기본권의 충돌은 「복수의 기본권주체」를 전제로 한다. 그리고 원칙적으로 「국가에 대하여」 기본권을 주장하는 경우를 말한다. 실질적으로는 「사인상호간에 이해관계가 충돌」하는 경우라 하더라도 기본권규정의 적용과 관련

142 헌재 1998.4. 30. 95헌가16, 2002. 4.25. 2001헌마614, 판례집 14-1, 410, 426

된 권리자와 의무자는 국가와 사인일 수밖에 없다. 왜냐하면 기본권의 충돌이란 국가공권력이 한 사인의 기본권을 보호하려는 의도를 가지고 이와 대립하는 다른 사인의 기본권을 제한하는 경우를 의미하기 때문이다.

나. 기본권충돌의 유형

1) 문학작품에서 개인의 사생활사항을 구체적으로 언급함으로써 작가의 예술의 자유와 개인의 사생활의 자유가 충돌하는 경우
2) 언론기관이 특정인의 과거의 범죄사건을 보도함으로써 언론기관의 보도의 자유와 범인의 인격권이 충돌하는 경우
3) 합리적인 이유없이 사원채용에서 특정인을 자의적으로 배제함으로써 고용자측의 계약의 자유와 피고용자측의 평등권이 충돌하는 경우
4) 사용자가 반노조적 의사표현을 함으로써 사용자의 언론의 자유와 근로자의 단결권이 충돌하는 경우
5) 기업주가 공해사업을 운영함으로써 기업주의 직업의 자유와 인근주민의 건강권이 충돌하는 경우
6) 종교단체가 거리에서 종교적 집회를 함으로써 종교단체의 종교의 자유와 시민의 교통권이 충돌하는 경우

다. 기본권충돌의 해결이론

1) 입법의 자유영역이론

입법의 기능을 도외시하고 헌법해석만으로써 기본권충돌의 문제를 해결하려는 입장을 원칙적으로 거부하면서 기본권충돌의 문제를 해결할 역할은 자유로운 입법형성을 그 과제로 하는 입법자의 임무라고 하는 이론이다. 그러나 이 이론은 ⅰ) 기본권충돌의 문제가 1차적으로는 기본권의 내용을 확정하는 헌법해석의 문제라는 점을 간과한 것이고, ⅱ) 입법부의 역할을 지나치게 과대평가한 것이며, ⅲ) 기본권이 충돌하는 상황의 다양성에 비추어 일반적 법률로써 문제를 해결하는 데에는 한계가 있을 수밖에 없다는 점을 도외시하고 있다는 점에서 비판의 여지가 있다.

2) 기본권의 서열이론

기본권간의 서열을 규정하고 그 보호법익을 형량함으로써 보다 우위에 있는 것으로 판단되는 기본권을 우선시키려는 이론이다. 기본권 서열이론은 이익형량의 원칙으로 부르기도 하며, ⅰ) 상하의 기본권이 충돌하는 경우에는 상위기본권을 우선하여 해결한다. ⅱ) 동위의 권리간 충돌이 있는 경우에는 인격적 가치나 자유권을 사회경제적 재산적 가치나 평등에 우선하여 해결한다. 하지만 기본권 서열이론도 각 기본권은 그 자체로서 독자적으로 보장되는 것이므로 원칙적으로 동등한 서열을 가지는 것이며, 상이한 법률유보가 곧 상이한 가치서열을 의미하는 것은 아니라는 점에서 비판을 받고 있다.[143]

3) 규범영역의 분석이론

기본권이 충돌하는 경우에 그 궁극적인 판단기준을 헌법 자체에서 구할 뿐 아니라 기본권의 해석을 통하여 기본권의 규범영역을 분석하고 이에 따라 비전형적인 기본권행사방식은 당해 기본권의 내용으로부터 배제해 버림으로써 기본권의 충돌을 해결하려는 이론이다. 예를 들면 복잡한 도로에서 그림을 그리는 행위는 예술의 자유의 규범영역에 포함시키지 않는 경우 등을 말한다. 그러나 규범영역의 분석이론은 기본권의 충돌문제를 기본권해석의 문제로만 파악함으로써 입법자의 역할을 전적으로 무시하고 있다는 점과 기본권의 역사성에 비추어 볼 때 기본권의 규범영역은 끊임없이 변화하는 것임이 분명함에도 기본권의 규범영역을 과연 해석을 통하여 항상 일의적으로 확정할 수 있을지 의문이라는 점 등에서 비판이 제기될 여지가 있다.

4) 규범조화적 해석 이론

여러 기본권이 충돌하는 경우에 특정의 기본권이 상위서열에 있다는 이유만으로 그 효력을 극대화하고 그 밖의 기본권을 전적으로 배제할 것이 아니라 충돌하는 기본권 모두의 본질적 내용을 훼손하지 아니하면서 그 효력을 최적

143 흡연권은 위와 같이 사생활의 자유를 실질적 핵으로 하는 것이고 혐연권은 사생활의 자유뿐만 아니라 생명권에까지 연결되는 것이므로 혐연권이 흡연권보다 상위의 기본권이라 할 수 있다. 이처럼 상하의 위계질서가 있는 기본권끼리 충돌하는 경우에는 상위기본권우선의 원칙에 따라 하위기본권이 제한될 수 있으므로, 결국 흡연권은 혐연권을 침해하지 않는 한에서 인정되어야 한다. 헌재 2004.8 26. 2003헌마457.

정화할 수 있도록 기본권들을 조화시켜야 한다는 이론이다. 실제적 조화를 실현하기 위한 다양한 방안들이 제시되고 있지만 이러한 방안들의 공통된 기본목표는 구체적 충돌사안에서 형평성이 유지되는 해결방안을 모색하려는 데에 있다. 그 방안들의 내용이 되는 대표적인 원칙들로는 비례적 제한의 원칙, 대안제시의 원칙, 과잉금지의 원칙, 최후수단억제원칙(Less Restrictrive Alternative ; LRA원칙)등을 들 수 있다. 헌법재판소에서는 과잉금지원칙의 내용으로 기본권제한 방법의 적합성·내용의 적정성·법익의 형평성·피해의 최소성을 들고 있다.[144]

Ⅶ. 기본권의 제한

1. 기본권제한의 일반이론

가. 기본권제한의 의의

기본권이라고 하더라도 절대적인 것이 아니고 여러 가지 면에서 제한되고 있다. 기본권의 제한은 국민전체의 기본권을 최대한으로 보장하기 위하여 인정되는 것이다.

나. 기본권의 구성요건 또는 규범영역

기본권의 구성요건이란 기본권의 규범영역이라고도 할 수 있다.

개별적인 기본권은 특정한 사물적 내용적 범위를 가짐으로써 어느 정도 제한되고 있다.

이 규범영역의 문제는 협의의 기본권제한의 문제는 아니나, 일반적으로 기본권제한문제와 연결하여 고찰하는 것이 독일의 다수설이다.

144 범죄의 종류와 내용을 가리지 않고 모두 당연퇴직사유로 규정함으로써 입법목적을 달성하기 위하여 필요한 최소한의 정도를 넘어 청구인들의 기본권을 과도하게 제한하였고, 공직제도의 신뢰성이라는 공익과 공무원의 기본권이라는 사익을 적절하게 조화시키지 못하고 과도하게 공무담임권을 침해하였다고 할 것이다. 헌재 2002.8.29. 2001헌마788 등.

다. 기본권제한의 유형

1) 헌법직접적 제한

헌법이 명문규정을 통하여 특정한 기본권에 대하여 직접적인 제한을 두는 것을 말한다.

현행헌법은 제21조 4항에서 「언론·출판은 타인의 명예나 권리 또는 공중도덕이나 사회윤리를 침해하여서는 아니된다」라고 규정하고 있으며, 제29조 2항에서 군인·군무원·경찰공무원 등의 국가배상청구권을 제한하고 있다.

2) 법률유보에 의한 제한

헌법이 법률에 의하여 기본권을 제한할 수 있게 위임한 것을 법률유보에 의한 기본권제한이라 한다.

개별적 법률유보란 기본권 중에서 그 기본권을 규정하는 헌법규정에 법률유보조항을 개별적으로 첨가함으로써 기본권의 내용과 한계를 확정하는 것을 입법자에게 개별적으로 위임하는 경우를 말한다.

죄형법정주의를 규정한 제12조·제13조, 노동삼권을 제한한 제33조 3항 등을 들 수 있다.

일반적 법률유보란 모든 기본권에 대하여 법률에 의하여 일반적으로 제한할 수 있게 한 것을 말하며, 현행헌법 제37조 2항이 일반적 법률유보를 규정하고 있다.

3) 헌법내재적 한계에 대한 제한

내심의 작용 또는 두뇌의 활동에 머물고 외부에 표출되지 않아 타인이나 사회에 영향을 직접 미치지 않는다는 이유로 그 제한이 어렵다고하여 일반적으로 절대적 기본권이라고 불리는 양심과 신앙의 자유. 학문연구의 자유, 예술창작의 자유도 제한될 수 있다고 하는데, 그 이유는 이러한 기본권에도 내재적 한계가 있기 때문이다.

내재적 한계가 무엇인가에 대해서는 학설이 대립되고 있다. 내재적 한계로서 타인의 권리·도덕률·헌법질서를 드는 견해, 공동체조항Gemeinschaftsklausel 또는 공공복리Gemein-wohilausel를 드는 견해 등이 있다.

우리 헌법은 절대적 기본권을 규정하지 않고 모든 기본권을 국가안전보장·질서유지·공공복리를 위하여 법률로써 제한할 수 있게 일반적 법률유보를 규정하였기 때문에, 이 내재적 한계론은 주장할 필요성이 없으며 그대신에 기본권제한의 한계문제가 중요시되게 된다는 것이 다수설이다.

2. 법률에 의한 기본권제한

헌법 제37조 2항은 법률에 의한 기본권제한의 일반원칙을 규정하고 있다.

가. 기본권제한수단으로서의 법률

1) 제37조 2항의 「법률」의 의의

기본권은 원칙적으로 법률에 의하여 제한될 수 있다. 기본권을 제한하는 법률은 국회에서 제정한 형식적 법률이어야 한다.

2) 법률의 일반성과 명확성

가) 일반성

법률의 규정은 일반적인 효력을 가져야 하며 특정인에게만 특수한 효과를 가져오는 규정이어서는 아니된다. 법률의 일반성이란 처분적 법률 또는 개별적 처벌법규 등을 인정하지 않는 것을 의미한다.

개별적 처벌법규의 예로서 과거의 부정선거관련자처벌법, 정치활동정화법, 부정축재처리법과 정치풍토혁신에관한법률을 들 수 있다. 헌법재판소는 개별사건법률이라고 하더라도 합헌으로 결정한 바 있다.[145]

145 개별사건법률은 원칙적으로 평등원칙에 위배되는 자의적 규정이라는 강한 의심을 불러 일으키는 것이지만, 개별법률금지의 원칙이 법률제정에 있어서 입법자가 평등원칙을 준수할 것을 요구하는 것이기 때문에 특정규범이 개별사건법률에 해당한다 하여 곧바로 위헌을 뜻하는 것은 아니며, 이러한 차별적 규율이 합리적인 이유로 정당화될 수 있는 경우에는 합헌적일 수 있다. 이른바 12·12 및 5·18 사건의 경우 그 이전에 있었던 다른 헌정질서파괴범과 비교해 보면, 공소시효의 완성 여부에 관한 논의가 아직 진행중이고, 집권과정에서의 불법적 요소나 올바른 헌정사의 정립을 위한 과거청산의 요청에 미루어 볼 때 비록 특별법이 개별사건법률이라고 하더라도 입법을 정당화할 수 있는 공익이 인정될 수 있으므로 위 법률조항은 헌법에 위반되지 않는다. (헌재 1996.2.16. 96헌가2 등).

나) 명확성과 구체성

법률의 내용이 불명확한 경우에는 「불명확하기 때문에 무효(void for vagueness)」라는 이론이 적용된다. 제한되는 기본권은 구체적으로 적시될 것을 요하며 기본권일반을 제한한다고 하는 것은 허용될 수 없다.

3) 입법재량

기본권제한의 법률에도 입법자의 입법형성의 자유 내지 입법재량이 인정된다. 입법재량의 행사는 자의적이어서는 아니되고 합리적인 범위내에서 이루어져야 한다.[146]

나. 기본권제한의 대상

기본권제한의 대상이 되는 기본권으로서는 (ⅰ) 자유권에 한정하는 견해 (ⅱ) 기본권전반으로 보는 견해가 있으나, 일반적으로 성질상 제한이 가능한 기본권전반을 대상으로 한다고 볼 수 있다.

다. 기본권제한의 목적[147]

1) 국가안전보장을 위한 기본권제한

가) 국가안전보장의 개념

국가안전보장은 국가의 정통성의 유지, 영토의 보전, 국가기밀의 보호, 국가기관의 보호 등을 포함하는 광의로도 사용할 수 있고, 국가의 존립, 헌법의 기본질서유지만을 뜻하는 협의의 개념으로도 이해 할 수 있다.

146 양계 혈통을 모두 성으로 반영하기 곤란한 점, 부성의 사용에 관한 사회 일반의 의식, 성의 사용이 개인의 구체적인 권리의무에 영향을 미치지 않는 점 등을 고려할 때 민법 제781조 제1항 본문(2005.3.31. 법률 제7427호로 개정되기 전의 것) 중 "자(子)는 부(父)의 성(姓)과 본(本)을 따르고" 부분(이하 '이 사건 법률조항'이라 한다)이 성의 사용 기준에 대해 부성주의를 원칙으로 규정한 것은 입법형성의 한계를 벗어난 것으로 볼 수 없다. 헌재 2005.12.22. 2003헌가5등.

147 직업의 자유에 대한 제한은 헌법 제37조 제2항에서 도출되는 비례의 원칙에 따라, 반드시 법률로써 하여야 할 뿐 아니라 국가안전보장·질서유지 또는 공공복리라는 공공의 목적을 달성하기 위하여 필요하고 적정한 수단·방법에 의하여서만 가능하다(헌재 1989.11.20. 89헌가102, 판례집 1, 329, 336; 2002.4.25. 2001헌마614, 판례집 14-1, 410, 427 참조)…… 운전전문학원을 졸업한 자 중 일정비율 이상이 교통사고를 일으킨 경우, 그 교통사고의 원인과 관계없이 운영정지나 등록취소를 할 수 있도록 한 것은 입법목적을 달성하기 위한 합리적이고 공정한 방법이라 보기 어렵다. 헌재 2005.7.21. 2004헌가30.

나) 헌법재판소의 판례

헌법재판소는 국가보안법 제7조에 대한 한정합헌결정

다) 국가안전보장을 위한 기본권제한과 그 법률례

국가안전보장을 위해서 헌법은 대통령에게 국가긴급권을 부여하여 대통령은 긴급명령, 긴급재정경제명령으로써 국민의 기본권을 제한할 수 있다(제76조). 국가안전보장을 위한 기본권제한법률로는 내란죄 등을 규정한 형법과 국가안전법 등을 들 수 있다.

2) 질서유지를 위한 기본권제한

가) 질서유지의 개념

광의로 해석하면 국가질서와 민주적 기본질서, 헌법질서 및 사회질서가 모두 포함될 것이며, 이를 협의로 해석하면 국가질서나 민주적 기본질서는 국가안전보장에 속하고 질서유지는 헌법질서와 사회질서의 유지만을 의미한다고 볼 것이다.

국가안전보장을 따로 명시하고 있으므로 현행 헌법상 결국 질서유지란 개념은 협의로는「공공의 안녕질서」를 의미하며 이에는 헌법의 기본질서유지 이외에 타인의 권리유지, 도덕질서유지, 사회의 공공질서유지 등이 포함되어 있다고 보아야 할 것이다.

나) 질서유지를 위한 기본권제한과 그 법률례

헌법, 집회및시위에관한법률, 도로교통법, 경찰관직무집행법 등

3) 공공복리를 위한 기본권제한

가) 공공복리의 개념

공공복리의 개념은 현대적 복지국가의 이념을 구현하는 적극적인 의미를 갖는 것으로 인권상호간의 충돌을 조정하고 각인의 인권의 최대한의 보장을 꾀하는 사회정의의 원리라고 보아야 할 것이다.

나) 공공복리를 위한 기본권제한과 그 법률례

국토이용관리법. 도시계획법, 산림법, 풍수해대책법, 토지수용법 등

라. 기본권제한의 필요성과 비례성

1) 제37조 2항의 「필요한 경우」의 의의

여기서 필요한 경우란 국가안전보장·질서유지·공공복리를 위하여 그 제한이 불가피한 경우이어야 하며 또 제한이 최소한으로 그쳐야 한다는 것을 의미한다.

2) 비례성의 원칙

(i) 기본권보장의 경우의 이익과 기본권제한의 경우의 사회이익과을 비교하여 양자간의 균형을 유지하려고 하는 이익교량(비교형량)의 이론이나, (ii) 경제적 자유에 대한 정신적 자유의 우월적 지위를 인정하여 그 제한정도를 달리하는 소위 이중기준의 이론도 비례성의 원칙에 해당한다. 기본권제한 법률의 합헌성여부를 결정하는 기준으로는 (i) 적격성, (ii) 필요성, (iii) 기대가능성을 들 수 있다.[148]

3) 헌법재판소 판례-비례원칙 내지 과잉금지원칙

헌재는 과잉금지원칙의 네 가지 요소로서 (i) 목적의 정당성, (ii) 방법의 적절(정)성, (iii) 피해의 최소성, (iv) 법익의 균형성을 들고 있다.[149]

148 (1) 이 사건 조항의 경우 명시적인 헌법적 근거 없이 국가유공자의 가족들에게 만점의 10%라는 높은 가산점을 부여하고 있는 바, 그러한 가산점 부여 대상자의 광범위한 가산점 10%의 심각한 영향력과 차별효과를 고려할 때, 그러한 입법정책만으로 헌법상의 공정경쟁의 원리와 기회균등의 원칙을 훼손하는 것은 부적절하며, 국가유공자의 가족의 공직 취업기회를 위하여 매년 수많은 젊은이들에게 불합격이라는 심각한 불이익을 받게하는 것은 정당화될 수 없다. 이 사건 조항의 차별로 인한 불평등 효과는 입법목적과 달성수단 간의 비례성을 현저히 초과하는 것이다.(2006.2.23. 2004헌마675 등 국가유공자예우및지원에관한 법률 제31조 제1항 등.)

(2) (법정형이 오직 사형인 형법조항의 위헌성) - 범행동기와 죄질에 무관하게 사형만을 유일한 법정형으로 규정하고 있는 것은 형벌이 죄질과 책임에 상응하는 적절한 비례성을 갖추고 있다고 보기 어렵다.(2007. 11. 29. 2006헌가13)

149 (1) 수형자의 기본권 제한에 대한 구체적인 한계는 헌법 제37조 제2항에 따라 법률에 의하여, 구체적인 자유·권리의 내용과 성질, 그 제한의 태양과 정도 등을 교량하여 설정하게 되며, 수요 시설 내의 안전과 질서를 유지하기 위하여 이들 기본권의 일부 제한이 불가피하다 하더라도 그 본질적인 내용을

마. 기본권제한의 한계

1) 기본권의 본질적 내용의 침해금지

기본권은 국가안전보장·질서유지·공공복리를 위하여 필요한 경우에 한하여 법률로써 제한할 수 있으나 그 본질적인 내용은 침해할 수 없다고 규정하고 있다.

헌법이론상으로는 규정의 유무를 막론하고 본질적 내용은 침해할 수 없다고 하겠다.

2) 기본권의 본질적 내용의 의의

기본권의 내용은 포괄적인 데 대하여 기본권의 본질적 내용은 그 기본권의 근본요소만을 포함한다.

3) 인간의 존엄과 가치

「인간의 존엄과 가치」와 「기본권의 본질적 내용」과의 관계에 대하여는 1) 인간의 존엄과 가치를 기본권의 본질적 내용으로 보는 견해와 2) 인간의 존엄과 가치를 기본권의 본질적 내용보다도 더 협의의 것으로 보는 견해가 있다.

4) 절대적 기본권의 제한금지

제6공화국헌법은 기본권제한에 대한 일반적 법률유보조항을 두었기 때문에 절대적 기본권이라는 것은 실정헌법상은 존재할 수 없게 되었다. 그러나 내심의 자유, 특히 양심의 자유, 신앙의 자유, 학문연구와 예술창작의 자유 등은 절대적 자유로 보아 법률로도 제한할 수 없다고 보아야 할 것이다.

5) 신뢰보호의 원칙

헌재는 신뢰보호의 원칙은 법치주의에서 파생된다고 보고, 신뢰보호원칙 위

침해하거나, 목적의 정당성, 방법의 적정성, 피해의 최소성 및 법익의 균형성 등을 의미하는 과잉금지의 원칙에 위배되어서는 안 된다. (헌재 2004. 12. 16. 2002헌마478.)

(2) (경과실에 의한 실화피해자의 손해배상청구권 제한)-일방적으로 실화자마 보호하고 실화피해자의 보호를 외면한 것으로서 실화자 보호의 필요성과 균형 있게 조화시킨 것이라고 보기 어렵다.(헌법불합치- 2007. 8. 30. 2004헌가25)

반여부의 판단기준으로서, 비교형량 즉 기존 법질서에 대한 신뢰보호의 필요성 및 법적 안정성의 요청과 법률개정으로 달성하고자 하는 공익목적을 비교형량하여 판단하여야 한다고 보는바, 동 원칙은 기본권제한의 한계사유와 관련하여 입법재량의 한계로서 적용되고 있다.

3. 기본권의 예외적 제한-법률에 의한 제한외의 제한

가. 긴급명령, 긴급재정·경제명령에 의한 기본권제한

1) 헌법규정

가) 제76조 제1항 긴급명령
나) 제76조 제2항 긴급재정·경제명령 및 처분

2) 긴급명령, 긴급재정·경제명령에 의한 기본권제한

적법하게 성립한 긴급명령, 긴급재정·경제명령은 국회가 직접 제정한 법률과 동일한 효력을 가지므로 입법사항에 속하는 국민의 권리·의무를 제한 또는 부과할 수 있을 뿐만 아니라 기존의 법률을 폐지·개정 또는 적용정지할 수 있다.

긴급명령이나 긴급재정·경제명령에 의하여 헌법상의 기본권을 정지할 수는 없으며, 제한하는 경우에도 사전적인 예방조치는 불가능하고 자유와 권리의 본질적 내용을 침해할 수 없으며, 따라서 절대적 기본권, 즉 내심의 자유는 어떠한 경우에도 제한할 수 없다고 할 것이다.

나. 비상계엄하의 기본권제한

1) 헌법규정

제77조 제3항

2) 비상계엄하의 특별한 조치

계엄법은 비상계엄선포지역 안에 있어서 계엄사령관은 군사상 필요한 때에는 사전에 미리 공고하여 체포·구속·압수·수색·거주·이전·언론·출판·집회·결사 또는 단체행동에 관한 특별한 조치를 할 수 있다고 규정하고 있다(법 제9조).

긴급명령, 긴급재정·경제명령에 의하여 제한될 수 있는 대상인 기본권은 포괄적인 데 대하여 헌법 제77조 3항의 규정상 비상계엄령에 의하여 제한되는 대상인 기본권은 특정한 기본권에 한정되어 있다.

헌법 제77조 3항에는 거주·이전의 자유나 노동자의 단체행동의 자유에 관한 특별조치를 규정하고 있지 않은 데도 계엄법 제9조 1항이 이것을 규정하고 있는 것은 헌법의 입법위임을 초월한 것이 아닌가 하는 것이 문제된다.

다. 특수신분관계에 의한 기본권제한

1) 특별권력관계의 의의와 법적 성격

특별권력관계란 특별한 법률원인에 의거하여 일정한 공법상의 목적을 위하여 필요한 범위 내에서 당사자의 한쪽이 포괄적으로 그 상대방을 지배하고 그 상대방은 이에 복종함을 내용으로 하는 공법관계를 말한다 함이 전통적인 이론이었다. 이는 국민이 국가 또는 공공단체의 구성원으로서의 일반적 지위에서 통치권에 복종하는 관계인 일반권력관계에 반대되는 개념이다.

특별권력관계와 일반권력관계가 양자간에 어떠한 성질상의 차이가 있어서 구별되는가에 관하여 학설은 절대적 구별설, 상대적 구별설, 구별부인설로 갈라져 있다.

특별권력관계는 일반권력관계와 상대적인 차이가 있는 것으로 파악하여 여기에도 법치주의가 원칙적으로 타당하다고 보며, 다만 그 목적달성을 위하여 합리적인 범위 안에서 그 적용의 제한을 인정하는 설이 옳겠다.

2) 특수신분관계에 의한 기본권제한

특수신분관계라 하더라도 절대적 기본권은 어떠한 경우에도 제한할 수 없으며, 상대적 기본권을 제한하는 경우에도 그 본질적 내용과 인간의 존엄과 가치는 침해할 수 없다.

특수신분관계에 있어서의 기본권제한행위가 사법심사의 대상이 되는가에 관하여는 특수신분관계의 성격을 어떻게 보느냐에 따라 달라진다.

3) 우리 헌법상의 특수신분관계에 의한 기본권제한

가) 군인·군무원의 기본권제한
헌법 제29조2항의 국가배상 청구권 제한

나) 공무원의 기본권제한
헌법 제33조2항의 공무원의 근로3권 제한

다) 기타 이 밖에도 수형자라든가 국공립학교의 학생이라든가 전염병환자에 대해서는 특별한 제한이 법률에 의해 가능하게 되어 있다.

라. 조약에 의한 기본권제한

기본권은 국가간의 조약이나 다변적인 국제조약에 의하여서도 제한될 수 있다.

국회의 동의를 얻은 조약은 국내법률과 같은 효력을 가지게 되어 당연히 기본권을 제한할 수 있고, 일반적으로 승인된 국제법규도 국내법과 같은 효력을 가지므로 이 국제법규에 의해서도 기본권은 제한될 수 있다.

마. 헌법개정에 의한 기본권제한

기본권의 내용은 헌법개정에 의하여서도 제한될 수 있다. 헌법개정에 의한 기본권의 폐지가 가능할 것인가의 여부에 대하여는 문제가 되고 있다.

Constitution 2

헌법상 주요기본권

Ⅰ. 인간의 존엄과 가치, 행복추구권

1. 연혁 및 헌법규정

인간의 존엄성에 대한 존중사상은 J. Locke의 영향을 받은 것으로서, 1776년 미국의 버지니아 권리장전 및 독립선언을 비롯하여 1789년 프랑스의 인권선언 등에서도 인정되어 왔었다. 그러나 제1차 세계대전 이후에는 독일의 나치즘·이탈리아의 파시즘·일본의 군국주의 등 전체주의는 인간의 존엄성과 개인의 가치를 무시하고 비인간적인 만행을 자행하였다. 이에 따라 제2차 세계대전 이후 각국의 헌법들은 인간의 존엄과 가치를 규정하게 되었고, 또한 인권의 국제화 경향에 따라 UN헌장·세계인권선언 등에서도 이를 규정하게 되었다. 1987년 우리헌법은 제10조에서 「모든 국민은 인간으로서의 존엄과 가치를 가지며, 행복을 추구할 권리를 가진다. 국가는 개인이 가지는 불가침의 기본적 인권을 확인하고 이를 보장할 의무를 진다」고 규정하고 있다.

2. 의의

인간의 존엄[150]이란 인격의 내용을 이르는 것이라고 보아 인간을 인간으로

150 개인주의 사회에서의 인간은 고립적·이기적·독립적인 인간상을 의미하고, 인격주의 사회에서의 인간은

만드는 인격 그 자체라고 할 것이고, 인간의 가치란 인간의 독자적 평가라고 볼 수 있다. 따라서 인간의 존엄과 가치는 「인간의 인격과 평가」라고 보는 것이 타당할 것이다. 우리 헌법재판소도 협의의 인간의 존엄과 가치를 인격권으로 보고 있다. 광의로는 모든 기본적 인권을 포괄하는 포괄적 기본권으로 보는 경향이 있으며, 생명·자유·생존 등을 포괄적으로 내포하는 개념으로 파악하고 있다. 행복추구권은 인격의 형성·유지·표현의 전제가 되는 알 권리, 읽을 권리, 들을 권리, 자기 자신에 관한 정보를 컨트롤할 수 있는 권리, 인간다운 생활을 할 권리 등을 포함하는 것으로 보고 있다. 인간의 존엄과 가치 및 행복추구권은 이를 각기 독립해서 파악할 것이 아니라 포괄적으로 이해하는 것이 옳을 것이다.

국가유공자등예우및지원에관한법률 제20조 제2항 등 위헌확인
[98헌마216, 2000.6.1]

이 사건 규정은 국가유공자에 대한 보상금지급과 관련하여 기본권을 형성하는 성질을 가지고 있으나 그 내용상 최소한의 기본적 보상이나 사회보장을 하지 않아 인간으로서의 인격이나 본질적 가치를 훼손할 정도에 이른다고는 볼 수 없으므로 헌법 제10조의 인간의 존엄과 가치를 침해한다고 할 수 없다.

헌법 제10조의 행복추구권은 국민이 행복을 추구하기 위하여 필요한 급부를 국가에게 적극적으로 요구할 수 있는 것을 내용으로 하는 것이 아니라, 국민이 행복을 추구하기 위한 활동을 국가권력의 간섭 없이 자유롭게 할 수 있다는 포괄적인 의미의 자유권으로서의 성격을 가지는데, 이 사건 규정은 보상금수급권에 대한 일정 요건하의 지급정지를 규정하고 있는 것으로 자유권이나 자유권의 제한영역에 관한 규정이 아니므로, 이 사건 규정이 행복추구권을 침해한다.

3. 내용

가. 생명권

헌법 제10조에서 규정하고 있는 인간의 존엄과 가치는 인간의 생명권을 전

인간의 고유가치를 유지하면서 사회과 긴밀한 관계를 가지며, 사회에 의해서 기속되는 인간상을 말한다.

제로 하고 있다. 생명에의 권리는 인간의 본질적 가치에 해당하는 것이며 따라서 생명을 박탈하는 것은 인간의 존엄을 침해하는 것이된다. 생명권은 소극적으로 국가에 의한 침해의 배제청구권뿐만 아니라, 적극적으로 국가에 대한 보장청구권을 포함한다.

형법 제250조 등 위헌소원 [95헌바1, 1996.11.28]

인간의 생명은 고귀하고, 이 세상에서 무엇과도 바꿀 수 없는 존엄한 인간존재의 근원이다. 이러한 생명에 대한 권리는 비록 헌법에 명문의 규정이 없다 하더라도 인간의 생존본능과 존재목적에 바탕을 둔 선험적이고 자연법적인 권리로서 헌법에 규정된 모든 기본권의 전제로서 기능하는 기본권 중의 기본권이라 할 것이다.

민법 제3조 등 위헌소원(제762조) [2004헌바81, 2008.7.31]

인간의 생명은 고귀하고, 이 세상에서 무엇과도 바꿀 수 없는 존엄한 인간 존재의 근원이다. 이러한 생명에 대한 권리, 즉 생명권은 비록 헌법에 명문의 규정이 없다 하더라도 인간의 생존본능과 존재목적에 바탕을 둔 선험적이고 자연법적인 권리로서 헌법에 규정된 모든 기본권의 전제로서 기능하는 기본권 중의 기본권이다. 모든 인간은 헌법상 생명권의 주체가 되며, 형성 중의 생명인 태아에게도 생명에 대한 권리가 인정되어야 한다. 따라서 태아도 헌법상 생명권의 주체가 되며, 국가는 헌법 제10조에 따라 태아의 생명을 보호할 의무가 있다.

무의미한연명치료장치제거등
[대법원 2009.5.21, 선고, 2009다17417, 전원합의체 판결]

다수의견] (가) 의학적으로 환자가 의식의 회복가능성이 없고 생명과 관련된 중요한 생체기능의 상실을 회복할 수 없으며 환자의 신체상태에 비추어 짧은 시간 내에 사망에 이를 수 있음이 명백한 경우(이하 '회복불가능한 사망의 단계'라 한다)에 이루어지는 진료행위(이하 '연명치료'라 한다)는, 원인이 되는 질병의 호전을 목적으로 하는 것이 아니라 질병의 호전을 사실상 포기한 상태에서 오로지 현 상태를 유지하기 위하여 이루어지는 치료에 불과하므로, 그에 이르지 아니한 경우와는 다른 기준으로 진료중단 허용 가능성을 판단하여야 한다. 이미 의식의 회복가능성을 상실하여 더 이상 인격체로서의 활동을 기대할 수 없고 자연적으로는 이미 죽음의 과정이 시작되었다고 볼 수 있는 회복불가능한 사망의 단계에 이른 후에는, 의학적으로 무의미한 신체 침해 행위에 해당하는 연명치료를 환자에게 강요하는 것이 오히려 인간의 존엄과 가치를 해하게 되므로, 이와 같은 예외적인 상황에서 죽음을 맞이하려는 환자의 의사결정을 존중하여 환자의 인간으로서의 존엄과 가치 및 행복추구권을 보호하는 것이 사회상규에 부합되고 헌법정신에도 어긋나지 아니한다. 그러므로 회복불가능한 사망의 단계에 이른 후에 환자가 인간으로서의 존엄과 가치 및 행복추구권에 기초하여 자기결정권을 행사하는 것으로 인정되는 경우에는 특별한 사정이 없는 한 연명치료의 중단이 허용될 수 있다. 한편, 환자가 회복불가능한 사망의 단계에 이르렀는지 여부는 주치의의 소견뿐 아니라 사실조회, 진료기록 감정 등에 나타난 다른 전문의사의 의학적 소견을 종합하여 신중하게 판단하여야 한다.

나. 일반적 인격권

일반적 인격권은 명예권·성명권·초상권 등을 포함한다. 헌법재판소도 「일반적 인격권」이 개인의 존엄성에서 유래한다고 본다.

1) 명예권

일제강점하 반민족행위 진상규명에 관한 특별법 위헌확인
[전원재판부 2006헌마1298, 2009.9.24]

헌법 제10조로부터 도출되는 일반적 인격권에는 개인의 명예에 관한 권리도 포함된다(헌재 1999. 6. 24. 97헌마265, 판례집 11-1, 768, 774 ; 헌재 2005. 10. 27. 2002헌마425, 판례집 17-2, 311, 319).

심판대상조항인 반민규명법 제2조에 근거하여 반민규명위원회의 친일반민족행위 결정이 이루어지고 반민규명법 제25조 내지 제27조에 따라 반민규명위원회가 작성한 조사보고서 및 사료가 일반에 공개되면, 조사 대상자에 대한 사회적 평가가 침해되어 조사 대상자는 헌법 제10조에서 유래하는 일반적 인격권을 제한받는다고 할 수 있다. 다만 이 사건 결정의 조사 대상자인 이○면, 이○용은 이미 모두 사망하였지만, 사자(死者)의 경우에도 인격적 가치에 대한 중대한 왜곡으로부터 보호되어야 하고, 이와 같은 사자인 조사 대상자에 대한 사회적 명예와 평가의 훼손은 사자와의 관계를 통하여 스스로의 인격상을 형성하고 명예를 지켜온 그들의 후손의 인격권, 즉 유족의 명예 또는 유족의 사자에 대한 경애추모의 정을 침해한다고 할 것이므로, 반민규명위원회에 의하여 친일반민족행위를 한 것으로 결정된 망 이○면, 이○용의 직계비속인 청구인은 헌법 제10조에서 유래하는 인격권을 제한받는다고 할 것이다.

2) 성명권

개명 [대법원 2005.11.16, 자, 2005스26, 결정]

개명을 엄격하게 제한할 경우 헌법상의 개인의 인격권과 행복추구권을 침해하는 결과를 초래할 우려가 있는 점 등을 종합하여 보면, 개명을 허가할 만한 상당한 이유가 있다고 인정되고, 범죄를 기도 또는 은폐하거나 법령에 따른 각종 제한을 회피하려는 불순한 의도나 목적이 개입되어 있는 등 개명신청권의 남용으로 볼 수 있는 경우가 아니라면, 원칙적으로 개명을 허가함이 상당하다고 할 것이다

3) 초상권

초상권이 헌법상 보장되는 권리인지 여부
[대법원 2006.10.13, 선고, 2004다16280, 판결]

사람은 누구나 자신의 얼굴 기타 사회통념상 특정인임을 식별할 수 있는 신체적 특징에 관하여 함부로 촬영 또는 그림묘사되거나 공표되지 아니하며 영리적으로 이용당하지 않을 권리를 가지는데, 이러한 초상권은 우리 헌법 제10조 제1문에 의하여 헌법적으로도 보장되고 있는 권리이다. 또한, 헌법 제10조는 헌법 제17조와 함께 사생활의 비밀과 자유를 보장하는데, 이에 따라 개인은 사생활 활동이 타인으로부터 침해되거나 사생활이 함부로 공개되지 아니할 소극적인 권리는 물론, 오늘날 고도로 정보화된 현대사회에서 자신에 대한 정보를 자율적으로 통제할 수 있는 적극적인 권리도 가진다(대법원 1998. 7. 24. 선고 96다42789 판결 참조). 그러므로 초상권 및 사생활의 비밀과 자유에 대한 부당한 침해는 불법행위를 구성하는데, 위 침해는 그것이 공개된 장소에서 이루어졌다거나 민사소송의 증거를 수집할 목적으로 이루어졌다는 사유만으로는 정당화되지 아니한다.

다. 알 권리

알 권리란 일반적으로 접근할 수 있는 정보원으로부터 방해받지 않고 듣고 보고 읽을 자유와 권리를 말한다. 우리 헌재는 「알 권리」의 근거로 헌법 제21조를 더 강하게 내세우고 있는 경향이 있다.

교육관련기관의 정보공개에 관한 특례법 제3조 제2항 등 위헌확인 [전원재판부 2010헌마293, 2011.12.29]

이 사건 헌법소원심판청구는 교원의 교원단체 및 노동조합 가입에 관한 정보의 공개를 요구하는 학부모들의 알 권리와 그 정보의 비공개를 요청하는 정보주체인 교원의 개인정보 자기결정권이 충돌하는 경우로서, 이와 같이 두 기본권이 충돌하는 경우에는 헌법의 통일성을 유지하기 위하여 상충하는 기본권 모두 최대한으로 그 기능과 효력을 발휘할 수 있도록 조화로운 방법이 모색되어야 한다.

이 사건 법률조항은 교원의 개인정보 공개를 일률적으로 금지하는 듯이 보이지만, 위 법에 의해 준용되는 '공공기관의 정보공개에 관한 법률'은 개인정보라고 하더라도 그 공개의 여지를 두고 비공개결정에 대해서는 불복의 수단을 마련하고 있으므로, 이 사건 법률조항은 학부모들의 알 권리를 침해하지 않는다.

라. 협의의 행복추구권

협의의 행복추구권은 일반적 행동자유권과 신체의 불훼손권 및 평화적 생존권을 말한다. 잔혹한 형벌을 받지 않을 권리, 쾌적한 환경 속에서 살 권리, 행복한 사회적·경제적 생활을 할 권리, 건강권 등도 행복추구권의 한 내용이다. 헌법재판소도 일반적 행동자유권은 행복추구권에 함축되어 있고, 이 일반적 행동자유권에서 계약의 자유도 파생된다고 본다. 평화적 생존권은 평화상태를 향유할 수 있는 권리이며 평화적 생존권은 비록 헌법에 명문규정이 없더라도 헌법 제10조의 행복추구권 속에서 당연히 나오는 것이다.

가정의례에관한법률 제4조 제1항 제7호 위헌확인 [98헌마168, 1998.10.15]

결혼식 등의 당사자가 자신을 축하하러 온 하객들에게 주류와 음식물을 접대하는 행위는 인류의 오래된 보편적인 사회생활의 한 모습으로서 개인의 일반적인 행동의 자유 영역에 속하는 행위이므로 이는 헌법 제37조 제1항에 의하여 경시되지 아니하는 기본권이며 헌법 제10조가 정하고 있는 행복추구권에 포함되는 일반적 행동자유권으로서 보호되어야 할 기본권이다.

국민연금법 제75조 등 위헌확인 (국민연금법 제79조) [99헌마365, 2001.2.22]

강제가입과 연금보험료의 강제징수를 전제로 한 국민연금제도는 자신 스스로 사회적 위험에 대처하고자 하는 개인들의 행복추구권을 침해한다고 볼 수 있다. 그러나 국민의 노령·폐질 또는 사망에 대하여 연금급여를 실시함으로써 국민의 생활안정과 복지증진에 기여할 것을 그 목적으로 하는 국민연금법의 입법목적에 정당성이 있으며, 국가적인 보험기술을 통하여 사회적 위험을 대량으로 분산시킴으로써 구제를 도모하는 사회보험제도의 일종으로서 그 방법 또한 적정하고, 필요한 최소한도로 개인의 선택권이 제한되며, 국민연금제도를 통하여 달성하고자 하는 공익이 개별적인 내용의 저축에 대한 선택권이라는 개인적 사익보다 월등히 크다고 보아야 할 것이어서 과잉금지의 원칙에 위배되지 아니하므로, 결국 위 행복추구권 침해는 헌법에 위반된다고 할 수 없다.

2007년 전시증원연습 등 위헌확인 [전원재판부 2007헌마369, 2009.5.28]

청구인들이 평화적 생존권이란 이름으로 주장하고 있는 평화란 헌법의 이념 내지 목적으로서 추상적인 개념에 지나지 아니하고, 평화적 생존권은 이를 헌법에 열거되지 아니한 기본권으로서 특별히 새롭게 인정할 필요성이 있다거나 그 권리내용이 비교적 명확하여 구체적 권리로서의 실질에 부합한다고 보기 어려워 헌법상 보장된 기본권이라고 할 수 없다.

종전에 헌법재판소가 이 결정과 견해를 달리하여 '평화적 생존권을 헌법 제10조와 제37조 제1항에 의하여 인정된 기본권으로서 침략전쟁에 강제되지 않고 평화적 생존을 할 수 있도록 국가에 요청할 수 있는 권리'라고 판시한 2003. 2. 23. 2005헌마268 결정은 이 결정과 저촉되는 범위 내에서 이를 변경한다.

4. 관련 판례

가. 헌법 제10조는 개인의 인격권과 행복추구권을 보장하고 있으며 이는 개인의 자기운명결정권이 전제되는 것이고 자기운명결정권에는 성적 자기결정권[151]이 포함되어 있다(헌재 1990. 9.10 89헌마82).

나. 정정보도청구권은 인간의 존엄성에서 유래하는 개인의 일반적 인격권

151 자기결정권의 내용으로는 ⅰ) Reproduction의 자기결정권(아이를 가질 것인가에 대한 결정권) ⅱ) 생명·신체의 처분에 대한 자기결정권(존엄사와 같은 생명·신체의 처분에 대한 결정권) ⅲ) Life-style자기결정권.

에 그 바탕을 두고 있다(헌재 1991.9.16,89헌마165).

다. 사죄광고제도는 헌법상 보장된 인간의 존엄과 가치 및 그를 바탕으로 하는 인격권에 큰 위해가 된다(헌재 1991.4.1 89헌마160).

라. 인간의 생명은 고귀하고 이 세상에서 무엇과도 바꿀 수 없는 존엄한 인간존재의 근원이다. 이러한 생명에 대한 권리는 비록 헌법에 명문의 규정이 없다 하더라도 인간의 생존본능과 존재목적에 바탕을 둔 선험적이고 자연법적인 권리로서 헌법에 규정된 모든 기본권의 전제로서 기능하는 기본권 중의 기본권이라 할 것이다(헌재 1996.11.28, 95헌바1).

마. 혼례와 관련하여 경사기간중에 주류 및 음식물의 접대를 금지하는 가정의례준칙에관한법률은 행복추구권에 포함되는 일반적 행동자유권을 침해하는 것으로 위헌이다(헌재 1998. 10.15. 98 헌마168).

바. 자신이 마실 물을 선택할 자유, 수돗물 대신 먹는샘물을 음용수로 이용할 자유는 헌법 제10조에 규정된 행복추구권의 내용을 이룬다(헌재 1998.12.24, 98헌가1).

사. 피의자가 대인교통사고를 야기시킨 후 피해자가 상해를 입었다는 사실을 알고도 도주하였다고 볼 만한 증거가 없어 혐의없음 결정하여야 함에도 기소유예처분을 하였다면 이는 피의자의 평등권 및 행복추구권을 침해하였다고 할 것이다(헌재 199.6.16, 99헌마219).

아. 행복추구권이라 할지라도 반사회적 내지 반자연적 행위를 금지하는 규범이나 전통문화로 인식되어 온 국민의 법감정에 반하여 이를 이용할 수 없음은 물론 타인의 행복추구권을 침해하거나 방해할 수 없음은 너무나 당연하다고 할 것이며 적어도 국민의 의사에 정면으로 반하지 아니하는 한 전통·관습에 반한 행복추구권을 추구할 수는 없다고 할 것이다(헌재 1997.7.17, 95헌가6내지13).

자. 유치장의 구조가 지나치게 열악한 화장실을 일률적으로 사용하라고 강요하는 것은 인격권을 침해하는 것이다(2001.7. 20, 2000헌마546).

차. 기부금품모집금지법 제3조는 기부금품을 모집하고자 하는 국민에게 허가를 청구할 법적권리를 부여하지 아니함으로써 국민의 기본권(행복추구권)을 침해하는 위헌적인 규정이다(헌재 1998.5.28, 96헌가5).

카. 존속상해치사죄에 대해 형벌을 가중하고 있는 형법 제259조 제2항에 의하여 가족 개개인의 존엄성 및 양성의 평등이 훼손되거나 인간다운 생활을 보장받지 못하게 되리라는 사정은 찾아볼 수 없고, 오히려 패륜적·반도덕적 행위의 가중처벌을 통하여 친족 내지 가족에 있어서의 자연적·보편적 윤리를 형법상 보호함으로써 개인의 존엄과 가치를. 더욱 보장하고 이를 통하여 올바른 사회질서가 형성될 수 있다고 보아야 할 것이다. 따라서, 위 조항은 인간으로서의 존엄과 가치 또는 행복추구권을 침해하지 아니한다.(헌재 2002.3.28. 2000헌마53)

타. 헌법 제10조는 국민의 행복추구권과 여기서 파생된 일반적 행동자유권 및 사적자치권을 보장하는 한편… 이 사건 법률조항은 헌법의 기본원리인 사적자치의 원칙과 과실책임의 원칙에 대한 예외적 규정으로서 헌법상 보장된 상속인의 재산권과 사적자치권 등을 제한하고 있다. … 상속인이 귀책 사유 없이 상속채무가 적극재산을 초과하는 사실을 알지 못하여 고려기간 내에 한정승인 또는 포기를 하지 못한 경우에도 이 사건 법률조항이 단순승인을 한 것으로 본 것은 기본권제한의 입법한계를 일탈한 것으로 재산권을 보장한 헌법 제23조 제1항, 사적자치권을 보장한 헌법 제10조 제1항에 위반된다. (헌재 1998.8.27. 96헌가22)

II. 평등권

1. 연혁과 헌법규정

Greece시대의 평등사상은 곧 정의관념과 결부되었고, 중세의 평등사상은 신 앞의 평등이며 근대에 이르러 신 앞의 평등은 법 앞의 평등으로 발전하였으며, 법 앞의 평등이란 자연법 앞의 평등을 말하는 것이다. 현대의 평등사상은 실질적 평등을 주장, 특히 경제생활에 있어서의 갖가지 종류의 불균형에 주목하여 이에 따르는 생존의 위협에서 各人을 해방하고 균등하게 인간다운 생활을 보장하는 것으로 보고 있다.

평등권은 정치적 평등권에서 경제적 평등권으로의 중점의 변전이 있다고 보아야 할 것이다. 현행헌법은 전문에서 「정치·경제·사회·문화의 모든 영역에 있어서 各人의 기회를 균등히 하고… 국민생활의 균등한 향상을 기하고」라고 선언하고 있으며, 헌법 제11조 1항에서 「모든 국민은 법 앞에 평등하다. 누구든지 성별·종교 또는 사회적 신분에 의하여 정치적·문화적 생활의 모든 영역에 있어서 차별을 받지 아니한다」고 규정하여 평등권을 보장하고 있다. 그 이외에도 평등권에 관한 규정으로는 제31조의 교육의 기회균등에 관한 규정, 제32조의 여성근로자의 차별금지규정, 제36조의 혼인과 가족생활에 있어서의 兩性의 평등에 관한 규정, 제119조 2항의 경제의 민주화에 관한 규정이 있다.

2. 의의

평등권은 국가에 의하여 불평등한 취급을 받지 아니함과 동시에 또한 국가에 대하여 평등한 취급을 요구할 수 있는 공권이다. 헌법재판소는 "헌법 제11조 1항이 규정하고 있는 평등의 원칙은 차별적 대우를부정하는 절대적 평등을 의미하는 것이 아니라 입법과 법의 적용에 있어서 합리적인 근거가 없는 차별을 하여서는 아니된다는 상대적 평등을 뜻하고 따라서 합리적 근거가 있는 차별 또는 불평등은 평등의 원칙에 반하는 것이 아니다(99.5.27, 98헌바26)."라고 설시하였다.

3. 내용

헌법 제11조 제1항에는 「누구든지 성별·종교·사회적 신분에 의하여 차별받지 아니한다」라는 차별금지 사유가 규정되어 있다. 이는 제한적 열거규정이 아니라 예시적 규정이다. 따라서 성별·종교·사회적 신분 뿐만 아니라 인종·언어·출신지역·학력·교양 등 어떠한 기준에 의하더라도 불합리한 차별대우는 금지된다. 또한 「정치적·경제적·사회적·문화적 생활의 모든 영역에 있어서 차별을 받지 아니한다」라고 규정하여 차별금지 영역을 모든 영역으로 적용하고 있다.

4. 관련 판례

가. 평등위반 여부를 심사함에 있어 엄격한 심사척도에 의할 것인지, 완화된 심사척도에 의할 것인지는 입법자에게 인정되는 입법형성권의 정도에 따라 달라지게 될 것이다.(헌재 1999.12.23. 98헌마363, 2002.11.28, 2002헌바45)

나. 자격제도에 있어서 입법자에게는 그 자격요건을 정함에 있어 광범위한 입법재량이 인정되므로, 합리적인 근거 없이 현저히 자의적인 경우에만 헌법에 위반된다. (헌재 2000.4.27. 97헌바88)

다. 구 병역법 제71조 제1항 단서 위헌소원 [2002헌바45, 2002.11.28]

평등원칙위반의 심사기준

(가) 심사기준의 선택

평등원칙의 위반여부에 관한 심사기준은 입법자에게 인정되는 입법형성권의 범위에 따라서 달라지게 되는데, 위에서 본 바와 같이 국방의무를 부담하는 국민들 중에서 구체적인 징집대상자를 선정하는 사항은 우리 헌법상 입법자에게 매우 광범위한 입법형성권이 부여된 영역이다. 따라서, 이 사건 법률조항의 평등원칙위반여부에 관하여는 그 차별에 관하여 현저한 불합리성이 있는지 여부, 즉 입법자의 자의성이 있는지 여부만을 심사하면 족하다.

(나) 심사요건

일반적으로 자의금지원칙에 관한 심사요건은 ① 본질적으로 동일한 것을 다르게 취급하고 있는지에 관련된 차별취급의 존재 여부와, ② 이러한 차별취급이 존재한다면 이를 자의적인 것으로 볼 수 있는지 여부라고 할 수 있다. 한편, ① 의 요건에 관련하여 두개의 비교집단이 본질적으로 동일한가의 판단은 일반적으로 당해 법규정의 의미와 목적에 달려 있고, ②의 요건에 관련하여 차별취급의 자의성은 합리적인 이유가 결여된 것을 의미하므로, 차별대우를 정당화하는 객관적이고 합리적인 이유가 존재한다면 차별대우는 자의적인 것이 아니게 된다.

라. 임용결격공무원등에대한퇴직보상금지급등에관한특례법 제2조제3호 등 위헌소원 [2003헌바111, 2004.6.24]

당연퇴직사유의 경중에 따라 그 사유발생 이후에 계속 근무한 공무원들의 직무수행의 질이나 경력, 지위 등이 결정되거나 달라지는 것은 아니므로, 특별채용된 모든 당연퇴직공무원에 대하여 일률적으로 경력 및 호봉을 불산입하도록 규정한 위 특례법 제7조 제5항 본문이 '선고유예'를 받은 경우를 달리 취급하지 않음으로써 당연퇴직사유의 경중을 고려하지 않고 그 사유발생 이후의 사실상의 근무경력을 기준으로 하여 퇴직보상금의 지급액, 특별채용시 반영할 호봉을 정하였다고 하더라도 그 기준이 지나치게 불합리하거나 자의적이어서 청구인의 평등권을 침해한 것이라고 할 수 없다.

마. 지방자치법 제87조 제1항 위헌확인 [2005헌마403, 2006.2.23]

이 사건 법률조항은 공무담임권을 제한하고 있는바, 이는 헌법이 차별을 특히 금지하고 있는 영역이거나 차별적 취급으로 인하여 관련 기본권에 대한 중대한 제한을 초래하고 있다고 볼 수 없다. 그리고 공무담임권의 제한의 경우는 그 직무가 가지는 공익실현이라는 특수성으로 인하여 그 직무의 본질에 반하지 아니하고 결과적으로 다른 기본권의 침해를 야기하지 아니하는 한 상대적으로 강한 합헌성이 추정될 것이므로, 주로 평등의 원칙이나 목적과 수단의 합리적인 연관성 여부가 심사대상이 될 것이며, 법익형량에 있어서도 상대적으로 다소 완화된 심사를 하게 된다(헌재 2002. 10. 31. 2001헌마557, 판례집 14-2, 541, 550). 따라서 이 사건 법률조항에 대한 평등권 심사는 합리성 심사로 족하다.

이 사건 법률조항에 있어서 평등권 침해 여부에 관한 비교대상은 선거에 입후보해서 당선될 수 있는 선출직공무원이고, 구체적으로는 지방의회의원을 생각해 볼 수 있다. ...(중략)...지방의회의원은 지방의회의 의장·부의장 피선거권, 의회에 의안발의권·발언권·투표권 등을 가지고 지방의회에 참석하여 결의를 할 수 있다. 그러나 기본적으로는 회의체인 지방의회의 구성원에 불과하다. 따라서 지방의회의원은 개인의 권한만으로는 지방자치행정에 큰 영향을 미치기 어렵다. ...(중략)... 이에 반하여 자치단체 장은 독임제(獨任制) 행정기관이다. 그리고 자치단체 장은 지방자치단체의 최고집행기관으로서 앞서 본 바와 같이 자치단체의 사무를 통할하고 집행할 권한, 규칙제정권, 주민투표부의권, 소속직원의 임용·감독권 등을 가지기 때문에 자치행정에 있어서 큰 영향력을 미친다. 따라서 주민선거에 의하여 선출된다는 점에서는 양자가 동일하다고 하더라도 계속 재임으로 인한 부작용 발생의 가능성이나 심각성은 자치단체 장의 경우가 훨씬 크다고 할 수 있다. 그러므로 자치단체 장과 지방의회의원의 계속 재임에 대한 차별적 취급에는 합리적인 이유가 있다고 할 것이다.

사. 형사소송법 제201조 제1항 위헌확인 [2002헌마593, 2003.12.18]

평등원칙 위반의 특수성은 대상 법률이 정하는 '법률효과' 자체가 위헌이 아니라, 그 법률효과가 수범자의 한 집단에만 귀속하여 '다른 집단과 사이에 차별'이 발생한다는 점에 있기 때문에, 평등원칙의 위반을 인정하기 위해서는 우선 법적용에 관련하여 상호 배타적인 '두 개의 비교집단'을 일정한 기준에 따라서 구분할 수 있어야 한다. 그렇다면, 이 사건에 관련된 좀더 근본적인 문제는 과연 '두 개의 비교집단'이 존재한다고 볼 수 있는지 여부이다.

아. 공무원보수규정 제5조에 의한 별표10 위헌확인 [2007헌마444, 2008.12.26]

경찰공무원과 군인의 관계를 보건대, ...(중략)... 경찰공무원과 군인은 주된 임무가 다르지만, 양자 모두 국민의 생명·신체 및 재산에 대한 구체적이고 직접적인 위험을 예방하고 보호하는 업무를 수행하면서 그 과정에서 생명과 신체에 대한 상당한 위험을 부담한다. 나아가 국가비상사태, 대규모의 테러 또는 소요사태가 발생하였거나 발생할 우려가 있는 경우에는 경찰공무원은 치안유지를 위하여 군인에 상응하는 고도의 위험을 무릅쓰고 부여된 업무를 수행하여야만 한다. 이를 고려하여 볼 때, 직무의 곤란성과 책임의 정도에 따라 결정되는 공무원보수의 책정에 있어서(국가공무원법 제46조 제1항), 경찰공무원과 군인은 본질적으로 동일·유사한 집단이라고 할 것이다.

자. 소득세법 제61조 위헌소원 [2001헌바82, 2002.8.29]

부부간의 인위적인 자산 명의의 분산과 같은 가장행위 등은 상속세및증여세법상 증여의제규정 등을 통해서 방지할 수 있고, 부부의 공동생활에서 얻어지는 절약가능성을 담세력과 결부시켜 조세의 차이를 두는 것은 타당하지 않으며, 자산소득이 있는 모든 납세의무자 중에서 혼인한 부부가 혼인하였다는 이유만으로 혼인하지 않은 자산소득자보다 더 많은 조세부담을 하여 소득을 재분배하도록 강요받는 것은 부당하며, 부부 자산소득 합산과세를 통해서 혼인한 부부에게 가하는 조세부담의 증가라는 불이익이 자산소득합산과세를 통하여 달성하는 사회적 공익보다 크다고 할 것이므로, 소득세법 제61조 제1항이 자산소득합산과세의 대상이 되는 혼인한 부부를 혼인하지 않은 부부나 독신자에 비하여 차별취급하는 것은 헌법상 정당화되지 아니하기 때문에 헌법 제36조 제1항에 위반된다.

차. 제대군인지원에관한법률 제8조 제1항 등 위헌확인 "(제대군인지원에관한법률 제8조 제3항, 제대군인지원에관한법률시행령 제9조)"
[98헌마363, 1999.12.23]

제대군인에 대하여 여러 가지 사회정책적 지원을 강구하는 것이 필요하다 할지라도, 그것이 사회공동체의 다른 집단에게 동등하게 보장되어야 할 균등한 기회 자체를 박탈하는 것이어서는 아니되는데, 가산점제도는 아무런 재정적 뒷받침없이 제대군인을 지원하려 한 나머지 결과적으로 여성과 장애인 등 이른바 사회적 약자들의 희생을 초래하고 있으며, 각종 국제협약, 실질적 평등 및 사회적 법치국가를 표방하고 있는 우리 헌법과 이를 구체화하고 있는 전체 법체계 등에 비추어 우리 법체계내에 확고히 정립된 기본질서라고 할 '여성과 장애인에 대한 차별금지와 보호'에도 저촉되므로 정책수단으로서의 적합성과 합리성을 상실한 것이다.

카. 약사법 제16조 제1항 등 위헌소원 [2000헌바84, 2002.9.19]

변호사, 공인회계사 등 여타 전문직과 의약품제조업자 등 약사법의 규율을 받는 다른 직종들에 대하여는 법인을 구성하여 업무를 수행할 수 있도록 하면서, 약사에게만 합리적 이유 없이 이를 금지하는 것은 헌법상의 평등권을 침해하는 것이다.

타. 재외동포의출입국과법적지위에관한법률 제2조 제2호 위헌확인
[99헌마494, 2001.11.29]

정부수립이후이주동포와 정부수립이전이주동포는 이미 대한민국을 떠나 그들이 거주하고 있는 외국의 국적을 취득한 우리의 동포라는 점에서 같고, 국외로 이주한 시기가 대한민국 정부수립 이전인가 이후인가는 결정적인 기준이 될 수 없는데도, 정부수립이후이주동포(주로 재미동포, 그 중에서도 시민권을 취득한 재미동포 1세)의 요망사항은 재외동포법에 의하여 거의 완전히 해결된 반면, 정부수립이전이주동포(주로 중국동포 및 구 소련동포)는 재외동포법의 적용대상에서 제외됨으로써 그들이 절실히 필요로 하는 출입국기회와 대한민국 내에서의 취업기회를 차단당하였고, 사회경제적 또는 안보적 이유로 거론하는 우려도, 당초 재외동포법의 적용범위에 정부수립이전이주동포도 포함시키려 하였다가 제외시킨 입법과정에 비추어 보면 엄밀한 검증을 거친 것이라고 볼 수 없으며, 또한 재외동포법상 외국국적동포에 대한 정의규정에는 일응 중립적인 과거국적주의를 표방하고, 시행령으로 일제시대 독립운동을 위하여 또는 일제의 강제징용이나 수탈을 피하기 위해 조국을 떠날 수밖에 없었던 중국동포나 구 소련동포가 대부분인 대한민국 정부수립 이전에 이주한 자들에게 외국국적 취득 이전에 대한민국의 국적을 명시적으로 확인받은 사실을 입증하도록 요구함으로써 이들을 재외동포법의 수혜대상에서 제외한 것은 정당성을 인정받기 어렵다.

파. 주세법 제38조의7 등 위헌제청 [96헌가18, 1996.12.26]

우리 헌법은 제123조 제3항에서 중소기업이 국민경제에서 차지하는 중요성 때문에 "중소기업의 보호"를 국가경제정책적 목표로 명문화하고, 대기업과의 경쟁에서 불리한 위치에 있는 중소기업의 지원을 통하여 경쟁에서의 불리함을 조정하고, 가능하면 균등한 경쟁조건을 형성함으로써 대기업과의 경쟁을 가능하게 해야 할 국가의 과제를 담고 있다. 중소기업의 보호는 넓은 의미의 경쟁정책의 한 측면을 의미하므로 중소기업의 보호는 원칙적으로 경쟁질서의 범주내에서 경쟁질서의 확립을 통하여 이루어져야 한다. 중소기업의 보호란 공익이 자유경쟁질서안에서 발생하는 불리함을 국가의 지원으로 보완하여 경쟁을 유지하고 촉진시키려는데 그 목적이 있으므로, 구입명령제도는 이러한 공익을 실현하기에 적합한 수단으로 보기 어렵다.

하. 구 형법 제63조 위헌소원 [전원재판부 2006헌바33, 2007.8.30]

범죄에 대한 형의 집행유예는 합리적 목적을 위하여 법률로 규정한 사유가 발생할 경우 당연히 실효될 것 등을 조건으로 하여 선고되는 것이므로, 그러한 실효사유가 발생하여 형의 집행유예 선고가 효력을 잃음으로써 유예되었던 형이 집행된다고 하더라도, 단지 그 범행이 집행유예 선고 이전에 행하여졌다는 사정만으로 이를 불합리한 처벌이라고 단정하기는 어렵고, 범죄자에 대한 적절한 형벌권의 도모라는 집행유예의 실효제도의 취지를 감안할 때 이 사건 법률조항 자체가 현저히 불합리한 것이라 단정할 수 없으며, 단지 집행유예기간 이전의 범행을 집행유예 실효의 대상범위에 포함하였다는 이유만으로 입법자가 입법형성권을 일탈하였다고 볼 수는 없는 것이다.

거. 폭력행위등처벌에관한법률 제3조 2항 위헌제청 [2003헌가12, 2004.12.16]

야간에 위험한 물건을 휴대하여 상해를 가한 자 또는 체포·감금, 갈취한 자를 5년 이상의 유기징역에 처하는 것이 폭력행위의 근절이라는 입법목적을 달성하기 위하여 불가피한 입법자의 선택이었다 하더라도, 이 사건 법률조항은 이러한 폭력행위자를 행위내용 및 결과불법이 전혀 다른, "협박"을 가한 자를 야간에 위험한 물건의 휴대라는 범죄의 시간과 수단을 매개로, 상해를 가한 자 또는 체포·감금, 갈취한 자와 동일하다고 평가하고 있다. 이것은 달리 취급하여야 할 것을 명백히 자의적으로 동일하게 취급한 결과로서, 형벌체계상의 균형성을 현저히 상실하여 평등원칙에도 위배된다

너. 노동법상의 제3자 개입금지 조항은 근로자측으로의 개입뿐만 아니라 사용자측으로의 개입에 대해서도 마찬가지로 규정하고 있기 때문에 근로자와 사용자를 실질적으로 차별하는 불합리한 규정이라고 볼 수 없다(헌재 1993.3.11 92헌바33).

더. 변호사 강제주의가 변호사라는 사회적 신분에 의한 헌법재판권 행사의 차별일지라도 그 차별에 합리성이 결여된 것이라고는 볼 수 없고 무자격자의 경우에는 국선대리인제도를 두고 있으므로 변호사강제주의는 평등권에 위배된다고 볼 수 없다(헌재 1990. 9.3 89헌마120).

러. 간통죄 규정은 남녀 평등주의를 취하고 있으므로 평등권에 반하지 아니한다(헌재 1990.9.10 89헌마82).

머. 서울대학교가 1994학년도 신입생 선발입시안에서 제2외국어선택과목중 일본어를 제외시킨 대신에 모든 고등학교에서 가르치고 있는 한문을 선택과목으로 채택하였을 뿐만 아니라, 94학년도 입학고사요강을 적어도 2년간의 준비기간을 두고 발표하였기 때문에 일본어를 배우고 있는 1·2학년 학생들로 하여금 2·3년 후에 서울대 입학시험을 치르는데 있어서 그다지 지장이 없도록 배려하고 있으므로 일본어를 입시과목에서 배제하였다고 해서 그것이 갖는 교육의 기회균등이 침해되었다고 볼 수 없다(헌재 1992.10.1 92헌마68, 86(병합)).

버. 공무원연금법 제23조2항이 군복무기간을 공무원연금법상 공무원의 재직기간에 산입함에 있어서, 장교의 경우에는 전투에 종사한 기간을 3배로 계산하여 합산하는데 반하여 병의 경우에는 이를 3배로 계산하지 않고 복무기간만 산입하도록 함으로써 장교 등에 비하여 불리하게 차별취급하는 것은 합리적인 이유가 있다 할 것이므로 이를 가리켜 자의적인 차별이라고 할 수 없다(헌재 1999.16, 97헌바28).

서. 과거의 특정신분(검찰총장재직경력)만을 이유로 한 개별적 기본권제한은 특별한 사정이 없는 한 그 차별의 합리성을 인정하기 어려운 것이다(헌재 1997.7.16, 97헌마26).

어. 자치구·시·군의 장 선거에서 후보자의 방송연설을 종합유선방송만을 이용하여 실시하고 지역방송국을 이용할 수 없도록 방송연설매체를 제한한 이 사건법률조항이 후보자의 선거운동의 자유 및 평등권과 선거권자인 주민들의 알권리 및 평등권을 침해하는 것은 아니다(헌재 1999.6.24, 97헌마315).

저. 현역의원들은 의정보고활동 등을 통해 선거운동기간 전이라도 선거운동을 할 수 있는 반면, 현역이 아닌 후보자들은 명함도 돌리지 못하도록 한 선거법 제111조는 헌법에 위반되지 아니하므로 합헌이다(헌재 2001.8.30, 헌마121, 202(병합)).

처. 예비군동원이나 예비군훈련소집의 경우에 예비군대원은 어디까지나 예비군대원의 신분으로서 복무할 뿐이지, 현역군인과 동일하거나 현역군인에 준하여 복무하는 것이 아니므로, 향토예비군설치법에 의한 훈련을 받는 예비역과 달리 병력동원훈련소집등으로 소집되어 실역에 복무중인 예비역에 대하여 군인에 준하여 군형법을 적용한다 하더라도 이는 합리적 이유가 없지 않으므로 평등원칙에 위반되지 않는다(헌재 1999.2.25, 97헌바3).

커. 금융기관 임·직원이 직무와 관련하여 금품 등을 수수·요구·약속하는 것을 방치하면 이들과 자금수요자간에 유착관계가 형성되므로 사적 이해관계에 얽매여 불공정하거나 불법적인 업무처리를 초래할 위험성이 있고, 그 결과 금융의 건전한 흐름이 왜곡될 우려가 있다. 따라서 금융기관의 임·직원에게는 공무원에 버금가는 정도의 청렴성과 업무의 불가 매수성(不可買收性)이 요구되고, 따라서 이들이 직무와 관련하여 금품수수 등의 수재(收財)행위를 하였을 경우에는 별도의 배임행위가 있는지를 불문하고 형사제재를 가함으로써 금융업무와 관련된 각종 비리와 부정의 소지를 없애고, 금융기능의 투명성·공정성을 확보할 필요가 있다. 그렇다면 특정경제범죄가중처벌등에관한법률 제5조 제1항이 금융기관 임·직원의 직무와 관련한 수재행위에 대하여 공무원의 수뢰죄와 동일하게 처벌한다고 하더라도 합리적 근거가 있다(헌재 1999.5. 27, 98헌바26).

터. 초·중등교원은 교육에 임무가 있으나 대학교원은 교육 외에 연구에도 임무가 있고, 초·중등교원의 자격기준은 대체로 교육대학, 사범대학을 졸업하면 충족되지만, 대학교원의 경우자격요건이 더 엄격할 뿐만 아니라, 교수와 부교수의 경우 기간을 정하여 임용될 수 있는 등 초·중등교원보다 훨씬 엄격한 과정을 거쳐서야 정년이 보장된다. 또한 대학교원의 경우그 최초임용시의 연령이 초·중등교원 보다 상대적으로 고령인데다, 고등교육과 연구라는 업무의 성격상 초·중등교원보다 높은 연령까지 대학교원으로 재직할 필요성을 인정할 수 있다. 그러므로 입법자가 이러한 점에 착안하여, 교육공무원법 제47조 제1항에서 대학교원의 정년을 초·중등교원의 정년보다 3년 높은 65세로 책정한 것은 합리적 근거에 기초한 것이므로 초·중등교원들의 평등권이 침해된다고 할 수 없다(헌재 2000.12.14. 99헌마112 등).

Ⅲ. 자유권적 기본권

1. 자유권적 기본권의 의의

가. 자유권적 기본권의 연혁과 발전

자유권적 기본권은 근대 자연법사상의 자연권에 그 기초를 두고 있으며, 천부불가침의 자연권에 관한 인권선언은 미국독립선언과 프랑스인권선언에서 잘 나타나고 있다. 프랑스혁명 이후 시대의 추이에 따라 기본권이 실정헌법에 의하여 보장된 권리라는 견해가 강력해졌으며, 따라서 자유권이 절대적이라는 관념이 차차 사라지게 되었다. 제2차대전 후에는 사상적인 전환이 첫째, 개인주의사상이 부활되었고 자연법사상이 재생되었으며, 둘째, 자연권사상의 팽배에도 불구하고 다른 한편으로 자유권에 대한 사회적 제약성이 강조되게 되었다.

나. 자유권적 기본권의 의의

자유권적 기본권이란 국민이 그의 자유영역에 대해서 국가권력으로부터 간섭이나 침해를 받지 않을 권리이다. 다시말하면 대국가적인 침해배제청구권이라고 볼 수 있다.

다. 법적 성격

1) 자연권성·실정권성

자유권은 국가 이전에도 보장되는 천부적 권리를 말한다. 자연권성은 인간이 당연히 향유하는 권리를 의미하는 것이다.

2) 포괄적 권리성

국민의 자유와 권리는 헌법에 열거되지 아니한 이유로 경시되지 아니하는 것을 말한다. 자유권은 헌법에 규정되지 아니한 자유까지 보장해야 한다는 것이다(우리나라의 통설).

3) 소극적 공권성

국가공권력에 의한 침해시에 청구하는 것으로, 국민은 소극적인 공권성을 향유하고 있다. 소극적 공권성이란 자유권이 국가공권력에 의해서 침해된 경우에 위법성의 배제를 청구할 수 있는 소극적·방어적 공권으로 보는 견해이다.

2. 신체의 자유

가. 연혁과 헌법규정

신체의 자유는 개인의 자유와 권리를 향유하기 위한 원시적(출발점의) 권리로서 인간의 존엄과 민주주의의 존립을 위한 최소한의 조건이며, 영국에서 1215년 대헌장(Magna Carta)에서 비롯하여 1628년의 권리청원을 거쳐 1679년의 인신보호율(Habeas Corpus Act), 1689년의 권리장전에 의해 완성되었고, 미국의 Virginia권리장전과 연방헌법, 프랑스인권선언에서 나타나고 있다. 헌법 제12조 1항에서 「모든 국민은 신체의 자유를 가진다. 누구든지 법률에 의하지 아니하고는 체포·구속·압수·수색·심문·처벌과 보안처분을 받지 아니하며, 형의 선고에 의하지 아니하고는 강제노역을 당하지 아니한다」라고 규정하고 있다.

나. 의의

신체의 자유에 생명권이나 신체의 건강에 관한 권리까지도 포함되는지 논의될 수 있으나(헌법 제10조·제36조 3항과 관련하여 볼 때), 신체활동의 자유만을 뜻한다고 할 것이다. 헌법재판소는 「신체의 안전성이 외부로부터의 물리적인 힘이나 정신적인 위협으로부터 침해당하지 않을 자유와 신체활동을 임의적이고 자율적으로 할 수 있는 자유」를 의미하고 있다.

다. 내용

신체의 자유를 보장하기 위하여 우리 헌법은 2가지 제도적 장치를 마련하고 있다. 첫째로 인신에 관한 실체적 권리를 제한하는 인신보호를 위한 헌법상 기속원리이고, 둘째는 인신보호를 위한 사법절차적 원리이다.

인신보호를 위한 헌법상의 기속원리는 헌법이 인신에 관한 실체적 권리의 중요성을 감안해서 입법자를 비롯한 국가권력이 존중해야하는 원리를 규정하고 있다. i) 적법절차의 원리 ii) 죄형법정주의 iii) 일사부재리의 원칙 iv) 사전영장주의 v) 연좌제 금지 vi) 자백의 증거능력제한 vii) 유죄확정시 까지의 무죄추정원칙 등이다.

인신보호를 위한 사법절차적 기본권의 보장은 수사 및 재판과정에서 인신의 자유가 부당하게 제한되지 않도록 하기 위한 것이다. 이러한 기본권으로서는 i) 영장제도 ii) 고문을 받지 않을 권리 및 불리한 진술거부권 iii) 영장제시요구권 iv) 변호인의 도움을 받을 권리 v) 체포·구속시 이유와 권리를 고지받을 권리 vi) 구속적부심사청구권 vii) 합법적 재판을 받을 권리 viii) 형사보상청구권 등이 있다.

1) 인신보호를 위한 헌법상 기속원리

가) 적법절차

적법절차라 함은 입법·행정·사법등 모든 국가작용은 정당한 법률을 근거로 하고 정당한 절차에 따라 발동되어야 한다는 헌법원리를 말한다. 바꾸어 말하면 모든 공권력의 행사는 절차상의 적법성을 갖추어야 할 뿐만 아니라 공권력 행사의 근거가 되는 법률의 실체적 내용도 합리성과 정당성을 갖추어야 한다는 법리가 적법절차의 원리라고 할 수 있다.

영국의 1215년 마그나 카르타에서 기원하였으며, 이러한 관념은 미국연방헌법에 수용되었으며 미국의 적법절차조항은 제2차세계대전이후 각국헌법에 영향을 주었다.

첫째, 적법한 절차에 있어서 적(適)은 적정한(정당한)이라는 의미이다. 다만 현행헌법에서는 절차의 적법성 뿐만 아니라 절차의 적정성내지 정당성까지 요구한다.

둘째, 적법한 절차에 있어서 법(法)은 실정법만을 의미하는 것이 아니라 넓은 의미에서의 법규범을 의미한다. 형식적 의미의 법률뿐만 아니라 명령·조례·규칙 등을 포함하며 법의 실질내지 이념이라 할 수 있는 정의·윤리 등 까지 포함한다.

셋째, 적법한 절차에 있어서 절차(節次)란 원래 권리의 실질적 내용을 실현하기 위하여 채택해야 할 수단적·기술적 순서나 방법을 말하지만, 여기에서는 특히 고지·청문·변명등 방어기회의 제공절차이다.

보안관찰법 부칙 제2조 제2호 등 위헌소원 [98헌바79, 2001.4.26]

이 법률조항은 피보안관찰자로 하여금 상당범위의 자유제한을 감내하도록 요구하는 보안관찰처분의 적법여부를 다투는 소송절차의 내용을 형성함에 있어서 피보안관찰자의 기본권보장이 합리적 이유 없이 축소되도록 하였다는 점에서 그 내용이 합리성과 정당성을 갖춘 것이라고 볼 수 없으므로 적법절차원칙에 위배된다.

구 독점규제및공정거래에관한법률 제24조의2 위헌제청 [2001헌가25, 2003.7.24]

법관에게 과징금에 관한 결정권한을 부여한다든지, 과징금 부과절차에 있어 사법적 요소들을 강화한다든지 하면 법치주의적 자유보장이라는 점에서 장점이 있겠으나, 공정거래법에서 행정기관인 공정거래위원회로 하여금 과징금을 부과하여 제재할 수 있도록 한 것은 부당내부거래를 비롯한 다양한 불공정 경제행위가 시장에 미치는 부정적 효과 등에 관한 사실수집과 평가는 이에 대한 전문적 지식과 경험을 갖춘 기관이 담당하는 것이 보다 바람직하다는 정책적 결단에 입각한 것이라 할 것이고, 과징금의 부과 여부 및 그 액수의 결정권자인 위원회는 합의제 행정기관으로서 그 구성에 있어 일정한 정도의 독립성이 보장되어 있고, 과징금 부과절차에서는 통지, 의견진술의 기회 부여 등을 통하여 당사자의 절차적 참여권을 인정하고 있으며, 행정소송을 통한 사법적 사후심사가 보장되어 있으므로, 이러한 점들을 종합적으로 고려할 때 과징금 부과 절차에 있어 적법절차원칙에 위반되거나 사법권을 법원에 둔 권력분립의 원칙에 위반된다고 볼 수 없다

형사소송법 제331조 단서규정에 대한 위헌심판 [92헌가8, 1992.12.24]

헌법 제12조 제3항 본문은 동조 제1항과 함께 적법절차원리의 일반조항에 해당하는 것으로서, 형사절차상의 영역에 한정되지 않고 입법, 행정 등 국가의 모든 공권력의 작용에는 절차상의 적법성 뿐만 아니라 법률의 구체적 내용도 합리성과 정당성을 갖춘 실체적인 적법성이 있어야 한다는 적법절차의 원칙을 헌법의 기본원리로 명시하고 있는 것이므로 헌법 제12조 제3항에 규정된 영장주의는 구속의 개시시점에 한하지 않고 구속영장의 효력을 계속 유지할 것인지 아니면 취소 또는 실효시킬 것인지의 여부도 사법권독립의 원칙에 의하여 신분이 보장되고 있는 법관의 판단에 의하

> 여 결정되어야 한다는 것을 의미하고, 따라서 형사소송법 제331조 단서 규정과 같이 구속영장의 실효 여부를 검사의 의견에 좌우되도록 하는 것은 헌법상의 적법절차의 원칙에 위배된다.

나) 죄형법정주의

어떤 법률의 개념이 다의적이고 그 어의의 테두리 안에서 여러 가지 해석이 가능할 때, 헌법을 최고 법규로 하는 통일적인 법질서의 형성을 위하여 헌법에 합치되는 해석을 하여야 하는 것으로, "법률이 없으면 범죄가 없다."는 원칙을 말한다.

죄형법정주의는 자유주의, 개인주의, 권력분립주의, 법치주의 및 국민주권주의를 기초로 한 것으로, 최초로 명문화한 것은 1215년 영국의 대헌장이며 1776년 미국 버지니아 권리장전, 1787년 연방헌법, 1789년 프랑스 인권선언 등에 명시하였다. 현행헌법은 제12조1항, 제13조1항에서 죄형법정주의를 명시하고 있다.

이에 따른 파생원칙에는 절대적 부정기형의 금지, 형벌법규소급효의 금지, 유추해석의 금지, 관습형법의 금지, 적정성의 원칙, 명확성의 원칙등이 있다.

> **노동조합법 제46조의3 위헌제청 [96헌가20, 1998.3.26]**
>
> 단체협약의 내용은 강행법규나 공서양속에 위반되지 아니하는 한 아무런 제한이 없는데, 이 사건 법률조항은 단순히 "단체협약에 위반한"이라고만 추상적, 포괄적으로 정하고 있어 처벌대상행위의 범위가 지나치게 광범위하여 그 적용대상이 매우 모호하므로 범죄구성요건이 어떤 것인지 전혀 예측할 수 없으며, 나아가 각 단체협약의 당사자별로 범죄구성요건이 다른 처벌법규가 생기게 되어 죄형법정주의에 위배된다

> **지방공무원법 제58조 제1항 등 위헌소원 [2003헌바50, 2005.10.27]**
>
> 처벌법규의 명확성의 원칙헌법 제12조 및 제13조를 통하여 보장되고 있는 죄형법정주의의 원칙은 범죄와 형벌이 법률로 정하여져야 함을 의미하고, 이러한 죄형법정주의에서 파생되는 명확성의 원칙은 법률이 처벌하고자 하는 행위가 무엇이며 그에 대한 형벌이 어떠한 것인지를 누구나 예견할 수 있고, 그에 따라 자신의 행위를 결정할 수 있도록 구성요건을 명확하게 규정할 것을 요구하고 있다. ...(중략)... 위 법률조항 중 '노동운동'과 '공무 이외의 일을 위한 집단행위'는 적어도 건전한 상식과 통상적인 법감정을 가진 사람에게는 그 적용대상자들이 누구이며 구체적으로 어떠한

행위들이 금지되고 있는가를 미리 알려주고 그들이 불이익처분을 받는 일을 하지 않도록 상당한 주의·경고를 하고 있는 것으로 볼 수 있으므로 일반적인 명확성의 원칙은 물론 적법절차나 죄형법정주의의 원칙에서 요구되는 보다 엄격한 의미의 명확성의 원칙에 의한 판단기준에도 위배된다고 할 수 없다.

5.18민주화운동등에관한특별법 제2조 제1항 등 위헌제청 [96헌가2, 1996.2.16]

형벌불소급의 원칙은 "행위의 가벌성" 즉 형사소추가 "언제부터 어떠한 조건하에서" 가능한가의 문제에 관한 것이고, "얼마동안" 가능한가의 문제에 관한 것은 아니므로, 과거에 이미 행한 범죄에 대하여 공소시효를 정지시키는 법률이라 하더라도 그 사유만으로 헌법 제12조 제1항 및 제13조 제1항에 규정한 죄형법정주의의 파생원칙인 형벌불소급의 원칙에 언제나 위배되는 것으로 단정할 수는 없다.

공소시효가 아직 완성되지 않은 경우 위 법률조항은 단지 진행중인 공소시효를 연장하는 법률로서 이른바 부진정소급효를 갖게 되나, 공소시효제도에 근거한 개인의 신뢰와 공시시효의 연장을 통하여 달성하려는 공익을 비교형량하여 공익이 개인의 신뢰보호이익에 우선하는 경우에는 소급효를 갖는 법률도 헌법상 정당화될 수 있다.

위 법률조항의 경우에는 왜곡된 한국 반세기 헌정사의 흐름을 바로 잡아야 하는 시대적 당위성과 아울러 집권과정에서의 헌정질서파괴범죄를 범한 자들을 응징하여 정의를 회복하여야 한다는 중대한 공익이 있는 반면, 공소시효는 행위자의 의사와 관계없이 정지될 수도 있는 것이어서 아직 공소시효가 완성되지 않은 이상 예상된 시기에 이르러 반드시 시효가 완성되리라는 것에 대한 보장이 없는 불확실한 기대일 뿐이므로 공소시효에 대하여 보호될 수 있는 신뢰보호이익은 상대적으로 미약하여 위 법률조항은 헌법에 위반되지 아니한다.

사회보호법 제5조의 위헌심판제청 [88헌가5, 1989.7.14]

같은 법 제5조 제2항의 보호감호처분은 재범의 위험성을 보호감호의 요건으로 하고 있고, 감호기간에 관한 7년의 기한은 단순히 집행상의 상한으로 보아야 하므로 헌법 제12조 제1항 후문에 정한 적법절차에 위반되지 아니한다.

군형법 제92조 위헌소원 [2001헌바70, 2002.6.27]

이 사건 법률조항의 범죄구성요건사실인 '추행'은 '군이라는 공동사회의 건전한 생활과 군기'라는 보호법익을 침해하는 동시에 일반인의 입장에서 추행행위로 평가될 수 있는 행위이고, 건전한 상식과 통상적인 법감정을 가진 군형법 피적용자는 어떠한 행위가 이 사건 법률조항의 구성요건에 해당되는지 여부를 어느 정도 쉽게 파악할 수 있으며, 법률적용자가 이 사건 법률조항 중 '기타 추행' 부분을 자의적으로 확대하여 해석할 염려가 없기 때문에, 형벌법규의 명확성의 원칙에 위배되지 아니한다.

미성년자보호법 제2조의2 제1호 등 위헌제청 "(동법 제6조의2, 제7조, 아동복지법 제18조, 제11호, 제34조 제4호, 제37조)" [99헌가8, 2002.2.28]

이 사건 미성년자보호법 조항의 불량만화에 대한 정의 중 전단 부분의 "음란성 또는 잔인성을 조장할 우려"라는 표현을 보면, '음란성'은 법관의 보충적인 해석을 통하여 그 규범내용이 확정될 수 있는 개념이라고 할 수 있으나, 한편 '잔인성'에 대하여는 아직 판례상 개념규정이 확립되지 않은 상태이고 ...(중략)... 법집행자의 자의적인 판단을 허용할 여지가 높고, 여기에 '조장' 및 '우려'까지 덧붙여지면 사회통념상 정당한 것으로 볼 여지가 많은 것까지 처벌의 대상으로 할 수 있게 되는바, 이와 같은 경우를 모두 처벌하게 되면 그 처벌범위가 너무 광범위해지고, 일정한 경우에만 처벌하게 된다면 어느 경우가 그에 해당하는지 명확하게 알 수 없다. ...(중략)... 이 사건 미성년자보호법 조항은 법관의 보충적인 해석을 통하여도 그 규범내용이 확정될 수 없는 모호하고 막연한 개념을 사용함으로써 그 적용범위를 법집행기관의 자의적인 판단에 맡기고 있으므로, 죄형법정주의에서 파생된 명확성의 원칙에 위배된다.

가정의례에관한법률 제4조 제1항 제7호 위헌확인 [98헌마168, 1998.10.15]

죄형법정주의의 명확성 원칙은 법률이 처벌하고자 하는 행위가 무엇이며 그에 대한 형벌이 어떠한 것인지를 누구나 예견할 수 있고, 그에 따라 자신의 행위를 결정할 수 있게끔 구성요건을 명확하게 규정할 것을 요구한다. 하객들에 대한 음식접대에 있어서 "가정의례의 참뜻"이란 개념은, 결혼식 혹은 회갑연의 하객들에게 어떻게 음식이 접대되는 것이 그 참뜻에 맞는 것인지는 종래 우리 관습상 혼례식의 성격 등을 볼 때 쉽게 예상되기 어렵고, 그간 가정의례에관한법률이 오랫동안 시행되어 가정의례의 참뜻에 대한 인식은 확립되었다고 볼 수도 없어, 결국 그 대강의 범위를 예측하여 이를 행동의 준칙으로 삼기에 부적절하다. 또한 "합리적인 범위안"이란 개념도 가정의례 자체가 우리나라의 관습 내지 풍속에 속하고, 성격상 서구적 의미의 "합리성"과 친숙할 수 있는 것도 아니며, 또한 양과 질과 가격에 있어 편차가 많고 접대받을 사람의 범위가 다양하므로 주류 및 음식물을 어떻게 어느만큼 접대하는 것이 합리적인 범위인지를 일반국민이 판단하기란 어려울 뿐 아니라 그 대강을 예측하기도 어렵다.

청소년의성보호에관한법률 제2조 제3호 등 위헌제청(동법 제8조 제1항) [2001헌가27, 2002.4.25]

이 사건 법률의 입법경과와 입법목적, 같은 법률의 다른 규정들과의 체계조화적 해석, 관계부처의 법률해석, 다른 처벌법규와의 법정형 비교 등을 고려하여 목적론적으로 해석할 때 제2조 제3호 및 제8조 제1항의 '청소년이용음란물'에는 실제인물인 청소년이 등장하여야 한다고 보아야 함이 명백하고, 따라서 법률적용단계에서 다의적으로 해석될 우려가 없이 건전한 법관의 양식이나 조리에 따른 보충적인 해석에 의하여 그 의미가 구체화되어 해결될 수 있는 이상 죄형법정주의에 있어서의 명확성의 원칙을 위반하였다고 볼 수 없다.

지방공무원법 제58조 제1항 등 위헌소원 [2003헌바50, 2005.10.27]

지방공무원법(이하 '법'이라 한다) 제58조 제1항에서 규정하고 있는 '노동운동'의 개념은 그 근거가 되는 헌법 제33조 제2항의 취지에 비추어 근로자의 근로조건의 향상을 위한 단결권·단체교섭권·단체행동권 등 근로3권을 기초로 하여 이에 직접 관련된 행위를 의미하는 것으로 좁게 해석하여야 하고, '공무 이외의 일을 위한 집단행위'의 개념도 헌법상의 집회·결사의 자유와 관련시켜 살펴보면 모든 집단행위를 의미하는 것이 아니라 공무 이외의 일을 위한 집단행위 중 공익에 반하는 행위로 축소하여 해석하여야 하며, 법원도 위 개념들을 해석·적용함에 있어서 위와 유사한 뜻으로 명백히 한정해석하고 있다. 아울러 '사실상 노무에 종사하는 공무원'의 개념은 공무원의 주된 직무를 정신활동으로 보고 이에 대비되는 신체활동에 종사하는 공무원으로 명확하게 해석된다. 그렇다면, 위 개념들은 집행당국에 의한 자의적 해석의 여지를 주거나 수범자의 예견가능성을 해할 정도로 불명확하다고 볼 여지가 없다.

구 주식회사의외부감사에관한법률 제20조 제1항 제2호 위헌제청 [2002헌가20, 2004.1.29]

이 사건 법률조항은 '감사보고서에 기재하여야 할 사항'을 기재하지 아니하는 행위를 범죄의 구성요건으로 정하고 있다. 그런데 동 법률이나 상법 등 관련 법률들은 '감사보고서에 기재하여야 할 사항'이 어떠한 내용과 범위의 것을 의미하는지에 관하여는 별도로 아무런 규정을 두고 있지 않다. ...(중략)... 결국 감사보고서에 기재하여야 할 사항도 전적으로 위 위원회들의 판단에 따라 정하여지고 또한 수시로 얼마든지 변경될 수 있는 것이 되어 법률에 의하여 그 대강 혹은 기본적 사항이 규율되고 있다고 할 수 없다

다) 일사부재리의 원칙

무죄가 된 행위와 이미 처벌이 끝난 행위에 대해서는 다시 처벌할 수 없다는 것이다. 즉, 동일한 범죄에 대하여 거듭 처벌받지 아니한다는 것으로서 행정권이나 사법권으로부터 국민의 신체의 자유를 보장하기 위한 제도이다.

의료법 제53조 등 위헌소원 [2007헌바85, 2008.7.31]

헌법 제13조 제1항이 정한 "이중처벌금지의 원칙"은 동일한 범죄행위에 대하여 국가가 형벌권을 거듭 행사할 수 없도록 함으로써 국민의 기본권 특히 신체의 자유를 보장하기 위한 것이므로, 그 '처벌'은 원칙적으로 범죄에 대한 국가의 형벌권 실행으로서의 과벌을 의미하는 것이고, 국가가 행하는 일체의 제재나 불이익처분을 모두 그에 포함된다고 할 수는 없다.

구 의료법 제53조 제1항 제5호의 의사면허정지제도와 구 국민건강보험법 제85조 제2항의 과징금부과제도는 범죄에 대한 국가의 형벌권 실행으로서의 과벌에 해당한다고 할 수 없고, 구 의료법 제53조 제1항 제5호에 의한 의사면허자격정지처분은 '의료기사가 아닌 자로 하여금 의료기사의 업무를 하게 하거나 의료기사에게 그 업무의 범위를 일탈하게 한 때'를 대상으로 부과하는 것이고, 구 국민건강보험법 제85조 제2항에 의한 과징금처분은 의료법상 정당한 의료행위가 아니어서 요양급여비용을 지급받을 수 없음에도 불구하고 '사위 기타 부당한 방법으로 요양급여비용을 부담하게 한 때'를 대상으로 부과하는 것이어서 양자는 제재대상이 되는 기본적 사실관계, 보호법익, 목적 및 처분대상을 달리하고, 또한 전자에 대한 제재 시에 후자에 대한 위반행위까지 이미 평가되었다고 할 수 없으므로 후자를 전자의 불가벌적 사후행위라고 할 수도 없다. 따라서 구 의료법 제53조 제1항 제5호에 의한 의사면허자격정지처분과 구 국민건강보험법 제85조 제2항에 의한 과징금부과처분이 이중처벌에 해당한다고 할 수는 없다.

청소년의성보호에관한법률 제20조 제2항 제1호 등 위헌제청 [2002헌가14, 2003.6.26]

청소년 성매수자에 대한 신상공개를 규정한 청소년의성보호에관한법률(이하, '법'이라고만 한다) 제20조 제2항 제1호가 헌법 제13조 제1항에서 말하는 '처벌'은 원칙적으로 범죄에 대한 국가의 형벌권 실행으로서의 과벌을 의미하는 것이고, 국가가 행하는 일체의 제재나 불이익처분을 모두 그 '처벌'에 포함시킬 수는 없다.

법 제20조 제1항은 "청소년의 성을 사는 행위 등의 범죄방지를 위한 계도"가 신상공개제도의 주된 목적임을 명시하고 있는바, 이 제도가 당사자에게 일종의 수치심과 불명예를 줄 수 있다고 하여도, 이는 어디까지나 신상공개제도가 추구하는 입법목적에 부수적인 것이지 주된 것은 아니다. 또한, 공개되는 신상과 범죄사실은 이미 공개재판 에서 확정된 유죄판결의 일부로서, 개인의 신상 내지 사생활에 관한 새로운 내용이 아니고, 공익목적을 위하여 이를 공개하는 과정에서 부수적으로 수치심 등이 발생된다고 하여 이것을 기존의 형벌 외에 또 다른 형벌로서 수치형이나 명예형에 해당한다고 볼 수는 없다. 그렇다면, 신상공개제도는 헌법 제13조의 이중처벌금지원칙에 위배되지 않는다.

공무원연금법 제64조 제3항 위헌소원 [2000헌바57, 2002.7.18]

이 사건 법률조항은 그에 해당하는 사유가 있으면 반드시 급여를 지급하지 않게 되어 있어 청문절차를 거치더라도 그 결과에 따라 급여제한의 내용이 달라질 가능성이 있는 것도 아니고, 급여제한에 관한 결정은 행정처분으로서 그 결정에 이의가 있는 수급자는 공무원연금급여재심위원회에 심사를 청구하고(공무원연금법 제80조 제1항, 공무원연금법시행령 제84조) 행정소송을 제기하여 구제를 받을 수 있는 길이 열려 있으므로 급여의 제한조치에 앞서 청문절차를 거치도록 직접 규정하지 아니하였다고 하여 이 사건 법률조항이 적법절차의 원칙에 어긋난다고 할 수는 없다. 또한 헌법 제13조 제1항 후단에 규정된 일사부재리 또는 이중처벌금지의 원칙에 있어서 처벌이라고 함은 원칙적으로 범죄에 대한 국가의 형벌권 실행으로서의 과벌을 의미하는 것이고 국가가 행하는 일체의 제재나 불이익처분이 모두 그에 포함된다고는 할 수 없으므로 이 사건 법률조항에 의하여 급여를 제한한다고 하더라도 그것이 헌법이 금하고 있는 이중적인 처벌에 해당하는 것은 아니라고 할 것이다.

라) 연좌제 금지

제8차 개헌 때 연좌제를 금지를 최초로 규정하였다. 현행헌법 제13조 3항에서 "자기의 행위가 아닌 친족의 행위로 인하여 불이익한 처우를 받지 아니한다."고 명시하고 있다. 불이익한 처우는 국가기관에 의한 처우로 연좌제 금지는 형벌의 자기책임원칙과 형사책임개별화원칙에 충실한 제도이다. 그러나 공직선거법에서는 제265조에 "선거사무장, 선거사무소의 회계책임자, 후보자의 직계존·비속 및 배우자가 당해 선거에서 매수 및 이해유도죄 내지 당선무효유도죄 또는 기부행위의 금지제한의 위반죄를 범함으로 인하여 징역형의 선고를 받은 때에는 그 후보자의 당선은 무효로 한다"고 규정하고 있다.

공직선거및선거부정방지법 제265조위헌확인 [2005헌마19, 2005.12.22]

"모든 국민은 자기의 행위가 아닌 친족의 행위로 인하여 불이익한 처우를 받지 아니한다."고 규정하고 있는 헌법 제13조 제3항은 '친족의 행위와 본인 간에 실질적으로 의미 있는 아무런 관련성을 인정할 수 없음에도 불구하고 오로지 친족이라는 사유 그 자체만으로' 불이익한 처우를 가하는 경우에만 적용된다. 배우자는 후보자와 일상을 공유하는 자로서 선거에서는 후보자의 분신과도 같은 역할을 하게 되는바, 이 사건 법률조항은 배우자가 죄를 저질렀다는 이유만으로 후보자에게 불이익을 주는 것이 아니라, 후보자와 불가분의 선거운명공동체를 형성하여 활동하게 마련인 배우자의 실질적 지위와 역할을 근거로 후보자에게 연대책임을 부여한 것이므로 헌법 제13조 제3항에서 금지하고 있는 연좌제에 해당하지 아니한다.

반국가행위자의처벌에관한특별조치법 제2조 제1항 제2호 등 위헌제청 [95헌가5, 1996.1.25]

위 법 제8조는 피고인의 소환불응에 대하여 전재산 몰수를 규정한바, 설사 반국가행위자의 고의적인 소환불응을 범죄행위라고 규정하는 취지라 해도 이러한 행위에 대해 전재산의 몰수라는 형벌은 행위의 가벌성에 비해 지나치게 무거워 적정하지 못하고 일반형사법체계와 조화를 이루지 못하고 있다. 결국 이는 행위책임의 법리를 넘어서 자의적이고 심정적인 처벌에의 길을 열어 둠으로써 형벌체계상 정당성과 균형을 벗어나 적법절차 및 과잉금지의 원칙에 어긋난다.

뿐만 아니라 특조법 제8조는 동법 제10조의 규정과 관련하여 친족이 재산까지도 검사가 적시하기만 하면 증거조사 없이 몰수형이 선고되게 되어 있으므로, 헌법 제13조 제3항에서 금지한 연좌형이 될 소지도 크다.

위 법 제7조 제5항·제6항·제7항 본문, 제8조가 위헌으로 실효될 경우 위 법 전체가 존재의미를 상실하여 시행될 수 없게 되므로 헌법재판소법 제45조 단서규정에 의해 위법 전체에 대하여 위헌결정을 한다.

마) 자백의 증거능력 제한

임의성이 없는 자백이란 피고인이 고문·폭행·협박 등에 의하여 자의로 진술된 것이 아니라고 인정될 때 정식제판에 있어서 자백이 피고인에게 불리한 유일한 증거일 때에는 유죄의 증거로 삼거나 이를 이유로 처벌할 수 없다.

바) 유죄확정시까지 무죄추정

유죄의 판결이 확정될 때까지는 무죄로 추정한다는 원칙이다. 무죄추정은 실체법보다 절차법에 더 많은 비중을 두는 것으로 제8차개헌 때 최초로 신설하였다.

독점규제및공정거래에관한법률 제27조 위헌소원 [2001헌바43, 2002.1.31]

공정거래위원회의 고발조치 등으로 장차 형사절차내에서 진술을 해야할 행위자에게 사전에 이와 같은 법위반사실의 공표를 하게 하는 것은 형사절차내에서 법위반사실을 부인하고자 하는 행위자의 입장을 모순에 빠뜨려 소송수행을 심리적으로 위축시키거나, 법원으로 하여금 공정거래위원회 조사결과의 신뢰성 여부에 대한 불합리한 예단을 촉발할 소지가 있고 이는 장차 진행될 형사절차에도 영향을 미칠 수 있다. 결국 법위반사실의 공표명령은 공소제기조차 되지 아니하고 단지 고발만 이루어진 수사의 초기단계에서 아직 법원의 유무죄에 대한 판단이 가려지지 아니하였는데도 관련 행위자를 유죄로 추정하는 불이익한 처분이 된다.

재소자용수의착용처분 위헌확인 [97헌마137, 1999.5.27]

1. 구치소 등 수용시설 안에서는 재소자용 의류를 입더라도 일반인의 눈에 띄지 않고, 수사 또는 재판에서 변해(辯解)·방어권을 행사하는데 지장을 주는 것도 아닌 반면에, 미결수용자에게 사복을 입도록 하면 의복의 수선이나 세탁 및 계절에 따라 의복을 바꾸는 과정에서 증거인멸 또는 도주를 기도하거나 흉기, 담배, 약품 등 소지금지품이 반입될 염려 등이 있으므로 미결수용자에게 시설 안에서 재소자용 의류를 입게 하는 것은 구금 목적의 달성, 시설의 규율과 안전유지를 위한 필요최소한의 제한으로서 정당성·합리성을 갖춘 재량의 범위 내의 조치이다.
2. 수사 및 재판단계에서 유죄가 확정되지 아니한 미결수용자에게 재소자용 의류를 입게 하는 것은 미결수용자로 하여금 모욕감이나 수치심을 느끼게 하고, 심리적인 위축으로 방어권을 제대로 행사할 수 없게 하여 실체적 진실의 발견을 저해할 우려가 있으므로, 도주 방지 등 어떠한 이유를 내세우더라도 그 제한은 정당화될 수 없어 헌법 제37조 제2항의 기본권 제한에서의 비례원칙에 위반되는 것으로서, 무죄추정의 원칙에 반하고 인간으로서의 존엄과 가치에서 유래하는 인격권과 행복추구권, 공정한 재판을 받을 권리를 침해하는 것이다.

구 독점규제및공정거래에관한법률 제24조의2 위헌제청 [2001헌가25, 2003.7.24]

행정권에는 행정목적 실현을 위하여 행정법규 위반자에 대한 제재의 권한도 포함되어 있으므로, '제재를 통한 억지'는 행정규제의 본원적 기능이라 볼 수 있는 것이고, 따라서 어떤 행정제재의 기능이 오로지 제재(및 이에 결부된 억지)에 있다고 하여 이를 헌법 제13조 제1항에서 말하는 국가형벌권의 행사로서의 '처벌'에 해당한다고 할 수 없는바, 구 독점규제및공정거래에관한법률 제24조의2에 의한 부당내부거래에 대한 과징금은 그 취지와 기능, 부과의 주체와 절차 등을 종합할 때 부당내부거래 억지라는 행정목적을 실현하기 위하여 그 위반행위에 대하여 제재를 가하는 행정상의 제재금으로서의 기본적 성격에 부당이득환수적 요소도 부가되어 있는 것이라 할 것이고, 이를 두고 헌법 제13조 제1항에서 금지하는 국가형벌권 행사로서의 '처벌'에 해당한다고는 할 수 없으므로, 공정거래법에서 형사처벌과 아울러 과징금의 병과를 예정하고 있더라도 이중처벌금지원칙에 위반된다고 볼 수 없으며, 이 과징금 부과처분에 대하여 공정력과 집행력을 인정한다고 하여 이를 확정판결 전의 형벌집행과 같은 것으로 보아 무죄추정의 원칙에 위반된다고도 할 수 없다.

국민건강보험법 제49조 제4호 위헌확인 [2003헌마31, 2005.2.24]

교도소에 수용된 때에는 국민건강보험급여를 정지하도록 한 국민건강보험법 제49조 제4호는 수용자의 의료보장체계를 일원화하기 위한 입법 정책적 판단에 기인한 것이며 유죄의 확정 판결이 있기 전인 미결수용자에게 어떤 불이익을 주기 위한 것은 아니므로 무죄추정의 원칙에 위반된다고 할 수 없다.

국가공무원법 제73조의2 제1항 제4호 위헌소원 [2004헌바12, 2006.5.25]

형사사건으로 기소된 국가공무원을 직위해제할 수 있도록 규정한 구 국가공무원법(1997. 12. 13. 법률 제5452호로 개정되고, 2004. 3. 11. 법률 제7187호로 개정되기 전의 것, 이하 '구 국가공무원법'이라 한다) 제73조의2 제1항 제4호 부분(이하 '이 사건 법률조항'이라 한다)은 이 사건 법률조항의 직위해제는 형사사건으로 기소된 공무원이 계속 직위를 보유하고 직무를 수행하게 되는 경우 야기할 수 있는 공직 및 공무집행 공정성과 그에 대한 국민의 신뢰를 저해할 구체적인 위험을 사전에 방지하고자 하는 잠정적이고 가처분적 성격을 가진 제도일 뿐 직위해제처분을 받은 공무원에 대한 범죄사실 인정이나 유죄판결을 전제로 하여 불이익을 과하는 것은 아니므로 무죄추정의 원칙에 위배된다고 볼 수 없다.

2) 인신보호를 위한 사법절차적 보장

가) 영장제도

영장제도는 영미법상의 인신보호영장제도에서 유래한 것으로, 체포·구속·압수·수색시에는 적법절차에 따라 검사의 신청에 의해서 법원이 발부한 영장에 의해 이루어져야 한다는 원칙이다. 이러한 제도의 목적은 신체구속을 남발하는 것을 방지하여 국민의 인권을 보장하려는 제도이다. 형사소송법 제211조는 예외적으로 현행범인 경우와 장기3년이상의 형, 도피 또는 증거인멸의 우려가 있을 때에는 사후에 영장을 신청하는 것을 허용하고 있다.

한나라당 대통령후보 이명박의 주가조작 등 범죄혐의의 진상규명을 위한 특별검사의 임명등에 관한 법률위헌확인 [2007헌마1468, 2008.1.10]

참고인에 대한 동행명령제도는 참고인의 신체의 자유를 사실상 억압하여 일정 장소로 인치하는 것과 실질적으로 같으므로 헌법 제12조 제3항이 정한 영장주의원칙이 적용되어야 한다. 그럼에도 불구하고 법관이 아닌 특별검사가 동행명령장을 발부하도록 하고 정당한 사유 없이 이를 거부한 경우 벌금형에 처하도록 함으로써, 실질적으로는 참고인의 신체의 자유를 침해하여 지정된 장소에 인치하는 것과 마찬가지의 결과가 나타나도록 규정한 이 사건 동행명령조항은 영장주의원칙을 규정한 헌법 제12조 제3항에 위반되거나 적어도 위 헌법상 원칙을 잠탈하는 것이다.

형사소송법 제70조 제1항 등 위헌소원 [96헌바28, 1997.3.27]

1. 형사절차에 있어서의 令狀主義란 체포·구속·압수 등의 강제처분을 함에 있어서는 사법권 독립에 의하여 그 신분이 보장되는 법관이 발부한 令狀에 의하지 않으면 아니된다는 원칙이고, 따라서 令狀主義의 본질은 신체의 자유를 침해하는 강제처분을 함에 있어서는 중립적인 법관이 구체적 판단을 거쳐 발부한 令狀에 의하여야만 한다는 데에 있다.
2. 헌법 제12조 제3항이 令狀의 발부에 관하여 "검사의 신청"에 의할 것을 규정한 취지는 모든 令狀의 발부에 검사의 신청이 필요하다는 데에 있는 것이 아니라 수사단계에서 令狀의 발부를 신청할 수 있는 자를 검사로 한정함으로써 검사 아닌 다른 수사기관의 令狀신청에서 오는 인권유린의 폐해를 방지하고자 함에 있으므로, 공판단계에서 법원이 직권에 의하여 拘束令狀을 발부할 수 있음을 규정한 刑事訴訟法 제70조 제1항 및 제73조 중 "피고인을 …… 구인 또는 구금함에는 拘束令狀을 발부하여야 한다." 부분은 憲法 제12조 제3항에 위반되지 아니한다.

나) 변호인의 조력을 받을 권리

변호인의 조력을 받을 권리의 주요내용은 구속당한 피의자·피고인과 변호인의 접견교통권을 말한다. 변호인이란 피의자나 피고인이 방어력을 보충하기 위해서 선임된 자로서 당사자 대등의 원칙, 즉 무기대등의 원칙을 구현하여 피의자 및 피고인의 인권보장을 구현하기 위해서 인정된 제도이다. 변호인의 선임은 사선변호인과 법원에서 선임하는 국선변호인으로 구분된다. 국선변호인에 관해서는 형사소송법 제33조와 제282조에 규정되어 있다.

변호인의조력을받을권리 등 침해 위헌확인 [2000헌마138, 2004.9.23]

우리 헌법은 변호인의 조력을 받을 권리가 불구속 피의자·피고인 모두에게 포괄적으로 인정되는지 여부에 관하여 명시적으로 규율하고 있지는 않지만, 불구속 피의자의 경우에도 변호인의 조력을 받을 권리는 우리 헌법에 나타난 법치국가원리, 적법절차원칙에서 인정되는 당연한 내용이고, 헌법 제12조 제4항도 이를 전제로 특히 신체구속을 당한 사람에 대하여 변호인의 조력을 받을 권리의 중요성을 강조하기 위하여 별도로 명시하고 있다. 피의자·피고인의 구속 여부를 불문하고 조언과 상담을 통하여 이루어지는 변호인의 조력자로서의 역할은 변호인선임권과 마찬가지로 변호인의 조력을 받을 권리의 내용 중 가장 핵심적인 것이고, 변호인과 상담하고 조언을 구할 권리는 변호인의 조력을 받을 권리의 내용 중 구체적인 입법형성이 필요한 다른 절차적 권리의 필수적인 전제요건으로서 변호인의 조력을 받을 권리 그 자체에서 막바로 도출되는 것이다.

다) 구속적부심사제도

1679년 영국의 인신보호법에서 유래된 제도이다. 구속영장에 의하여 구속된 피의자에 대하여 구속의 적당유무를 결정하는 제도로서 법관이 발부한 영장에 대한 재심절차 내지 항고적 성질을 가진다. 국가기관에 의해 불법·부당하게 구속되어 있는 상태를 예방하기 위한 제도이며 국민의 인권보장을 위해서도 중요하다.

현행헌법은 구속 뿐만 아니라 체포영장에 의한 체포의 경우에도 그 적부심사를 법원에 청구할 수 있다. 구속적부심사의 청구사유는 구속의 적부(適否)이며, 구속의 불법과 부당도 포함된다. 구속적부심사의 청구권자는 형사소송법 제214조2항에 규정되어 있다.

형사소송법 제214조의2 제1항 위헌소원 [2002헌바104, 2004.3.25]

헌법 제12조 제6항은 '누구든지 체포 또는 구속을 당한 때에는 적부의 심사를 법원에 청구할 권리를 가진다'고 규정하고 있는 바, 위 규정은 '체포·구속을 당한 때'라고 하는 매우 구체적인 상황에 관련하여 헌법적 차원에서 '적부의 심사를 법원에 청구할 권리'라는 구체적인 절차적 권리를 보장하고 있지만, 입법자의 형성적 법률이 존재하지 아니하는 경우 현실적으로 법원에서 당사자의 '체포·구속적부심사청구권'에 대하여 심리할 방법이 없기 때문에, 입법자가 법률로써 구체적인 내용을 형성하여야만 권리주체가 실질적으로 이를 행사할 수 있는 경우에 해당하는 것으로서, 이

> 른바 헌법의 개별규정에 의한 헌법위임(Verfassungsauftrag)이 존재한다고 볼 수 있다. ...(중략)... 우리 형사소송법상 구속적부심사의 청구인적격을 피의자 등으로 한정하고 있어 청구인이 구속적부심사청구권을 행사한 다음 검사가 법원의 결정이 있기 전에 기소하는 경우(이른바 전격기소), 영장에 근거한 구속의 헌법적 정당성에 대하여 법원이 실질적인 판단을 하지 못하고 그 청구를 기각할 수밖에 없다. ...(중략)... 헌법상 독립된 법관으로부터 심사를 받고자 하는 청구인의 '절차적 기회'가 반대 당사자의 '전격기소'라고 하는 일방적 행위에 의하여 제한되어야 할 합리적인 이유가 없고, 검사가 전격기소를 한 이후 청구인에게 '구속취소'라는 후속절차가 보장되어 있다고 하더라도 그에 따르는 적지 않은 시간적, 정신적, 경제적인 부담을 청구인에게 지워야 할 이유도 없으며, 기소이전단계에서 이미 행사된 적부심사청구권의 당부에 대하여 법원으로부터 실질적인 심사를 받을 수 있는 청구인의 절차적 기회를 완전히 박탈하여야 하는 합리적인 근거도 없기 때문에, 입법자는 그 한도 내에서 적부심사청구권의 본질적 내용을 제대로 구현하지 아니하였다고 보아야 한다.

라) 체포·구속시 이유와 권리를 고지받을 권리

체포·구속 이유의 고지를 받을 권리는 미국연방대법원이 수정헌법 제5조에 근거하여 정립한 미란다 원칙에서 비롯된다. 미란다 원칙이란 피의자보호를 위한 일련의 절차적 권리로써 (i) 피의자가 진술거부권을 가지고 있다는 사실, (ii) 피의자의 진술이 그에게 불리한 증거로써 사용될 수 있다는 사실, (iii) 피의자가 변호인의 조력을 받을 수 있다는 사실을 피의자에게 고지하지 아니한 채 피의자를 구금한 상태에서 심문하여 얻은 피의자의 진술을 증거로 채택할 수 없다는 원칙을 말한다. 미란다 원칙은 국가권력으로부터 국민의 신체의 자유를 보장하는 측면에서 매우 중요한 의의를 가진다. 현행 헌법 제12조 제5항에서 '누구든지 체포 또는 구속의 이유와 변호인의 조력을 받을 권리가 있음을 고지 받지 아니하고는 체포 또는 구속을 당한 자의 가족 등 법률이 정하는 자에게는 그 이유와 일시·장소가 지체 없이 통지되어야 한다.'라고 규정하여 명시적으로 보장하고 있다. 또한 형사소송법은 제87조와 제200조의5의 규정을 통하여 절차적으로 이러한 헌법원칙을 구현하고 있다.

라. 관련 판례

1) 형사사건으로 공소가 제기된 변호사에 대하여 법무부장관이 일방적으로

그 업무의 정지를 명할 수 있게 규정한 변호사법 제 15조에 대하여 징계절차에 있어서와 같이 당해 변호사가 자기에게 유리한 사실을 진술하거나 필요한 증거를 제출할 수 있는 청문의기회가 보장되지 아니하며, 이러한 의미에서 적법절차가 존중되지 않는다고 하여 위헌결정을 내렸다(헌재 1990.11.19, 90헌가48).

2) 무죄 등이 선고되면 구속영장의 효력이 상실되지만 검사가 사형·무기·10년이상 징역이나 금고 등을 구형한 경우에는 예외로 형사소송법 제31조 단서조항에 대한 위헌심판사건에서 법원의 재판이 아닌 검사의 구형에 의하여 구속영장의 효력이 좌우되도록 하는 문제의 법규정은 입법목적면에서는 피고사건의 중대성과 하급심의 오판의 가능성 근거로 제정된 것이라고 할 것이다. 그러나 피고사건의 중대성 여부는 법원의 실체판단에 의하여 결정되는 것이지 검사의 구형량에 의하여 결정되는 것이 아니다라고 하여 위헌 결정하였다(헌재 1992.12.24, 92헌가8).

3) "법률이 없으면 범죄도 없고 형벌도 없다."라는 말로 표현되는 죄형법정주의는 자유주의, 법치주의, 국민주권 및 권력분립의 원리에 입각한 것으로서 일차적으로 무엇이 범죄이며 그에 대한 형벌이 어떠한 것인가는 반드시 국민의 대표로 구성된 입법부가 제정한 성문의 법률로써 정하여야 한다는 원칙이다(헌재 1999.2.25, 97헌바3).

4) 법원이 검사의 신청이 없이도 스스로 영장을 발부할 수 있는(법원의 직권영장발부) 근거가 된다고 주장되는 형사소송법 제70조1항 및 동법 제73조 중 "피고인을… 구인 또는 구금함에는 구속영장을 발부하여야 한다." 부분은 헌법에 위반되지 아니한다고 할 것이다(헌재 1997.3.27, 96헌바28등(병합)).

5) 수사 및 재판단계에서 유죄가 확정되지 아니한 미결수용자에게 재소자용의류를 입게하는 것은 미결수용자로 하여금 모욕감이나 수치심을 느끼게 하고, 심리적인 위축으로 방어권을 제대로 행사할 수 없게 하여 실체적 진실의 발견을 저해할 우려가 있으므로, 도주방지 등 어떠한 이유를 내세우더라도 그 제한은 정당화될 수 없어 헌법 제37조2항의 기본권제한에서의 비례원칙에 위반되는 것으로서, 무죄추정의 원칙에 반하고 인간으로

서의 존엄과 가치에서 유래하는 인격권과 행복추구권, 공정한 재판을 받을 권리를 침해하는 것이다(헌재 1999.5.27, 97헌마137등).

6) 도로교통법 제41조2항의 규정에 의하여 주취운전의 혐의자에게 음주측정을 강제하는 것은 강제처분의 일종이 아니므로, 영장없이 음주측정에 응할 의무를 부과하고 이에 불응하는 사람을 처벌하는 것은 헌법에 위배되지 아니한다(헌재 1997.3.27, 96헌가11).

7) 실외운동은 구금되어 있는 수형자의 신체적·정신적 건강 유지를 위한 최소한의 기본적 요청이라고 할 수 있는데, 금치처분을 받은 수형자는 일반 독거 수용자에 비하여 접견, 서신수발, 전화통화, 집필, 작업, 신문·도서열람, 라디오청취, 텔레비전 시청 등이 금지되어 외부세계와의 교통이 단절된 상태에 있게 되며, 환기가 잘 안 되는 1평 남짓한 징벌실에 최장 2개월 동안 수용된다는 점을 고려할 때, 금치처분 집행중인 수형자에 대하여 일체의 운동을 금지하는 것은 수형자의 신체적 건강뿐만 아니라 정신적 건강을 해칠 위험성이 현저히 높다. 따라서 금치처분을 받은 수형자에 대한 절대적인 운동의 금지는 징벌의 목적을 고려하더라도 그 수단과 방법에 있어서 필요한 최소한도의 범위를 벗어난 것으로서, 헌법 제10조의 인간의 존엄과 가치 및 신체의 안전성이 훼손당하지 아니할 자유를 포함하는 헌법 제12조의 신체의 자유를 침해하는 정도에 이르렀다고 판단된다(수형자 운동금지 사건 헌재 2004.8.26. 2002헌마478).

8) 청구일들에 대한 이러한 신체수색은 그 수단과 방법에 있어서 필요한 최소한도의 범위를 벗어나 청구인들에게 수인하기 어려운 정도의 모욕감과 수치감을 안겨준 행위로서, 헌법 제10조의 인간의 존엄과 가치로부터 유래하는 인격권 및 헌법 제12조의 신체의 자유를 침해한 것이다(신체과잉수색 사건 헌재 2002.7.18. 2000헌마327).

9) 그렇다면 당시 청구인은 도주·폭행·소요 또는 자해 등의 우려가 없었다고 판단되고, 수사검사도 이러한 사정 및 당시 검사조사실의 정황을 종합적으로 고려하여 청구인에 대한 계구의 해체를 요청하였던 것으로 보인다. 그럼에도 불구하고 피청구인 소속 계호교도관이 이를 거절하고 청구인으로 하여금 수갑 및 포승을 계속 사용한 채 피의자조사를 받도록

하였는바, 이로 말미암아 청구인은 신체의 자유를 과도하게 제한당하였고 이와 같은 계구의 사용은 무죄추정원칙 및 방어권행사 보장원칙의 근본취지에도 반한다고 할 것이다(헌재 2005.5.26, 2001헌마728).

3. 거주이전의 자유

가. 연혁과 헌법규정

근대초기의 인권선언에서는 대개 거주 이전의 자유의 명문규정을 두지 않았는데, 이는 근대시민사회의 성립과 자본주의경제의 발전에 따라 이미 자명한 것으로 되었기 때문이다. 1919년의 Weimar헌법에서부터 명문화되기 시작하였다. 우리헌법은 제14조에서 「모든 국민은 거주·이전의 자유를 가진다」라고 규정하고 있다.

나. 의의

거주이전의 자유란 국민이 자기가 원하는 곳에 주소나 거소를 설정하고, 또 그것을 이전할 자유 및 일단 정한 주소 및 거소를 그의 의사에 반하여 옮기지 아니할 자유를 말한다. 재산권보장, 직업선택의 자유, 영업의 자유 등과 함께 경제적 자유의 성격을 가지며 민주주의의 근본인 인간의 존엄 또는 인간의 평등의 보장이라는 정신적 측면도 가지고 있다.

다. 내용

국내거주 이전의 자유는 이북지역에는 인정되지 않는다. 국외거주 이전의 자유에 대해서는 이론이 있을 수 있지만 이를 긍정하여야 할 것이다. 해외여행의 자유와 귀국의 자유도 포함된다고 보는 것이 타당하다.

북한의 1998년 개정헌법은 소유권일부, 거주이전 자유를 인정하였는데, 「합법적 경리활동 수입의 개인소유」(제24조)를 허용하여 私的 소유범위를 확대하고 「독립채산제 실시 및 가격 수익성 같은 경제적 공간을 옳게 이용토록 한다」고 규정(제33조)함으로써 기업들의 자율권을 증대시키고자 하였다. 「공민은 거주, 旅行의 자유를 가진다」(제75조)는 조항을 신설하여 형식적으로 나마 거주이전의 자유를 보장, 주민들의 기본권 신장을 부각하였다.

라. 관련 판례

1) 약사에게는 약사시험이 약사자격을 인정하는 면허시험이지만 한약업사의 시험합격은 영업허가를 위한 하나의 요건에 불과하며, 또한 한약업사에 대한 영업지 제한도 합리성을 가져 재량권 일탈의 입법이라 할 수 없으므로 한약업사의 허가 및 영업행위에 대하여 지역적 제한을 가한 내용의 약사법 제37조 제2항은 오로지 국민건강의 유지·향상이라는 공공의 복리를 위하여 마련된 것이고 그 제한의 정도 또한 목적을 달성하기 위하여 적정한 것이어서 평등의 원칙이나 거주이전의 자유 및 직업선택의 자유를 침해할 수 없어 헌법에 위배되지 않는다(헌재 1991.9.16, 89헌마231).
2) 거주지를 기준으로 중·고등학교의 입학을 제한하는 교육법시행령 제71조 및 제112조의 6 등의 규정으로 인하여 위 규정이 적용되는 학교에 자녀를 입학시키고자 하는 학부모는 생활상 발생할 수 있는 여러 가지 불이익을 감수하면서라도 당해 학교 소재지로 거주지를 이전하여야 하나, 학부모는 원하는 경우 언제든지 자유로이 거주지를 이전할 수 있으므로 그와 같은 생활상의 불이익만으로는 거주이전의 자유를 제한한다고는 할 수 없고, 설혹 위 규정이 거주이전의 자유를 다소 제한한다고 하더라도 그 입법목적 및 입법수단이 정당하므로 그 제한의 정도는 기본권의 본질적인 내용을 침해하였다거나 이를 과도하게 제한한 경우에 해당하지 않으므로 헌법 제14조 및 헌법 제37조 제2항에 위반되지 아니한다고 할 것이어서, 위 규정이 거주이전의 자유를 침해하는 것이라고는 할 수 없다(헌재 1995. 2.23. 91헌마204).

4. 주거의 자유

가. 연혁과 헌법규정

주거의 평온과 주거의 불가침은 고대로마의 주거의 신성사상 이래 인간의 존엄과 결부되어 개인의 자유권으로서 요청되었다. 주거의 불가침은 오늘날 형사상 행정상의 절차적 보장을 넘어 Privacy에 관한 권리의 일환이다. 우리 헌법은 제16조에서「모든 국민은 주거의 자유를 침해받지 아니한다. 주거에 대한 압수나 수색을 할 때에는 검사의 신청에 의하여 법관이 발부한 영장을 제시하여야 한다.」라고 규정하고 있다.

나. 내용

주거의 불가침은 개인의 사생활을 공권력으로부터 보호하며 개인의 Privacy를 보호하기 위한 것이다. 정당한 이유에 기하지 않고 주거에 침입하는 것은 형법의 주거침입죄를 구성한다.

다. 하급심 판례

주거는 사람으로서 사적 생활과 평온한 휴식처로서 인간생활에 있어서의 가장 중요한 장소라 아니할 수 없으므로 우리 헌법은 주거의 자유를 보장하고 형법 기타 법률로서 가사 정당한 권원에 의한 주거가 아니라고 할지라도 그 주거로서의 안전을 보호하였으므로, 민법에서 인정하는 주위토지통행권을 행사함에 있어서도 위와 같은 기본적 인권의 하나인 주거의 자유와 안전은 통행권 행사의 이유로서도 침해할 수는 없다 할 것이며, 만일 위와 같은 주거의 안전을 침해하지 아니하고서는 통행권을 적법히 행사할 수 없는 경우라면 차라리 통행권 방해에 의한 건물의 철거 기타 장애물의 제거를 요구함은 별문제로 하더라도 주거를 그대로 인정하면서 통행권행사를 이유로 주거의 자유와 안전을 해할 수는 없다 할 것이다(광주고법 1962.6.21 62다3).

5. 직업선택의 자유

가. 연혁과 헌법규정

봉건시대에는 계급제도로 인한 세습적 직업제도에 의한 제약을 받아왔기 때문에 근대에 이르러 개인의 평등과 존엄의 자각에 따라 직업선택의 자유를 요구하게 되었다. 분업과 협업에 따라 부의 축적이 행해지고 빈부의 격차가 심해지자 공산주의 사회에서는 부정하기에 이르렀다. 우리 헌법은 제15조에서 「모든 국민은 직업선택의 자유를 가진다」라고 규정하고 있다.

나. 의의

일반적으로 자기가 선택한 직업에 종사하여 이를 영위할 수 있는 자유를 말한다. 직업선택의 자유에서 「직업」(Beruf)이란 생활의 기본적 요구를 충족시키기 위한 계속적 활동, 즉 총체적이며 경제적 성질을 가지는 모든 소득활동을 의미한다.

다. 내용

직업선택의 자유는 직업의 선택을 결심하는 직업결정의 자유, 직업종사의 자유, 전직의 자유 등을 포함한다. 직업종사의 자유는 취업의 자유를 내포하고 있다. 직업선택의 자유에는 전직의 자유도 당연히 포함되며 자유업의 영위도 포함된다고 할 것이다.

무직업의 자유를 인정할 것인가는 헌법 제32조의 근로의 의무와의 관계에서 문제된다. 근로의 의무를 추상적·도덕적 의무로 보는 경우에는 「헌법 제15조의 직업선택의 자유에는 무직업의 자유가 당연히 포함된다.」고 한다. 우리 헌법상 모든 국민은 근로의 법적 의무를 지고 있으므로 무위도식하는 것은 원칙적으로 인정되지 않는다.

직업선택의 자유는 국가권력으로부터의 일방적인 침해를 받지 아니하는 자유이므로 원칙적으로 대국가적 효력을 가진다. 또한 직업선택의 자유의 사인간에 있어서의 직접적 효력은 부인되며 간접적 효력은 인정되어야 할 것이다.

라. 관련 판례

1) 학원의설립운영및과외교습에관한법률 제13조 제1항 등 위헌확인 [2002헌마519, 2003.9.25]

1. 이 사건 심판대상 조항들과 같이 어떠한 법령이 수범자의 직업의 자유와 행복추구권 양자를 제한하는 외관을 띠는 경우 두 기본권의 경합 문제가 발생하는데, 보호영역으로서 '직업'이 문제되는 경우 직업의 자유와 행복추구권은 서로 특별관계에 있어 기본권의 내용상 특별성을 갖는 직업의 자유의 침해 여부가 우선하므로, 행복추구권 관련 위헌 여부의 심사는 배제된다고 보아야 한다. 이를 학원강사로서의 교습행위와 관련하여 보면, 직업의 자유는 '생활의 기본적 수요를 충족시키기 위한 계속적인 소득활동으로서의 교습행위'를 자유롭게 행할 자유를 의미하고, 행복추구권은 일반적 행동의 자유에 속하는 것으로서 '생활수단성'과 '계속성'이라는 개념표지를 결하여 단지 일시적·일회적이거나 무상으로 가르치는 행위를 보호영역으로 하는 권리라고 말할 수 있다. 따라서 이 사건에 있어 문제되는 학원강사로서의 교습행위가 직업의 자유의 보호영역에 포함되는 이상 이 사건 심판대상 조항들로 인한 기본권침해는 직업의 자유에 한하여 문제된다.
2. 이 사건 심판대상 조항들은 일반학원의 강사라는 직업의 개시를 위한 주관적 전제조건으로서 '대학 졸업 이상의 학력 소지'라는 자격기준을 갖추도록 요구함으로써 직업선택의 자유를 제한하고 있고, 그와 같은 제한이 헌법상 용인될 수 있기 위하여는 기본권제한의 한계원리인 과잉금지의 원칙에 위배되지 않아야 하는데, 이 사건의 경우는 다음과 같은 이유로 기본권제한의 한계가 준수되고 있다. 먼저 이 사건 심판대상 조항들을 통하여 달성하고자 하는 입법목적은 자질미달의 강사가 가져올 부실교육 등의 폐단을 미연에 방지함으로써 양질의 교육서비스를 확보하고 교육소비자를 보호하며, 국가 전체적으로 평생교육을 성공적으로 실현하고자 하는 것으로서, 그 목적의 정당성을 인정할 수 있고, 학원에서 교습을 담당하는 강사의 자질과 능력은 학원교육의 질을 좌우하는 요소로서 특히 중요하다 할 것인데, 학원의 설립?운영을 규율하는 법령에 일정 수준의 학력과 같은 강사의 자격기준을 명시적으로 정해 놓고 일괄적으로 통제하는 것은 학원시장의 질서를 효율적으로 규율하는 방법의 하나로서 위와 같은 제한목적의 달성에 기여하는 수단으로서의 적합성이 있다고 볼 것이며, 나아가 이 사건 심판대상 조항들이 요구하는 자격기준을 갖추지 못한 사람이 당장 일반학원의 강사라는 직업을 선택할 수 없는 제한을 받게 된다 하더라도, 그로 인한 불이익은 학원교육의 질적 수준을 보장하여 교육소비자를 보호하고 국가 전체적으로 평생교육을 성공적으로 실현한다는 공동체이익을 능가할 정도로 심각하다고 보이지 아니하므로, 충돌하는 법익 상호간의 균형성도 구비되어 있으며, 자질과

능력을 갖춘 강사를 확보하여 학원교육의 질을 높이거나 유지하는 방법으로서 이 사건 심판대상 조항들과 같이 일률적으로 자격기준을 설정하여 통제하는 방식만큼의 효과를 거둘 만한 다른 제도나 절차를 쉽게 찾아보기 어려우므로 최소침해의 원칙도 문제되지 않는다.

3. 학원강사라는 직업 선택과 관련하여 대학 재학생과 대학 졸업생을 차별취급하는 것을 정당화하는 합리적 근거가 있는지 여부에 관하여 보건대, 이 사건 심판대상 조항들이 대학 졸업 이상의 학력을 요구하고 있는 것은 적어도 대학을 졸업한 자라야 대학에서의 다채로운 경험과 교육을 통해 기본적 소양과 전공 및 관련 분야의 지식을 습득하고 성인으로서의 인생관과 세계관을 정립함으로써 학원강사로서 필요한 자질과 능력을 어느 정도 갖춘 것으로 인정할 수 있다는 관념에 기초한 것으로서, 앞서 본 제한목적의 달성에 적합한 기준의 설정이라고 볼 수 있고, 학업을 병행하여야 하는 대학 재학생의 경우 학원강사로서의 직업의식과 책임감이 대학 졸업 후 고정된 생활수단으로서 학원강사라는 직업을 선택하는 사람에 미치지 못할 개연성을 배제하기 어려우며, 다른 한편으로 대학 재학생은 시행령 소정의 교습경력을 쌓은 다음 학원강사가 될 수 있을 뿐만 아니라 자격에 제한이 없는 개인 과외교습을 통해 생활의 기본적 수요를 충족하는 길이 열려 있기도 하므로, 개인차를 전제로 하지 않고 일률적인 학력 기준에 따라 자격통제를 시행함으로써 학원교육의 질을 확보하고자 하는 입법자의 조치는 정당한 차별목적을 위한 합리적인 수단을 강구한 것으로서 그 정당성을 인정하여야 할 것이므로, 이 사건 심판대상조항은 평등원칙에 위배되지 않는다.

2) 건설기계관리법 시행령 제2조 [별표1] 제27호 위헌확인
[전원재판부 2009헌마285, 2011.5.26]

이 사건 시행령조항이 달성하고자 하는 타워크레인 관련 거래질서 확립과 안전도 제고는 국민의 생명과 재산보호에 직결되는 것으로 그 공익이 매우 큰 반면, 이 사건 시행령조항으로 인하여 청구인들이 입게 되는 직업의 자유제한이라는 것은 법령에서 정한 일정한 기준을 갖추어 등록을 하고 법령이 정하는 각종 검사를 이행하여야 하는 것에 불과하므로, 타워크레인을 건설기계관리법의 적용을 받는 건설기계에 포함하는 이 사건 시행령조항은 과잉금지의 원칙에 위배하여 직업의 자유를 침해한다고 할 수없다.

3) 행정사법 시행령 제4조 제3항 위헌확인 [전원재판부 2007헌마910, 2010.4.29]

행정사법 제4조가 행정사는 행정사의 자격시험에 합격한 자로 한다고 규정한 취지는, 모든 국민에게 행정사 자격의 문호를 공평하게 개방하여 국민 누구나 법이 정한 시험에 합격한 자는 법률상의 결격사유가 없는 한 행정사업을 선택하여 이를 행사할 수 있게 함으로써 특정인이나 특정 집단에 의한 특정 직업 또는 직종의 독점을 배제하고 자유경쟁을 통한 개성신장의 수단으로 모든 국민에게 보장된 헌법 제15조의 직업선택의 자유를 구현시키려는 데 있는 것이다. 그러므로 행정사법 제4조에서 행정사 자격시험에 합격한 자에게 행정사의 자격을 인정하는 것은 행정사 자격시험이 합리적인 방법으로 반드시 실시되어야 함을 전제로 하는 것이고, 따라서 행정사법 제5조 제2항이 대통령령으로 정하도록 위임한 이른바 "행정사의 자격시험의 과목·방법 기타 시험에 관하여 필요한 사항"이란 시험과목·합격기준·시험실시방법·시험실시시기·실시횟수 등 시험실시에 관한 구체적인 방법과 절차를 말하는 것이지 시험의 실시여부까지도 대통령령으로 정하라는 뜻은 아니다. 그럼에도 불구하고 이 사건 조항은 행정사 자격시험의 실시 여부를 시·도지사의 재량사항으로, 즉, 시험전부면제대상자의 수 및 행정사업의 신고를 한 자의 수 등 관할구역내 행정사의 수급상황을 조사하여 시험실시의 필요성을 검토한후 시험의 실시가 필요하다고 인정하는 때에는 시험실시계획을 수립하도록 규정하였는바, 이는 시·도지사가 행정사를 보충할 필요가 없다고 인정하면 행정사 자격시험을 실시하지 아니하여도 된다는 것으로서 상위법인 행정사법 제4조에 의하여 청구인을 비롯한 모든 국민에게 부여된 행정사 자격 취득의 기회를 하위법인 시행령으로 박탈하고 행정사업을 일정 경력 공무원 또는 외국어 전공 경력자에게 독점시키는 것이 된다.

그렇다면 이 사건 조항은 모법으로부터 위임받지 아니한 사항을 하위법규에서 기본권 제한사유로 설정하고 있는 것이므로 위임입법의 한계를 일탈하고, 법률상 근거 없이 기본권을 제한하여 법률유보원칙에 위반하여 청구인의 직업선택의 자유를 침해한다.

4) 법학전문대학원 설치·운영에 관한 법률 제1조 등위헌확인
[2007헌마1262, 2009.2.26]

법 제26조 제2항은 법학전문대학원 입학자 중 법학 외의 분야에서 학사학위를 취득한 자가 차지하는 비율이 입학자의 3분의 1 이상이 되도록 해야 한다고 규정하고, 법 제26조 제3항은 법학전문대학원 입학자 중 당해 법학전문대학원이 설치된 대학 외의 대학에서 학사학위를 취득한 자가 차지하는 비율이 입학자의 3분의 1 이상이 되도록 해야 한다고 규정하고 있다.

헌법 제15조에 의한 직업선택의 자유라 함은 자신이 원하는 직업 내지 직종을 자유롭게 선택하는 직업선택의 자유 뿐만 아니라 그가 선택한 직업을 자기가 결정한 방식으로 자유롭게 수행할 수 있는 직업수행의 자유를 포함한다(헌재 1995. 7. 21. 94헌마125, 판례집 7-2, 155, 162; 2002. 11. 28. 2001헌마596, 판례집 14-2, 734, 742). 그리고 직업선택의 자유에는 자신이 원하는 직업 내지 직종에 종사하는데 필요한 전문지식을 습득하기 위한 직업교육장을 임의로 선택할 수 있는 '직업교육장 선택의 자유'도 포함된다. 그런데 법 제26조 제2항 및 제3항이 로스쿨에 입학하는 자들에 대하여 학사 전공별로, 그리고 출신 대학별로 로스쿨 입학정원의 비율을 각각 규정한 것은 변호사가 되기 위하여 필요한 전문지식을 습득할 수 있는 로스쿨에 입학하는 것을 제한하는 것이기 때문에 직업교육장 선택의 자유 내지 직업선택의 자유를 제한한다고 할 것이다.

..(중략)..그러나 법 제26조 제2항 및 제3항이 직업교육장 선택의 자유를 제한한 것은 비례의 원칙에 위배되지 아니하므로 청구인들의 직업교육장 선택의 자유 내지 직업선택의 자유를 침해하지 아니한다고 할 것이다.

5) 법무사법 시행규칙 제3조 제1항은 모든 국민에게 부여된 법무사자격취득의 기회를 하위법인 시행규칙으로 박탈하고 법무사업을 법원·검찰청 등의 퇴직공무원에게 독점시키는 것이 되며 이는 결국 대법원이 규칙제정권을 행사함에 있어 위임입법권의 한계를 일탈하여 청구인이나 기타 법무사 자격을 취득하고자 하는 모든 국민의 헌법상 평등권과 직업선택의 자유를 침해한 것이다(헌재 1990.10.15 89헌마178).

6) 대도시법인의 부동산등기에 대하여 상대적으로 대도시 외의 법인에 비하여 높은 세율의 등록세를 부과하는 것은 직업선택의 자유를 침해하는 것이라 할 수 없다(헌재 1998.2.27, 97헌바79).

7) 영화법 제26조의 규정에 의하여 국산영화의무상영제를 실시한 규정은 개봉관 확보를 통하여 국산영화의 제작과 상영의 기회를 보장하고 국산영화의 존립과 발전을 위한 것으로 직업선택의 자유를 침해한 것이 아니다(헌재 1995.7.21, 94헌마125).

8) 학원설립·운영에관한법률 제3조, 제22조에서 대학생을 제외한 일반인이 과외교습을 직업으로 선택하고자하는 경우에는 학원이나 교습소를 설립하여야 하는 제한을 가하고 있다. 이는 침해의 최소성과 법익의 균형성을 갖추지 못하여 비례의 원칙에 위반하는 것으로 국민의 자녀교육권, 인격의 자유로운 발현권, 직업선택의 자유를 침해하는 것으로 위헌적인 규정이다(헌재 2000.4.27, 98헌가429).

9) 백화점이나 할인마트등 불특정 다수인을 상대로 셔틀버스를 무료로 운행하는 것은 운수사업자의 사업에 지장을 초래하는 행위로 이를 운수사업법에서 금지시키는 것은 헌법에 반하지 않는다(헌재 2001.6.28, 헌마132).

10) 이 사건 조항이 의료인의 기능과 진료방법에 대한 광고를 금지하고 이에 대하여 벌금형에 처하도록 한 것은 입법목적을 달성하기 위하여 필요한 범위를 넘어선 것이므로, '피해의 최소성' 원칙에 위반된다. 한편 이 사건 조항이 보호하고자 하는 공익의 달성 여부는 불분명한 것인 반면, 이 사건 조항은 의료인에게 자신의 기능과 진료방법에 관한 광고와 선전을 기회를 박탈함으로써 표현의 자유를 제한하고, 다른 의료인과의 영업상 경쟁을 효율적으로 수행하는 것을 방해함으로써

직업수행의 자유를 제한하고 있고, 소비자의 의료정보에 대한 알 권리를 제약하게 된다. 따라서 보호하고자 하는 공익보다 제한되는 사익이 더 중하다고 볼 것이므로 이 사건 조항은 '법익의 균형성' 원칙에도 위배된다. 결국 이 사건 조항은 헌법 제37조 제2항의 비례의 원칙에 위배하여 표현의 자유와 직업수행의 자유를 침해하는 것이다. (헌재 2005.10. 27, 2003헌가3)

● 직업의 자유에 대한 제한의 단계이론

이른바 '3단계이론'이란 독일연방헌법재판소가 1958년 6월11일의 이른바 '약국판결'에서 발전시킨 이론으로 직업의 자유를 제한함에 있어서는 직업의 자유를 직업행사의 자유와 직업선택의 자유로 구분하여 방법상 그 침해의 진지성이 적은 방법부터 선택하여 단계순으로 적용하여야 한다는 이론이다. 결국 이 이론은 기본권제한과 관련된 비례의 원칙, 특히 최소 침해의 원칙을 직업의 자유의 제한에 적용한 것이라고 할 수 있다. 우리 헌법재판소도 이 이론을 수용하고 있다.[152]

1) 제1단계(직업행사의 자유제한)

직업의 자유에 대한 제한이 불가피한 경우에도 직업선택의 자유보다 더욱 침해가 경미한 직업행사의 자유를 제한하는 방법으로 해야 한다. 직업행사의 자유는 국가안전보장·질서유지·공공복리를 이성적으로 고려하여 그에 대한 제한이 합목적적인 것으로 판단된다면 제한될 수 있다. 이 경우에 적합성, 필요성, 최소성의 요건을 충족시켜야 한다. 백화점의 바겐세일 회수제한, 택시의 합승행위금지, 택시의 격일제 영업제도, 유흥업소 및 음식점의 영업시간제한 등이 그 예이다.

2) 제2단계(주관적 사유에 의한 직업선택의 자유제한)

직업에 일정한 전문성과 기술성등을 요건으로 함으로써 개인의 주관적 사유를 이유로 직업선택의 자유를 제한하는 방법이다. 이 경우에도 목적과 수단의 합리적 비례의 원칙이 지켜져야 한다. 법조인이 되고자 하는 자에게 일정한 국가시험에의 합격을 요구하는 것을 그 예로 들 수 있다. 주관적 사유에 의한 직업선택이 자유제한은 제37조 제2항의 국가안전보장·질서유지·공공복리를 위해서 뿐만 아니라, 입법자가 경제정책적·사회정책적 이유에서 사회적 이익으로 고양시킨 목적을 위해서도 행해질 수 있다는 점에서 제37조 제2항에 열거된 목적을 달성하기 위해서만 행해질 수 있는 객관적 사유에 의한 직업선택의 자유의 제한과 구별된다.

3) 제3단계(객관적 사유에 의한 직업선택의 자유제한)

개인의 자격과는 관계없이 국가안전보장·질서유지·공공복리 같은 객관적 사유를 이유로 직업선택의 자유를 제한하는 방법이다. 예컨대 이 제한은 특정직업의 허용여부를 그 필요성의 관점에서 판단하기 때문에 경우에 따라서는(곧 필요성이 없는 경우에는) 직업선택의 자유 자체가 인정되지 않는 경우가 있다. 이처럼 이 제한은 직업의 자유에 대한 중대한 제한이기 때문에 공공의 이익에 대한 명백하고 현존하는 위험을 방지하기 위하여 불가피한 경우에만 허용되며, 침해가 가장

적은 방법으로 목적달성을 추구해야 한다. 일정한 업종에 대한 적정분토, 기존업체보호, 동일 업종의 숫자제한 등에 따른 영업허가제·영업지정제·영업특허제·군수산업의 투자 등에 대한 제한 등이 그 예에 속한다.

6. 사생활의 자유와 비밀

가. 연혁과 헌법규정

Privacy의 권리는 1890년의 Warren-Brandeis의 논문 이래로 독립된 권리로 인정되었다. 미국에서는 판례법상 인정되었고, 독일에서는 일반적 인격과 인격권 속에 포함시키고 있다. 우리헌법은 제17조에서 「모든 국민은 사생활의 비밀과 자유를 침해받지 아니한다.」라고 규정하고 있다.

나. 의의

사생활의 자유란 개인의 사적 생활의 영위의 자유, 사생활의 비밀은 사생활의 부당한 공개로부터의 자유를 말한다.

다. 내용

넓게 해석하면 인격적 이익의 총체를 가리키고, 우리헌법 제17조의 권리는 이를 협의로 한정적으로 해석하고 있다. 협의로 보는 경우 사생활 활동의 자유와 사생활을 함부로 공개당하지 아니할 권리, 비밀영역에 대한 권리, 사적 영역의 존중에 대한 권리, 인격적인 감정세계의존중의 권리와 정신적인 내면생활의 무상성에 관한 권리를 포함한다.

사생활의 비밀과 프라이버시권과의 관계는 프라이버시권에 관하여 제1설(협의설)은 그것을 "사생활의 평온을 침해받지 아니하고 사행활의 비밀을 함부로 공개당하지 아니할 권리"로 이해하지만, 제2설(광의설)은 프라이버시권을 소극적으로는 "사생활을 함부로 공개당하지 아니하고 사생활의 평온과 비

152 헌재 1990.10. 15. 89헌마178

밀을 요구할 수 있는 법적보장"으로 이해하나 적극적으로는 "자신에 관한 정보를 관리·통제할 수 있는 법적 능력"으로 이해한다. 이에 대하여 제3설(최광의설)은 프라이버시권을 사생활의 비밀과 자유뿐만 아니라 주거의 불가침·통신의 불가침 등도 포괄하는 개념으로 파악한다.[153]

라. 관련 판례

1) 변호사법 제28조의2 위헌확인 [전원재판부 2007헌마667, 2009.10.29]

일반적으로 경제적 내지 직업적 활동은 복합적인 사회적 관계를 전제로 하여 다수 주체 간의 상호작용을 통하여 이루어지는 것이고, 특히 변호사의 업무는 다른 어느 직업적 활동보다도 강한 공공성을 내포한다는 점 등을 감안하여 볼 때, 변호사의 업무와 관련된 수임사건의 건수 및 수임액이 변호사의 내밀한 개인적 영역에 속하는 것이라고 보기 어렵고, 따라서 이 사건 법률조항이 청구인들의 사생활의 비밀과 자유를 침해하는 것이라 할 수 없다.

2) 의료급여법 시행령 별표 제1호 가목 등 위헌확인 [전원재판부 2007헌마1092, 2009.9.24]

이 사건 고시조항은 의료이용자가 의료급여를 받을 적법한 수급자인지 여부 및 의료급여의 범위 등을 정확하게 확인하려는 데에 그 목적이 있는 것으로서 그 목적은 정당하고, 의료이용자에게 그 수급의 자격이 있는지 여부 및 필요한 급여액의 정도를 파악하기 위하여는 수급권자 자격관리기관인 공단이 상병명 등 정보를 파악하는 것이 필요하다 할 것이어서 의료급여기관이 이러한 정보를 공단에 제공하고 공단이 이러한 정보를 보유하도록 하는 것은 적절한 수단이 된다.

또한 위 고시조항에 의하여 수집되는 정보의 범위는 건강생활유지비의 지원 및 급여일수의 확인을 위해 필요한 정보로 제한되어 있고, 공인인증서 이용을 통한 개인정보 보호조치 강화, 각종 법률에서의 업무상 비밀 누설 금지의무 부과 및 그 위반시 형벌규정 등을 통해 피해를 최소화하는 장치가 갖추어져 있다 할 것이며, 위 고시 조항으로 인하여 얻게 되는 공익 즉 수급자격 및 급여액의 정확성을 확보하여 의료급여제도의 원활한 운영을 기한다는 공익이 이로 인하여 제한되는 수급권자의 개인정보자기결정권인 사익보다 크다 할 것이므로 법익의 균형성도 갖추었다고 할 것이다.

따라서, 이 사건 고시조항은 헌법상 과잉금지원칙에 위배되어 청구인들의 개인정보자기결정권을 침해하는 것이라고 볼 수 없다.

153 자세한 것은 변재욱, 정보화사회에 있어서 프라이버시권, 서울대학교 박사학위논문(1979) 참조.

3) 형의 실효 등에 관한 법률 제8조의2 위헌확인
[전원재판부 2008헌마257, 2009.10.29]

가. 이 사건 법률조항은 범죄혐의로 수사를 받은 피의자가 검사로부터 '혐의없음'의 불기소처분을 받은 경우 혐의범죄의 법정형에 따라 일정기간 피의자의 지문정보와 함께 인적사항·죄명·입건관서·입건일자·처분결과 등(이하 '이 사건 개인정보'라 한다.)을 보존하도록 규정하고 있고, 국가는 이를 범죄수사 등 법 제6조 제1항에서 정한 용도에 이용하고 있는바, 위 수사경력자료에 관한 정보는 개인의 명예와 관련되어 인격주체성을 특징짓는 사항으로서 그 개인의 동일성을 식별할 수 있게 하는 정보라 할 것이므로 이러한 정보의 이용을 전제로 보관 등에 관한 사항을 규정하고 있는 이 사건 법률조항은 해당 피의자의 개인정보자기결정권에 대한 제한에 해당한다.

나. '혐의없음' 불기소처분에 관한 이 사건 개인정보를 보관하는 것은 재수사에 대비한 기초자료를 보존하여 형사사법의 실체적ㅋ 진실을 구현하는 한편, 형사사건 처리결과를 쉽게 그리고 명확히 확인하여 수사의 반복을 피함으로써 수사력의 낭비를 막고 피의자의 인권을 보호하기 위한 것으로서 그 목적의 정당성이 충분히 인정되고, 이 사건 법률조항이 형사사건 처리 내역에 관한 이 사건 개인정보를 일정기간 보관한 후 삭제하도록 한 것은 위와 같은 목적을 달성하기 위한 효과적이고 적절한 방법의 하나가 될 수 있다. 이 사건 개인정보의 이용범위가 제한적인 점, 이 사건 개인정보의 누설이나 법령이 규정한 목적 외 취득·사용이 엄격히 금지되며, 이를 위반한 자는 형사처벌될 수 있는 점, 이 사건 개인정보의 법정 보존기간이 합리적 범위 내에 있다고 여겨지는 점 등을 종합적으로 고려하면, 이 사건 법률조항에 의한 것보다 청구인의 개인정보자기결정권을 덜 침해하는 방법이나 수단을 찾아보기 어렵다 할 것이므로 이 사건 법률조항은 기본권침해 최소성의 원칙에 위반된다고 볼 수 없다. 또한 이 사건 법률조항에 의하여 국가가 청구인의 이 사건 개인정보를 일정기간 보존한다고 하더라도 이로 인하여 청구인이 현실적으로 입게 되는 불이익은 그다지 크다고 보기 어려운 반면, 위와 같이 '혐의없음' 불기소처분에 관한 이 사건 개인정보를 보존함으로써 얻고자 하는 공익은 크다고 보아야 할 것이므로, 이 사건 법률조항이 법익의 균형성을 상실하였다고 볼 수도 없다. 따라서 이 사건 법률조항이 과잉금지의 원칙에 위반하여 청구인의 개인정보자기결정권을 침해한다고 볼 수 없다.

4) 개인정보수집 등 위헌확인 [2003헌마282, 2005.7.21]

1. 개인정보자기결정권을 제한함에 있어서는 개인정보의 수집·보관·이용 등의 주체, 목적, 대상 및 범위 등을 법률에 구체적으로 규정함으로써 그 법률적 근거를 보다 명확히 하는 것이 바람직하나, 개인정보의 종류와 성격, 정보처리의 방식

과 내용 등에 따라 수권법률의 명확성 요구의 정도는 달라진다 할 것인바, 피청구인 서울특별시 교육감과 교육인적자원부장관이 졸업생 관련 제 증명의 발급이라는 소관 민원업무를 효율적으로 수행함에 필요하다고 보아 개인의 인격에 밀접히 연관된 민감한 정보라고 보기 어려운 졸업생의 성명, 생년월일 및 졸업일자만을 교육정보시스템(NEIS)에 보유하는 행위에 대하여는 그 보유정보의 성격과 양(量), 정보보유 목적의 비침해성 등을 종합할 때 수권법률의 명확성이 특별히 강하게 요구된다고는 할 수 없으며, 따라서 "공공기관은 소관업무를 수행하기 위하여 필요한 범위 안에서 개인정보화일을 보유할 수 있다."고 규정하고 있는 공공기관의개인정보보호에관한법률 제5조와 같은 일반적 수권조항에 근거하여 피청구인들의 보유행위가 이루어졌다하더라도 법률유보원칙에 위배된다고 단정하기 어렵다.

2. 개인정보의 종류 및 성격, 수집목적, 이용형태, 정보처리방식 등에 따라 개인정보자기결정권의 제한이 인격권 또는 사생활의 자유에 미치는 영향이나 침해의 정도는 달라지므로 개인정보자기결정권의 제한이 정당한지 여부를 판단함에 있어서는 위와 같은 요소들과 추구하는 공익의 중요성을 헤아려야 하는바, 피청구인들이 졸업증명서 발급업무에 관한 민원인의 편의 도모, 행정효율성의 제고를 위하여 개인의 존엄과 인격권에 심대한 영향을 미칠 수 있는 민감한 정보라고 보기 어려운 성명, 생년월일, 졸업일자 정보만을 NEIS에 보유하고 있는 것은 목적의 달성에 필요한 최소한의 정보만을 보유하는 것이라 할 수 있고, 공공기관의개인정보보호에관한법률에 규정된 개인정보 보호를 위한 법규정들의 적용을 받을 뿐만 아니라 피청구인들이 보유목적을 벗어나 개인정보를 무단 사용하였다는 점을 인정할 만한 자료가 없는 한 NEIS라는 자동화된 전산시스템으로 그 정보를 보유하고 있다는 점만으로 피청구인들의 적법한 보유행위 자체의 정당성마저 부인하기는 어렵다.

5) 정정보도청구권은 정기간행물의 보도에 의하여 인격권등의 침해를 받은 피해자가 반론의 게재를 요구할 수 있는 권리, 즉 이른바 '반론권'을 뜻하는 것으로서 헌법상 보장된 인격권과 사생활의 비밀과 자유에 그 바탕을 둔 것이며 나아가 피해자에게 반박의 기회를 허용함으로써 언론보도의 공정성과 객관성을 향상시켜 제도로서의 언론보장을 더욱 충실하게 할 수 있다는 뜻도 함께 지닌다(헌재 1991.9.16, 89헌마165).

6) 언론매체의 명예훼손적 표현에 위에서 본 실정법을 해석·적용할 때에는 언론의 자유와 명예보호라는 상반되는 헌법상의 두 권리의 조정과정에 다음과 같은 사정을 고려하여야 한다. 즉, 당해 표현으로 인한 피해자가 공적 인물인지 아니면 사인(私人)인지, 그 표현이 공적인 관심 사안에 관한 것인지 순수한 사적인 영역에 속하는 사안인지, 피해자가 당해 명예훼손적 표현의 위험을 자초한 것인지, 그 표

> 현이 객관적으로 국민이 알아야 할 공공성·사회성을 갖춘 사실(알권리)로서 여론형성이나 공개토론에 기여하는 것인지 등을 종합하여 구체적인 표현내용과 방식에 따라 상반되는 두 권리를 유형적으로 형량한 비례관계를 따져 언론의 자유에 대한 한계설정을 할 필요가 있는 것이다(헌재1999.6.24, 97헌마265).

7. 통신의 자유

가. 연혁과 헌법규정

통신의 비밀을 보장하고 있는 것은 개인의 사생활의 비밀을 보장하며 개인의 인격을 보호하기 위한 것이다. 우리헌법은 제18조에서 「모든 국민은 통신의 비밀을 침해받지 아니한다.」라고 규정하고 있다.

나. 내용

통신의 비밀의 불가침이란 「신서뿐만 아니라, 전신 전화 등의 검열이나 도청을 금지」한 것이요, 발신에서부터 수신 사이의 비밀이 침해되는 것을 금지하는 것이다. 통신의 비밀을 보장한다고 하는 것은 공권력에 의하여 통신의 내용이 알려지는 것을 금지하는 것으로서 검열제도의 금지를 말한다. 통신의 자유를 보장하는 입법으로는 형법의 규정외에도 통신비밀보호법이 있다.

다. 관련 판례

1) 기결수형자도 통신의 자유의 주체이다.… 현행 행형법령에 따라 행해지는 수형자의 서신검열로 인해 수형자의 통신의 비밀이 일부 제한되는 것은 정당한 목적을 위한 것이고 유효적절한 방법에 의한 최소한의 제한이며 통신의 자유의 본질적 내용의 침해가 아니다(헌재 1998.8.27, 96헌마398).
2) 이 사건 법률조항에서 감청설비의 제조 등에 대하여 정보통신부장관의 인가를 받도록 규정하고 있는 이유는 감청설비의 무제한적인 유통이나 영리목적의 유통을 사전에 방지하고자 함에 그 목적이 있는 것이고, 국

가기관의 경우에는 국가기관 스스로 그 보유의 목적, 보유과정 등을 통제하고 있어 감청설비의 유통을 사전에 예방할 필요성이 없으므로 이 사건 법률조항의 단서에서 국가기관에 대해 예외를 두고 있는 것이다. 그러므로 이 사건 법률조항이 평등원칙에 위배된다고 볼 수 없다(2001. 3.21, 2000헌바25).

3) 불법도청에 의하여 수집한 증거의 증거능력을 부정한다(1967년 Katz v. United States사건).

8. 재산권의 보장

가. 연혁과 헌법규정

근대초기에 있어서는 재산권은 천부의 전국가적인 신성불가침의 권리로 인정되었다. 20세기에 들어서자 재산권도 사회전체의 복리를 위하여 제한할 수 있게 되었고 재산권의 사회적 제약 내지 사회적 의무성이 강조되었고, 1919년의 Weimar 헌법에서 최초로 규정하였다. 제2차대전 후에 제정된 각국헌법은 정도의 차는 있어도 모두 재산권의 사회적 성격을 강력히 인정하는 사회적 법치국가 내지 사회적 시장경제주의의 입장을 고수하고 있다.

우리헌법은 제23조 1항에서 「모든 국민의 재산권은 보장된다. 그 내용과 한계는 법률로 정한다.」라고 규정하고 있다. 그 이외에도 제22조 2항, 제9장 경제조항에서는 광업권과 농지소유권 등에 관해 규정하고 있다. 제23조의 재산권은 유체재산권을, 제22조 2항은 무체재산권을, 제9장의 경제조항은 특수재산권을 보장하고 있다.

나. 의의

개인이 현재 가지고 있는 재산권에 대한 불가침과 개인이 소유하는 재산에 대한 사용·수익·처분은 자유이며, 재산권행사는 의무를 수반하는 것이다.

다. 내용

내용과 한계를 정하는 법률은 제도적 보장에 저촉되지 않는 한 광범위한 입법적 재량에 위임한다.

라. 관련 판례

1) 중소기업의구조개선과재래시장활성화를위한특별조치법 제16조 제1항 등 위헌소원(구중소기업의구조개선및경영안정지원을위한특별조치법제6조제2항, 제8항) [2003헌바18, 2006.7.27]

(1) 재산권침해와 위헌심사기준

(가) 재산권의 보장, 내용형성과 사회적 기속성

헌법은 "모든 국민의 재산권은 보장된다. 그 내용과 한계는 법률로 정한다."(제23조 제1항), "재산권의 행사는 공공복리에 적합하도록 하여야 한다."(제23조 제2항)고 규정함으로써, 재산권이 헌법적으로 보장됨을 천명함과 동시에 재산권은 법률로써 규제될 수 있고 그 행사 또한 일정한 제약을 받을 수 있다는 것을 밝히고 있고, 입법자는 헌법 제23조가 정한 재산권보장의 취지와 공익목적을 위한 재산권 제한의 필요성을 서로 형량하여 재산권의 내용과 한계를 구체적으로 정할 입법형성권을 갖는다. 그리고 이러한 재산권 제한에 대하여는 이 사건 재래시장과 같이 재산권 행사의 대상이 되는 객체가 지닌 사회적인 연관성과 사회적 기능이 크면 클수록 입법자에 의한 보다 광범위한 제한이 허용되고(헌재 1999. 4. 29. 94헌바37 등, 판례집 11-1, 289, 303-304 참조), 개별 재산권이 갖는 자유보장적 기능이 강할수록, 즉 국민 개개인의 자유실현의 물질적 바탕이 되는 정도가 강할수록 그러한 제한에 대해서는 엄격한 심사가 이루어져야 한다(헌재 1998. 12. 24. 89헌마214등, 판례집 10-2, 927,945 참조).

(나) 재산권에 대한 제약, 수용과 위헌심사기준

토지재산권 등에 관한 입법에 있어서 입법자에게 넓은 입법재량이 인정된다고 할지라도, 재산권의 사회적 기속성에 기한 제한 역시 다른 기본권에 대한 제한입법과 마찬가지로 비례원칙을 준수하여야 하고 재산권의 본질적 내용인 사적 이용권과 원칙적인 처분권을 부인하여서는 아니 되며, 이는 사회적 기속성이 더욱 강한 토지재산권에 관하여도 마찬가지이다. 요컨대, 재산권에 대한 제약이 비례원칙에 합치하는 것이라면 그 제약은 재산권자가 수인하여야 하는 사회적 제약의 범위 내에 있는 것이고, 반대로 재산권에 대한 제약이 비례원칙에 반하여 과잉된 것이라면 그 제약은 재산권자가 수인하여야 하는 사회적 제약의 한계를 넘는 것이며, 따라서 입법자가 재산권을 비례의 원칙에 부합하게 합헌적으로 제한하기 위해서는 수인의 한계를 넘어 가혹한 부담이 발생하는 예외적인 경우에는 이를 완화하는 보상규정을 두어야 한다(헌재 2005. 9. 29. 2002헌바84등, 판례집 17-2, 98, 119-120 참조).

한편, 헌법 제23조 제3항은 "공공필요에 의한 재산권의 수용·사용 또는 제한 및 그에 대한 보상은 법률로써 하되, 정당한 보상을 지급하여야 한다."고 규정하여, 재산권행사의 사회적 의무성의 한계를 넘는 재산권의 수용·사용·제한과 그에 대한 보상의 원칙을 규정하고 있다. 따라서 공공필요에 의한 재산권의 공권력적, 강제적 박탈을 의미하는 공용수용은 국민의 재산권을 그 의사에 반하여 강제적으로라도 취득해야 할 공익적 필요성이 있을 것, 수용과 그에 대한 보상은 모두 법률에 의거할 것, 정당한 보상을 지급할 것의 요건을 갖추어야 합헌적인 것이라고 할 수 있다(헌재 1998. 3. 26. 93헌바12, 판례집 10-1, 226, 243 참조).

2) 입법자가 헌법 제23조 제1항 및 제2항에 의하여 재산권의 내용을 구체적으로 형성함에 있어서는, 헌법상의 재산권 보장의 원칙과 재산권의 제한을 요청하는 공익등 재산권의 사회적 제약성을 비교형향하여, 양 법익이 조화와 균형을 이루도록 하여야 한다. 입법자가 형성의 자유의 한계를 넘었는가 하는 것은 비례의 원칙에 의하여 판단하게 된다. 공익을 실현하기 위하여 입법자가 적용한 구체적 수단이 비례의 원칙에 합치된다고 하기 위해서는, 우선 그 입법목적이 정당하여야 하고, 입법자가 선택한 수단이 의도하는 입법목적을 달성하고 촉진하기에 적정하여야 하며, 입법목적을 달성하는데 있어서 효율적인 여러 수단 중에서 가장 기본권을 존중하고 적게 침해하는 수단을 사용하여야 하고, 법률에 의하여 기본권이 침해되는 정도와 법률에 의하여 실현되는 공익의 비중을 전반적으로 비교형량하였을 때 양자 사이의 적정한 비례관계가 성립하여야 한다(헌재 1998.12.24, 89헌마214등(병합)).

3) 문화재보호법 제99조 제4항 위헌확인[전원재판부 2007헌마870, 2009.7.30.]
선의취득의 인정 여부는 무권리자로부터의 동산의 양수인이 그 소유권을 취득하기 위한 요건의 문제로서 이 사건 선의취득 배제 조항에 의하여 일정한 동산문화재의 양수인은 그 문화재의 소유권을 취득할 기회를 제한받을 뿐이며, 이러한 기회는 사적 유용성(私的 有用性) 및 그에 대한 원칙적 처분권을 내포하는 재산가치 있는 구체적 권리로서 헌법 제23조 제1항에 의하여 보호되는 재산권에 해당하지 아니한다. 동산문화재의 양수인의 입장에서든, 무권리자인 양도인의 입장에서든 이 사건 선의취득 배제 조항으로 인하여 문화재매매업자인 청구인의 재산권이 침해된다고 볼 수는 없다.

4) 배우자나 직계존비속간의 채무인수를 조건으로 하는 부담부 증여의 경우 그 채무액을 과세가액에서 공제하지 않는다는 상속세법 제29조 4의 제2항은 재산권 보장을 침해한다(헌재 1992.2.25 91헌가5).

5) 어음소지인이 이들 어음요건을 모두 기재하여 적법한 지급제시를 하는 경우에는 소구권이 부인되지 아니하고, 어음요건을 흠결하고 지급제시하는 경우에도 소구권만 상실되게 할 뿐이지 원인관계에서의 채권까지 소멸시키는 것은 아닌 점등

> 사유제산권이 부인되거나 사유재산제도를 부인하고 있지도 않으므로 재산권의 본질적 내용을 침해한다고 볼 수도 없다(헌재 2000.2.24, 97헌바41).
>
> 6) 이 사건 법률조항은 국민의 재산권을 제한할 소지가 있는 법규이므로 구체성과 명확성의 요구가 강화되어 그 위임의 요건과 범위가 더 엄격하게 제한적으로 규정되어야 한다. 만일 대통령령이 이 사건 법률조항의 입법목적만을 고려하여 법정이율을 정한다면 되도록 높은 이율일수록 소송지연을 방지하고 권리의무의 신속한 실현과 분쟁처리를 촉진한다는 입법목적에 유리할 것이나, 이는 승소한 채권자에게 현실적인 실손해 이상의 이득을 주게 되고 채무자에게는 지나친 지연손해를 강요하는 것이 될 수 있어 바람직하지 않다. 이 사건 법률조항에 따른 시행령이 연 2할5푼으로 그 법정이율을 정하고 있는 것은 은행의 일반적인 연체금리보다도 높은 것이므로 형평상의 문제가 발생될 수 있는데, 이 사건 법률조항은 포괄적으로 법정이율을 대통령령으로 정하도록 위임함으로써 형평상 문제의 발생 소지를 주고 있는 것이다(헌재 2003.4.24. 2001헌가15).

9. 양심의 자유

가. 연혁과 헌법규정

종교의 자유와 함께 인간내심의 자유로서 정신적 자유의 근원으로 인정되었고, Weimar헌법에서는 양심의 자유의 독립성이 인정되어 규정되었다. 우리헌법도 제20조의 종교의 자유에 관한 규정에서 독립하여, 제19조에서 「모든 국민은 양심의 자유를 가진다.」라고 규정하고 있다.

나. 의의

윤리적 양심설은 양심의 자유는 내심의 자유의 일면으로서, 내심의 자유 중 특히 윤리적 성격을 가지는 면만을 말한다. 이에 대하여 양심의 자유는 내심의 자유를 말하며, 윤리적인 면에 한정될 필요가 없다는 광의의 사회적 양심설이 있다. 우리헌법상에서는 사상의 자유를 명시한 특별규정은 없으며, 양심의 자유만을 명시하고 있는 것은 이를 일체로 본 때문이라고 생각된다.

다. 내용

내면적인 사상과 양심을 외부에 표명하도록 강제되지 않을 자유와 자기의 사상 및 양심에 반하여 행위를 강제 당하지 아니할 자유가 있다.

라. 관련 판례

1) 민법 제764조가 사죄광고를 포함하는 취지라면 그에 의한 기본권제한에 있어서 그 선택된 수단이 목적에 적합하지 않을 뿐만 아니라 그 정도 또한 과잉하여 비례의 원칙이 정한 한계를 벗어난 것으로 헌법 제37조 제2항에 의하여 정당화 될 수 없는 것으로서 사죄광고의 강제는 양심표명의 강제인 동시에 인간의 존엄과 가치 및 그를 바탕으로 하는 인격권을 침해하는 것이므로 민법 제764조의 명예회복에 적당한 처분에 이를 포함시키는 것은 위헌이다(헌재 1991.4.1 89헌마160).
2) 내용상 단순히 국법질서나 헌법체제를 준수하겠다는 취지의 서약을 할 것을 요구하는 이 사건 준법서약은 국민이 부담하는 일반적 의무를 장래를 향하여 확인하는 것에 불과하며, 어떠한 가정적 혹은 실제적 상황하에서 특정의 사유(思惟)를 하거나 특별한 행동을 할 것을 새로이 요구하는 것이 아니다. 따라서 이 사건 준법서약은 어떤 구체적이거나 적극적인 내용을 담지 않은 채 단순한 헌법적 의무의 확인·서약에 불과하다 할 것이어서 양심의 영역을 건드리는 것이 아니다(헌재 2002.4.25, 98헌마425, 99헌마170·498(병합)).
3) 이 사건 법률조항을 통하여 달성하고자 하는 공익은 국가의 존립과 모든 자유의 전제조건인 '국가안보'라는 대단히 중요한 공익이다. 이처럼 중대한 법익이 문제되는 경우에는, 개인의 자유를 최대한으로 보장하기 위하여, 국가안보를 저해할 수 있는 무리한 입법적 실험을 요구할 수 없다. 한국의 안보상황, 징병의 형평성에 대한 사회적 요구, 대체복무제를 채택하는 데 수반될 수 있는 여러 가지 제약적 요소 등을 감안할 때, 대체복무제를 도입하더라도 국가안보라는 중대한 헌법적 법익에 손상이 없으리라고 단정할 수 없는 것이 현재의 상황이다. 대체복무제를 도입하기 위해서는 남북한 사이에 평화공존관계가 정착되어야하고, 군복무여건의

개선 등을 통하여 병역기피의 요인이 제거되어야 하며, 나아가 우리 사회에 양심적 병역거부자에 대한 이해와 관용이 자리잡음으로써 그들에게 대체복무를 허용하더라도 병역의무의 이행에 있어서 부담의 평등이 실현되며 사회통합이 저해되지 않는다는 사회공동체 구성원의 공감대가 형성되어야 한다. 이러한 선행조건들이 충족되지 않은 현 단계에서 대체복무제를 도입하기는 어렵다고 본 입법자의 판단이 현저히 불합리하다거나 명백히 잘못되었다고 볼 수 없다.

그러나, 입법자는 양심의 자유와 국가안보라는 법익의 갈등관계를 해소하고 양 법익을 공존시킬 수 있는 방안 등에 대하여 진지하게 검토하여야 할 것이며, 설사 대체복무제를 도입하지 않기로 하더라도, 법적용기관이 양심우호적 법적용을 통하여 양심을 보호하는 조치를 취할 수 있도록 하는 방향으로 입법을 보완할 것인지에 관하여 숙고하여야 한다(양심적 병역거부사건 2002헌가1 병역법 제88조 제1항 제1호 위헌제청 2004-08-26).

4) 음주측정은 음주운전을 단속하기 위한 불가피한 전치적(前置的) 조치라고 인정되므로 경찰관의 음주측정요구에 응하는 것은 법률이 운전자에게 부과한 정당한 의무라고 할 것이고 법률이 부과한 이러한 정당한 의무의 불이행에 대하여 이 정도의 제재를 가하는 것은 양심의 자유나 행복추구권 등에 대한 침해가 될 수 없다(헌재 3004.12.16. 2003헌바87).

10. 종교의 자유

가. 연혁과 헌법규정

근대국가성립 초기에 있어서 교회의 권위와 결합하였던 국가권력의 압력에 대항하는 전쟁을 통하여 획득된 자유권으로 미국의 여러 주의 인권선언, 프랑스인권선언과 미국헌법에 선언된 이래 세계 각국의 모든 헌법에 예외없이 채택되었다. 우리헌법은 제20조 제1항에서 「모든 국민은 종교의 자유를 가진다.」라고 규정하고 있고, 제2항에서는 「국교는 인정되지 아니하며, 종교와 정치는 분리된다.」라고 규정하고 있다.

나. 내용

신앙이라 함은 신과 彼岸에 대한 인간의 내적 확신을 말하며, 종교적 행위의 자유에는 선교·포교의 자유가 포함된다. [사회단체신고에관한법률]과 [집회및시위에관한법률]은 종교단체를 그 적용대상에서 배제하고 있다.

다. 관련 판례

1) 2010년 사법시험실시계획 공고 중 시험일자부분 위헌확인
[전원재판부 2010헌마41, 2010.6.24]

가. 청구인들이 믿고 있는 제칠일안식일예수재림교의 교리에 의하면 성경상 일곱째날인 토요일은 거룩한 안식일로서 하나님을 예배하거나 선을 행하는 일 외에 개인적인 일을 하지 말아야 한다는 것인바, 사법시험일자를 토요일이나 토요일을 포함한 기간으로 지정함으로써 청구인들로서는 사법시험 응시를 하려면 안식일에 관한 교리에 위반할 수밖에 없어서 종교의 자유가 제한된다 할 것이다. 그러나 이러한 청구인들의 종교의 자유(종교적 행위의 자유)는 질서유지나 공공복리를 위하여 필요한 경우 제한이 가능한 자유로서 법무부장관이 다수의 사법시험 응시생들의 응시상 편의를 도모하고 시험장소의 확보, 시험관리 등을 용이하게 하기 위하여 토요일을 사법시험 일자로 지정한 것은 과잉금지원칙을 위반하여 청구인들의 종교의 자유를 침해한 것 이라고 할 수 없다.

나. 청구인들이 토요일에 사법시험을 실시하더라도 일몰 후 청구인들만 따로 모아서 별도로 시험을 볼 수 있는지 질의한 것은 법적인 신청권에 근거한 것이 아니라 단순한 질의 내지 민원성 요청에 불과한 것이고, 이에 대하여 받아 들일 수 없는 제안이라는 취지로 법무부 법조인력과에서 답변한 것은 청구인들의 요청이 허용될 수 없다는 사정을 알려준 것에 불과하고 이로 인하여 청구인들의 법률상의 지위에 불리한변동이나 이익의 침해가 생기는 것이 아니므로 그 자체가 독립하여 헌법소원의 대상이 되는 공권력의 행사에 해당한다고 볼 수 없다.

2) 여권의 사용제한 등에 관한 고시 위헌확인
[전원재판부 2007헌마1366, 2008.6.26]

종교(선교활동)의 자유는 국민에게 그가 선택한 임의의 장소에서 자유롭게 행사할 수 있는 권리까지 보장한다고 할 수 없으며, 그 임의의 장소가 대한민국의 주권이 미치지 아니하는 지역 나아가 국가에 의한 국민의 생명·신체 및 재산의 보호가 강력히 요구되는 해외 위난지역인 경우에는 더욱 그러하다.

3) 학교보건법 제6조 제1항 제3호 위헌제청 [전원재판부 2008헌가2, 2009.7.28]

학교 정화구역 내에 납골시설을 금지할 필요성은 납골시설의 운영주체가 국가·지방자치단체 등의 공공기관이거나 개인·문중·종교단체·재단법인이든 마찬가지라고 할 것이다. 따라서 납골시설의 유형이나 설치주체를 가리지 아니하고 일률적으로 금지한다고 하여 불합리하거나 교육환경에 관한 입법형성권의 한계를 벗어났다고 보기 어렵다. 납골시설을 기피하는 정서는 사회의 일반적인 풍토와 문화에서 비롯된 것이어서 대학생이 되면 완전히 벗어나게 된다고 단정하기 어렵다. 대학 부근의 정화구역에서도 납골시설의 설치를 금지하는 것이 불합리하거나 불필요하다고 보기 어렵다. 이 사건 법률조항에 의하여 금지되는 것은 학교 부근 200m 이내의 정화구역 내에 국한되는 것이므로, 그로 인하여 기본권이 침해되는 정도는 크지 않다고 할 수 있다. 결국, 이 사건 법률조항은 입법목적을 달성하기 위하여 필요한 한도를 넘어서 종교의 자유, 행복추구권 및 직업의 자유를 과도하게 제한하여 헌법 제37조 제2항에 위반된다고 보기 어렵다.

11. 학문 · 예술의 자유

가. 연혁과 헌법규정

사상표현의 전제로서 학문의 자유를 인정하였고, 1848년의 프랑크푸르트 헌법이 처음으로 규정하고 있다. 연혁적으로 볼 때에는 대학의 자유에서 유래되었고 오늘날의 학문의 자유는 대학의 기본권일 뿐만 아니라 모든 국민의 기본권으로 발전하였다. 우리헌법은 제22조 1항에서 「모든 국민은 학문과 예술의 자유를 가진다」라고 규정하고 있다.

나. 의의

학문연구의 자유는 진리를 추구하는 자유로서 연구과제의 선택이나 연구방법, 연구과정에 있어서 국가나 기타 사회적 제세력에 의한 개입이나 간섭을 받지 않을 자유를 말한다.

다. 내용

학문연구의 자유는 학문의 자유의 본질적인 내용을 형성하는 것이다. 학문의 연구결과를 발표하는 자유, 순수한 학문의 연구결과발표의 자유는 표현의 자유에 대하여 특별법적 지위를 가진다. 일반청중이 모인 공개집회에서 표현하는 경우에는 표현의 자유에서와 같이 [명백하고 현재하는 위험]의 원칙에 따라 제한이 가능하다.

라. 관련 판례

1) 학생선발과 관련하여 1994학년도 서울대 신입생 선발입시안에 대하여 대학별 고사과목을 어떻게 정할 것인가는 서울대학교의 자율에 맡겨진 것이므로 일본어를 제외시킨 것은 적법한 자율권의 행사이다(헌재 1992.10.1 92헌마68,76(병합)).
2) 사법절차에 의한 음반판매금지 조치나 실질적으로 동일한 형벌규정의위반으로 인한 형법상 압수는 헌법위반이 아니다(헌재 1996.10.31, 94헌가6).
3) 옥외광고물에 대하여 사상이나 의견이 발표되기 이전에 예방적 조치로 그 내용을 심사·선별·억제하는 것은 헌법위반이 아니다(헌재 1998.2.27, 96헌바2).

12. 언론 · 출판의 자유

가. 연혁 및 헌법규정

영국에서는 이미 17세기 말에 검열법The Licensing Act의 폐지와 더불어 거의 확립되었고, 1776년의 Virginia권리선언에 잘 나타나있다. 우리헌법은 제21조 1항에서 「모든 국민은 언론·출판의 자유와 집회·결사의 자유를 가진다.」라고 규정하고 있다.

나. 의의

민주정치에 있어서 필수불가결한 자유로서 인정되고있고, 민주주의적인 원칙에서 뿐만 아니라 언론의 자유는 인간의 존엄과 직결, 思惟·사상의 자유를 전제로 하고 있는 점에서도 중요하다.

다. 내용

언론이라 함은 구두에 의한 표현을, 출판이라 함은 문자 및 상형에 의한 표현을 말한다. 사상 내지 의견의 발표와 사실정도는 구별된다고 할 수 있으나 실제에 있어서 사실보도까지 포함하는 자유를 보장한 것으로 보는 견해도 있다.

● 언론·출판의 자유에 관한 판단기준

1) 사전검열금지의 원칙
2) 명백하고 현존하는 위험의 원칙 - 그 표현으로 인하여 야기될지도 모르는 명백하고 현존하는 위험이 있는 경우에만 이루어져야 한다는 이론이다. 1919년 미국의 Schenck v.U.S. 사건에서 홈즈 판사의 판결에 의하여 확립되었다. 명백이란 표현과 해악에 있어서의 직접적인 인과관계, 현존이란 언론과 위험사이의 시간적 근접성, 위험이란 공익에 대한 해악발생의 개연성과 필연성이다.
3) 명확성의 원칙(막연하게 제한하는 것은 무효이다).
4) 법익교량, 비례의 원칙, 2중적 기준이론(정신적 기본권으로서 경제적 기본권보다 우선적인 보호가치), 합헌성 추정배제의 원칙.

라. 관련 판례

1) 옥외광고물등관리법 제3조 제1항 제6호 등 위헌확인 [2000헌마764, 2002.12.18]

옥외광고물등관리법은 옥외광고물의 표시장소·표시방법과 게시시설의 설치·유지 등에 관하여 필요한 사항을 규정함으로써 미관풍치와 미풍양속을 유지하고 공중에 대한 위해를 방지함을 목적으로 하고 있는바, 자동차에 무제한적으로 광고를 허용하게 되면, 교통의 안전과 도시미관을 해칠 수가 있으며 운전자들의 운전과 보행자들에게 산란함을 야기하여 운전과 보행에 방해가 됨으로써 도로안전에 영향을 미칠 수

2) 공직선거법 제82조의6 제1항 등 위헌확인
[전원재판부 2008헌마324, 2010.2.25]

가. 관계법령의 규정 내용이 구체적으로 인터넷언론사의 범위에 관하여 규정하고 있고 독립된 헌법기관인 중앙선거관리위원회가 설치·운영하는 인터넷선거보도심의위원회가 이를 결정·게시하는 이상, 해당 인터넷언론사가 자신이 실명확인 확인 조치의무를 지는지 여부에 관하여 확신이 없는 상태에 빠지는 경우를 상정할 수 없고, '지지·반대의 글'은 건전한 상식과 통상적인 법감정을 가진 사람이면 자신의 글이 이에 해당하는지를 충분히 알 수 있다고 할 것이므로 명확성의 원칙에 위배된다고 할 수 없다.

나. 인터넷이용자로서는 스스로의 판단에 따라 실명확인 절차를 거치거나 거치지 아니하고 자신의 글을 게시할 수 있으므로 이 사건 법률조항이 사전검열금지의 원칙에 위배된다고도 할 수 없다.

다. 이 사건 법률조항은 소수에 의한 여론 왜곡으로 선거의 평온과 공정이 위협받아 발생하는 사회경제적 손실과 부작용을 방지하고 선거의 공정성을 확보하기 위한 것이므로 목적의 정당성이 인정되고 그 수단의 적합성 또한 인정되며, 인터넷의 특성상 흑색선전이나 허위사실이 빠르게 유포되어 정보의 왜곡이 쉬운 점, 짧은 선거운동기간 중 이를 치유하기 불가능한 점, 인터넷이용자의 실명이 표출되지 않고 다만 '실명확인' 표시만이 나타나는 점을 고려하면, 피해를 최소화하기 위한 요건도 갖추었다.

라. 인터넷언론사의 공개된 게시판·대화방에서 스스로의 의사에 의하여 정당·후보자에 대한 지지·반대의 글을 게시하는 행위가 양심의 자유나 사생활 비밀의 자유에 의하여 보호되는 영역이라고 할 수 없다.

마. 실명인증자료의 보관 및 제출의무는 개인의 인적정보를 수집할 목적으로 규정된 조항이 아니므로 개인정보를 대상으로 한 개인정보자기결정권에 대한 제한은 아니라고 할 것이다

3) 신문등의자유와기능보장에관한법률 제16조 등 위헌확인
[2005헌마165, 2006.6.29]

1. 언론중재법 제14조에서 규정하고 있는 정정보도청구권은 반론보도청구권이나 민법상 불법행위에 기한 청구권과는 전혀 다른 새로운 성격의 청구권이다. 허위의 신문보도로 피해를 입었을 때 피해자는 기존의 민·형사상 구제제도로 보호를 받을 수도 있지만, 신문사 측에 고의·과실이 없거나 위법성조각사유가 인정되는 등의 이유로 민사상의 불법행위책임이나 형사책임을 추궁할 수 없는 경우도 있다. 이러한 경우 피해자에 대한 적합한 구제책은 신문사나 신문기자 개인에 대한 책임추궁이 아니라, 문제의 보도가 허위임을 동일한 매체를 통하여 동일한 비중으로

보도·전파하도록 하는 것이다. 더욱이 정정보도청구권은 그 내용이나 행사방법에 있어 필요 이상으로 신문의 자유를 제한하고 있지 않다. 일정한 경우 정정보도를 거부할 수 있는 사유도 인정하고 있고, 제소기간도 단기간으로 제한하고 있으며, 정정보도의 방법도 동일 지면에 동일 크기로 보도문을 내도록 하여 원래의 보도 이상의 부담을 지우고 있지도 않다. 따라서 언론중재법 제14조 제2항이 신문의 자유를 침해하는 것이라고 볼 수 없으며, 언론중재법 제31조 후문은 그 위치에도 불구하고 제14조 제2항과 동일한 내용을 명예훼손에 관하여 재확인하는 규정으로 보아야 할 것이므로 역시 헌법에 위반되지 않는다(재판관 전원일치).

2. 언론중재법 제26조 제6항 본문 전단은 정정보도청구의 소를 민사집행법상의 가처분절차에 의하여 재판하도록 규정하고 있다. 그 결과 정정보도청구의 소에서는 그 청구원인을 구성하는 사실의 인정을 '증명' 대신 '소명'으로 할 수 있게 되었다. 그런데 언론중재법상의 정정보도청구소송은 통상의 가처분과는 달리 그 자체가 본안소송이다. 이러한 정정보도청구의 소에서, 승패의 관건인 "사실적 주장에 관한 언론보도가 진실하지 아니함"이라는 사실의 입증에 대하여, 통상의 본안절차에서 반드시 요구하고 있는 증명을 배제하고 그 대신 간이한 소명으로 이를 대체하는 것인데 이것은 소송을 당한 언론사의 방어권을 심각하게 제약하므로 공정한 재판을 받을 권리를 침해한다. 정정보도청구를 가처분절차에 따라 소명만으로 인용할 수 있게 하는 것은 나아가 언론의 자유를 매우 위축시킨다. 진실에 부합하지 않을 개연성이 있다는 소명만으로 정정보도 책임을 지게 되므로 언론사로서는 사후의 분쟁에 대비하여 진실임을 확신할 수 있는 증거를 수집·확보하지 못하는 한, 사실주장에 관한 보도를 주저하게 될 것이다. 이러한 언론의 위축효과는 중요한 사회적 관심사에 대한 신속한 보도를 자제하는 결과를 초래하고 그로 인한 피해는 민주주의의 기초인 자유언론의 공적 기능이 저하된다는 것이다. 이와 같이 피해자의 보호만을 우선하여 언론의 자유를 합리적인 이유 없이 지나치게 제한하는 것은 위헌이다[뒤의 (차)(6)과 같은 재판관 3인의 반대의견(합헌) 있음].

3. 언론중재법 부칙 제2조 본문은 언론중재법의 시행 전에 행하여진 언론보도에 대하여도 동법을 적용하도록 규정하고 있다. 이에 따라 정정보도청구권의 성립요건과 정정보도청구소송의 심리절차에 관하여 언론중재법이 소급하여 적용됨으로써 언론사의 종전의 법적 지위가 새로이 변경되었다. 이것은 이미 종결된 과거의 법률관계를 소급하여 새로이 규율하는 것이기 때문에 소위 진정 소급입법에 해당한다. 진정 소급입법은 헌법적으로 허용되지 않는 것이 원칙이고 이를 예외적으로 허용할 특단의 사정도 이 부칙조항에 대해 인정되지 않으므로 부칙 제2조 중 '제14조 제2항, 제26조 제6항 본문 전단 중 정정보도청구 부분, 제31조 후문' 부분은 헌법에 위반된다[뒤의 (차) (7)과 같은 재판관 1인의 반대의견(합헌) 있음].

4) 전기통신기본법 제47조 제1항 위헌소원 [전원재판부 2008헌바157, 2010.12.28]

이 사건 법률조항은 표현의 자유에 대한 제한입법이며, 동시에 형벌조항에 해당하므로, 엄격한 의미의 명확성원칙이 적용된다. 그런데 이 사건 법률조항은 "공익을 해할 목적"의 허위의 통신을 금지하는바, 여기서의 "공익"은 형벌조항의 구성요건으로서 구체적인 표지를 정하고 있는 것이 아니라, 헌법상 기본권 제한에 필요한 최소한의 요건 또는 헌법상 언론·출판의 자유의 한계를 그대로 법률에 옮겨 놓은 것에 불과할 정도로 그 의미가 불명확하고 추상적이다. 따라서 어떠한 표현행위가 "공익"을 해하는 것인지, 아닌지에 관한 판단은 사람마다의 가치관, 윤리관에 따라 크게 달라질 수밖에 없으며, 이는 판단주체가 법전문가라 하여도 마찬가지이고, 법집행자의 통상적 해석을 통하여 그 의미내용이 객관적으로 확정될 수 있다고 보기 어렵다. 나아가 현재의 다원적이고 가치상대적인 사회구조 하에서 구체적으로 어떤 행위상황이 문제되었을 때에 문제되는 공익은 하나로 수렴되지 않는 경우가 대부분인바, 공익을 해할 목적이 있는지 여부를 판단하기 위한 공익간 형량의 결과가 언제나 객관적으로 명백한 것도 아니다. 결국, 이 사건 법률조항은 수범자인 국민에 대하여 일반적으로 허용되는 '허위의 통신' 가운데 어떤 목적의 통신이 금지되는 것인지 고지하여 주지 못하고 있으므로 표현의 자유에서 요구하는 명확성의 요청 및 죄형법정주의의 명확성원칙에 위배하여 헌법에 위반된다.

5) 군인사법 제47조의2 위헌확인 등 [전원재판부 2008헌마638, 2010.10.28]

이 사건 복무규율조항은 군인인 국민이 자신이 선택한 도서를 자유롭게 소지·운반·전파 또는 취득하거나 부대 내에 반입할 수 없게 함으로써 헌법 제21조 등에서 도출되는 기본권인 알 권리를 제한하고 있다. 여기에서 '알 권리'란 모든 정보원(情報源)으로부터 일반적 정보를 수집하고 이를 처리할 수 있는 권리이고, 여기서 '일반적'이란 신문, 잡지, 방송 등 불특정다수인에게 개방될 수 있는 것을 말하며, '정보'란 양심, 사상, 의견, 지식 등의 형성에 관련이 있는 일체의 자료를 말한다. 일반적으로 출판되어 공중에 판매되는 도서 또한 불특정 다수인에게 개방된 매체라 할 것이고, 이러한 도서가 담고 있는 정보는 양심, 사상, 의견, 지식 등의 형성에 관련이 있는 자료라 할 것이다.

알 권리가 공공기관의 정보에 대한 공개청구권을 의미하는 경우에는 청구권적 성격을 지니지만, 일반적으로 접근할 수 있는 정보원으로부터 자유롭게 정보를 수집할 수 있는 권리를 의미하는 경우에는 자유권적 성격을 지니는 것으로서, 이 경우 그러한 권리는 별도의 입법을 할 필요도 없이 보장되는 것이므로, 일반적으로 정보에 접근하고 수집·처리함에 있어 알 권리는 별도의 입법이 없더라도 국가권력의 방해를 받음이 없이 보장되어야 한다(헌재 1998. 10. 29. 98헌마4, 판례집 10-2, 637, 645-648 참조).

이 사건 복무규율조항은 출판·판매되는 일정한 도서에 대하여 취득·소지 내지는 부대 내의 반입 등을 금지하고 있는바, 이는 일반적인 정보원이라고 할 도서의 취득·소지·반입 등을 제한함으로써 알권리를 제한하는 것이고, 또한 이 사건 복무규율조항은 공공기관의 정보에 대한 공개청구권과 관계된 것이 아니라 일반적으로 접근할 수 있는 정보원으로부터 자유로운 정보 수집을 제한하고 있는 것이므로, 별도의 입법을 필요로 하지 아니하고 보장되는 자유권적 성격의 알 권리를 제한하고 있는 것이다.

한편, 이 사건 복무규율조항은 정보의 내용에 따라 이에 대한 접근성을 제한하고 있는데, 국가권력이 일정한 학문적, 사상적 내용을 갖고 있는 정보에 대한 접근을 그 내용을 이유로 차단하는 경우에는 개인의 자유로운 사고형성이 제한되어 학문·사상·양심의 자유가 제한될 수 있는 것이므로, 이 사건 복무규율조항에 의한 알 권리의 제한은 이들 정신적 자유의 제한과 밀접하게 관련되어 있다 할 것이다...(중략)..

군인복무규율 제16조의2 (이하 '이 사건 복무규율조항'이라 한다.)는 국군의 이념 및 사명을 해할 우려가 있는 도서로 인하여 군인들의 정신전력이 저해되는 것을 방지하기 위한 조항이라고 할 것이고, 규범의 의미내용으로부터 무엇이 금지되고 무엇이 허용되는 행위인지를 예측할 수 있으므로 명확성원칙에 위배되는 법령조항이라고 보기 어렵다.

군의 정신전력이 국가안전보장을 확보하는 군사력의 중요한 일부분이라는 점이 분명한 이상, 정신전력을 보전하기 위하여 불온도서의 소지·전파 등을 금지하는 규율조항은 목적의 정당성이 인정된다. 또한 군의 정신전력에 심각한 저해를 초래할 수 있는 범위의 도서로 한정함으로써 침해의 최소성 요건을 지키고 있고, 이 사건 복무규율조항으로 달성되는 군의 정신전력 보존과 이를 통한 군의 국가안전보장 및 국토방위의무의 효과적인 수행이라는 공익은 이 사건 복무규율조항으로 인하여 제한되는 군인의 알 권리라는 사익보다 결코 작다 할 수 없다. 이 사건 복무규율조항은 법익균형성 원칙에도 위배되지 아니한다.

이 사건 복무규율조항이 법률유보 원칙을 준수하였는지를 살펴보면, 군인사법 제47조의2는 헌법이 대통령에게 부여한 군통수권을 실질적으로 존중한다는 차원에서 군인의 복무에 관한 사항을 규율할 권한을 대통령령에 위임한 것이라 할 수 있고, 대통령령으로 규정될 내용 및 범위에 관한 기본적인 사항을 다소 광범위하게 위임하였다 하더라도 포괄위임금지원칙에 위배된다고 볼 수 없다. 따라서 이 사건 복무규율조항은 이와 같은 군인사법 조항의 위임에 의하여 제정된 정당한 위임의 범위 내의 규율이라 할 것이므로 법률유보원칙을 준수한 것이다.

6) 교과서 제도는 국가가 직접 편찬하였거나 여러 가지 도서 중에서 교육목적과 지침에 비추어 각급학교의 교과서로 적정하다고 검·인정한 것만을 교과용 도서로 하려는 취지일 뿐, 그 기준에 합당하지 않은 도서의 출판 자체를 원천적으로 금지

하는 것은 아니기 때문에 출판의 자유를 침해하는 것이라고 할 수 없다고 판시하여 교과서의 검·인정제도는 검열제와 무관하다(헌재 1992.11.28 89헌마88).

7) 영화진흥법 제21조4항은 "제작된 영화가 폭력, 음란성이 있거나 국익을 손상할 우려가 있을 때 영상물등급위가 3개월 이내의 기간을 정하여 상영등급분류를 보류할 수 있다."고 규정되어 있다. 영화진흥법상의 영상물등급위원회가 행하는 상영등급 보류제도는 무한정 상영을 금지시킬 수 있어 헌법이 금지한 행정기관의 검열행위에 해당하여 위헌이다(헌재 2001.8.30, 2000헌가9).

8) 한국공연예술진흥협의회는 그 구성, 심의결과의 보고등에 있어서 약간의 차이는 있으나, 공연법에 의하여 행정권이 심의기관의 구성에 지속적인 영향을 미칠 수 있고, 행정권이 주체가 되어 검열절차를 형성하고 있는점에 있어서 큰 차이가 없으므로, 한국공연예술진흥협의회도 검열기관으로 보는 것이 타당하고 따라서 한국공연예술진흥협의회가 비디오물의 제작·판매에 앞서 그 내용을 심사하여 심의기준에 적합하지 아니한 비디오물에 대하여는 제작·판매를 금지하고 심의를 받지 아니한 비디오물을 제작·판매할 경우에는 형사처벌까지 할 수 있도록 규정한 이 사건 법률조항은 사전검열제도를 채택한 것으로서 헌법에 위배된다(헌재 1999.9.16, 99헌가1).

9) 이 사건 법률조항이 규율하는 협찬고지는 그 본질이 방송운영에 특유한 광고방송의 한 종류에 속하는 것으로서 그에 대한 규율은 방송의 형성에 속하는 사항이다. 즉, 이 사건 법률조항은 방송의 자유에 대한 제한이 아니라 방송사업의 운영을 규율하는 형성법률로서, 협찬고지를 민영방송사업의 운영에 필수적인 재원조달수단의 하나로 보장하는 한편 그 허용범위를 제한함으로써 방송사업자뿐 아니라 시청자 및 방송관련종사자 등 각 이해관계를 고려하여 헌법상 방송의 자유를 실질적으로 보장하기 위하여 필요한 규제이다. 이 사건 법률조항은 민영방송사업의 수익성을 부인할 정도로 영업활동에 대한 제한을 가하거나, 민영방송사업자의 사적 자치에 의한 결정을 박탈하는 정도에 이르지 아니하므로 헌법상 기본원리를 준수하고 있으며, 그 입법형성의 재량의 범위 내에서 행해졌다고 볼 수 있어 헌법에 합치된다.

협찬고치에 관한 방송사업자의 방송운영의 자유, 방송의 자유, 광고의 자유 및 표현의 자유 등 주관적 권리는 이 사건 법률조항의 형성을 통해서 비로소, 그리고 오로지 형성된 기준에 따라 성립되는 것이므로 기본권 제한이나 침해를 내포하지 않고, 따라서 또 다른 헌법적 정당화를 필요로 하지 아니한다 방송사업자의 협찬고지(announcement of sponsors) 제한 사건(방송법 제74조 위헌소원 헌재 2003.12.18. 2002헌바49).

10) 전기통신사업법 제53조는 "공공의 안녕질서 또는 미풍양속을 해하는"이라는 불온통신의 개념을 전제로 하여 규제를 가하는 것으로서 불온통신 개념의 모호성,

추상성, 포괄성으로말미암아 필연적으로 규제되지 않아야 할 표현까지 다함께 규제하게 되어 과잉금지원칙에 어긋난다. 즉, 헌법재판소가 명시적으로 보호받는 표현으로 분류한 바 있는 '저속한' 표현이나, 이른바 '청소년유해매체물' 중 음란물에 이르지 아니하여 성인에 의한 표현과 접근까지 금지할 이유가 없는 선정적인 표현물도 '미풍양속'에 반한다 하여 규제될 수 있고, 성(性), 혼인, 가족제도에 관한 표현들이 "미풍양속"을 해하는 것으로 규제되고 예민한 정치적, 사회적 이슈에 관한 표현들이 "공공의 안녕질서"를 해하는 것으로 규제될 가능성이 있어 표현의 자유의 본질적 기능이 훼손된다(인터넷상 불온통신금지 사건 헌재 2002. 6.27, 99헌마480).

11) 외국비디오물을 수입할 경우에 반드시 영상물등급위원회로부터 수입추천을 받도록 규정하고 있는 구 음반·비디오물및게임물에관한법률(1999.2.8. 법률 제5925호로 제정되고, 2001.5.24, 법률 제6473호로 전면개정되기 전의 것) 제16조 제1항 등에 의한 외국비디오물수입추천제도는 외국비디오물의 수입·배포라는 의사표현행위 전에 표현물을 행정기관의 성격을 가진 영상물등급위원회에 제출토록 하여 표현행위의 허용 여부를 행정기관의 결정에 좌우되게 하고, 이를 준수하지 않는 자들에 대하여 형사처벌 등의 강제조치를 규정하고 있는바, 허가를 받기 위한 표현물의 제출의무, 행정권이 주체가 된 사전심사절차, 허가를 받지 아니한 의사표현의 금지, 심사절차를 관철할 수 있는 강제수단이라는 요소를 모두 갖추고 있으므로, 우리나라 헌법이 절대적으로 금지하고 있는 사전검열에 해당한다(헌재 2005.2.3. 2004헌가8).

13. 집회 · 결사의 자유

가. 연혁 및 헌법규정

헌법 제21조는 집단적인 표현의 자유를 보장함을 선언한 것이다. 정치적 자유로서 민주정치실현에 불가결의 전제로 공공질서에 대한 영향력이 크고 직접적이므로 언론·출판의 자유보다 좀더 국가적 통제를 받으며, 점차 객관적 법질서로 변질되고 있다고 할 수 있다.

나. 내용

집회라 함은 비교적 일시적이고 일정한 장소를 전제로 하여 공공적인 사건에 대한 공공적인 토의나 사실고지를 위한 목적으로 불특정다수인이 회합함을 말한다. 집회를 주최하는 자유, 집회를 司會·進行하는 자유 및 집회에 참여하는 자유를 포함한다. 소극적으로 집회를 주최하지 않을 권리와 집회에 참여하지 않을 권리도 포함한다. 집회·결사의 자유와 관련된 입법으로는 「집회및시위에관한법률」이 있다.

다. 관련 판례

1) 집회 및 시위에 관한 법률 제2조 제1호 등 위헌소원
[전원재판부 2007헌바22, 2009.5.28]

가. 일반적으로 집회는, 일정한 장소를 전제로 하여 특정 목적을 가진 다수인이 일시적으로 회합하는 것을 말하는 것으로 일컬어지고 있고, 그 공동의 목적은 '내적인 유대 관계'로 족하다. 건전한 상식과 통상적인 법감정을 가진 사람이면 위와 같은 의미에서 구 집시법상 '집회'가 무엇을 의미하는지를 추론할 수 있다고 할 것이므로, 구 집시법상 '집회'의 개념이 불명확하다고 할 수 없다.

나. 구 집시법 제6조 제1항은 평화적이고 효율적인 집회를 보장하고, 공공질서를 보호하기 위한 것으로 그 입법목적이 정당하고, 집회에 대한 사전신고를 통하여 행정관청과 주최자가 상호 정보를 교환하고 협력하는 것은 위와 같은 목적 달성을 위한 적절한 수단에 해당하며, 위 조항이 열거하고 있는 신고사항이나 신고시간 등은 지나치게 과다하거나 신고불가능하다고 볼 수 없으므로 최소침해성의 원칙에 반한다고 보기 어렵다. 나아가 위 조항이 정하는 사전신고의무로 인하여 집회개최자가 겪어야 하는 불편함이나 번거로움 등 제한되는 사익과 신고로 인해 보호되는 공익은 법익균형성 요건도 충족하므로 위 조항 중 '옥외집회'에 관한 부분이 과잉금지원칙에 위배하여 집회의 자유를 침해한다고 볼 수 없다.

다. 어떤 행정법규 위반행위에 대하여, 직접적으로 행정목적과 공익을 침해한 행위로 보아 행정형벌을 과할 것인가, 그리고 행정형벌을 과할 경우 그 법정형의 형종과 형량을 어떻게 정할 것인가는, 기본적으로 입법권자가 제반 사정을 고려하여 결정할 그 입법재량에 속하는 문제이다. 미신고 옥외집회의 주최는 직접적으로 행정목적을 침해하고 나아가 공익을 침해할 고도의 개연성을 띤 행위라고 볼 수 있으므로 이에 대하여 행정형벌을 과하도록 한 구 집시법 제19조 제2항이 집회의 자유를 침해한다고 할 수 없고, 그 법정형이 입법재량의 한계를 벗어난 과중한 처벌이라고 볼 수 없으며, 이로 인하여 신고제가 사실상 허가제화 한다고도 볼 수 없다.

2) 집회 및 시위에 관한 법률 제10조 등 위헌제청 [전원재판부 2008헌가25, 2009.9.24]

헌법 제21조 제2항은, 집회에 대한 허가제는 집회에 대한 검열제와 마찬가지이므로 이를 절대적으로 금지하겠다는 헌법개정권력자인 국민들의 헌법가치적 합의이며 헌법적 결단이다. 또한 위 조항은 헌법 자체에서 직접 집회의 자유에 대한 제한의 한계를 명시한 것이므로 기본권 제한에 관한 일반적 법률유보조항인 헌법 제37조 제2항에 앞서서, 우선적이고 제1차적인 위헌심사기준이 되어야 한다. 헌법 제21조 제2항에서 금지하고 있는 '허가'는 행정권이 주체가 되어 집회 이전에 예방적 조치로서 집회의 내용·시간·장소 등을 사전심사하여 일반적인 집회금지를 특정한 경우에 해제함으로써 집회를 할 수 있게 하는 제도, 즉 허가를 받지 아니한 집회를 금지하는 제도를 의미한다.

집시법 제10조 본문은 야간옥외집회를 일반적으로 금지하고, 그 단서는 행정권인 관할경찰서장이 집회의 성격 등을 포함하여 야간옥외집회의 허용 여부를 사전에 심사하여 결정한다는 것이므로, 결국 야간옥외집회에 관한 일반적 금지를 규정한 집시법 제10조 본문과 관할 경찰서장에 의한 예외적 허용을 규정한 단서는 그 전체로서 야간옥외집회에 대한 허가를 규정한 것이라고 보지 않을 수 없고, 이는 헌법 제21조 제2항에 정면으로 위반된다. 따라서 집시법 제10조 중 "옥외집회" 부분은 헌법 제21조 제2항에 의하여 금지되는 허가제를 규정한 것으로서 헌법에 위반되고, 이에 위반한 경우에 적용되는 처벌조항인 집시법 제23조 제1호 중 "제10조 본문의 옥외집회" 부분도 헌법에 위반된다.

3) 시위를 이동하는 집회로 보고 있다(헌재 1992.1.28 89헌가8).

4) 결사의 자유에서 말하는 결사란 자유의사에 기하여 결합하고 조직화된 의사형성이 가능한 단체를 말하는 것이므로 공법상의 결사는 이에 포함되지 아니한다(헌재 1996.4.25, 92헌바47).

5) 따라서 입법자가 '외교기관 인근에서의 집회의 경우에는 일반적으로 고도의 법익충돌위험이 있다'는 예측판단을 전제로 하여 이 장소에서의 집회를 원칙적으로 금지할 수는 있으나, 일반·추상적인 법규정으로부터 발생하는 과도한 기본권제한의 가능성이 완화될 수 있도록 일반적 금지에 대한 예외조항을 두어야 할 것이다. 그럼에도 불구하고 이 사건 법률조항은 전제된 위험상황이 구체적으로 존재하지 않는 경우에도 이를 함께 예외 없이 금지하고 있는데, 이는 입법목적을 달성하기에 필요한 조치의 범위를 넘는 과도한 제한인 것이다. 그러므로 이 사건 법률조항은 최소침해의 원칙에 위반되어 집회의 자유를 과도하게 침해하는 위헌적인 규정이다(헌재 2003.1.30, 2000헌바67 등).

Ⅳ. 생존권적(사회권적) 기본권

1. 생존권적 기본권의 의의

가. 생존권적 기본권의 연혁

18·9세기의 각국의 자유권의 보장은 민주주의를 발전시키고 자본주의경제를 발전시키는 원동력이 되었다. 자본주의는 분배체계의 모순으로 인해 부의 편재 등 여러 가지 사회모순을 초래하였고, 경제적 약자에게는 자유권이란 공허한 구호에 그치고 굶어 죽을 자유를 의미할 뿐이었다. 이에 국민 각자의 최저한도의 문화생활을 보장해 주기 위한 경제적·사회적 기본권의 보장이 요청되었다. 1919년 바이마르공화국 헌법 제151조는 "경제생활의 질서는 각인으로 하여금 '인간다운 생활을 보장'하는 것을 목적으로 하는 정의의 원칙에 합치하여야 한다."며 생존권적 기본권의 효시가 되었다.

나. 생존권적 기본권의 의의 및 법적성격

생존권적 기본권은 생활에 필요한 제반조건을 국가권력이 적극적으로 관여하여 확보해 줄 것을 요청할 수 있는 권리를 말한다. 궁극적으로 국민 각자의 문화적인 최저한도의 생활보호를 목적으로 하는 것으로서 국가권력의 적극적인 관여에 의하여 보장되는 것이다. 현대국가에서 생존권적 기본권을 보장하는 것은 국가권력의 존재근거이자 의무인 동시에 국가권력의 내용을 이루고 있다. 또한 사회정책적 기본권으로서의 역할도 하고 있다고 볼 수 있다.

생존권적 기본권 또는 사회적 기본권의 법적 성격과 관련하여는 다양한 견해가 제시되고 있으며, 최근에는 이를 법적 권리로서 이해하는 견해도 있다. 그 가운데 생존권적 기본권을 헌법의 명문에 의하여 규정된 '구체적 권리'로 이해하는 견해는, 생존권적 기본권도 자유권적 기본권과 같이 구체적으로 입법권·행정권·사법권을 구속하며 생존권적 기본권은 급부청구권으로서 다른 청구권적 기본권과 같이 소구(訴求)할 수 있으므로, 국가에 의한 적극적 침해행위의 배제 뿐만 아니라 부작위의 경우에 입법부작위 위헌확인을 구하는 헌

법소원을 제기할 수 있다고 한다.[154]

그러나 우리 헌법재판소는 다수의 선례에서, 이러한 생존권적 기본권과 관련된 입법을 하는 경우에는 국가의 재정부담능력, 전체적인 사회보장수준과 국민감정 등 사회정책적인 고려, 제도의 장기적인 지속을 전제로 하는 데서 오는 제도의 비탄력성과 같은 사회보장제도의 특성 등 여러 가지 요소를 감안하여야 하므로 입법자에게 광범위한 형성의 자유가 인정되고, 따라서 헌법상의 사회보장권은 그에 관한 수급요건, 수급자의 범위, 수급액 등 구체적인 사항이 법률에 규정됨으로써 비로소 구체적인 법적 권리로 형성된다고 보아야 한다[155]며 사회권의 구체적 권리성보다는 추상적 권리성에 입각하고 있다.

산업재해보상보험법 제5조 단서 등 위헌소원 [2002헌바51, 2003.7.24]

1. 헌법 제34조의 인간다운 생활을 할 권리나 국가의 사회보장·사회복지 증진의무 등의 성질에 비추어 볼 때 국가가 어떠한 내용의 산업재해보상보험제도를 어떠한 범위에서, 어떠한 방법으로 시행할 것인지는 입법자의 재량영역에 속하는 문제라 할 것이고, 근로자에게 인정되는 보험수급권도 그와 같은 입법재량권의 행사에 따라 제정되는 산업재해보상보험법에 의하여 비로소 구체화되는 법률상의 권리라고 볼 것인바, 그렇다면 처음부터 적용제외사업에 종사함으로써 위 법 소정의 수급자격을 갖추지 못한 근로자로서는 헌법상의 인간다운 생활을 할 권리나 산업재해보상보험법에 기한 권리를 내세워 국가에 대하여 적용대상사업 획정과 관련한 적극적 행위를 요구할 지위에 있다고 볼 수 없으므로, 이 사건 법률조항은 헌법 제34조에 위반되지 않는다.
2. 산업재해를 입은 근로자에 대한 보상을 어떻게 할 것인가의 문제는 헌법 제32조 제3항이 의미하는 근로조건에 관한 기준의 한 문제로 볼 수 있는바, 이 사건 법률조항에 의하여 일정 범위의 사업을 적용대상에서 제외한 것은 산업재해보상보험의 특성상 사업규모와 산재발생률 등을 참작하여 현 단계에서 강제적 보험관계를 통한 재해보상 등의 필요성이 크지 않다는 합리적 판단에 기인한 것이라고 볼 수 있으므로, 이 사건 법률조항은 헌법 제32조 제3항의 규정에 위반된다고 볼 수 없다.

154 구체적 권리설에 의하면 사회권은 법적 또는 헌법적 권리이므로 사회권실현을 위한 국가의 헌법적 의무가 있다고 본다. 이에 헌법재판소도 "최소한의 물질적인 생활"을 요구할 수 있는 법위 내에서 구체적 권리성을 인정하고 있다.

155 헌재 1995. 7. 21. 93헌가141; 1999. 12. 23. 98헌바33; 2000. 6. 1. 98헌마216; 헌재 2005.07.21. 2004헌바2.

2. 인간다운 생활을 할 권리

가. 연혁과 헌법규정

1919년 바이마르헌법 제151조의 '인간다운 생활'은 1948년 세계인권선언과 1961년 유럽사회헌장 등에 계승되었다. 우리 헌법이 인간다운 생활을 할 권리를 기본권으로 보장한 것은 1948년 헌법에서 채택된 이래 현재까지 유지 되고 있다. 현행헌법 제34조 제1항은 '모든 국민이 인간다운 생활을 할 권리를 가진다'는 원칙적 선언을 하고 있으며, 제1항의 권리를 실현하기 위한 방법으로서 제2항에서 국가의 사회보장·사회복지증진의무를 규정하였고, 제3항은 여자의 복지와 권익향상을 제4항은 노인과 청소년복지향상을 제5항은 생활무능력자의 보호를 제6항은 국가의 재해예방의무를 규정하고 있다.

나. 의의

인간다운 생활을 할 권리는 생존권적 기본권 중에서도 가장 핵심적인 권리이며, 여타 사회적 기본권에 관한 헌법규범들의 이념적인 목표를 제시하고 있는 동시에 국민이 인간적 생존의 최소한을 확보하는 데 있어서 필요한 최소한의 재화를 국가에게 요구할 수 있는 권리를 내용으로 하고 있다.[156]

다. 내용

생존권의 이념적 기초인 '인간다운 생활을 할 권리'를 실현하기 위한 구체적 헌법규정으로는 사회보장수급권(제34조 제2항-6항), 교육을 받을 권리(제31조), 근로의 권리(제32조), 근로3권(제33조), 환경권(제35조), 보건권(제36조 제3항) 등이다. 또한 기본권규정은 아니지만, 경제에 대한 국가적 규제와 조정(제119조 제2항), 농어민보호(제123조 제4항), 소비자보호운동의 보장(제124조) 등이 있다.

사회적 기본권의 성격을 가지는 사회보장수급권은 국가에 대하여 적극적으로 급부를 요구하는 것이므로 헌법규정만으로는 이를 실현할 수 없고, 법률에

156 헌재 1995.07.21. 93헌가14.

의한 형성을 필요로 한다. 사회보장수급권의 구체적 내용, 즉 수급요건, 수급권자의 범위, 급여금액 등은 법률[157]에 의하여 비로소 확정된다. 그런데 사회보장수급권과 같은 사회적 기본권을 법률로 형성함에 있어 입법자는 광범위한 형성의 자유를 누린다. 국가의 재정능력, 국민 전체의 소득 및 생활수준, 기타 여러 가지 사회적·경제적 여건 등을 종합하여 합리적인 수준에서 결정할 수 있고, 그 결정이 현저히 자의적이거나, 사회적 기본권의 최소한도의 내용마저 보장하지 않은 경우에 한하여 헌법에 위반된다고 할 것이다.[158]

라. 관련 판례

1) 인간다운 생활을 할 권리로부터는 인간의 존엄에 상응하는 생활에 필요한 "최소한의 물질적인 생활"의 유지에 필요한 급부를 요구할 수 있는 구체적인 권리가 상황에 따라서는 직접 도출될 수 있다고 할 수는 있어도, 동 기본권이 직접 그 이상의 급부를 내용으로 하는 구체적인 권리를 발생케 한다고는 볼 수 없다고 할 것이다. 이러한 구체적 권리는 국가가 재정형편 등 여러 가지 상황들을 종합적으로 감안하여 법률을 통하여 구체화할 때에 비로소 인정되는 법률적 권리라고 할 것이다(헌재 1995. 7.21. 93헌가14).
2) 국가가 인간다운 생활을 보장하기 위한 헌법적인 의무를 다하였는지의 여부가 사법적 심사의 대상이 된 경우에는 국가가 생계보호에 관한 입법을 전혀 하지 아니하였다든가 그 내용이 현저히 불합리하여 헌법상 용인될 수 있는 재량의 범위를 명백히 일탈한 경우에 한하여 헌법에 위반된다고 할 수 있다(헌재 1997.5.29. 94헌마33).
3) 사회적 기본권의 성격을 가지는 사회보장수급권은 국가에 대하여 적극적으로 급부를 요구하는 것이므로 헌법규정만으로는 이를 실현할 수 없고, 법률에 의한 형성을 필요로 한다. 사회보장수급권의 구체적 내용, 즉 수급요건, 수급권자의 범위, 급여금액 등은 법률에 의하여 비로소 확정된다. 그런데 사회보장수급권과 같은 사회적 기본권을 법률로 형성함에

157 현행법체계상 사회보장기본법은 인간다운 생활을 할 권리를 보장하기 위한 사회보장에 관련된 기본법이며, 그 밖에도 국민기초생활보장법·국민건강보험법 등이 제정되어 있다.

158 헌재 1997.5.29. 94헌마33; 헌재 1999.4.29. 97헌마333; 헌재 2001.09.27. 2000헌마342.

있어 입법자는 광범위한 형성의 자유를 누린다. 국가의 재정능력, 국민 전체의 소득 및 생활수준, 기타 여러 가지 사회적·경제적 여건 등을 종합하여 합리적인 수준에서 결정할 수 있고, 그 결정이 현저히 자의적이거나, 사회적 기본권의 최소한도의 내용마저 보장하지 않은 경우에 한하여 헌법에 위반된다고 할 것이다(헌재 2001.9.27. 헌마342).

4) 국가가 인간다운 생활을 보장하기 위한 헌법적인 의무를 다하였는지 여부가 사법적 심사의 대상이 된 경우에는, 국가가 생계보호에 관한 입법을 전혀 하지 아니하였다든가 그 내용이 현저히 불합리하여 헌법상 용인될 수 있는 재량의 범위를 명백히 일탈한 경우에 한하여 헌법에 위반된다고 할 수 있다(헌재 2001.4.26. 2000헌마390).

5) 사회적 기본권(헌법 제31조 내지 제36조)이 국가에게 그의 이행을 어느 정도 강제할 수 있는 의무를 부과하기 위해서는, 국가의 다른 과제보다도 사회적 기본권이 규정하는 과제를 우선적으로 실현하여야 한다는 우위관계가 전제가 되어야 하는데, 사회적 기본권에 규정된 국가의 의무가 그렇지 못한 국가의 의무에 대하여 입법과정이나 정책결정과정에서, 무엇보다도 예산책정과정에서 반드시 우선적 이행을 요구할 수가 없다. 사회적 기본권과 경쟁적 상태에 있는 국가의 다른 중요한 헌법적 의무와의 관계에서나 아니면 개별적인 사회적 기본권 규정들 사이에서의 경쟁적 관계에서 보나, 입법자는 사회·경제정책을 시행하는 데 있어서 서로 경쟁하고 충돌하는 여러 국가목표를 균형있게 고려하여 서로 조화시키려고 시도하고, 매 사안마다 그에 적합한 실현의 우선순위를 부여하게 된다. 국가는 사회적 기본권에 의하여 제시된 국가의 의무와 과제를 언제나 국가의 현실적인 재정·경제능력의 범위 내에서 다른 국가과제와의 조화와 우선순위결정을 통하여 이행할 수밖에 없다. 그러므로 사회적 기본권은 입법과정이나 정책결정과정에서 사회적 기본권에 규정된 국가목표의 무조건적인 최우선적 배려가 아니라 단지 적절한 고려를 요청하는 것이다. 이러한 의미에서 사회적 기본권은, 국가의 모든 의사결정과정에서 사회적 기본권이 담고 있는 국가목표를 고려하여야 할 국가의 의무를 의미한다(헌재 2002.12.18. 2002헌마52).

6) 헌법 제34조 제1항은 "모든 국민은 인간다운 생활을 할 권리를 가진다"고 규정하면서, 제34조 제2항에서 "국가는 사회보장·사회복지의 증진에 노력할 의무를 진다"고 규정함과 아울러 제34조 제5항에서 "신체장애자 및 질병·노령 기타의 사유로 생활능력이 없는 국민은 법률이 정하는 바에 의하여 국가의 보호를 받는다"고 규정하고 있는바, 이러한 헌법규정들은 생활능력 없는 신체장애자에게 인간다운 생활을 할 권리가 있고, 이에 대응하여 국가에게 생활능력 없는 장애인을 보호할 헌법적 의무가 있음을 명시하고 있다. …모든 국민은 인간다운 생활을 할 권리를 가지며 국가는 생활능력 없는 국민을 보호할 의무가 있다는 헌법의 규정은 모든 국가기관을 기속하지만 그 기속의 의미는 동일하지 아니한데, 입법부나 행정부에 대하여는 국민소득, 국가의 재정능력과 정책 등을 고려하여 가능한 범위 안에서 최대한으로 모든 국민이 물질적인 최저생활을 넘어서 인간의 존엄성에 맞는 건강하고 문화적인 생활을 누릴 수 있도록 하여야 한다는 행위의 지침, 즉 행위규범으로서 작용하지만, 헌법재판에 있어서는 다른 국가기관, 즉 입법부나 행정부가 국민으로 하여금 인간다운 생활을 영위하도록 하기 위하여 객관적으로 필요한 최소한의 조치를 취할 의무를 다하였는지를 기준으로 국가기관의 행위의 합헌성을 심사하여야 한다는 통제규범으로 작용하는 것이다(헌재 1997.5.29. 94헌마33; 1999.12.23. 98헌바33; 2001. 4.26. 2000헌마390; 2004.10.28. 2002헌마328).

3. 교육을 받을 권리

가. 연혁과 헌법규정

우리 헌법은 그 전문과 제1장 총강에서 우리 대한국민이 자유롭고 문화적인 민주복지국가를 이룩하여 항구적인 세계평화와 인류공영에 이바지함을 그 이념으로 하고 있음을 밝히고 있다. 이러한 헌법이념의 실현은 국민 각자의 자각과 노력이 뒷받침되어야 비로소 가능한 것이므로 궁극에는 교육의 힘에 의존

할 수밖에 없는 것이다. 헌법이념을 실현하는 기능을 가진 교육은 그 목적이 국민 개개인의 타고난 저마다의 소질을 계발하여 인격을 완성하게 하고, 자립하여 생활할 수 있는 능력을 증진시킴으로써 그들로 하여금 인간다운 생활을 누릴 수 있도록 함과 아울러 평화적이고 민주적인 국가 및 사회의 형성자로서 세계평화와 인류공영에 이바지하도록 함에 있는 것이다.[159]

오늘날 교육을 받는 것은 제34조의 인간다운 생활을 하기 위한 필수적 조건이며 노동에 의한 생활유지의 기초가 되며 국민의 생활능력의 유지와 향상을 기하려는 목적이며, 헌법은 국민의 교육을 받을 권리를 규정하고 있다. 헌법상 교육을 받을 권리는 교육기본권 내지 교육권으로 이해하기도 한다. 우리헌법 제31조는 교육을 받을 권리 및 교육의 의무, 의무교육의 무상, 교육의 자주성·전문성·정치적 중립성의 보장 및 대학의 자율성, 평생교육의 진흥, 교육제도 등의 법률주의를 규정하고 있다.

나. 의의

교육을 받을 권리는, 첫째 교육을 통해 개인의 잠재적인 능력을 계발시켜 줌으로써 인간다운 문화생활과 직업생활을 할 수 있는 기초를 마련해 주고, 둘째 문화적이고 지적인 사회풍토를 조성하고 문화창조의 바탕을 마련함으로써 헌법이 추구하는 문화국가를 촉진시키고, 셋째 합리적이고 계속적인 교육을 통해서 민주주의가 필요로 하는 민주시민의 윤리적 생활철학을 어렸을 때부터 습성화시킴으로써 헌법이 추구하는 민주주의의 토착화에 이바지하고, 넷째 능력에 따른 균등한 교육을 통해서 직업생활과 경제생활의 영역에서 실질적인 평등을 실현시킴으로써 헌법이 추구하는 사회국가, 복지국가의 이념을 실현한다는 의의와 기능을 가지고 있다.

다. 내용

교육을 받을 권리는 '능력에 따라'교육을 받을 권리와 '기회균등 하게' 교육을 받을 권리로 구성된다. 능력에 따라 교육을 받을 권리에서 '능력'이라 함은

159 헌재 1991.07.22. 89헌가106.

정신적·육체적 능력을 말하며, 재산·가정·환경·성별·인종 기타에 의한 불합리한 차별은 허용되지 않는다. 입학에 있어서 공개경쟁시험을 치르게 하는 것은 능력에 따른 차별을 하는 것으로 위헌이 아니다. 그리고 교육의 기회균등을 보장하는 의미로는 국민 누구나가 교육에 대한 접근 기회 즉, 취학의 기회가 균등하게 보장되어야 함을 뜻한다. 교육을 받을 권리는 국가로 하여금 능력이 있는 국민이 여러 가지 사회적·경제적 이유로 교육을 받지 못하는 일이 없도록 국가의 재정능력이 허용하는 범위 내에서 모든 국민에게 취학의 기회가 골고루 주어지게끔 그에 필요한 교육시설 및 제도를 마련할 의무를 부과한다. 그러나 교육을 받을 권리는 국민이 국가에 대하여 직접 특정한 교육제도나 교육과정을 요구할 수 있는 것을 포함하지는 않는다. 더욱이 자신이 이수한 교육과정을 유사한 다른 교육과정을 이수한 것과 동등하게 평가해 줄 것을, 즉 동등학력으로 인정해 줄 것을 요구할 수 있음을 뜻하는 것은 더욱 아니다. 교육에 대한 기회균등 보장이 교육과정에 대한 동등한 평가까지 보장하는 것은 아니기 때문이다(헌재 2005. 11.24. 2003헌마173).

라. 관련 판례

1) 고등학교 졸업학력 검정고시 규칙 제10조제1항위헌확인
[전원재판부 2007헌마1456, 2008.4.24]

이 사건 규칙조항의 입법목적은 고등학교 퇴학자의 응시 증가를 줄이고 정규 학교교육과정의 이수를 유도하기 위함이므로 그 입법목적이 정당하다 할 것이고, 고등학교를 퇴학한 후 일정한 기간 동안 응시를 제한한다면 내신관리를 위해 고등학교를 퇴학할 것인지를 고민하는 자에 대하여는 고등학교 자퇴 여부를 숙고하게 할 것이므로 방법의 적절성이 인정되며, 고등학교 퇴학자에 대하여 검정고시의 응시기회를 영구히 박탈하는 것이 아니고, 고등학교 졸업학력 검정고시는 연 2회 이상 시행되며, 장애인복지법에 따라 등록한 장애인으로서 신체적·정신적 장애로 학업을 계속하는 것이 불가능하여 고등학교에서 퇴학된 자는 이 사건 규칙조항의 제한을 받지 않는 것, 이 사건 규칙조항에 의하여 제한받는 사익은 자신이 원하는 시기에 검정고시에 응시하여 학력인정을 취득하려는 것에 불과한 점, 그에 반하여 이 사건 규칙조항으로 달성하려는 공익은 고등학교 퇴학자의 응시 증가를 줄이고 정규 학교교육과정의 이수 유도라는 점 등을 감안하면, 피해의 최소성 및 법익 균형성 원칙에도 위배되지 않는다.

2) 2009학년도 대학 신입학생 입학전형 안내 취소 등 [전원재판부 2008헌마456, 2008.9.25]

서울대학교의 농·어촌학생특별전형에 있어서 읍·면 지역에 소재하는 청구인들의 서울대학교 합격 기회가 축소될 수 있다는 우려로 인하여 특별전형의 지원자격을 읍·면지역에 한정하고 2008년도 제2기 '신활력지역'으로 선정된 시 지역으로까지 그 지원자격을 확대하지 않도록 요구하는 것은 본래 균등한 취학기회 보장을 목표로 하는 교육을 받을 권리의 내용이라고 볼 수는 없으므로 이 사건 안내 자체가 직접 청구인들의 교육을 받을 권리 및 평등권을 침해할 가능성은 인정되지 않는다.

또한 농·어촌학생특별전형의 모집인원은 증가되지 않은 상태에서 특별전형의 지원자격이 확대되므로, 그 자격확대로 인하여 청구인들이 서울대학교에서 수학할 수 있는 기회가 축소되어 교육을 받을 권리가 제한될 수는 있으나 그러한 불이익은 사실상의 불이익에 불과할 뿐이므로 지원자격의 확대로 인하여 청구인들의 자유의 제한, 의무의 부과, 권리 또는 법적 지위의 박탈이 생긴 경우라고 볼 수 없으므로 이로써 청구인들의 헌법상 기본권의 침해 문제가 생길 여지는 없다.

3) 거주지를 기준으로 중·고등학교의 입학을 제한하는 교육법시행령제71조 및 제112조의6 등의 규정은 과열된 입시경쟁으로 말미암아 발생하는 부작용을 방지한다고 하는 입법목적을 달성하기 위한 방안의 하나이고, 도시와 농어촌에 있는 중·고등학교의 교육여건의 차이가 심하지 않으며, 획일적인 제도의 운용에 따른 문제점을 해소하기 위한 여러 가지 보완책이 위 시행령에 상당히 마련되어 있어서 그 입법수단은 정당하므로, 위 규정은 학부모의 자녀를 교육시킬 학교선택권의 본질적 내용을 침해하였거나 과도하게 제한한 경우에 해당하지 아니한다(헌재 1995.2.23. 91헌마204).

4) 교육제도와 교원의 지위에 관한 기본적인 사항을 법률로 정함에 있어 국가가 공교육을 담당하는 사립학교에 대하여 어느 정도 감독하고 사립학교 교원의 지위를 어떤 수준으로 보장할 것인지의 문제는 교육의 본질을 침해하지 아니하는 한 궁극적으로는 입법권자의 입법형성의 자유에 속하는 것이라고 할 것이다(헌재 1998.7.16. 95헌바19).

5) 헌법 제31조 제4항이 보장하는 대학의 자율성이란 대학의 운영에 관한 모든 사항을 외부의 간섭 없이 자율적으로 결정할 수 있는 자유를 말한다(헌재 2001.02.22. 99헌마613)

6) 교육의 자주성이란 교육이 정치권력이나 기타의 간섭 없이 그 전문성과 특수성에 따라 독자적으로 교육 본래의 목적에 기하여 조직·운영·실시되어야 한다는 의미에서의 교육의 자유와 독립을 말한다고 일단 정의할 수 있을 것이다(헌재 2002.3.28. 2000헌마283·778).

7) 의무교육제도는 국민에 대하여 보호하는 자녀들을 취학시키도록 한다는 의무부과의 면보다는 국가에 대하여 인적·물적 교육시설을 정비하고 교육환경을 개선하여야 한다는 의무부과의 측면이 보다 더 중요한 의미를 갖는다. 의무교육에 필요한 학교시설은 국가의 일반적 과제이고, 학교용지는 의무교육을 시행하기 위한 물적 기반으로서 필수조건임은 말할 필요도 없으므로 이를 달성하기 위한 비용은 국가의 일반재정으로 충당하여야 한다. 따라서 적어도 의무교육에 관한 한 일반재정이 아닌 부담금과 같은 별도의 재정수단을 동원하여 특정한 집단으로부터 그 비용을 추가로 징수하여 충당하는 것은 의무교육의 무상성을 선언한 헌법에 반한다(헌재 2005.03.31. 2003헌가20).

4. 근로기본권

가. 연혁 및 헌법규정

근로자의 건강과 문화적인 최저한도의 인간다운 생활을 보호하기 위하여는 사용자와 근로자가 평등한 지위에서 고용계약을 맺어질 것이 요구된다. 이를 위하여 상호단결하고 단체행동을 하기에 이르렀다. 근로자의 단결권·단체교섭권 및 단체행동권은 근로기본권이라고 불리어짐으로써 '20세기의 자연법'이 요구하는 권리로서 승인되었다.

헌법의 근로기본권에 관한 규정은 근로자의 근로조건을 기본적으로 근로자와 사용자 사이의 자유로운 계약에 의하여 결정하도록 한다는 계약자유의 원칙을 그 바탕으로 하되, 근로자의 인간다운 존엄성을 보장할 수 있도록 계약기준의 최저선을 법정하여 이를 지키도록 강제하는 한편, 사용자에 비하여 경제적으로 약한 지위에 있는 근로자로 하여금 사용자와 대등한 지위를 갖추도록 하기 위하여 단결권·단체교섭권 및 단체행동권 등 이른바 근로3권을 부여하고, 근로자가 이를 무기로 하여 사용자에 맞서서 그들의 생존권을 보장하고 근로조건을 개선하도록 하는 제도를 보장함으로써 사적자치의 원칙을 보완하고자 하는 것이다.[160]

160 헌재 1991.07.22. 89헌가106.

나. 의의 및 법적성격

헌법이 근로3권을 보장하는 취지는 원칙적으로 개인과 기업의 경제상의 자유와 창의를 존중함을 기본으로 하는 시장경제의 원리를 경제의 기본질서로 채택하면서, 노동관계 당사자가 상반된 이해관계로 말미암아 계급적 대립·적대의 관계로 나아가지 않고 활동과정에서 서로 기능을 나누어 가진 대등한 교섭주체의 관계로 발전하게 하여 그들로 하여금 때로는 대립·항쟁하고, 때로는 교섭·타협의 조정과정을 거쳐 분쟁을 평화적으로 해결하게 함으로써, 결국에 있어서 근로자의 이익과 지위의 향상을 도모하는 사회복지국가 건설의 과제를 달성하고자 함에 있다.[161]

근로3권은 국가공권력에 대하여 근로자의 단결권의 방어를 일차적인 목표로 하지만, 근로3권의 보다 큰 헌법적 의미는 근로자단체라는 사회적 반대세력의 창출을 가능하게 함으로써 노사관계의 형성에 있어서 사회적 균형을 이루어 근로조건에 관한 노사간의 실질적인 자치를 보장하려는 데 있다. 근로자는 노동조합과 같은 근로자단체의 결성을 통하여 집단으로 사용자에 대항함으로써 사용자와 대등한 세력을 이루어 근로조건의 형성에 영향을 미칠 수 있는 기회를 가지게 되므로 이러한 의미에서 근로3권은 '사회적 보호기능을 담당하는 자유권' 또는 '사회권적 성격을 띤 자유권'이라고 말할 수 있다.[162]

다. 내용

헌법 제33조 제1항이 보장하는 근로3권은 근로자가 자주적으로 단결하여 근로조건의 유지·개선과 근로자의 복지증진 기타 사회적·경제적 지위의 향상을 도모함을 목적으로 단체를 자유롭게 결성하고, 이를 바탕으로 사용자와 근로조건에 관하여 자유롭게 교섭하며, 때로는 자신의 요구를 관철하기 위하여 단체행동을 할 수 있는 자유를 보장하는 자유권적 성격과 사회·경제적으로 열등한 지위에 있는 근로자로 하여금 근로자단체의 힘을 배경으로 그 지위를 보완·강화함으로써 근로자가 사용자와 실질적으로 대등한 지위에서 교섭할 수 있도록 해주는 기능을 부여하는 사회권적 성격도 함께 지닌 기본권이다.[163]

161 헌재 1993.3.11. 92헌바33; 헌재 2002.11.28. 2001헌바50.
162 헌재 1998.02.27. 94헌바13등.

근로3권 중 단결권은 노동조건의 유지 개선을 목적으로 사용자와 대등한 교섭력을 가지기 위한 단체를 구성하는 권리이며, 단체교섭권은 근로자의 단체가 사용자와 근로조건에 관하여 교섭할 수 있는 권리이다. 단체행동권은 노동쟁의가 발생한 경우 쟁의행위를 할 수 있는 쟁의권을 말한다. 쟁의권은 근로자가 그의 주장을 관철하기 위하여 업무의 정상적인 운영을 저해하는 행위를 하는 권리이다. 헌법 제33조 제1항이 근로자에게 단결권, 단체교섭권, 단체행동권을 기본권으로 보장하는 뜻은 근로자가 사용자와 대등한 지위에서 단체교섭을 통하여 자율적으로임금 등 근로조건에 관한 단체협약을 체결할 수 있도록 하기 위한 것이다.

라. 관련 판례

1) 근로3권의 성격은 국가가 단지 근로자의 단결권을 존중하고 부당한 침해를 하지 아니함으로써 보장되는 자유권적 측면인 국가로부터의 자유 뿐이 아니라, 근로자의 권리행사의 실질적 조건을 형성하고 유지해야 할 국가의 적극적인 활동을 필요로 한다. 이는 곧, 입법자가 근로자단체의 조직, 단체교섭, 단체협약, 노동쟁의 등에 관한 노동조합관련법의 제정을 통하여 노사간의 세력균형이 이루어지고 근로자의 근로3권이 실질적으로 기능할 수 있도록 하기 위하여 필요한 법적 제도와 법규범을 마련하여야 할 의무가 있다는 것을 의미한다(헌재 1998.02.27. 94헌바13등).
2) 헌법 제33조 제1항의 단결권은 조직된 단체의 권리이기도 하므로, 동 규정은 근로자단체의 존속, 유지, 발전, 확장 등을 국가공권력으로부터 보장하고(단체존속의 권리), 근로자단체의 조직 및 의사형성절차에 관하여 규약의 형태로 자주적으로 결정하는 것을 보장하며(단체자치의 권리), 근로조건의 유지와 향상을 위한 근로자단체의 활동, 즉 단체교섭, 단체협약 체결, 단체행동, 단체의 선전 및 단체가입의 권유 등을 보호한다(단체활동의 권리)고 보아야 한다(헌재 1999.11. 25. 95헌마154).
3) 헌법 제33조 제1항이 보장하는 단체교섭권은 어떠한 제약도 허용되지 아니하는 절대적인 권리가 아니라 헌법 제37조 제2항에 의하여 국가안

163 헌재 2004.08.26. 2003헌바58등.

전보장·질서유지 또는 공공복리 등의 공익상의 이유로 제한이 가능하며, 그 제한은 노동기본권의 보장과 공익상의 필요를 구체적인 경우마다 비교형량하여 양자가 서로 적절한 균형을 유지하는 선에서 결정된다(헌재 2004.08.26. 2003헌바28).

4) 파업 등의 쟁의행위는 본질적필연적으로 위력에 의한 업무방해의 요소를 포함하고 있어 폭행협박 또는 다른 근로자들에 대한 실력행사 등을 수반하지 아니하여도 그 자체만으로 위력에 해당하므로, 정당성이 인정되어 위법성이 조각되지 않는 한 업무방해죄로 형사처벌할 수 있다는 대법원 판례는 비록 단체행동권의 행사가 본질적으로 위력성을 가져 외형상 업무방해죄의 구성요건에 해당한다고 하더라도 그것이 헌법과 법률이 보장하고 있는 범위 내의 행사로서 정당성이 인정되는 경우에는 위법성이 조각되어 처벌할 수 없다는 것으로 헌법이 보장하는 근로3권의 내재적 한계를 넘어선 행위(헌법의 보호영역 밖에 있는 행위)를 규제하는 것일 뿐 정당한 권리행사까지 처벌함으로써 본인의 의사에 반하는 노역을 강요하거나 또는 근로자라는 신분만으로 불합리한 차별을 하는 것은 아니라고 판단되므로 위 대법원의 해석방법이 헌법상의 강제노역금지원칙, 근로3권 및 평등권 등을 침해하지 않는다(헌재 2005.3.31. 2003헌바91).

5) '노동운동'의 개념은 비록 이 사건 법률에서 명백히 그 개념규정을 하고 있지는 아니하나 위 법률조항이 헌법 제33조 제2항에 근거하여 제정된 것이므로 위 헌법조항의 취지에 비추어 근로자의 근로조건의 향상을 위한 단결권·단체교섭권 및 단체행동권 등 이른바 근로3권을 기초로 하여 이에 직접 관련된 행위를 의미하는 것으로 좁게 해석하여야 함이 상당할 것이다. 마찬가지로, 위 법률조항에서 규정하고 있는 '공무 이외의 일을 위한 집단행위'의 개념도 다소 광범위하여 명확성의 원칙에 위배되지 않는가라는 의문이 있을 수 있으나 위 개념을 헌법상의 집회·결사의 자유와 연관시켜서 이 사건 법률의 입법취지를 고려하면, 위 개념은 모든 집단행위를 의미하는 것이 아니라 공무 이외의 일을 위한 집단행위 중 공익에 반하는 행위로 축소해석하여야 함이 상당할 것이다(헌재 2005.10.27. 2003헌바50 등).

6) 한국보건산업진흥원법 부칙 제3조 위헌소원 [2001헌바50, 2002.11.28]

1. 헌법 제15조의 직업의 자유 또는 헌법 제32조의 근로의 권리, 사회국가원리 등에 근거하여 실업방지 및 부당한 해고로부터 근로자를 보호하여야 할 국가의 의무를 도출할 수는 있을 것이나, 국가에 대한 직접적인 직장존속보장청구권을 근로자에게 인정할 헌법상의 근거는 없다.

2. 가. 이와 같이 우리 헌법상 국가에 대한 직접적인 직장존속보장청구권을 인정할 근거는 없으므로 근로관계의 당연승계를 보장하는 입법을 반드시 하여야 할 헌법상의 의무를 인정할 수 없다. 따라서 한국보건산업진흥원법 부칙 제3조가 기존 연구기관의 재산상의 권리·의무만을 새로이 설립되는 한국보건산업진흥원에 승계시키고, 직원들의 근로관계가 당연히 승계되는 것으로 규정하지 않았다 하여 위헌이라 할 수 없다.

나. 다만, 우리 헌법상 국가(입법자)는 근로관계의 존속보호를 위하여 최소한의 보호를 제공하여야 할 의무를 지고 있다고 할 것이며, 따라서 위 부칙 제3조가 그러한 최소한의 보호의무마저 저버린 것이 아닌지 문제될 수 있겠으나, 국가가 근로관계의 존속을 보호하기 위한 최소한의 보호조치를 취하고 있는지의 여부는 당해 법률조항만에 의할 것이 아니라, 노사관계에 관한 법체계 전반을 통하여 판단하여야 할 것인바, 헌법 제33조에서 노동기본권을 보장하고 있는 점, 법원이 재판을 통하여 고용승계 여부에 관한 당사자의 의사와 태도를 합리적으로 해석함으로써 근로관계 존속보호의 기능을 수행할 가능성이 열려 있는 점, 고용보험제도를 비롯하여 고용안정, 취업기회의 제공, 직업능력의 개발을 위한 부수적 법제가 마련되어 있는 점 등을 고려할 때, 현행법제상 국가는 근로관계의 존속보호를 위한 최소한의 보호조치마저 제공하고 있지 않다고 보기 어렵다.

다. 근로관계의 승계를 규정하고 있는 다른 법률들과 비교하거나, 합병, 영업양도로 근로관계가 승계되는 경우와 비교하여 차이가 있다 하더라도, 거기에는 합리적인 이유가 있다 할 것이므로 평등원칙에 위반된다고 할 수 없다.

5. 환경권

가. 연혁과 헌법규정

환경권의 이념은 각 선진국에서 산발적으로 논의되어 오다가 1972년 스톡홀름의 UN인간환경회의에서 채택된 'UN인간환경선언'이 "인간환경의 보호와 개선은 인간의 복지와 경제발전에 미치는 주요 문제이므로, 이는 전세계 인간의 절박한 염원이고 모든 정부의 책임이다."라는 결의문으로 선언하면서부터, 세계 각국이 다투어 자기나라의 법체계에 흡수하였다.

우리헌법은 제35조 제1항에서 '모든 국민은 건강하고 쾌적한 환경에서 생활할 권리를 가지며, 국가와 국민은 환경보전을 위하여 노력하여야 한다.'고 규정하고 있다.

나. 의의 및 법적성질

헌법상 규정된 '환경권'은 사람이 인간다운 생활을 영위함으로써 인간으로서의 존엄을 유지하기 위하여 필요적으로 요구되는 인간의 생래적인 기본권의 하나로서, 이러한 환경권의 내용인 환경에는 자연적 환경은 물론이고, 역사적, 문화적 유산인 문화적 환경, 사람이 사회적 활동을 하는 데 필요한 사회적 시설 등 사회적 환경 등도 이에 포함된다.[164] 이러한 환경권은 개인이 누려야 할 건강하고 쾌적한 환경에 대한 침해배제를 청구할 수 있는 자유권적 측명과 건강하고 쾌적한 환경에서 생활할 수 있도록 배려하는 보호·보장청구권의 측면을 동시에 갖고 있다.

대법원은 환경권의 법적성질에 대해 "명문의 법률규정이나 관계 법령의 규정 취지 및 조리에 비추어 권리의 주체, 대상, 내용, 행사 방법 등이 구체적으로 정립될 수 있어야만 인정되는 것이므로, 사법상의 권리로서의 환경권을 인정하는 명문의 규정이 없는데도 환경권에 기하여 직접 방해배제청구권을 인정할 수 없다[165]"라고 판시하였다.

다. 내용

환경권의 내용인 환경에는 자연적 환경은 물론이고, 역사적, 문화적 유산인 문화적 환경도 환경권의 대상인 환경의 범주에 포함시켜야 하며, 그 뿐만 아니라 사람이 사회적 활동을 하는 데 필요한 사회적 시설도 인간의 생활에 필요 불가결한 사회적 환경으로서 이에 포함됨은 당연하며, 신청인이 내세우는 주장의 요지 또한 교육환경의 일종으로서 역시 위 사회적, 문화적 환경의 범주에 속한다

164 부산고법 1995.5.18. 95카합5.
165 대법원 1997. 7. 22. 96다56153.

라. 관련 판례

1) 일정한 경우 국가는 사인인 제3자에 의한 국민의 환경권 침해에 대해서도 적극적으로 기본권 보호조치를 취할 의무를 지나, 헌법재판소가 이를 심사할 때에는 국가가 국민의 기본권적 법익 보호를 위하여 적어도 적절하고 효율적인 최소한의 보호조치를 취했는가 하는 이른바 "과소보호금지원칙"의 위반 여부를 기준으로 삼아야 한다.
   이 사건의 경우 청구인의 기본권적 법익이 침해되고 있음이 명백히 드러나지 않고, 공직선거법의 규정을 보더라도 확성장치로 인한 소음을 예방하는 규정이 불충분하다고 단정할 수도 없으며, 기본권보호의무의 인정 여부를 선거운동의 자유와의 비교형량하에서 판단할 때, 확성장치 소음규제기준을 정하지 않았다는 것만으로 청구인의 정온한 환경에서 생활할 권리를 보호하기 위한 입법자의 의무를 과소하게 이행하였다고 평가할 수는 없다(헌재 전원재판부 2006헌마711, 2008.7.31.).
2) 헌법 제35조 제1항은 "모든 국민은 건강하고 쾌적한 환경에서 생활할 권리를 가지며, 국가와 국민은 환경보전을 위하여 노력하여야 한다"고 규정하여, 국민의 환경권을 보장함과 아울러 국가와 국민에게 환경보전을 위하여 노력할 의무를 부과하고 있다. 이 헌법조항은 환경정책에 관한 국가적 규제와 조정을 뒷받침하는 헌법적 근거가 되며, 국가는 환경정책 실현을 위한 재원마련과 환경침해적 행위를 억제하고 환경보전에 적합한 행위를 유도하기 위한 수단으로 수질개선부담금과 같은 환경부담금을 부과·징수하는 방법을 선택할 수 있는 것이다(헌재 1998.12.24. 98헌가1).
3) 헌법 제35조에서는 "모든 국민은 건강하고 쾌적한 환경에서 생활할 권리를 가지며, 국가와 국민은 환경보전을 위하여 노력하여야 한다."고 규정하여 환경권을 보장하고 있다. 이를 환경을 구성하는 중요요소 중의 하나인 물과 관련하여 볼 때, 오염에서 해방된 깨끗한 물에 대한 권리는 물론, 인간으로서의 존엄을 유지하기 위하여 필요한 정도의 유량을 공급받을 권리도 이러한 환경권의 한 내용으로 이해할 수 있을 것이다(헌재 2001.01.18. 99헌마548).

6. 혼인과 가족에 관한 권리

가. 연혁

헌법 제36조 제1항의 연혁을 살펴보면, 제헌헌법 제20조에서 "혼인은 남녀동권(男女同權)을 기본으로 하며, 혼인의 순결과 가족의 건강은 국가의 특별한 보호를 받는다."고 규정한 것이 그 시초로서, 헌법제정 당시부터 평등원칙과 남녀평등을 일반적으로 천명하는 것(제헌헌법 제8조)에 덧붙여 특별히 혼인의 남녀동권을 헌법적 혼인질서의 기초로 선언한 것은 우리 사회 전래의 혼인·가족제도는 인간의 존엄과 남녀평등을 기초로 하는 혼인·가족제도라고 보기 어렵다는 판단 하에 근대적·시민적 입헌국가를 건설하려는 마당에 종래의 가부장적인 봉건적 혼인질서를 더 이상 용인하지 않겠다는 헌법적 결단의 표현으로 보아야 할 것이다. 이러한 헌법의 의지는 1980년 헌법에서 더욱 강화되었다. 양성평등 명령이 혼인관계뿐만 아니라 모든 가족생활로 확장되었고, 양성평등에 더하여 개인의 존엄까지 요구하였다. 여기에 현행 헌법은 국가의 보장의무를 덧붙임으로써 이제 양성평등과 개인의 존엄은 혼인과 가족제도에 관한 최고의 가치규범으로 확고히 자리잡았다.[166]

나. 의의 및 법적성격

헌법 제36조 제1항은 "혼인과 가족생활은 개인의 존엄과 양성의 평등을 기초로 성립되고 유지되어야 하며, 국가는 이를 보장한다"고 규정하고 있는바, 이는 혼인제도와 가족제도에 관한 헌법원리를 규정한 것으로서 혼인제도와 가족제도는 인간의 존엄성 존중과 민주주의의 원리에 따라 규정되어야 함을 천명한 것이라 볼 수 있다. 따라서 혼인에 있어서도 개인의 존엄과 양성의 본질적 평등의 바탕위에서 모든 국민은 스스로 혼인을 할 것인가 하지 않을 것인가를 결정할 수 있고 혼인을 함에 있어서도 그 시기는 물론 상대방을 자유로이 선택할 수 있는 것이며, 이러한 결정에 따라 혼인과 가족생활을 유지할 수 있고, 국가는 이를 보장해야 하는 것이다.[167]

166 헌재 2005.02.03. 2004헌가5.
167 헌재 1997.07.16. 95헌가6등.

헌법재판소는 혼인과 가족에 관한 권리의 법적성격에 대하여 "헌법 제36조 제1항은, 인간의 존엄과 양성의 평등이 가족생활에 있어서도 보장되어야 한다는 요청에서 인간다운 생활을 보장하는 기본권 보장의 성격을 갖는 동시에 그 제도적 보장의 성격도 갖고 있으며[168] 혼인과 가족생활에 대한 제도적 보장도 혼인과 가족생활의 민족문화적 전통성 때문에 당연히 이에 바탕을 둔 혼인제도와 가족제도의 보장을 뜻한다고 보아야 한다[169]"고 판시하였다.

다. 내용

헌법 제36조 제1항은 혼인과 가족생활을 스스로 결정하고 형성할 수 있는 자유를 기본권으로서 보장하고, 혼인과 가족에 대한 제도를 보장한다. 그리고 헌법 제36조 제1항은 혼인과 가족에 관련되는 공법 및 사법의 모든 영역에 영향을 미치는 헌법원리 내지 원칙규범으로서의 성격도 가지는데, 이는 적극적으로는 적절한 조치를 통해서 혼인과 가족을 지원하고 제삼자에 의한 침해 앞에서 혼인과 가족을 보호해야 할 국가의 과제를 포함하며, 소극적으로는 불이익을 야기하는 제한조치를 통해서 혼인과 가족을 차별하는 것을 금지해야 할 국가의 의무를 포함한다. 이러한 헌법원리로부터 도출되는 차별금지명령은 헌법 제11조 제1항에서 보장되는 평등원칙을 혼인과 가족생활영역에서 더욱 더 구체화함으로써 혼인과 가족을 부당한 차별로부터 특별히 더 보호하려는 목적을 가진다.[170]

또한 헌법 제36조 제1항은 혼인과 가족생활에서 양성의 평등대우를 명하고 있으므로 남녀의 성을 근거로 하여 차별하는 것은 원칙적으로 금지되고, 성질상 오로지 남성 또는 여성에게만 특유하게 나타나는 문제의 해결을 위하여 필요한 예외적 경우에만 성차별적 규율이 정당화된다. 과거 전통적으로 남녀의 생활관계가 일정한 형태로 형성되어 왔다는 사실이나 관념에 기인하는 차별, 즉 성역할에 관한 고정관념에 기초한 차별은 허용되지 않는다.[171]

168 헌재 1990.9.10. 89헌마82; 헌재 1997.3.27. 95헌가14등; 헌재 1997.7.16. 95헌가6등; 헌재 2000.8.31. 97헌가12; 헌재 2002.03.28. 2000헌바53.

169 헌재 2005.02.03. 2001헌가9등.

170 헌재 2002.08.29. 2001헌바82.

171 헌재 2005.02.03. 2001헌가9 등.

라. 관련 판례

1) 육아휴직신청권은 헌법 제36조 제1항 등으로부터 개인에게 직접 주어지는 헌법적 차원의 권리라고 볼 수는 없고, 입법자가 입법의 목적, 수혜자의 상황, 국가예산, 전체적인 사회보장수준, 국민정서 등 여러 요소를 고려하여 제정하는 입법에 적용요건, 적용대상, 기간 등 구체적인 사항이 규정될 때 비로소 형성되는 법률상의 권리이다. 이 사건 법률조항은 입법자가 육아휴직신청권이 가지는 근로자로서의 권리성, 육아휴직의 허용 대상을 확대할 경우 예산과 인력이 추가로 소요되는 점, 다른 의무복무군인과의 형평성 등을 고려하여 육아휴직의 허용 대상을 정한 것이므로, 국가가 헌법상 용인될 수 있는 재량의 범위를 명백히 일탈함으로써 사회적 기본권으로서의 양육권을 최소한 보장하여야 할 의무를 불이행한 것으로 볼 수 없다(전원재판부 2005헌마1156, 2008.10.30-군인사법 제48조 제3항 위헌확인).
2) 헌법 제36조 제1항은 "혼인과 가족생활은 개인의 존엄과 양성의 평등을 기초로 성립되고 유지되어야 하며, 국가는 이를 보장한다"고 하여 혼인 및 그에 기초하여 성립된 부모와 자녀의 생활공동체인 가족생활이 국가의 특별한 보호를 받는다는 것을 규정하고 있다. 이 헌법규정은 소극적으로는 국가권력의 부당한 침해에 대한 개인의 주관적 방어권으로서 국가권력이 혼인과 가정이란 사적인 영역을 침해하는 것을 금지하면서, 적극적으로는 혼인과 가정을 제3자 등으로부터 보호해야 할 뿐이 아니라 개인의 존엄과 양성의 평등을 바탕으로 성립되고 유지되는 혼인·가족제도를 실현해야 할 국가의 과제를 부과하고 있다. 혼인과 가족의 보호는 헌법이 지향하는 자유민주적 문화국가의 필수적인 전제조건이다. 개별성·고유성·다양성으로 표현되는 문화는 사회의 자율영역을 바탕으로 하고, 사회의 자율영역은 무엇보다도 바로 가정으로부터 출발하기 때문이다. 헌법은 가족제도를 특별히 보장함으로써, 양심의 자유, 종교의 자유, 언론의 자유, 학문과 예술의 자유와 같이 문화국가의 성립을 위하여 불가결한 기본권의 보장과 함께, 견해와 사상의 다양성을 그 본질로 하는 문화국가를 실현하기 위한 필수적인 조건을 규정한 것이다. 따라서 헌법

은 제36조 제1항에서 혼인과 가정생활을 보장함으로써 가족의 자율영역이 국가의 간섭에 의하여 획일화·평준화되고 이념화되는 것으로부터 보호하고자 하는 것이다(헌재 2000.04.27. 98헌가16 등).

3) 혼인과 가족생활에서의 양성평등의 원칙은 우리 헌법이 제11조에서 평등의 일반적 원칙을 선언한 외에, 사회의 기초단위인 혼인과 가족생활 영역에서의 남녀평등의 중요성을 특히 강조한 것이다(헌재 2001.11.29. 99헌바120).

4) 헌법 제36조 제1항은 혼인과 가족생활은 개인의 존엄을 존중하는 가운데 성립되고 유지되어야 함을 분명히 하고 있다. 혼인과 가족생활은 인간생활의 가장 본원적이고 사적(私的)인 영역이다. 이러한 영역에서 개인의 존엄을 보장하라는 것은 혼인·가족생활에 있어서 개인이 독립적 인격체로서 존중되어야 하고, 혼인과 가족생활을 어떻게 꾸려나갈 것인지에 관한 개인과 가족의 자율적 결정권을 존중하라는 의미이다. 혼인과 가족생활을 국가가 결정한 이념이나 목표에 따라 일방적으로 형성하는 것은 인간의 존엄성을 최고의 가치로 삼고 민주주의원리와 문화국가원리에 터잡고 있는 우리 헌법상 용납되지 않는다. 국가는 개인의 생활양식, 가족형태의 선택의 자유를 널리 존중하고, 인격적·애정적 인간관계에 터잡은 현대 가족관계에 개입하지 않는 것이 바람직하다(헌재 2000.4.27. 98헌가16; 헌재 2005.2.3. 2001헌가9 등).

5) 헌법 제36조 제1항은 "혼인과 가족생활은 개인의 존엄과 양성의 평등을 기초로 성립되고 유지되어야 하며 국가는 이를 보장한다."고 규정하여 개인의 존엄과 양성의 평등을 기초로 한 가족제도를 헌법적 차원에서 보장하고 있는바, 성은 혈통을 상징하는 기호로서 개인의 혈통관계를 어떻게 성으로 반영할 것인지의 문제이며 이는 가족제도의 한 내용을 이루는 것이다(헌재 2005.12.22. 2003헌가5 등).

7. 보건에 관한 권리

가. 의의

보건에 관한 권리는 국가가 적극적으로 국민보건에 필요한 배려를 하여야 한다는 의미한다.

나. 내용

헌법은 제36조 제3항은 "모든 국민은 보건에 관하여 국가의 보호를 받는다"라고 규정하고 있는바, 이를 '보건에 관한 권리' 또는 '보건권'으로 부르고, 국가에 대하여 건강한 생활을 침해하지 않도록 요구할 수 있을 뿐만 아니라 보건을 유지하도록 국가에 대하여 적극적으로 요구할 수 있는 권리이다.[172]

다. 관련 판례

1) 헌법 제36조 제3항이 규정하고 있는 국민의 보건에 관한 권리는 국민이 자신의 건강을 유지하는 데 필요한 국가적 급부와 배려를 요구할 수 있는 권리를 말하는 것으로서, 국가는 국민의 건강을 소극적으로 침해하여서는 아니될 의무를 부담하는 것에서 한걸음 더 나아가 적극적으로 국민의 보건을 위한 정책을 수립하고 시행하여야 할 의무를 부담한다는 것을 의미한다(헌재 1995.04.20. 91헌바11).
2) 한 나라의 의료제도는 그 나라의 국민건강의 보호증진을 목적으로 하여(이법 제1조 참조) 합목적적으로 체계화된 것이므로 국가로부터 의료에 관한 지식과 기술의 검증을 받은 사람으로 하여금 의료행위를 하게 하는 것이 가장 합리적이고 안전하며, 사람의 생명과 신체를 대상으로 하는 의료행위의 특성상 가사 어떤 시술방법에 의하여 어떤 질병을 상당수 고칠 수 있었다고 하더라도 국가에 의하여 확인되고 검증되지 아니한 의료행위는 항상 국민보건에 위해를 발생케 할 우려가 있으므로 전체국민의 보건을 책임지고 있는 국가로서는 이러한 위험발생을 미리 막기 위하여 이를 법적으로 규제할 수 밖에 없는 것이다(헌재 1996.10.31. 94헌가7).

172 헌재 1998.07.16. 96헌마246.

V. 청구권적 기본권

1. 청구권적 기본권의 의의

청구권적 기본권이란 고전적 수익권에서 도출한 개념으로서 권리보호청구권, 구제권적 기본권, 권리를 보장하기 위한 기본권, 권리를 확보하기 위한 기본권, 기본권보장을 위한 기본권 등으로 부를 수 있다. 청구권적 기본권은 국가에 대하여 특정한 행위를 요구한다든가, 국가의 보호를 요청한다든가 하는 적극적 공권으로서 기본권을 보장하기 위한 기본권의 성격을 가지며, 국가내적인 권리라고 할 수 있다. 헌법상 청구권적 기본권에는 청원권, 재판청구권, 국가배상청구권, 형사보상청구권, 범죄피해자구조청구권이 있다.

2. 청원권

가. 연혁 및 헌법규정

역사적으로 청원권은 재판제도나 의회제도가 미비된 시대에 개인의 권리구제를 위한 중요한 수단으로서 시민적 법치국가에 있어서 보장되는 국민의 권리 중 가장 고전적인 권리이다. 권리구제 수단으로서의 중요성은 격감되었지만 오늘날에 있어서 청원은 일반대중의 정치행동으로서 행하여지는 경우가 많으며, 대의제의 결함으로 보완하는 수단의 하나로서 직접민주주의적 기능을 하고 있다. 헌법은 제26조 제1항에서 "모든 국민은 법률이 정하는 바에 의하여 국가기관에 문서로 청원할 권리를 가진다."라고 규정하고 있다.

나. 의의

헌법상 보장된 청원권은 공권력과의 관계에서 일어나는 여러 가지 이해관계, 의견, 희망 등에 관하여 적법한 청원을 한 모든 국민에게 국가기관이 청원을 수리할 뿐만 아니라 이를 심사하여 청원자에게 그 처리결과를 통지할 것을

요구할 수 있는 권리이다.[173]

다. 내용

헌법 제26조 제1항은 청원사항을 입법사항으로 하고 있다. 청원법에 의하면 청원을 할 수 있는 사항은 (i) 피해의 구제, (ii)공무원의 비위의 시정 또는 공무원에 대한 징계나 처벌의 요구, (iii) 법령·명령 또는 규칙의 제정·개정 또는 폐지, (iv) 공공의 제도 또는 시설의 운용, (v) 기타 공공기관의 권한에 속하는 사항이다. 그러나 청원법이 규정한 이러한 사항은 예시적인 것으로서 공공기관 권한에 속하는 것은 널리 청원사항(청원법제4조)이 될 수 있다. 청원을 할 수 없는 상황은 (i)재판에 간섭하는 것,(ii)국가의 원수를 모독하는 것이다. 또한, 청원은 타인을 모해할 목적으로 허위의 사항을 적시하여 제출할 수 없다(동법 제10조).

라. 관련 판례

1) 특정범죄가중처벌등에관한법률 제3조(1990. 12. 31. 법률 제4291호로 개정된 것, 이하 '이 사건 규정'이라 한다)는 행위자가 공무원의 신분을 가지고 있는지 여부를 불문하고 누구든지 공무원의 직무에 속한 사항에 관해 알선을 명목으로 금품 등을 수수하면 형사처벌을 하고 있다. 그런데 공무원 신분을 가지지 않은 자도 학연이나 지연 또는 개인의 영향력 등을 이용하여 공무원의 직무에 영향력을 미칠 수 있는바, 이러한 자가 공무원의 직무와 관련하여 알선자 내지는 중개자로서 알선을 명목으로 금품 등을 수수하는 등의 행위를 하게 되면, 현실적으로 담당 공무원에게 알선을 주선했는지 여부와 관계없이 공무원의 직무 집행의 공정성은 의심받게 될 것이므로 이 사건 규정이 공무의 공정성과 그에 대한 사회의 신뢰성 등을 보호하기 위해 알선 명목의 금품수수행위를 형사처벌하고 있다고 하더라도 이것이 입법의 한계를 일탈한 것이라고 볼 수 없다. 다만, 다원화되고 있는 현대 사회에서 국가기관 등의 정책결정 및 집행

173 헌재 1994.02.24. 93헌마213등.

과정에 로비스트와 같은 중개자나 알선자를 통해 자신의 의견이나 자료를 제출할 수 있도록 허용한다면, 국민은 언제나 이러한 의견 전달 통로를 이용해 국정에 참여할 수 있을 것이므로 국민주권의 상시화가 이루어질 수 있을 것이다. 그러나 금전적 대가를 받는 알선 내지 로비활동을 합법적으로 보장할 것인지 여부는 그 시대 국민의 법 감정이나 사회적 상황에 따라 입법자가 판단할 사항으로, 우리의 역사에서 로비가 공익이 아닌 특정 개인이나 집단의 사익을 추구하는 도구로 이용되었다는 점이나 건전한 정보제공보다는 비합리적인 의사결정을 하게 하여 시민사회의 발전을 저해하는 요소가 되었다는 점을 감안하여 청원권 등의 구체적인 내용 형성에 폭넓은 재량을 가진 입법부가 대가를 받는 로비제도를 인정하고 않고, 공무원의 직무에 속한 사항의 알선에 관하여 금품 등을 수수하는 모든 행위를 형사처벌하고 있다고 하더라도 이것이 청원권이나 일반적 행동자유권을 침해하는 것으로 볼 수 없다(특정범죄가중처벌등에관한법률 제3조 위헌소원 - 2003헌바108, 2005.11.24.).

2) 헌법상 보장된 청원권은 공권력과의 관계에서 일어나는 여러 가지 이해관계, 의견, 희망 등에 관하여 적법한 청원을 한 모든 당사자에게 국가기관이 청원을 수리할 뿐만 아니라 이를 심사하여 청원자에게 그 처리결과를 통지할 것을 요구할 수 있는 권리를 말하나, 청원사항의 처리결과에 심판서나 재결서에 준하여 이유를 명시할 것까지를 요구하는 것은 청원권의 보호범위에 포함되지 아니하므로 청원 소관관서는 청원법이 정하는 절차와 범위내에서 청원사항을 성실·공정·신속히 심사하고 청원인에게 그 청원을 어떻게 처리하였거나 처리하려고 하는지를 알 수 있는 정도로 결과통지함으로써 충분하고, 비록 그 처리내용이 청원인이 기대하는 바에 미치지 않는다고 하더라도 헌법소원의 대상이 되는 공권력의 행사 내지 불행사라고는 볼 수 없다(헌재 1997.7.16. 93헌마239).

3) 지방의회에 청원을 할 때에 지방의회 의원의 소개를 얻도록 한 것은 의원이 미리 청원의 내용을 확인하고 이를 소개하도록 함으로써 청원의 남발을 규제하고 심사의 효율을 기하기 위한 것이고, 지방의회 의원 모두가 소개의원이 되기를 거절하였다면 그 청원내용에 찬성하는 의원이 없

는 것이므로 지방의회에서 심사하더라도 인용가능성이 전혀 없어 심사의 실익이 없으며, 청원의 소개의원도 1인으로 족한 점을 감안하면 이러한 정도의 제한은 공공복리를 위한 필요·최소한의 것이라고 할 수 있다(헌재 1999.11.25. 97헌마54).

4) 헌법 제26조는 모든 국민은 법률이 정하는 바에 의하여 국가기관에 문서로 청원할 권리를 가지며 국가는 청원에 대하여 심사할 의무를 진다고 하여 모든 국민의 청원권을 보장하고 청원을 수리한 국가기관은 청원에 대하여 심사하여야 할 의무를, 청원법과 국회법 제123조 이하는 청원의 처리결과에 대하여 통지하여야 할 의무를 각 규정하고 있는데, 청원에 대한 심사 및 통지의무는 재판청구권 및 기타 준사법적인 구제청구와 그 성질을 달리하므로 이러한 의무는 청원을 수리한 국가기관이 이를 성실, 공정, 신속히 심사·처리하여 그 결과를 청원인에게 통지하는 이상의 의무를 요구하는 것은 아니다(헌재 2000.6.1. 2000헌마18).

5) 우리의 역사에서 로비가 공익이 아닌 특정 개인이나 집단의 사익을 추구하는 도구로 이용되었다는 점이나 건전한 정보제공보다는 비합리적인 의사결정을 하게 하여 시민사회의 발전을 저해하는 요소가 되었다는 점을 감안하여 청원권 등의 구체적인 내용 형성에 폭넓은 재량을 가진 입법부가 대가를 받는 로비제도를 인정하고 않고, 공무원의 직무에 속한 사항의 알선에 관하여 금품 등을 수수하는 모든 행위를 형사처벌하고 있다고 하더라도 이것이 청원권이나 일반적 행동자유권을 침해하는 것으로 볼 수 없다(헌재 2005.11.24. 2003헌바108).

3. 재판을 받을 권리

가. 연혁 및 헌법규정

영국의 대헌장Magna Carta 이후 권리청원 등에서 보장되기 시작하였고, 국내 헌법뿐만 아니라 국제인권규약에서도 이 권리를 잘 보장하고 있다. 우리헌법은 제27조 제1하에서 "모든 국민은 헌법과 법률이 정한 법관에 의하여 법률에 의한 재판을 받을 권리를 가진다."라고 규정하고 있다.

나. 의의

재판을 받을 권리 또는 재판청구권은 재판이라는 국가적 행위를 청구할 수 있는 적극적 측면과 헌법과 법률이 정한 법관이 아닌 자에 의한 재판이나 법률에 의하지 아니한 재판을 받지 아니하는 소극적 측면을 아울러 가지고 있으며,[174] 또한 재판청구권은 권리보호절차의 개설과 개설된 절차에의 접근의 효율성에 관한 절차법적 요청으로서, 권리구제절차 내지 소송절차를 규정하는 절차법에 의하여 구체적으로 형성·실현·제한된다.[175]

다. 내용

헌법 제27조 제1항은 "모든 국민은 헌법과 법률이 정한 법관에 의하여 법률에 의한 재판을 받을 권리을 가진다"라고 규정하고 있는 바, 그 전단 부분인 "헌법과 법률이 정한 법관(法官)에 의하여" 재판을 받을 권리라 함은 헌법과 법률이 정한 자격과 절차에 의하여 임명되고, 물적독립과 인적독립이 보장된 법관에 의한 재판을 받을 권리를 의미하는 것이며, 그 후단의 "법률에 의한 재판"을 받을 권리라 함은 법관에 의한 재판은 받되 법대로의 재판 즉 절차법이 정한 절차에 따라 실체법이 정한 내용대로 재판을 받을 권리를 보장하자는 취지라고 할 것이고 이는 재판에 있어서 법관이 법대로가 아닌 자의와 전단에 의하는 것을 배제한다는 것이다.[176]

또한 재판청구권은 재판절차를 규율하는 법률과 재판에서 적용될 실체적 법률이 모두 합헌적이어야 한다는 의미에서의 법률에 의한 재판을 받을 권리뿐만 아니라, 비밀재판을 배제하고 일반 국민의 감시하에서 심리와 판결을 받음으로써 공정한 재판을 받을 수 있는 권리를 포함하고 있다. 이 공정한 재판을 받을 권리 속에는 신속하고 공개된 법정의 법관의 면전에서 모든 증거자료가 조사·진술되고 이에 대하여 피고인이 공격·방어할 수 있는 기회가 보장되는

174 헌재 1998.05.28. 96헌바4.
175 헌재 2002.10.31. 2000헌가12.
176 헌재 1993.11.25. 91헌바8.

재판, 즉 원칙적으로 당사자주의와 구두변론주의가 보장되어 당사자가 공소사실에 대한 답변과 입증 및 반증하는 등 공격·방어권이 충분히 보장되는 재판을 받을 권리가 포함되어 있다.[177]

라. 관련 판례

1) 국민의 형사재판 참여에 관한 법률 제5조 제1항 등 위헌소원 [전원재판부 2008헌바12, 2009.11.26]

가. 우리 헌법상 헌법과 법률이 정한 법관에 의한 재판을 받을 권리는 직업법관에 의한 재판을 주된 내용으로 하는 것이므로 국민참여재판을 받을 권리가 헌법 제27조 제1항에서 규정한 재판을 받을 권리의 보호범위에 속한다고 볼 수 없다.

나. 재판참여법률 제5조 제1항은 기존의 형사재판과 상이한 국민참여재판을 위한 물적, 인적 여건이 처음부터 구비되기 어렵다는 점을 감안하여 대상사건의 범위를 제한한 것으로서 목적의 정당성이 인정되고, 국민의 관심사가 집중되고 피고인의 선호도가 높은 중죄 사건으로 그 대상사건을 한정한 것은 위와 같은 목적을 위한 합리적인 방법이므로 청구인의 평등권을 침해하지 않는다.

다. 재판참여법률 부칙 제2항은 법원의 업무부담과 소송경제 등을 고려하여 그 대상사건을 한정할 필요가 있어 국민참여재판의 대상시기를 법 시행일 당시의 공소제기 유무를 기준으로 정한 것으로 목적의 정당성이 인정되고, 공소제기 시점을 기준으로 법 적용 여부를 정한 이 조항의 경우 목적달성을 위한 합리적인 수단이라고 할 것이므로 이 조항 역시 청구인의 평등권을 침해하지 않는다.

2) 헌법은 제27조 제1항에서 '모든 국민은 헌법과 법률이 정한 법관에 의하여 법률에 의한 재판을 받을 권리를 가진다.'라고 규정하고, 여기서의 법률에 의한 재판이라 함은 '형사재판에 있어서는 적어도 그 기본원리인 죄형법정주의와 절차의 적법성뿐만 아니라 절차의 적정성까지 보장되는 적법절차주의에 위반되지 않는 실체법과 절차법에 따라 규율되는 재판'(헌법재판소 1993.7.29. 선고, 90헌바35 결정 참조)으로 피고인의 방어활동이 충분히 보장되고, 실질적 당사자대등이 이루어진 공정한 재판을 의미한다. 이에 따라 형사피고인은 형사소송절차에서 공소사실에 대한 주장과 답변 및 입증 반증 등 공격과 방어의 기회가 충분히 보장되고, 단순한 처벌대상이 아니라 형사소송절차를 형성.유지하는 당사자로서의 지위를 향유하며, 검사의 공격에 대하여 실질적인 '무기평등'이 이루어진 공정한 재판

177 헌재 1994.4.28. 93헌바26; 1996.1.25. 95헌가5; 1996.12.26. 94헌바1; 헌재 1998.12. 24. 94헌바46.

을 받을 권리를 기본권으로 보장받고 있는 것이다. 또 헌법은 제27조 제3항에서 '모든 국민은 신속한 재판을 받을 권리를 가진다.'고 하여 피고인으로 하여금 신속한 재판을 받을 권리를 기본권으로 보장하고 있고, 여기서의 신속한 재판이라 함은 적정한 재판을 확보함에 필요한 기간을 넘어 부당히 지연된 재판이 아닌 재판을 의미한다. 신속한 재판은 국가적 견지에서는 적정하고 실효성 있는 형벌제도의 운용을 위하여 중요하지만, 피고인의 입장에서는 유리한 증거를 확보하고 재판에 수반한 정신적 불안, 사회적 불이익을 최소화하는데 커다란 의의가 있는 것이다. 불필요한 재판의 지연은 피고인에게 인신구속의 부당한 장기화를 초래하여 허위자백과 물심양면의 고통을 강요하게 되고, 오랫동안 형사피고인이라는 불명예를 짐지울 뿐만 아니라 증거의 멸실, 왜곡에 의하여 실체적 진실발견이 저해될 염려가 있다. 또한 재판결과 설사 유죄로 된다 하더라도 피고인의 위와 같은 불안정한 상태의 신속한 해소도 중요한 의미를 갖고 있다고 할 것이므로 신속한 재판은 적법절차에 의한 공정한 재판 못지않게 형사재판에 있어서 지켜져야 할 준칙인 것이다. 그러므로 검사가 보관하는 수사기록에 대한 변호인의 열람.등사는 실질적 당사자대등을 확보하고, 신속 공정한 재판을 실현하기 위하여 필요불가결한 것이며, 그에 대한 지나친 제한은 피고인의 신속.공정한 재판을 받을 권리를 침해하는 것이다(헌재 1997.11.27. 94헌마60).

3) 헌법과 법률이 정하는 법관에 의하여 법률에 의한 재판을 받을 권리가 사건의 경중을 가리지 않고 모든 사건에 대하여 대법원을 구성하는 법관에 의한 균등한 재판을 받을 권리를 의미한다거나 또는 상고심 재판을 받을 권리를 의미하는 것이라고 할 수는 없다. 또한 심급제도는 사법에 의한 권리보호에 관한 한정된 법 발견 자원의 합리적인 분배의 문제인 동시에 재판의 적정과 신속이라는 서로 상반되는 두가지의 요청을 어떻게 조화시키느냐의 문제로 돌아가므로 원칙적으로 입법자의 형성의 자유에 속하는 사항이다(헌재 1997. 10.30. 97헌바37 등).

4) 상소심에서 재판을 받을 권리를 헌법상 명문화한 규정이 없고 상고문제는 일반 법률의 규정에 맡겨져 있으므로 헌법 제27조에서 규정한 재판을 받을 권리에 '모든 사건에 대해 상고법원의 구성법관에 의한, 상고심 절차에 의한 재판을 받을 권리'까지도 포함된다고 단정할 수 없을 것이다. 모든 사건에 대해 획일적으로 상고할 수 있게 하느냐 않느냐는 특단의 사정이 없는 한 입법정책의 문제라고 할 것이다. 국민의 법률생활 중 좀더 크고 중요한 영역의 문제를 해결하는 데 상고제도가 집중적으로 투입 활용되어야 할 공익상의 필요성과 신속·간편·저렴하게 처리되어야 할 소액사건절차 특유의 요청 등을 고려할 때 현행 소액사건상고제한 제도가 결코 위헌적인 차별대우라 할 수 없다. 소액사건심판법 제3조는 대법원에 상고할 수 있는 기회를 제한하는 것이지 근본적으로 박탈하고 있는 것이 아니다. 그러므로 이 사건 법률조항은 헌법에 위반되지 아니한다(헌재 2005.03.31. 2004헌마933).

5) 헌법 제27조 제1항이 규정하는 재판을 받을 권리가 항소심재판을 받을 권리를 반드시 포함하는 것이 아니므로, 항소이유서 제출의무를 부과하지 않을지 아니면 항소이유서를 제출하지 아니한 경우 항소기각결정을 할지 여부는 기본적으로 입법자가 형사 항소심의 구조와 성격, 형사사법 절차의 특성을 고려하여 결정할 입법재량에 속하는 문제이며, 따라서 소송기록접수통지를 받은 후 일정한 기간 내 항소이유서를 제출하지 아니한 경우 항소기각결정을 하도록 규정하고 있는 형사소송법 제361조의4 제1항은 비례의 원칙에 위반되지 않아 헌법 제27조 제1항의 재판을 받을 권리를 침해하지 않는다(헌재 2005.03.31. 2003헌바34).

4. 형사보상청구권

가. 연혁 및 헌법규정

1848년 독일의 프랑크푸르트헌법에서 찾아 볼 수 있다. 우리헌법은 제28조에서 "형사피의자 또는 형사피고인으로서 구금되었던 자가 법률이 정하는 불기소 처분을 받거나 무죄판결을 받은 때에는 법률이 정하는 바에 의하여 국가에 정당한 보상을 청구할 수 있다."라고 규정하고 있다. 1987년 헌법은 구헌법과는 달리 형사피의자에 대하여서도 형사보상청구권을 명시적으로 보장하고 있다.

나. 의의

형사보상청구권이란 형사피의자 또는 형사피고인으로서 구금되었던 자가 법률이 정하는 불기소처분을 받거나 공판결과 확정판결에 의하여 무죄를 선고받은 경우에 그가 입은 물질상·정신상의 손실의 전보를 국가에 대하여 청구할 수 있는 권리이다. 따라서 이 권리는 국가배상청구권과 함께 청구권적 기본권의 하나이다.

다. 내용

형사보상청구권의 주체를 형사피의자에까지 명시적으로 확대하고 있다(형사보상법 제26조). "구금에 대한 보상에 있어서는 그 일수에 따라 1일 5천원

이상 대통령령이 정하는 금액 이하의 비율에 의한 보상금"을 지급하게 규정하고 있다(동법 제4조).

라. 관련 판례

형사보상법 제19조 위헌확인 [전원재판부 2010헌마220, 2010.10.28]

가. 이 사건 불복금지조항은 형사보상의 청구에 대하여 한 보상의 결정에 대하여는 불복을 신청할 수 없도록 하여 형사보상의 결정을 단심재판으로 규정하고 있다. 이는 형사보상인용결정의 안정성을 유지하고, 신속한 형사보상절차의 확립을 통해 형사보상에 관한 국가예산수립의 안정성을 확보하며, 나아가 상급법원의 부담을 경감하고자 하는 데 그 목적이 있다고 할 수 있다.

나. 그러나 국가의 형사사법작용에 의하여 신체의 자유가 침해된 국민에게 있어서는 적정하고 합리적인 보상금을 지급받는 것이 매우 중요한 가치라 할 수 있는바, 보상액의 산정에 기초되는 사실인정이나 보상액에 관한 판단에서 오류나 불합리성이 발견되는 경우에도 그 시정을 구하는 불복신청을 할 수 없도록 하는 것은 형사보상청구권 및 그 실현을 위한 기본권으로서의 재판청구권의 본질적 내용을 침해하는 것이라 할 것이고, 나아가 법적 안정성만을 지나치게 강조함으로써 재판의 적정성과 정의를 추구하는 사법제도의 본질에 부합하지 아니하는 것이라 할 것이다.

다. 한편, 보상의 청구를 기각한 결정에 대하여는 즉시항고를 할 수 있는바(형사보상법 제19조 제2항), 보상의 결정에 대하여 위 보상기각 결정의 경우와 같은 불복방법을 허용하더라도 즉시항고기간은 결정선고일로부터 3일에 불과하여(형사소송법 제405조) 절차가 신속히 진행될 수 있고, 지난 10년 간 형사보상의 인용건수는 연간 최대 257건에 불과하고 그 재판 내용도 비교적 단순하므로, 불복을 허용한다고 하여 상급심에 과도한 부담을 줄 가능성은 별로 없다고 할 것인 반면, 사실관계 인정 및 보상액 산정의 판단에 오류가 있을 경우 그로 인하여 침해되는 보상청구인의 기본권은 보다 중대하다고 할 것이다. 따라서 이 사건 불복금지조항은 추구하고자 하는 공익에 비하여 훨씬 중대한 국민의 기본권을 침해하는 것이라고 할 것이다.

라. 이러한 점들을 종합하여 볼 때, 이 사건 불복금지조항은 헌법이 보장하는 형사보상청구권 및 그 실현을 위한 기본권인 재판청구권의 본질적 내용을 침해하는 것으로서 헌법에 위반된다 할 것이다.

5. 국가배상청구권

가. 연혁 및 헌법규정

공무원의 직무행위로 인한 손해에 대하여 국가 또는 공공단체가 책임을 지느냐에 관하여는 국가에 따라서 그 취급을 달리한다. 대체로 독·불법계에서는 일찍부터 국가의 책임을 인정하는 것이 원칙이며, 영미법계에는 국가는 책임을 지지 않는 것이 원칙이었다. 그러나 영국에서도 1947년 국왕소추법, 미국에서는 1946년의 연방불법행위배상청구권법에 의하여 일정한 범위 내에서 국가책임을 인정하고 있다. 1949년의 본Bonn기본법에서도 국가책임제도를 규정하고 있다. 우리 헌법은 국가배상청구권에 관하여 제헌헌법 이래로 일관되게 이를 규정하여 국가배상책임주의를 선언하여 왔으며, 현행 헌법도 제29조 제1항에서 '공무원의 직무상 불법행위로 손해를 받은 국민은 법률이 정하는 바에 의하여 국가 또는 공공단체에 정당한 배상을 청구할 수 있다. 이 경우 공무원 자신의 책임은 면제되지 아니한다.'고 규정하고 있다.

나. 의의

국가배상청구권이라 함은 공무원의 직무상 불법행위로 말미암아 재산 또는 재산 이외의 손해를 받은 국민이 국가 또는 공공단체에 대하여 그 손해를 배상하여 주도록 청구할 수 있는 권리를 말한다. 우리 헌법상의 국가배상청구권에 관한 규정은 단순한 재산권의 보장만을 의미하는 것은 아니고 국가배상청구권을 청구권적 기본권으로 보장하고 있는 것이다. 그리고 위 헌법규정에 따라 국가 또는 지방자치단체의 손해배상의 책임과 절차에 관한 국가배상법이 제정되었다.[178]

다. 내용

신분상의 공무원에 한하지 않고 널리 국가 또는 공공단체를 위하여 공무를 집행하는 일체의 사람이며, '직무상'행위에 대해 국가배상책임의 성질을 사법

178 헌재 1997.02.20. 96헌바24.

상의 책임이라고 이해한다면 직무행위는 권력행위와 관리행위뿐만 아니라 직무에 관련된 사법상의 행위도 포함한다고 보아야 할 것이다. 불법행위는 고의·과실에 의하여 법령에 위반한 행위를 말하며 과실책임주의를 원칙으로 한 결과 고의·과실의 입증책임은 피해자가 진다. 손해의 발생은 가해자인 공무원과 그 직무상의 위법행위에 가세한 자 이외의 타인에게 발생한 것이고 손해의 발생과 불법행위간에는 상당인과관계가 있어야 한다는 것이 판례의 입장이다.

라. 관련 판례

1) 국가배상법 제2조 제1항 단서 중 군인에 관련되는 부분을, 일반국민이 직무집행 중인 군인과의 공동불법행위로 직무집행 중인 다른 군인에게 공상을 입혀 그 피해자에게 공동의 불법행위로 인한 손해를 배상한 다음 공동불법행위자인 군인의 부담부분에 관하여 국가에 대하여 구상권을 행사하는 것을 허용하지 않는다고 해석한다면, 이는 위 단서 규정의 헌법상 근거규정인 헌법 제29조가 구상권의 행사를 배제하지 아니하는데도 이를 배제하는 것으로 해석하는 것으로서 합리적인 이유 없이 일반국민을 국가에 대하여 지나치게 차별하는 경우에 해당하므로 헌법 제11조, 제29조에 위반되며, 또한 국가에 대한 구상권은 헌법 제23조 제1항에 의하여 보장되는 재산권이고 위와 같은 해석은 그러한 재산권의 제한에 해당하며 재산권의 제한은 헌법 제37조 제2항에 의한 기본권제한의 한계 내에서만 가능한데, 위와 같은 해석은 헌법 제37조 제2항에 의하여 기본권을 제한할 때 요구되는 비례의 원칙에 위배하여 일반국민의 재산권을 과잉제한하는 경우에 해당하여 헌법 제23조 제1항 및 제37조 제2항에도 위반된다(헌재 1994.12.29. 93헌바21).
2) 향토예비군의 직무는 그것이 비록 개별 향토예비군대원이 상시로 수행하여야 하는 것이 아니라 법령에 의하여 동원되거나 소집된 때에 한시적으로 수행하게 되는 것이라 하더라도 그 성질상 고도의 위험성을 내포하는 공공적 성격의 직무이므로, 국가배상법 제2조 제1항 단서가 그러한 직무에 종사하는 향토예비군대원에 대하여 다른 법령의 규정에 의한 사회보장적 보상제도를 전제로 이중보상으로 인한 일반인들과의 불균형을 제거하

고 국가재정의 지출을 절감하기 위하여 임무수행 중 상해를 입거나 사망한 개별 향토예비군대원의 국가배상청구권을 금지하고 있는 데에는 그 목적의 정당성, 수단의 상당성 및 침해의 최소성, 법익의 균형성이 인정되어 기본권제한규정으로서 헌법상 요청되는 과잉금지의 원칙에 반한다고 할 수 없고, 나아가 그 자체로서 평등의 원리에 반한다거나 향토예비군대원의 재산권의 본질적인 내용을 침해하는 위헌규정이라고 할 수 없다(헌재 1996.06.13. 94헌바20).

3) 우리 헌법상의 국가배상청구권에 관한 규정은 단순한 재산권의 보장만을 의미하는 것은 아니고 국가배상청구권을 청구권적 기본권으로 보장하고 있는 것이다(헌재 1997.2.20. 96헌바24).

4) 헌법 제29조 제1항에 의하여 보장되는 국가배상청구권을 헌법 내재적으로 제한하는 헌법 제29조 제2항에 직접 근거하고, 실질적으로 그 내용을 같이하는 것이므로 헌법에 위반되지 아니한다.(헌재 2005.5.26. 2005헌바28).

Ⅵ. 참정권

1. 의의

우리 헌법은 민주정치의 실현을 위해 모든 국민이 자유롭고 평등하게 국가의사의 형성과정에 참여하고, 국가기관의 구성원으로서 공무를 담임하는 권리와 기회를 갖도록 국민의 참정권(정치적 기본권 또는 정치권)을 필수적인 것으로 인정하고 있다. 국민이 국정에 참여하는 참정권은 국민주권의 상징적 표현으로서 국민의 가장 중요한 기본적 권리의 하나이며 이것은 다른 기본권에 대하여 우월적 지위를 가진다.[179]

179 헌재 1989.9.8. 88헌가6; 헌재 2004.01.29. 2002헌마788.

국민이 국가기관의 형성과 국가의 정치적 의사형성과정에 참여하는 참정권은 국민주권의 상징적 표현으로서 국민의 가장 중요한 기본적 권리의 하나이며 다른 기본권에 대하여 우월적 지위를 가진다. 따라서 이러한 국민주권이 현실적으로 행사될 때에는 국민 개인이 가지는 불가침의 기본권으로 보장된다. 그 기본권은 대리 행사를 시킬 수 없는 국민 각자의 고유한 주관적인 권리이고, 참정권의 행사와 보장도 개인주의 사상에 기초를 두고 그 개인의 인격을 기본으로 하고 있다.

이러한 참정권은 민주주의는 피치자가 곧 치자가 되는 치자와 피치자의 자동성을 뜻하기 때문에 공무담임권을 통해 최대다수의 최대정치참여, 자치참여의 기회를 보장하여야 하는 것이며 그 제한은 어디까지나 예외적이고 필요부득이한 경우에 국한되어야 한다.[180]

2. 법적성격

참정권은 인간으로서의 권리가 아니라 국민으로서의 권리이므로 국가 내적 권리이다. 또한 참정권은 주권자로서의 일신전속적 권리이기 때문에 양도나 대리행사가 불가능한 권리이다. 이러한 참정권은 주권자인 국민의 고유한 권리이기 때문에 그것이 동시에 법적인 의무일 수는 없다.

3. 내용

참여권으로서의 참정권은 협의 내지 전통적 의미로는 선거권과 피선거권을, 광의 내지 현대적 의미로는 정치과정에 참가할 권리의 총체를 의미하는 것으로서 주권자인 국민이 정당의 설립이나 선거·공무담임·국민투표 등을 통하여 국가권력의 창설과 국가의 권력행사 과정에 적극적으로 참여함으로써 자신의 정치적 의사를 국정에 정당하게 반영할 수 있는 권리를 말한다.[181] 일반적으로 참정권은 국민이 국가의 의사형성에 직접 참여하는 직접적인 참정권과 국민이

180 헌재 1991.03.11. 90헌마28.
181 헌재 2003.11.27. 2003헌마694.

국가기관의 형성에 간접적으로 참여하거나 국가기관의 구성원으로 선임될 수 있는 권리인 간접적인 참정권으로 나눌 수 있다. 이에 따라 우리 헌법은 참정권에 관하여 간접적인 참정권으로 공무원선거권(헌법 제24조), 공무담임권(헌법 제25조)을, 직접적인 참정권으로 국민투표권(헌법 제72조, 제130조)을 규정하고 있다. 즉 우리 헌법은 법률이 정하는 바에 따른 '선거권'과 '공무담임권' 및 국가안위에 관한 중요정책과 헌법개정에 대한 '국민투표권'만을 헌법상의 참정권으로 보장하고 있다.[182]

헌법 제24조 "모든 국민은 법률이 정하는 바에 의하여 선거권을 가진다"고 규정하고 있다. 선거권이란 국민이 공무원을 선거하는 권리를 말한다. 원칙적으로 간접민주정치를 채택하고 있는 우리나라에서는 공무원선거권은 국민의 참정권 중 가장 중요한 것이다. 헌법 제25조는 "모든 국민은 법률이 바에 의하여 공무담임권을 가진다."라고 규정하여, 공무담임권은 모든 공직선거에 입후보할 수 있는 피선거권과 선거직 이외의 모든 공직에 임명될 수 있는 공직취임권을 포괄하는 개념으로서 국민 누구나 국정의 담당자가 될 수 있는 참정권을 뜻한다. 여기에는 공무원임용시험 등에 의한 공무를 담임할 권리도 포함된다. 따라서 피선거권보다는 넓게 해석하여야 할 것이다. 국민이 현실적으로 공무를 담임하기 위해서는 법률이 정하는 바에 의하여 혹은 선거에서 당선되거나 혹은 임명에 필요한 일정한 자격을 구비하거나 하여야 한다. 임명직공무원의 경우 공무원법에 그 임용의 자격과 절차가 규정되어 있다.

국민발안과 국민투표제도는 직접민주정치의 한 형태로서 간접민주정치를 교정 또는 보완하기 위한 것이다. 우리헌법에서는 일반적인 법안에 대한 국민발안이나 국민표결은 인정하지 아니하고, 대통령이 회부한 안건과 헌법개정에 대한 국민투표만을 인정하고 있다. 국민투표는 직접민주주의를 실현하기 위한 수단으로서 '사안에 대한 결정' 즉, 특정한 국가정책이나 법안을 그 대상으로 한다. 따라서 국민투표의 본질상 '대표자에 대한 신임'은 국민투표의 대상이 될 수 없으며, 우리 헌법에서 대표자의 선출과 그에 대한 신임은 단지 선거의 형태로써 이루어져야 한다.

182 헌재 2001.06.28. 2000헌마735.

4. 관련 판례

1) 공직선거및선거부정방지법 제15조 제2항 등 위헌확인 (제16조 제3항,제37조 제1항) [2004헌마644, 2007.6.28]

1. 민주주의 국가에서 국민주권과 대의제 민주주의의 실현수단으로서 선거권이 갖는 중요성으로 인해 한편으로 입법자는 선거권을 최대한 보장하는 방향으로 입법을 하여야 하며, 또 다른 한편에서 선거권을 제한하는 법률의 합헌성을 심사하는 경우에는 그 심사의 강도도 엄격하여야 한다. 선거권을 제한하는 입법은 헌법 제24조에 의해서 곧바로 정당화될 수는 없고, 헌법 제37조 제2항의 규정에 따라 국가안전보장·질서유지 또는 공공복리를 위하여 필요하고 불가피한 예외적인 경우에만 그 제한이 정당화될 수 있으며, 그 경우에도 선거권의 본질적인 내용을 침해할 수 없다. 더욱이 보통선거의 원칙은 선거권자의 능력, 재산, 사회적 지위 등의 실질적인 요소를 배제하고 성년자이면 누구라도 당연히 선거권을 갖는 것을 요구하므로 보통선거의 원칙에 반하는 선거권 제한의 입법을 하기 위해서는 헌법 제37조 제2항의 규정에 따른 한계가 한층 엄격히 지켜져야 한다.
2. 선거권의 제한은 불가피하게 요청되는 개별적·구체적 사유가 존재함이 명백할 경우에만 정당화될 수 있고, 막연하고 추상적인 위험이나 국가의 노력에 의해 극복될 수 있는 기술상의 어려움이나 장애 등을 사유로 그 제한이 정당화될 수 없다. 북한주민이나 조총련계 재일동포가 선거에 영향을 미칠 가능성, 선거의 공정성, 선거기술적 이유 등은 재외국민등록제도나 재외국민 거소신고제도, 해외에서의 선거운동방법에 대한 제한이나 투표자 신분확인제도, 정보기술의 활용 등을 통해 극복할 수 있으며, 나아가 납세나 국방의무와 선거권 간의 필연적 견련관계도 인정되지 않는다는 점 등에 비추어 볼 때, 단지 주민등록이 되어 있는지 여부에 따라 선거인명부에 오를 자격을 결정하여 그에 따라 선거권 행사 여부가 결정되도록 함으로써 엄연히 대한민국의 국민임에도 불구하고 주민등록법상 주민등록을 할 수 없는 재외국민의 선거권 행사를 전면적으로 부정하고 있는 법 제37조 제1항은 어떠한 정당한 목적도 찾기 어려우므로 헌법 제37조 제2항에 위반하여 재외국민의 선거권과 평등권을 침해하고 보통선거원칙에도 위반된다.
3. 직업이나 학문 등의 사유로 자진 출국한 자들이 선거권을 행사하려고 하면 반드시 귀국해야 하고 귀국하지 않으면 선거권 행사를 못하도록 하는 것은 헌법이 보장하는 해외체류자의 국외 거주·이전의 자유, 직업의 자유, 공무담임권, 학문의 자유 등의 기본권을 희생하도록 강요한다는 점에서 부적절하며, 가속화되고 있는 국제화시대에 해외로 이주하여 살 가능성이 높아지고 있는 상황에서, 그것이 자발적 계기에 의해 이루어졌다는 이유만으로 국민이면 누구나 향유해야 할 가장 기본적인 권리인 선거권의 행사가 부인되는 것은 타당성을 갖기 어렵다는

점에 비추어 볼 때, 선거인명부에 오를 자격이 있는 국내거주자에 대해서만 부재자신고를 허용함으로써 재외국민과 단기해외체류자 등 국외거주자 전부의 국정선거권을 부인하고 있는 법 제38조 제1항은 정당한 입법목적을 갖추지 못한 것으로 헌법 제37조 제2항에 위반하여 국외거주자의 선거권과 평등권을 침해하고 보통선거원칙에도 위반된다.

4. 국내거주 재외국민은 주민등록을 할 수 없을 뿐이지 '국민인 주민'이라는 점에서는 '주민등록이 되어 있는 국민인 주민'과 실질적으로 동일하므로 지방선거 선거권 부여에 있어 양자에 대한 차별을 정당화할 어떠한 사유도 존재하지 않으며, 또한 헌법상의 권리인 국내거주 재외국민의 선거권이 법률상의 권리에 불과한 '영주의 체류자격 취득일로부터 3년이 경과한 19세 이상의 외국인'의 지방선거 선거권에 못 미치는 부당한 결과가 초래되고 있다는 점에서, 국내거주 재외국민에 대해 그 체류기간을 불문하고 지방선거 선거권을 전면적?획일적으로 박탈하는 법 제15조 제2항 제1호, 제37조 제1항은 국내거주 재외국민의 평등권과 지방의회 의원선거권을 침해한다.

2) 2003년도 공립유치원교사특별채용 등 위헌확인 [전원재판부 2002헌마749, 2004.11.25]

헌법재판소법 제68조 제1항에 의하면 헌법소원심판은 공권력의 행사 또는 불행사로 인하여 헌법상 보장된 기본권을 침해받은 자만이 청구할 수 있으며, 여기에서 기본권을 침해받은 자라 함은 공권력의 행사 또는 불행사로 인하여 자기의 기본권이 현재 그리고 직접적으로 침해받은 자를 의미한다.

헌법 제25조는 모든 국민에게 공무담임권을 보장하고 있는바, 이는 국민이 공무담임에 관한 자의적이지 않고 평등한 기회를 보장받는 것, 즉 공직취임의 기회를 자의적으로 배제당하지 않음을 의미하는 것이지, 모든 국민이 현실적으로 국가나 공공단체의 직무를 담당할 수 있다고 하는 의미가 아니다(헌재 2002. 8. 29. 2001헌마788 등, 판례집 14-2, 219, 224 참조). 그러므로 모집인원이 적어 임용시험에 합격할 가능성이 감소하였다는 것은 단순히 간접적이고 사실적인 불이익에 불과할 뿐, 공무담임권이나 평등권에 대한 직접적인 제한에 해당한다고 볼 수는 없다(헌재 2001. 1. 18. 2000헌마149, 판례집 13-1, 178, 182 참조).

그렇다면 이 사건 시험공고 중 모집인원 부분은 청구인들의 공무담임권과 평등권을 직접 침해할 가능성이 없다고 할 것이므로 이에 관한 헌법소원은 부적법하다.

3) 국가공무원법 제36조 등 위헌확인 [2005헌마11, 2006.5.25]

공무원 시험에서 응시연령의 제한은 국민들의 공무담임권을 제한하는 것이고, 공무담임권의 행사를 연령에 따라 차별하는 것이므로, 헌법적 한계 내에서 이루어져야 한다. 그런데 입법자는 공무원시험의 연령제한에 있어서 인력수급 상황 등의 사정을 종합적으로 고려하여 결정할 수밖에 없을 것이고, 그러한 입법재량은 합리적인 범위의 것인 한 존중되어야 한다. 이 사건 조항에 의한 9급 공개경쟁채용시험의 응시연령 상한은 통상 고등학교 졸업 후 10년, 대학 졸업 후 5-6년에 해당되며, 군필자의 경우 그 상한은 복무기간을 고려하여 더 연장된다. 따라서 이 사건 조항은 고등학교 졸업 후 10년간, 대학을 졸업한 경우는 5-6년간 응시기회가 주어질 수 있는 것을 전제하고 있고, 한편 9급 시험 중에서도 특별채용의 경우에는 응시연령 상한이 40세까지 연장된다. 이러한 점을 종합하면 이 사건 조항이 응시연령 상한을 그와 같이 규정한 것이 비합리적이거나 불공정한 것이라 할 수 없고, 달리 입법자의 재량범위를 벗어난 것이라 단정할 수 없다.

4) 불기소처분취소 [전원재판부 2006헌마1105, 2007.10.4]

기록을 살펴보아도 피청구인이 고소사실에 관하여 현저히 정의와 형평에 반하는 수사를하였거나, 헌법의 해석, 법률의 적용 또는 증거판단에 있어서 불기소처분의 결정에 영향을 미친 중대한 잘못이 있었다고 보이지 아니하며, 달리 피청구인의 위 각 불기소처분이 헌법재판소가 관여할 정도의 자의적인 처분이라고 볼 자료도 없으므로 이로 말미암아 청구인 주장의 기본권이 침해되었다고 볼 수 없다.

5) 우리 헌법은 참정권의 내용으로서 모든 국민에게 법률이 정하는 바에 따라 선거권을 부여하고 있는데, 선거권이 제대로 행사되기 위하여는 후보자에 대한 정보의 자유 교환이 필연적으로 요청된다 할 것이므로, 선거운동의 자유는 선거권 행사의 전제 내지 선거권의 중요한 내용을 이룬다고 할 수 있다. 그러므로 선거운동의 제한은 선거권, 곧 참정권의 제한으로도 귀결된다(헌재 1994.07.29. 93헌가4등)

6) 대통령선거에 관한 여론조사는 그것이 공정하고 정확하게 이루어졌다 하여도 그 결과가 공표되게 되면 선거에 영향을 미쳐 국민의 진의를 왜곡하고 선거의 공정성을 저해할 우려가 있으며, 더구나 선거일에 가까워질수록 여론조사결과의 공표가 갖는 부정적 효과는 극대화되고 특히 불공정하거나 부정확한 여론조사결과가 공표될 때에는 선거의 공정성을 결정적으로 해칠 가능성이 높지만 이를 반박하고 시정할 수 있는 가능성은 점점 희박해진다고 할 것이므로, 대통령선거의 중요성에 비추어 선거의 공정을 위하여 선거일을 앞두고 어느 정도의 기간동안 선거에 관한 여론조사결과의 공표를 금지하는 것 자체는 그 금지기간이 지나치게 길지 않는 한 위헌이라고 할 수 없다(헌재 1995.07.21. 92헌마177등).

7) 헌법은 제24조에서 모든 국민은 법률이 정하는 바'에 의하여 선거권을 가진다고만 규정함으로써 선거권연령의 구분을 입법자에게 위임하고 있다. 이와 같이 선거권연령의 구분이 입법자의 몫이라 하여도, 선거권연령에 이르지 못한 국민들의

선거권이 제한되고 그들과 선거권연령 이상의 국민들 사이에 차별취급이 발생하므로, 이에 관한 입법은 국민의 기본권을 보장하여야 한다는 헌법의 기본이념과 연령에 의한 선거권제한을 인정하는 보통선거제도의 취지에 따라 합리적인 이유와 근거에 터잡아 합목적적으로 이루어져야 할 것이며, 그렇지 아니한 자의적 입법은 헌법상 허용될 수 없는 것이다. 입법자가 공직선거및선거부정방지법에서 민법상의 성년인 20세 이상으로 선거권연령을 합의한 것은 미성년자의 정신적·신체적 자율성의 불충분 외에도 교육적 측면에서 예견되는 부작용과 일상생활 여건상 독자적으로 정치적인 판단을 할 수 있는 능력에 대한 의문 등을 고려한 것이다. 선거권과 공무담임권의 연령을 어떻게 규정할 것인가는 입법자가 입법목적 달성을 위한 선택의 문제이고 입법자가 선택한 수단이 현저하게 불합리하고 불공정한 것이 아닌 한 재량에 속하는 것인바, 선거권연령을 공무담임권의 연령인 18세와 달리 20세로 규정한 것은 입법부에 주어진 합리적인 재량의 범위를 벗어난 것으로 볼 수 없다(헌재 1997.06.26. 96헌마89).

8) 공직선거법 제57조 제2항이 국회의원선거에 있어서 일정수준에 미달된 득표를 한 후보자에 대하여 그 기탁금으로부터 선거비용의 일부를 부담하게 하고 잔액에 대하여도 이를 반환하지 아니하고 국가에 귀속시키도록 규정한 것은 그와 같은 금전적 제재를 통하여 후보자의 무분별한 난립을 방지하고 나아가 당선자에게 되도록 다수표를 몰아주어 민주적 정당성을 부여하는 한편 후보자의 성실성을 담보하기 위한 것이라 할 수 있으므로 그 목적에 있어서 정당하고 합리적 이유가 있는 것이며 달리 그 기탁금의 액수가 지나치게 많다던가 기탁금 반환에 필요한 득표수를 지나치게 높게 책정하였다고 볼만한 사정도 없으므로 이를 들어 사유재산권에 대한 본질적 침해라거나 헌법상 평등원칙에 위배되는 것이라 볼 수 없다(헌재 1997.5.29. 96헌마143).

9) 우리 헌법은 법률이 정하는 바에 따른 '선거권'과 '공무담임권' 및 국가안위에 관한 중요정책과 헌법개정에 대한 '국민투표권'만을 헌법상의 참정권으로 보장하고 있으므로, 지방자치법 제13조의2에서 규정한 주민투표권은 그 성질상 선거권, 공무담임권, 국민투표권과 전혀 다른 것이어서 이를 법률이 보장하는 참정권이라고 할 수 있을지언정 헌법이 보장하는 참정권이라고 할 수는 없다(헌재 2001.06.28. 2000헌마735; 헌재 2005.10.04. 2005헌마848).

10) 대통령이 자신에 대한 재신임을 국민투표의 형태로 묻고자 하는 것은 헌법 제72조에 의하여 부여받은 국민투표부의권을 위헌적으로행사하는 경우에 해당하는 것으로, 국민투표제도를 자신의 정치적 입지를 강화하기 위한 정치적 도구로 남용해서는 안 된다는 헌법적 의무를 위반한 것이다(헌재 2004.05.14. 2004헌나1).

11) 우리 헌법은 간접적인 참정권으로 선거권(헌법 제24조), 공무담임권(헌법 제25조)을, 직접적인 참정권으로 국민투표권(헌법 제72조, 제130조)을 규정하고 있

을 뿐 주민투표권을 기본권으로 규정한 바가 없고 제117조, 제118조에서 제도적으로 보장하고 있는 지방자치단체의 자치의 내용도 자치단체의 설치와 존속 그리고 그 자치기능 및 자치사무로서 지방자치단체의 자치권의 본질적 사항에 관한 것이므로 주민투표권을 헌법상 보장되는 기본권이라고 하거나 헌법 제37조 제1항의 "헌법에 열거되지 아니한 권리"의 하나로 보기 어렵다. 지방자치법이 주민에게 주민투표권(제13조의2), 조례의 제정 및 개폐청구권(제13조의3), 감사청구권(제13조의4) 등을 부여함으로써 주민이 지방자치사무에 직접 참여할 수 있는 길을 일부 열어 놓고 있지만 이러한 제도는 어디까지나 입법에 의하여 채택된 것일 뿐 헌법에 의하여 보장되고 있는 것은 아니므로 주민투표권은 법률이 보장하는 권리일 뿐 헌법이 보장하는 기본권 또는 헌법상 제도적으로 보장되는 주관적 공권으로 볼 수 없다(헌재 2005.12.22. 2004헌마530).

기본권의 보장

기본권은 대국가적 효력에 의하여 입법권·집행권·사법권·헌법재판권 등의 국가권력을 기속하며, 대사인적 효력을 가지는 기본권의 경우에는 사적인 단체나 언론기관 등에 대하여도 기속력을 가지게 된다. 따라서 기본권의 보장이 사적관계에 의하여 이루어질 수도 있겠으나, 국가권력을 행사하는 국가기관에 의하여 이루어지는 경우가 보편적이라 할 수 있다. 입법권·집행권·사법권·헌법재판과 기본권 보장에 관하여 살펴본다.

Ⅰ. 국가에 의한 기본권의 보장

1. 입법권에 의한 기본권의 보장

가. 절차법제정에 의한 기본권의 보장

헌법상 보장된 기본권 중에는 입법기관이 그 구체적인 절차법을 제정하지 않고는 보장될 수 없는 성질의 것이 있다. 범죄피해자의 구조청구권이나 형사보상청구권, 손실보상청구권 등의 기본권은 입법기관의 절차법제정에 의해서 비로소 그 내용이 보장되어 진다.

나. 청원처리에 의한 기본권의 보장

입법기관은 그에게 제출되는 청원의 처리를 통해서도 기본권을 보호할 수 있다. 즉 국민은 누구나 국가기관에 문서로 청원할 권리를 가지고 국가기관은 청원에 대하여 심사할 의무를 지기 때문에 국민이 기본권과 관련된 사항에 대해서도 국회에 청원할 수 있는 것은 물론이다. 이때 국회는 청원내용이 재판에 간섭하거나 국가기관을 모독하는 내용이 아닌 한 이를 접수하고 그 청원서를 소관위원회에 회부하여 심사케 한다. 소관위원회의 심사결과에 따라 청원은 본회의에 부의될 수도 있고 또 정부에서 처리함이 타당하다고 인정되는 청원은 의견서를 첨부하여 정부에 이송할 수도 있다. 이때 정부는 그 청원의 처리결과를 지체 없이 국회에 보고하여야 한다. 물론 국회의 청원의 처리가 기본권의 보장을 위해서 매우 큰 비중을 차지하는 것은 아니라 하더라도 다른 국가기관에 의한 기본권의 침해사례를 국회의 청원사항으로 다루고 있다는 사실만으로도 경우에 따라서는 간접적인 기본권보장의 효과가 생길 수도 있다.

2. 집행권에 의한 기본권의 보장

가. 대통령에 의한 기본권의 보장

대통령은 법률안공포권을 가지는데 이 공포권은 물론 국무회의의 심의와 국무총리 및 관계국무위원의 부서를 요하는 행위이지만, 대통령은 그의 법률안공포권과 관련해서 법률안에 대한 실질적인 심사권을 가진다.

대통령은 국회의 동의를 얻어 국무총리, 대법원장, 헌법재판소장, 대법관 및 감사원장을 임명하고, 국무총리의 제청에 의해서 국무위원을, 국회의 선출과 대법원장의 지명에 의해서 헌법재판소 재판관을, 감사원장의 제청으로 감사위원을 임명하는 외에 헌법과 법률이 정하는 바에 의하여 기타의 공무원을 임면한다. 이 같은 대통령의 공무원임면권은 기본권보장의 시각에서도 전혀 무의미하지 않다. 왜냐하면, 대통령의 공무원임면권은 마땅히 그 해임권을 내포하고 또 인사에 관한 실질적 심사권을 함께 내포하는 것이라고 보아야하기 때문에 공무원의 기본권을 침해하는 위법적인 임명건의 또는 해임건의에 대해서는 이를 거부함으로써 해당 공무원의 기본권을 보장할 수 있기 때문이다.

대통령은 법률이 정하는 바에 의해서 사면·감형·복권을 명할 수 있는데 사면권의 본질상 사면 여부와 그 범위의 결정이 사면권자의 재량에 달려 있는 문제이긴 하지만 사법권에 의해서 야기될 수 있는 기본권의 침해에 대한 중요한 기본권보장의 수단이다.

대통령이 행상하는 국가긴급권은 기본권보호를 위한 기본권제한의 의미를 갖는다. 또한 대통령은 행정부의 수반일 뿐 아니라 국가원수로서의 지위를 가지기 때문에 다른 국가기관에 의한 기본권침해를 지적하고 그 시정을 요구함으로써도 국민의 기본권을 보장할 수 있다.

나. 국무총리와 국무위원에 의한 기본권의 보장

국무총리와 국무위원은 행정부의 권한에 속하는 중요한 정책을 심의하는 국무회의의 구성원으로서 광범위한 국정의 심의에 임하게 된다. 그 뿐만 아니라 국무총리와 국무위원은 대통령의 국정행정에 대한 부서권을 가진다. 우리헌법상 국무총리와 국무위원의 임면권을 태통령이 가지고, 국무회의가 의결기관이 아니고 국정에 관하여 대통령을 보좌하는 단순한 심의기관에 불과한 까닭에 국무총리와 국무위원의 독자적인 기본권 보장기능에는 일정한 한계가 있는 것이 사실이다. 하지만 국무총리와 국무위원은 국정을 심의하는 데 있어서 국민의 기본권을 보장해야 할 헌법상의 의무를 지고 있기 때문에 국민의 기본권을 침해하는 일을 스스로 하지 말아야 할 것은 물론이고 그들이 가지는 부서권을 통해서 기본권을 침해하는 국정행위에 부서하는 것을 거부함으로써 국민의 기본권을 보장할 수 있다.

3. 사법권에 의한 기본권의 보장

법률이 헌법에 위반되는 여부가 재판의 전제가 되는 때에는 법원은 헌법재판소에 그 위헌결정을 제청함으로써 위헌법률에 의한 기본권의 침해로부터 기본권을 보장할 수 있다.

명령·규칙이 헌법이나 법률에 위반되는 여부가 재판의 전제가 된 때에는 법원은 그 명령·규칙의 적용을 거부함으로써 헌법과 법률에 어긋나는 명령·규칙으로부터 기본권을 보장할 수 있다.

행정법상의 법률관계에 관한 분쟁을 다루는 행정소송이 집행권에 의한 기본권침해로부터 기본권을 보장하는데 매우 중요한 의미가 있고, 형사재판에 의해서 위법부당한 인권침해로부터 기본권을 보장하게 된다.

4. 헌법재판에 의한 기본권의 보장

가. 헌법재판에 의한 간접적인 기본권의 보장

대통령, 국무총리, 국무위원, 행정각부의 장, 헌법재판소재판관, 법관, 중앙선거관리위원회위원, 감사원장, 감사위원 기타 법률이 정한 공무원이 그 직무집행에 있어서 헌법이나 법률을 어기고 기본권을 침해한 경우에 이들을 탄핵심판함으로써 공직으로부터 파면시키는 것은 간접적인 기본권보장의 효과가 있다. 우리나라는 헌법재판소가 탄핵심판권을 가진다. 헌법기관 상호간의 헌법상의 권한다툼을 조정하기 위한 권한쟁의제도도 간접적인 기본권보장의 의미가 있다.

정당의 목적이나 활동이 민주적 기본질서에 위배되는 경우에 그 정당을 헌법재판에 의해서 해산시킴으로써 정당의 형식으로 조직된 헌법의 적으로부터 헌법을 보호하기 위한 투쟁적 민주주의의 수단이 위헌정당해산제도인데 이 제도 역시 간접적인 기본권보장의 수단이다. 민주적 기본질서에는 헌법에 구체적으로 보장된 기본권의 존중이 포함되는 것이기 때문에 민주적 기본질서를 부인하고 전제적인 정치체제를 추구하는 위헌정당을 헌법재판에 의해서 해산시키는 것은 기본권을 존중할 의사가 없는 위헌정당으로부터 헌법질서를 보호하는 것에 그치지 않고 국민 개개인의 기본권을 간접적으로 보장하는 의미도 가진다.

헌법적 가치질서를 파괴할 목적으로 기본권을 악용하는 구체적인 경우에 헌법재판에 의해서 특정인의 특정한 기본권을 일정기간 실효시킴으로써 헌법의

적으로부터 헌법질서를 보호하기 위한 기본권의 실효제도도 민주적 기본권 보장의 한 수단이다.

나. 헌법재판에 의한 직접적인 기본권의 보장

위헌법률에 의한 기본권의 침해로부터 가장 직접적으로 기본권을 보장할 수 있는 방법이 바로 구체적 규범통제이다. 즉 법률이 헌법에 위반되는 여부가 재판의 전제가 된 경우에는 법원은 그 법률의 위헌여부를 심사하고 위헌법률의 적용을 거부함으로써 위헌법률에 의한 기본권의 침해로부터 기본권을 직접적으로 보장하게 된다.

법률의 합헌성에 대한 의문이 제기되거나 다툼이 생긴 경우에 정부 또는 국회 소수당의 신청에 의해서 헌법재판기관이 법률의 위헌여부를 심사하고 위헌이라고 판단되는 경우에는 그 법률의 효력을 일반적으로 상실시킴으로써 위헌법률에 의한 기본권의 침해로부터 기본권을 직접 보장하는 제도이다.

입법권·집행권·사법권 등 공권력의 과잉행상에 의해서 자신의 기본권이 직접 그리고 현실적으로 침해되었었다고 주장하는 국민이 헌법재판기관에 직접 기본권의 보호와 구제를 청구함으로써 헌법재판에 의해서 직접 기본권의 보장을 받는 제도이다.

II. 국가의 기본권 침해에 대한 구제

1. 입법권에 의한 침해의 경우

가. 법률의 합헌성추정

국가기관이 국가작용을 할 때 원칙적으로 헌법을 존중하리라는 일반적인 추정을 할 수 있고 입법기관에서 제정된 법률은 원칙적으로 '합헌성의 추정'을 받기 마련이다. 헌법재판에 있어서 법률의 합헌성 추정의 원칙은 되도록 존중되어야 한다. 법률규정에 다소 위헌의 문제가 있어도 헌법합치적 해석으로 수습이 가능하면 시도해 보고 그것이 불가능한 경우에만 그 규정에 대해 위헌선언을 하여야 하는 것이 기본원칙이다.[183] 헌법상의 기본권보장 조항을 규제하는 입법에 대하여는 합헌성 추정의 범위를 좁고 엄격하게 보아야 하나 경제관계 법률은 기본권침해의 법률보다 합헌성 추정의 원칙을 더 넓게 받아들여야 한다.[184]

나. 입법권자의 형성의 자유

입법권자의 형성의 자유는 입법권자가 어떤 사항을 법률로 규율하려고 할 때 여러 가지의 법적인 규율가능성 중에서 그에게 가장 합목적적이라고 느껴지는 입법의 방법을 선택할 수 있는 자유 또는 재량의 여지를 말한다. 입법권자의 형성의 자유는 그 입법의 영역에 따라 다소 차이가 있을 수 있다고 보여지는데, 급부작용의 분야에서는 침해작용의 분야에서 보다 더 넓은 형성의 자유를 가진다는 것이 통설이다.

다. 입법권자의 부작위

입법권에 대한 기본권의 보호와 관련해서 가장 어려운 문제가 바로 입법권자의 부작위에 의한 기본권의 침해이다. 일반적으로 부작위에 의한 권리침해가 인정되기 위해서는 다른 법률영역에서와 마찬가지로 공법영역에서도 '작위의 법적인 의무'가 존재해야 한다. 따라서 입법권자의 부작위에 의한 기본권의 침해가 인정될 수 있기 위해서는 무엇보다도 '입법의무의 내용과 범위를 분명히 정한 법률제정의 명백한 헌법상의 수권위임'이 입증되어야 한다. 입법부작위에 의한 기본권침해의 유형으로는 입법권자가 입법 당시에 내린 예상이 현저하게 빗나갔거나 입법 후의 여러 가지 사정이 입법 당시와는 많이 달라져서 처음에는 생각할 수 없었던 기본권침해가 현실적으로 나타나는데도 불구하고 입법권자가 그 법률을 고치지 않고 그대로 방치함으로써 법률에 의한 기본권침해를 방관하는 경우이다. 처음부터 불완전한 입법을 함으로써 기본권을 침

183 헌재 1992.02.25. 90헌가69등.
184 헌재 1990.06.25. 89헌가98등

해하는 경우와 입법권자가 처음부터 입법에 관한 헌법상의 수권위임을 무시함으로써 기본권을 침해하는 경우가 있다.

2. 집행권에 의한 기본권 침해의 경우

대통령을 수반으로 하는 정부가 그 집행 작용을 함에 있어서 기본권을 침해하는 경우에는 그 침해의 유형에 따라 다음과 같이 기본권을 보호할 수 있다.

대통령, 국무총리, 국무위원, 행정각부의 장, 중앙선거관리위원회위원, 감사원장, 감사위원 기타 법률에 정한 행정고위 공무원이 그 직무집행에 있어서 헌법이나 법률을 어기고 기본권을 침해한 경우에는 국회가 탄핵의 소추를 의결하고 헌법재판소가 탄핵의 결정을 할 때까지 적어도 그 권한행사를 정지시킴으로써 기본권을 보장할 수 있다.

공무원의 직무상 불법행위로 기본권의 침해를 받고 정신상·재산상의 손해를 받은 국민은 국가 또는 공공단체에 정당한 배상을 청구함으로써 기본권의 보장을 받을 수 있다.

국가의 집행권에 의해서 위법하게 인신권의 침해를 받은 국민은 헌법이 보장하는 여러 가지 사법절차적 기본권을 행사함으로써 생명권과 신체의 자유의 보장을 받을 수 있다.

위법한 행정행위로 인하여 기본권의 침해를 받은 국민은 행정소송을 제기함으로써 기본권을 보장받을 수 있는데, 우리나라는 사법국가형제도를 취하여 일반법원으로 하여금 행정소송을 재판케 하고 있다. 그러나 행정재판의 전심절차로서 행정심판을 할 수 있도록 했지만 행정심판에서도 사법절차가 준용되도록 함으로써 행정심판절차에서도 기본권보호의 실효를 거두도록 노력하고 있다. 행정심판법상 행정심판·고지제도 등이 그것이다.

대통령, 국무총리, 행정각부의 장, 지방자치단체 등 헌법상 명령·규칙을 제정할 수 있는 집행기관이 헌법과 법률에 위반되는 명령·규칙을 제정함으로써 국민의 기본권을 보장할 수 있다. 다만, 명령·규칙의 위헌심사는 명령·규칙을 적용해야 하는 구체적인 재판사건을 전제로 해서만 가능하기 때문에 그 명령·

규칙의 효력을 일반적으로 상실시킬 수는 없다.

3. 사법권에 의한 기본권 침해의 경우

사법기능의 특질 상 사법권에 의한 기본권의 침해는 사법기관의 조직과 절차에 의해서 대개의 경우 방지되는 것이 원칙이지만, 예외적으로 사실판단과 법률적용을 잘못함으로 인해서 기본권침해의 사례가 발생할 수도 있다.

법원에서 사실판단과 법률적용을 잘못함으로 인해서 발생하는 기본권의 침해에 대해서는 상급법원에 상소하거나 재심청구를 함으로써 기본권의 보장을 받을 수 있다.

죄가 없는데도 법원의 잘못으로 유죄로 확정되어 복역함으로써 인신권의 침해를 받은 국민은 나중에 재심청구 등을 통해서 무죄판결을 받을 수 있다. 이 경우에는 국가에 형사보상을 청구함으로써 기본권의 보장을 받을 수 있다.

대통령은 사면·감형·복권을 명함으로써 사법권에 의하여 야기될 수도 있는 기본권 침해에 대하여 최후적 수호자로서의 기능을 가진다.

법관이 그 직무집행에 있어서 헌법이나 법률을 어기고 기본권을 침해한 경우에는 국회는 탄핵소추를 의결하고 헌법재판소에 의한 탄핵결정이 있을 때까지 그 권한행사를 정지시킴으로써 기본권의 보장을 받을 수 있다.

독일의 경우에는 법원의 재판에 의한 기본권 침해는 헌법소원을 통하여 구제하고 있다.

4. 헌법재판에 의한 기본권 침해의 경우

기본권보호를 그 제도의 당위적인 존재의의로 하는 헌법재판이 오히려 기본권을 침해하는 비정상적인 상황이 발생하는 경우에는 헌법재판소에 의한 재심이 가능하여야 할 것이며, 기본권을 보장하기 위한 최후의 수단으로는 저항권의 행사도 고려할 수 있을 것이다.

부 록

[부 록] 1987년 헌법(제9차 개정헌법 ; 1987. 10. 29)

大韓民國憲法

悠久한 歷史와 傳統에 빛나는 우리 大韓國民은 3·1運動으로 建立된 大韓民國 臨時政府의 法統과 不義에 抗拒한 4·19民主理念을 계승하고, 祖國의 民主改革과 平和的 統一의 使命에 입각하여 正義·人道와 同胞愛로써 民族의 團結을 공고히 하고, 모든 社會的 弊習과 不義를 타파하며, 自律과 調和를 바탕으로 自由民主的 基本秩序를 더욱 확고히 하여 政治·經濟·社會·文化의 모든 領域 에 있어서 各人의 機會를 균등히 하고, 能力을 最高度로 발휘하게 하며, 自由와 權利에 따르는 責任과 義務를 완수하게 하여, 안으로는 國民生活의 균등한 향상을 기하고 밖으로는 항구적인 世界平和와 人類共榮에 이바지함으로써 우리들과 우리들의 子孫의 安全과 自由와 幸福을 영원히 확보할 것을 다짐하면서 1948年 7月 12日에 制定되고 8次에 걸쳐 改正된 憲法을 이제 國會의 議決을 거쳐 國民投票에 의하여 改正한다.

1987年 10月 29日

第1章 總 綱

第1條 ① 大韓民國은 民主共和國이다.

② 大韓民國의 主權은 國民에게 있고, 모든 權力은 國民으로부터 나온다.

第2條 ① 大韓民國의 國民이 되는 요건은 法律로 정한다.

② 國家는 法律이 정하는 바에 의하여 在外國民을 보호할 義務를 진다.

第3條 大韓民國의 領土는 韓半島와 그 附屬島嶼로 한다.

第4條 大韓民國은 統一을 指向하며, 自由民主的 基本秩序에 입각한 平和的 統一政策을 수립하고 이를 추진한다.

第5條 ① 大韓民國은 國際平和의 유지에 노력하고 侵略的 戰爭을 否認한다.

② 國軍은 國家의 安全保障과 國土防衛의 神聖한 義務를 수행함을 使命으로 하며, 그 政治的 中立性은 준수된다.

第6條 ① 憲法에 의하여 체결·公布된 條約과 一般的으로 승인된 國際法規는 國內法과 같은 效力을 가진다.

② 外國人은 國際法과 條約이 정하는 바에 의하여 그 地位가 보장된다.

第7條 ① 公務員은 國民全體에 대한 奉仕者이며, 國民에 대하여 責任을 진다.

② 公務員의 身分과 政治的 中立性은 法律이 정하는 바에 의하여 보장된다.

第8條 ① 政黨의 設立은 自由이며, 複數政黨制는 보장된다.

② 政黨은 그 目的·組織과 活動이 民主的이어야 하며, 國民의 政治的 意思形成에

참여하는데 필요한 組織을 가져야 한다.

③ 政黨은 法律이 정하는 바에 의하여 國家의 보호를 받으며, 國家는 法律이 정하는 바에 의하여 政黨運營에 필요한 資金을 補助할 수 있다.

④ 政黨의 目的이나 活動이 民主的 基本秩序에 違背될 때에는 政府는 憲法裁判所에 그 解散을 提訴할 수 있고, 政黨은 憲法裁判所의 審判에 의하여 解散된다.

第9條 國家는 傳統文化의 계승·발전과 民族文化의 暢達에 노력하여야 한다.

第2章　國民의 權利와 義務

第10條 모든 國民은 人間으로서의 尊嚴과 價値를 가지며, 幸福을 追求할 權 利를 가진다. 國家는 개인이 가지는 不可侵의 基本的 人權을 확인하 고 이를 보장할 義務를 진다.

第11條 ① 모든 國民은 法 앞에 平等하다. 누구든지 性別·宗敎 또는 社會的 身分에 의하여 政治的·經濟的·社會的·文化的 生活의 모든 領域에 있어서 차별을 받지아니한다.

② 社會的 特殊階級의 制度는 인정되지 아니하며, 어떠한 形態로도 이를 創設할 수 없다.

③ 勳章등의 榮典은 이를 받은 者에게만 效力이 있고, 어떠한 特權도 이에 따르지 아니한다.

第12條 ① 모든 國民은 身體의 自由를 가진다. 누구든지 法律에 의하지 아니하고는 逮捕·拘束·押收·搜索 또는 審問을 받지 아니하며, 法律 과 適法한 節次에 의하지 아니하고는 處罰·保安處分 또는 強制勞役을 받지 아니한다.

② 모든 國民은 拷問을 받지 아니하며, 刑事上 자기에게 不利한 陳述을 强要당하지 아니한다.

③ 逮捕·拘束·押收 또는 搜索을 할 때에는 適法한 節次에 따라 檢事의 申請에 의하여 法官이 발부한 令狀을 제시하여야 한다. 다만, 現行犯人인 경우와 長期 3年 이상의 刑에 해당하는 罪를 범하고 逃避 또는 證據湮滅의 염려가 있을 때에는 事後에 令狀을 請求할 수 있다.

④ 누구든지 逮捕 또는 拘束을 당한 때에는 즉시 辯護人의 助力을 받을 權利를 가진다.

다만, 刑事被告人이 스스로 辯護人을 구할 수 없을 때에는 法律이 정하는 바에 의하여 國家가 辯護人을 붙인다.

⑤ 누구든지 逮捕 또는 拘束의 이유와 辯護人의 助力을 받을 權利가 있음을 告知받지 아니하고는 逮捕 또는 拘束을 당하지 아니한다. 逮捕 또는 拘束을 당한 者의 家族등 法律이 정하는 者에게는 그 이유와 日時·場所가 지체없이 통지되어야 한다.

⑥ 누구든지 逮捕 또는 拘束을 당한 때에는 適否의 審査를 法院에 請求할 權利를 가진다.

⑦ 被告人의 自白이 拷問·暴行·脅迫·拘束의 부당한 長期化 또는 欺罔 기타의 방법에 의하여 自意로 陳述된 것이 아니라고 인정될 때 또는 正式裁判에 있어서 被告人의 自白이 그에게 不利한 유일한 증거일 때에는 이를 有罪의 증거로 삼거나 이를 이유로 處罰할 수 없다.

第13條 ① 모든 國民은 行爲時의 法律에 의하여 犯罪를 구성하지 아니하는 행위

로 訴追되지 아니하며, 동일한 犯罪에 대하여 거듭 處罰받지 아니한다.

② 모든 國民은 遡及立法에 의하여 參政權의 제한을 받거나 財産權을 剝奪당하지 아니한다.

③ 모든 國民은 자기의 행위가 아닌 親族의 행위로 인하여 불이익한 處遇를 받지 아니한다.

第14條 모든 國民은 居住·移轉의 自由를 가진다.

第15條 모든 國民은 職業選擇의 自由를 가진다.

第16條 모든 國民은 住居의 自由를 침해받지 아니한다. 住居에 대한 押收나 搜索을 할 때에는 檢事의 申請에 의하여 法官이 발부한 令狀을 제시하여야 한다.

第17條 모든 國民은 私生活의 秘密과 自由를 침해받지 아니한다.

第18條 모든 國民은 通信의 秘密을 침해받지 아니한다.

第19條 모든 國民은 良心의 自由를 가진다.

第20條 ① 모든 國民은 宗敎의 自由를 가진다.

② 國敎는 인정되지 아니하며, 宗敎와 政治는 分離된다.

第21條 ① 모든 國民은 言論·出版의 自由와 集會·結社의 自由를 가진다.

② 言論·出版에 대한 許可나 檢閱과 集會·結社에 대한 許可는 인정되지 아니한다.

③ 通信·放送의 施設基準과 新聞의 機能을 보장하기 위하여 필요한 사항은 法律로 정한다.

④ 言論·出版은 他人의 名譽나 權利 또는 公衆道德이나 社會倫理를 침해하여서는 아니된다. 言論·出版이 他人의 名譽나 權利를 침해한 때에는 被害者는 이에 대한 被害의 賠償을 請求할 수 있다.

第22條 ① 모든 國民은 學問과 藝術의 自由를 가진다.

② 著作者·發明家·科學技術者와 藝術家의 權利는 法律로써 보호한다.

第23條 ① 모든 國民의 財産權은 보장된다. 그 내용과 限界는 法律로 정한다.

② 財産權의 행사는 公共福利에 적합하도록 하여야 한다.

③ 公共必要에 의한 財産權의 收用·사용 또는 제한 및 그에 대한 補償은 法律로써 하되, 정당한 補償을 支給하여야 한다.

第24條 모든 國民은 法律이 정하는 바에 의하여 選擧權을 가진다.

第25條 모든 國民은 法律이 정하는 바에 의하여 公務擔任權을 가진다.

第26條 ① 모든 國民은 法律이 정하는 바에 의하여 國家機關에 文書로 請願할 權利를 가진다.

② 國家는 請願에 대하여 審査할 義務를 진다.

第27條 ① 모든 國民은 憲法과 法律이 정한 法官에 의하여 法律에 의한 裁判을 받을 權利를 가진다.

② 軍人 또는 軍務員이 아닌 國民은 大韓民國의 領域 안에서는 중대한 軍事上 機密·哨兵·哨所·有毒飮食物供給·捕虜·軍用物에 관한 罪중 法律이 정한 경우와 非常戒嚴이 宣布된 경우를 제외하고는 軍事法院의 裁判을 받지 아니한다.

③ 모든 國民은 신속한 裁判을 받을 權利를 가진다. 刑事被告人은 상당한 이유가 없는 한 지체없이 公開裁判을 받을 權利를 가진다.

④ 刑事被告人은 有罪의 判決이 확정될 때까지는 無罪로 推定된다.

⑤ 刑事被害者는 法律이 정하는 바에 의하여 당해 事件의 裁判節次에서 陳述할 수 있다.

第28條 刑事被疑者 또는 刑事被告人으로서 拘禁되었던 者가 法律이 정하는 不起訴處分을 받거나 無罪判決을 받은 때에는 法律이 정하는 바에 의하여 國家에 정당한 補償을 請求할 수 있다.

第29條 ① 公務員의 職務上 不法行爲로 損害를 받은 國民은 法律이 정하는 바에 의하여 國家 또는 公共團體에 정당한 賠償을 請求할 수 있다. 이 경우 公務員 자신의 責任은 免除되지 아니한다.

② 軍人·軍務員·警察公務員 기타 法律이 정하는 者가 戰鬪·訓練 등 職務執行과 관련하여 받은 損害에 대하여는 法律이 정하는 報償 외에 國家 또는 公共團體에 公務員의 職務上 不法行爲로 인한 賠償은 請求할 수 없다.

第30條 他人의 犯罪行爲로 인하여 生命·身體에 대한 被害를 받은 國民은 法律이 정하는 바에 의하여 國家로부터 救助를 받을 수 있다.

第31條 ① 모든 國民은 能力에 따라 균등하게 敎育을 받을 權利를 가진다.

② 모든 國民은 그 보호하는 子女에게 적어도 初等敎育과 法律이 정하는 敎育을 받게 할 義務를 진다.

③ 義務敎育은 無償으로 한다.

④ 敎育의 自主性·專門性·政治的 中立性 및 大學의 自律性은 法律이 정하는 바에 의하여 보장된다.

⑤ 國家는 平生敎育을 振興하여야 한다.

⑥ 學校敎育 및 平生敎育을 포함한 敎育制度와 그 운영, 敎育財政 및 敎員의 地位에 관한 基本的인 사항은 法律로 정한다.

第32條 ① 모든 國民은 勤勞의 權利를 가진다. 國家는 社會的·經濟的 방법으로 勤勞者의 雇傭의 增進과 適正賃金의 보장에 노력하여야 하며, 法律이 정하는 바에 의하여 最低賃金制를 施行하여야 한다.

② 모든 國民은 勤勞의 義務를 진다. 國家는 勤勞의 義務의 내용과 조건을 民主主義原則에 따라 法律로 정한다.

③ 勤勞條件의 基準은 人間의 尊嚴性을 보장하도록 法律로 정한다.

④ 女子의 勤勞는 특별한 보호를 받으며, 雇傭·賃金 및 勤勞條件에 있어서 부당한 차별을 받지 아니한다.

⑤ 年少者의 勤勞는 특별한 보호를 받는다.

⑥ 國家有功者·傷痍軍警 및 戰歿軍警의 遺家族은 法律이 정하는 바에 의하여 優先的으로 勤勞의 機會를 부여받는다.

第33條 ① 勤勞者는 勤勞條件의 향상을 위하여 自主的인 團結權·團體交涉權 및 團體行動權을 가진다.

② 公務員인 勤勞者는 法律이 정하는 者에 한하여 團結權·團體交涉權 및 團體行動權을 가진다.

③ 法律이 정하는 主要防衛産業體에 종사하는 勤勞者의 團體行動權은 法律이 정하는 바에 의하여 이를 제한하거나 인정하지 아니할 수 있다.

第34條 ① 모든 國民은 人間다운 生活을 할 權利를 가진다.

② 國家는 社會保障·社會福祉의 增進에 노력할 義務를 진다.

③ 國家는 女子의 福祉와 權益의 향상을 위하여 노력하여야 한다.

④ 國家는 老人과 青少年의 福祉向上을 위한 政策을 실시할 義務를 진다.

⑤ 身體障碍者 및 疾病·老齡 기타의 사유로 生活能力이 없는 國民은 法律이 정하는 바에 의하여 國家의 보호를 받는다.

⑥ 國家는 災害를 豫防하고 그 위험으로부터 國民을 보호하기 위하여 노력하여야 한다.

第35條 ① 모든 國民은 건강하고 快適한 環境에서 生活할 權利를 가지며, 國家와 國民은 環境保全을 위하여 노력하여야 한다.

② 環境權의 내용과 행사에 관하여는 法律로 정한다.

③ 國家는 住宅開發政策등을 통하여 모든 國民이 快適한 住居生活을 할 수 있도록 노력하여야 한다.

第36條 ① 婚姻과 家族生活은 개인의 尊嚴과 兩性의 平等을 기초로 成立되고 유지되어야 하며, 國家는 이를 보장한다.

② 國家는 母性의 보호를 위하여 노력하여야 한다.

③ 모든 國民은 保健에 관하여 國家의 보호를 받는다.

第37條 ① 國民의 自由와 權利는 憲法에 열거되지 아니한 이유로 輕視되지 아니한다.

② 國民의 모든 自由와 權利는 國家安全保障·秩序維持 또는 公共福利를 위하여 필요한 경우에 한하여 法律로써 제한할 수 있으며, 제한하는 경우에도 自由와 權利의 本質的인 내용을 침해할 수 없다.

第38條 모든 國民은 法律이 정하는 바에 의하여 納稅의 義務를 진다.

第39條 ① 모든 國民은 法律이 정하는 바에 의하여 國防의 義務를 진다.

② 누구든지 兵役義務의 이행으로 인하여 불이익한 處遇를 받지 아니한다.

第3章 國 會

第40條 立法權은 國會에 속한다.

第41條 ① 國會는 國民의 普通·平等·直接·秘密選擧에 의하여 選出된 國會議員으로 구성한다.

② 國會議員의 數는 法律로 정하되, 200人이상으로 한다.

③ 國會議員의 選擧區와 比例代表制 기타 選擧에 관한 사항은 法律로 정한다.

第42條 國會議員의 任期는 4年으로 한다.

第43條 國會議員은 法律이 정하는 職을 겸할 수 없다.

第44條 ① 國會議員은 現行犯人인 경우를 제외하고는 會期중 國會의 同意없이 逮捕 또는 拘禁되지 아니한다.

② 國會議員이 會期전에 逮捕 또는 拘禁된 때에는 現行犯人이 아닌 한 國會의 요구가 있으면 會期중 釋放된다.

第45條 國會議員은 國會에서 職務上 행한 發言과 表決에 관하여 國會외에서 責任을 지지 아니한다.

第46條 ① 國會議員은 淸廉의 義務가 있다.

② 國會議員은 國家利益을 우선하여 良心에 따라 職務를 행한다.

③ 國會議員은 그 地位를 濫用하여 國家·公共團體 또는 企業體와의 契約이나 그 處分에 의하여 財産上의 權利·이익 또는 職位를 취득하거나 他人을 위하여 그 취득을 알선할 수 없다.

第47條 ① 國會의 定期會는 法律이 정하는 바에 의하여 매년 1回 集會되며, 國會의 臨時會는 大統領 또는 國會在籍議員 4分의 1이상의 요구에 의하여 集會된다.

② 定期會의 會期는 100日을, 臨時會의 會期는 30日을 초과할 수 없다

③ 大統領이 臨時會의 集會를 요구할 때에는 期間과 集會要求의 이유를 명시하여야 한다.

第48條 國會는 議長 1人과 副議長 2人을 選出한다.

第49條 國會는 憲法 또는 法律에 특별한 規定이 없는 한 在籍議員 過半數의 출석과 出席議員 過半數의 贊成으로 議決한다. 可否同數인 때에는 否決된 것으로 본다.

第50條 ① 國會의 會議는 公開한다. 다만, 出席議員 過半數의 贊成이 있거나 議長이 國家의 安全保障을 위하여 필요하다고 인정할 때에는 公開하지 아니할 수 있다.

② 公開하지 아니한 會議內容의 公表에 관하여는 法律이 정하는 바에 의한다.

第51條 國會에 제출된 法律案 기타의 議案은 會期중에 議決되지 못한 이유로 폐기되지 아니한다. 다만, 國會議員의 任期가 만료된 때에는 그러하지 아니하다.

第52條 國會議員과 政府는 法律案을 제출할 수 있다.

第53條 ① 國會에서 議決된 法律案은 政府에 移送되어 15日이내에 大統領이 公布한다.

② 法律案에 異議가 있을 때에는 大統領은 第1項의 期間내에 異議書를 붙여 國會로 還付하고, 그 再議를 요구할 수 있다. 國會의 閉會중에도 또한 같다.

③ 大統領은 法律案의 일부에 대하여 또는 法律案을 修正하여 再議를 요구할 수 없다.

④ 再議의 요구가 있을 때에는 國會는 再議에 붙이고, 在籍議員過半數의 출석과 出席議員 3分의 2이상의 贊成으로 前과 같은 議決을 하면 그 法律案은 法律로서 확정된다.

⑤ 大統領이 第1項의 期間내에 公布나 再議의 요구를 하지 아니한 때에도 그 法律案은 法律로서 확정된다.

⑥ 大統領은 第4項과 第5項의 規定에 의하여 확정된 法律을 지체없이 公布하여야 한다.

第5項에 의하여 法律이 확정된 후 또는 第4項에 의한 確定法律이 政府에 移送된 후 5日이내에 大統領이 公布하지 아니할 때에는 國會議長이 이를 公布한다.

⑦ 法律은 특별한 規定이 없는 한 公布한 날로부터 20日을 경과함으로써 效力을 발생한다.

第54條 ① 國會는 國家의 豫算案을 審議·확정한다.

② 政府는 會計年度마다 豫算案을 編成하여 會計年度 開始 90日전까지 國會에 제출하고, 國會는 會計年度 開始 30日전까지 이를 議決하여야 한다.

③ 새로운 會計年度가 開始될 때까지 豫算案이 議決되지 못한 때에는 政府는 國會에서 豫算案이 議決될 때까지 다음의 目的을 위한 經費는 前年度 豫算에 準하여 執行할 수 있다.

1. 憲法이나 法律에 의하여 設置된 機關 또는 施設의 유지·운영
2. 法律上 支出義務의 이행

3. 이미 豫算으로 승인된 事業의 계속

第55條 ① 한 會計年度를 넘어 계속하여 支出할 필요가 있을 때에는 政府는 年限을 정하여 繼續費로서 國會의 議決을 얻어야 한다.

② 豫備費는 總額으로 國會의 議決을 얻어야 한다. 豫備費의 支出은 次期國會의 승인을 얻어야 한다.

第56條 政府는 豫算에 變更을 加할 필요가 있을 때에는 追加更正豫算案을 編成하여 國會에 제출할 수 있다.

第57條 國會는 政府의 同意없이 政府가 제출한 支出豫算 各項의 金額을 增加하거나 새 費目을 設置할 수 없다.

第58條 國債를 모집하거나 豫算외에 國家의 부담이 될 契約을 체결하려할 때에는 政府는 미리 國會의 議決을 얻어야 한다.

第59條 租稅의 種目과 稅率은 法律로 정한다.

第60條 ① 國會는 相互援助 또는 安全保障에 관한 條約, 중요한 國際組織에 관한 條約, 友好通商航海條約, 主權의 制約에 관한 條約, 講和條約, 國家나 國民에게 중대한 財政的 부담을 지우는 條約 또는 立法事項에 관한 條約의 체결·批准에 대한 同意權을 가진다.

② 國會는 宣戰布告, 國軍의 外國에의 派遣 또는 外國軍隊의 大韓民 國領域 안에서의 駐留에 대한 同意權을 가진다.

第61條 ① 國會는 國政을 監査하거나 특정한 國政事案에 대하여 調査할 수 있으며, 이에 필요한 書類의 提出 또는 證人의 출석과 證言이나 의견의 陳述을 요구할 수 있다.

② 國政監査 및 調査에 관한 節次 기타 필요한 사항은 法律로 정한다.

第62條 ① 國務總理·國務委員 또는 政府委員은 國會나 그 委員會에 출석하여 國政處理狀況을 보고하거나 의견을 陳述하고 質問에 응답할 수 있다.

② 國會나 그 委員會의 요구가 있을 때에는 國務總理·國務委員 또는 政府委員은 출석·답변하여야 하며, 國務總理 또는 國務委員이 出席要求를 받은 때에는 國務委員 또는 政府委員으로 하여금 출석·답변하게 할 수 있다.

第63條 ① 國會는 國務總理 또는 國務委員의 解任을 大統領에게 建議할 수 있다.

② 第1項의 解任建議는 國會在籍議員 3分의 1이상의 發議에 의하여 國會在籍議員過半數의 贊成이 있어야 한다.

第64條 ① 國會는 法律에 저촉되지 아니하는 범위 안에서 議事와 內部規律에 관한 規則을 制定할 수 있다.

② 國會는 議員의 資格을 審査하며, 議員을 懲戒할 수 있다.

③ 議員을 除名하려면 國會在籍議員 3分의 2이상의 贊成이 있어야 한다.

④ 第2項과 第3項의 處分에 대하여는 法院에 提訴할 수 없다.

第65條 ① 大統領·國務總理·國務委員·行政各部의 長·憲法裁判所 裁判官·法官·中央選擧 管理委員會 委員·監査院長·監査委員 기타 法律이 정한 公務員이 그 職務執行에 있어서 憲法이나 法律을 違背 한 때에는 國會는 彈劾의 訴追를 議決할 수 있다.

② 第1項의 彈劾訴追는 國會在籍議員 3分의 1이상의 發議가 있어야 하며, 그 議決은 國會在籍議員 過半數의 贊成이 있어야 한다. 다만, 大統領에 대한 彈劾

訴追는 國會在籍議員 過半數의 發議와 國會在籍 議員 3分의 2이상의 贊成이 있어야 한다.

③ 彈劾訴追의 議決을 받은 者는 彈劾審判이 있을 때까지 그 權限行使가 정지된다.

④ 彈劾決定은 公職으로부터 罷免함에 그친다. 그러나, 이에 의하여 民事上이나 刑事上의 責任이 免除되지는 아니한다.

第4章 政 府

第1節 大統領

第66條 ① 大統領은 國家의 元首이며, 外國에 대하여 國家를 代表한다.

② 大統領은 國家의 獨立·領土의 保全·國家의 繼續性과 憲法을 守護할 責務를 진다.

③ 大統領은 祖國의 平和的 統一을 위한 성실한 義務를 진다.

④ 行政權은 大統領을 首班으로 하는 政府에 속한다.

第67條 ① 大統領은 國民의 普通·平等·直接·秘密選擧에 의하여 選出한다.

② 第1項의 選擧에 있어서 最高得票者가 2人이상인 때에는 國會의 在籍議員 過半數가 출석한 公開會議에서 多數票를 얻은 者를 當選者로 한다.

③ 大統領候補者가 1人일 때에는 그 得票數가 選擧權者 總數의 3分의 1이상이 아니면 大統領으로 當選될 수 없다.

④ 大統領으로 選擧될 수 있는 者는 國會議員의 被選擧權이 있고 選擧日 현재 40歲에 達하여야 한다.

⑤ 大統領의 選擧에 관한 사항은 法律로 정한다.

第68條 ① 大統領의 任期가 만료되는 때에는 任期滿了 70日 내지 40日전에 後任者를 選擧한다.

② 大統領이 闕位된 때 또는 大統領 當選者가 死亡하거나 判決 기타의 사유로 그 資格을 喪失한 때에는 60日이내에 後任者를 選擧한다.

第69條 大統領은 就任에 즈음하여 다음의 宣誓를 한다.

"나는 憲法을 준수하고 國家를 保衛하며 祖國의 平和的 統一과 國民의 自由와 福利의 增進 및 民族文化의 暢達에 노력하여 大統領으로 서의 職責을 성실히 수행할 것을 國民 앞에 엄숙히 宣誓합니다."

第70條 大統領의 任期는 5年으로 하며, 重任할 수 없다.

第71條 大統領이 闕位되거나 事故로 인하여 職務를 수행할 수 없을 때에는 國務總理, 法律이 정한 國務委員의 順序로 그 權限을 代行한다.

第72條 大統領은 필요하다고 인정할 때에는 外交·國防·統一 기타 國家安危에 관한 重要政策을 國民投票에 붙일 수 있다.

第73條 大統領은 條約을 체결·批准하고, 外交使節을 信任·접수 또는 派遣하며, 宣戰布告와 講和를 한다.

第74條 ① 大統領은 憲法과 法律이 정하는 바에 의하여 國軍을 統帥한다.

② 國軍의 組織과 編成은 法律로 정한다.

第75條 大統領은 法律에서 구체적으로 범위를 정하여 委任받은 사항과 法律을 執行하기 위하여 필요한 사항에 관하여 大統領令을 발할 수 있다.

第76條 ① 大統領은 內憂·外患·天災·地變 또는 중대한 財政·經濟上의 危機에 있

어서 國家의 安全保障 또는 公共의 安寧秩序를 유지하기 위하여 긴급한 措置가 필요하고 國會의 集會를 기다릴 여유가 없을 때에 한하여 최소한으로 필요한 財政·經濟上의 處分을 하거나 이에 관하여 法律의 效力을 가지는 命令을 발할 수 있다.

② 大統領은 國家의 安危에 관계되는 중대한 交戰狀態에 있어서 國家를 保衛하기 위하여 긴급한 措置가 필요하고 國會의 集會가 불가능 한 때에 한하여 法律의 效力을 가지는 命令을 발할 수 있다.

③ 大統領은 第1項과 第2項의 處分 또는 命令을 한 때에는 지체없이 國會에 보고하여 그 승인을 얻어야 한다.

④ 第3項의 승인을 얻지 못한 때에는 그 處分 또는 命令은 그때부터 效力을 喪失한다. 이 경우 그 命令에 의하여 改正 또는 廢止되었던 法律은 그 命令이 승인을 얻지 못한 때부터 당연히 效力을 회복한다.

⑤ 大統領은 第3項과 第4項의 사유를 지체없이 公布하여야 한다.

第77條 ① 大統領은 戰時·事變 또는 이에 準하는 國家非常事態에 있어서 兵力으로써 軍事上의 필요에 응하거나 公共의 安寧秩序를 유지할 필요가 있을 때에는 法律이 정하는 바에 의하여 戒嚴을 宣布할 수 있다.

② 戒嚴은 非常戒嚴과 警備戒嚴으로 한다.

③ 非常戒嚴이 宣布된 때에는 法律이 정하는 바에 의하여 令狀制度, 言論·出版·集會·結社의 自由, 政府나 法院의 權限에 관하여 특별한 措置를 할 수 있다.

④ 戒嚴을 宣布한 때에는 大統領은 지체없이 國會에 통고하여야 한다.

⑤ 國會가 在籍議員 過半數의 贊成으로 戒嚴의 解除를 요구한 때에는 大統領은 이를 解除 하여야 한다.

第78條 大統領은 憲法과 法律이 정하는 바에 의하여 公務員을 任免한다.

第79條 ① 大統領은 法律이 정하는 바에 의하여 赦免·減刑 또는 復權을 命할 수 있다.

② 一般赦免을 命하려면 國會의 同意를 얻어야 한다.

③ 赦免·減刑 및 復權에 관한 사항은 法律로 정한다.

第80條 大統領은 法律이 정하는 바에 의하여 勳章 기타의 榮典을 수여한다.

第81條 大統領은 國會에 출석하여 發言하거나 書翰으로 의견을 표시할 수 있다.

第82條 大統領의 國法上 행위는 文書로써 하며, 이 文書에는 國務總理와 관계 國務委員이 副署한다. 軍事에 관한 것도 또한 같다.

第83條 大統領은 國務總理·國務委員·行政各部의 長 기타 法律이 정하는 公私의 職을 겸할 수 없다.

第84條 大統領은 內亂 또는 外患의 罪를 범한 경우를 제외하고는 在職중 刑事上의 訴追를 받지 아니한다.

第85條 前職大統領의 身分과 禮遇에 관하여는 法律로 정한다.

第2節 行政府

第1款 國務總理와 國務委員

第86條 ① 國務總理는 國會의 同意를 얻어 大統領이 任命한다.

② 國務總理는 大統領을 補佐하며, 行政에 관하여 大統領의 命을 받아 行政各部를 統轄한다.

③ 軍人은 現役을 免한 후가 아니면 國

務總理로 任命될 수 없다.

第 87 條 ① 國務委員은 國務總理의 提請으로 大統領이 任命한다.

② 國務委員은 國政에 관하여 大統領을 補佐하며, 國務會議의 構成員으로서 國政을 審議한다.

③ 國務總理는 國務委員의 解任을 大統領에게 建議할 수 있다.

④ 軍人은 現役을 免한 후가 아니면 國務委員으로 任命될 수 없다.

第 2 款 國務會議

第 88 條 ① 國務會議는 政府의 權限에 속하는 중요한 政策을 審議한다.

② 國務會議는 大統領·國務總理와 15人이상 30人이하의 國務委員으로 구성한다.

③ 大統領은 國務會議의 議長이 되고, 國務總理는 副議長이 된다.

第 89 條 다음 사항은 國務會議의 審議를 거쳐야 한다.

國政의 基本計劃과 政府의 一般政策

宣戰·講和 기타 중요한 對外政策

憲法改正案·國民投票案·條約案·法律案 및 大統領令案

豫算案·決算·國有財產處分의 基本計劃·國家의 부담이 될 契約 기타 財政에 관한 중요사항

大統領의 緊急命令·緊急財政經濟處分 및 命令 또는 戒嚴과 그 解除

軍事에 관한 중요사항

國會의 臨時會 集會의 요구

榮典授與

赦免·減刑과 復權

行政各部間의 權限의 劃定

政府안의 權限의 委任 또는 配定에 관한 基本計劃

國政處理狀況의 評價·分析

行政各部의 중요한 政策의 수립과 調整

政黨解散의 提訴

政府에 제출 또는 회부된 政府의 政策에 관계되는 請願의 審查

.''. 檢察總長·合同參謀議長·各軍參謀總長· 國立大學校總長·大使 기타 法律이 정한 公務員과 國營企業體管理者의 任命

기타 大統領·國務總理 또는 國務委員이 제출한 사항

第 90 條 ① 國政의 중요한 사항에 관한 大統領의 諮問에 응하기 위하여 國家元老로 구성되는 國家元老諮問會議를 둘 수 있다.

② 國家元老諮問會議의 議長은 直前大統領이 된다. 다만, 直前大統領이 없을 때에는 大統領이 指名한다.

③ 國家元老諮問會議의 組織·職務範圍 기타 필요한 사항은 法律로 정한다.

第 91 條 ① 國家安全保障에 관련되는 對外政策·軍事政策과 國內政策의 수립에 관하여 國務會議의 審議에 앞서 大統領의 諮問에 응하기 위하여 國家安全保障會議를 둔다.

② 國家安全保障會議는 大統領이 主宰한다.

③ 國家安全保障會議의 組織·職務範圍 기타 필요한 사항은 法律로 정한다.

第 92 條 ① 平和統一政策의 수립에 관한 大統領의 諮問에 응하기 위하여 民主平和統一諮問會議를 둘 수 있다.

② 民主平和統一諮問會議의 組織·職務範圍 기타 필요한 사항은 法律로 정한다.

第 93 條 ① 國民經濟의 발전을 위한 重要政策의 수립에 관하여 大統領의 諮問에

응하기 위하여 國民經濟諮問會議를 둘 수 있다.

② 國民經濟諮問會議의 組織·職務範圍 기타 필요한 사항은 法律로 정한다.

第3款 行政各部

第94條 行政各部의 長은 國務委員 중에서 國務總理의 提請으로 大統領이 任命한다.

第95條 國務總理 또는 行政各部의 長은 所管事務에 관하여 法律이나 大統領令의 委任 또는 職權으로 總理令 또는 部令을 발할 수 있다.

第96條 行政各部의 設置·組織과 職務範圍는 法律로 정한다.

第4款 監査院

第97條 國家의 歲入·歲出의 決算, 國家 및 法律이 정한 團體의 會計檢査와 行政機關 및 公務員의 職務에 관한 監察을 하기 위하여 大統領 所屬下에 監査院을 둔다.

第98條 ① 監査院은 院長을 포함한 5人이상 11人이하의 監査委員으로 구성한다.

② 院長은 國會의 同意를 얻어 大統領이 任命하고, 그 任期는 4年으로 하며, 1次에 한하여 重任할 수 있다.

③ 監査委員은 院長의 提請으로 大統領이 任命하고, 그 任期는 4年으로 하며, 1次에 한하여 重任할 수 있다.

第99條 監査院은 歲入·歲出의 決算을 매년 檢査하여 大統領과 次年度國會에 그 결과를 보고하여야 한다.

第100條 監査院의 組織·職務範圍·監査委員의 資格·監査對象公務員의 범위 기타 필요한 사항은 法律로 정한다.

第5章 法院

第101條 ① 司法權은 法官으로 구성된 法院에 속한다.

② 法院은 最高法院인 大法院과 各級法院으로 組織된다.

③ 法官의 資格은 法律로 정한다.

第102條 ① 大法院에 部를 둘 수 있다.

② 大法院에 大法官을 둔다. 다만, 法律이 정하는 바에 의하여 大法官이 아닌 法官을 둘 수 있다.

③ 大法院과 各級法院의 組織은 法律로 정한다.

第103條 法官은 憲法과 法律에 의하여 그 良心에 따라 獨立하여 審判한다.

第104條 ① 大法院長은 國會의 同意를 얻어 大統領이 任命한다.

② 大法官은 大法院長의 提請으로 國會의 同意를 얻어 大統領이 任命한다.

③ 大法院長과 大法官이 아닌 法官은 大法官會議의 同意를 얻어 大法院長이 任命한다.

第105條 ① 大法院長의 任期는 6年으로 하며, 重任할 수 없다.

② 大法官의 任期는 6年으로 하며, 法律이 정하는 바에 의하여 連任할 수 있다.

③ 大法院長과 大法官이 아닌 法官의 任期는 10年으로 하며, 法律이 정하는 바에 의하여 連任할 수 있다.

④ 法官의 停年은 法律로 정한다.

第106條 ① 法官은 彈劾 또는 禁錮이상의 刑의 宣告에 의하지 아니하고는 罷免되지 아니하며, 懲戒處分에 의하지 아니하고는 停職·減俸 기타 不利한 處分을 받지 아니한다.

② 法官이 중대한 心身上의 障害로 職務

를 수행할 수 없을 때에는 法律이 정하는 바에 의하여 退職하게 할 수 있다.

第107條 ① 法律이 憲法에 위반되는 여부가 裁判의 前提가 된 경우에는 法院은 憲法裁判所에 提請하여 그 審判에 의하여 裁判한다.

② 命令·規則 또는 處分이 憲法이나 法律에 위반되는 여부가 裁判의 前提가 된 경우에는 大法院은 이를 最終的으로 審査할 權限을 가진다.

③ 裁判의 前審節次로서 行政審判을 할 수 있다. 行政審判의 節次는 法律로 정하되, 司法節次가 準用되어야 한다.

第108條 大法院은 法律에서 저촉되지 아니하는 범위안에서 訴訟에 관한 節次, 法院의 內部規律과 事務處理에 관한 規則을 制定할 수 있다.

第109條 裁判의 審理와 判決은 公開한다. 다만, 審理는 國家의 安全保障 또는 安寧秩序를 방해하거나 善良한 風俗을 해할 염려가 있을 때에는 法院의 決定으로 公開하지 아니할 수 있다.

第110條 ① 軍事裁判을 관할하기 위하여 特別法院으로서 軍事法院을 둘 수 있다.

② 軍事法院의 上告審은 大法院에서 관할한다.

③ 軍事法院의 組織·權限 및 裁判官의 資格은 法律로 정한다.

④ 非常戒嚴下의 軍事裁判은 軍人·軍務員의 犯罪나 軍事에 관한 間諜罪의 경우와 哨兵·哨所·有毒飮食物供給·捕虜에 관한 罪중 法律이 정한 경우에 한하여 單審으로 할 수 있다.

다만, 死刑을 宣告한 경우에는 그러하지 아니하다.

第 6 章 憲法裁判所

第111條 ① 憲法裁判所는 다음 사항을 管掌한다.

法院의 提請에 의한 法律의 違憲與否審判

彈劾의 審判

政黨의 解散 審判

國家機關 相互間, 國家機關과 地方自治團體間및 地方自治 團體 相互間의 權限爭議에 관한 審判

法律이 정하는 憲法訴願에 관한 審判

② 憲法裁判所는 法官의 資格을 가진 9人의 裁判官으로 구성하며, 裁判官은 大統領이 任命한다.

③ 第2項의 裁判官중 3人은 國會에서 選出하는 者를, 3人은 大法院長이 指名하는 者를 任命한다.

④ 憲法裁判所의 長은 國會의 同意를 얻어 裁判官중에서 大統領이 任命한다.

第112條 ① 憲法裁判所 裁判官의 任期는 6年으로 하며, 法律이 정하는 바에 의하여 連任할 수 있다.

② 憲法裁判所 裁判官은 政黨에 加入하거나 政治에 관여할 수 없다.

③ 憲法裁判所 裁判官은 彈劾 또는 禁錮이상의 刑의 宣告에 의하지 아니하고는 罷免되지 아니한다.

第113條 ① 憲法裁判所에서 法律의 違憲決定, 彈劾의 決定, 政黨解散의 決定 또는 憲法訴願에 관한 認容決定을 할 때에는 裁判官 6人이상의 贊成이 있어야 한다.

② 憲法裁判所는 法律에 저촉되지 아니하는 범위안에서 審判에 관한 節次, 內部規律과 事務處理에 관한 規則을 制定

할 수 있다.

③ 憲法裁判所의 組織과 운영 기타 필요한 사항은 法律로 정한다.

第7章 選擧管理

第114條 ① 選擧와 國民投票의 공정한 管理 및 政黨에 관한 事務를 처리하기 위하여 選擧管 理委員會를 둔다.

② 中央選擧管理委員會는 大統領이 任命하는 3人, 國會에서 選出하는 3人과 大法院長이 指名하는 3人의 委員으로 구성한다. 委員長은 委員중에서 互選한다.

③ 委員의 任期는 6年으로 한다.

④ 委員은 政黨에 加入하거나 政治에 관여할 수 없다.

⑤ 委員은 彈劾 또는 禁錮이상의 刑의 宣告에 의하지 아니하고는 罷免되지 아니한다.

⑥ 中央選擧管理委員會는 法令의 범위안에서 選擧管理·國民投票管理 또는 政黨事務에 관한 規則을 制定할 수 있으며, 法律에 저촉되지 아니하는 범위 안에서 內部規律에 관한 規則을 制定할 수 있다.

⑦ 各級 選擧管理委員會의 組織·職務範圍 기타 필요한 사항은 法律로 정한다.

第115條 ① 各級 選擧管理委員會는 選擧人名簿의 작성등 選擧事務와 國民投票事務에 관하여 관계 行政機關에 필요한 指示를 할 수 있다.

② 第1項의 指示를 받은 당해 行政機關은 이에 응하여야 한다.

第116條 ① 選擧運動은 各級 選擧管理委員會의 管理下에 法律이 정하는 범위안에서 하되, 균등한 機會가 보장되어야 한다.

② 選擧에 관한 經費는 法律이 정하는 경우를 제외하고는 政黨 또는 候補者에게 부담시킬 수 없다.

附 則

第1條 이 憲法은 1988年 2月 25日부터 施行한다. 다만, 이 憲法을 施行하기 위하여 필요한 法律의 制定·改正과 이 憲法에 의한 大統領 및 國會議員의 選擧 기타 이 憲法施行에 관한 準備는 이 憲法施行전에 할 수 있다.

第2條 ① 이 憲法에 의한 최초의 大統領選擧는 이 憲法施行日 40日전까지 실시한다.

② 이 憲法에 의한 최초의 大統領의 任期는 이 憲法施行日로부터 開始한다.

第3條 ① 이 憲法에 의한 최초의 國會議員選擧는 이 憲法公布日로부터 6月이내에 실시하며, 이 憲法에 의하여 選出된 최초의 國會議員의 任期는 國會議員選擧후 이 憲法에 의한 國會의 최초의 集會日로부터 開始한다.

② 이 憲法公布 당시의 國會議員의 任期는 第1項에 의한 國會의 최초의 集會日前日까지로 한다.

第4條 ① 이 憲法施行 당시의 公務員과 政府가 任命한 企業體의 任員은 이 憲法에 의하여 任命된 것으로 본다. 다만, 이 憲法에 의하여 選任方法이나 任命權者가 변경된 公務員과 大法院長 및 監査院長은 이 憲法에 의하여 後任者가 選任될 때까지 그 職務를 행하며, 이 경우 前任者인 公務員의 任期는 後任者가 選任되는 前日까지로 한다.

② 이 憲法施行 당시의 大法院長과 大法院判事가 아닌 法官은 第1項 但書의 規定에 불구하고 이 憲法에 의하여 任命된 것으로 본다.

③ 이 憲法중 公務員의 任期 또는 重任制限에 관한 規定은 이 憲法에 의하여 그 公務員이 최초로 選出 또는 任命된 때로부터 適用한다.

第5條 이 憲法施行 당시의 法令과 條約은 이 憲法에 違背되지 아니하는 한 그 效力을 지속한다.

第6條 이 憲法施行 당시에 이 憲法에 의하여 새로 設置될 機關의 權限에 속하는 職務를 행하고 있는 機關은 이 憲法에 의하여 새로운 機關이 設置될 때까지 存續하며 그 職務를 행한다.

第8章 地方自治

第117條 ① 地方自治團體는 住民의 福利에 관한 事務를 처리하고 財產을 관리하며, 法令의 범위안에서 自治에 관한 規定을 制定할 수 있다.

② 地方自治團體의 종류는 法律로 정한다.

第118條 ① 地方自治團體에 議會를 둔다.

② 地方議會의 組織·權限·議員選擧와 地方自治團體의 長의 選任方法 기타 地方自治團體의 組織과 운영에 관한 사항은 法律로 정한다.

第9章 經 濟

第119條 ① 大韓民國의 經濟秩序는 개인과 企業의 經濟上의 自由와 創意를 존중함을 基本으로 한다.

② 國家는 균형있는 國民經濟의 成長 및 安定과 적정한 所得의 分配를 유지하고, 市場의 支配와 經濟力의 濫用을 방지하며, 經濟主體間의 調和를 통한 經濟의 民主化를 위하여 經濟에 관한 規制와 調整을 할 수 있다.

第120條 ① 鑛物 기타 중요한 地下資源·水產資源·水力과 經濟上 이용할 수 있는 自然力은 法律이 정하는 바에 의하여 일정한 期間 그 採取·開發 또는 이용을 特許할 수 있다.

② 國土와 資源은 國家의 보호를 받으며, 國家는 그 균형있는 開發과 이용을 위하여 필요한 計劃을 수립한다.

第121條 ① 國家는 農地에 관하여 耕者有田의 원칙이 達成될 수 있도록 노력하여야 하며, 農地의 小作制度는 금지된다.

② 農業生產性의 提高와 農地의 合理的인 이용을 위하거나 불가피한 事情으로 발생하는 農地의 賃貸借와 委託經營은 法律이 정하는 바에 의하여 인정된다.

第122條 國家는 國民 모두의 生產 및 生活의 基盤이 되는 國土의 효율적이고 균형있는 이용·開發과 보전을 위하여 法律이 정하는 바에 의하여 그에 관한 필요한 제한과 義務를 課할 수 있다.

第123條 ① 國家는 農業 및 漁業을 보호·육성하기 위하여 農·漁村綜合開發과 그 지원 등 필요한 計劃을 수립·施行하여야 한다.

② 國家는 地域間의 균형있는 발전을 위하여 地域經濟를 육성할 義務를 진다.

③ 國家는 中小企業을 보호·육성하여야 한다.

④ 國家는 農水産物의 需給均衡과 流通構造의 개선에 노력하여 價格安定을 도모함으로써 農·漁民의 이익을 보호한다.

⑤ 國家는 農·漁民과 中小企業의 自助組織을 육성하여야 하며, 그 自律的 活動과 발전을 보장한다.

第124條 國家는 건전한 消費行爲를 啓導하고 生産品의 品質向上을 촉구하기 위한 消費者保 護運動을 法律이 정하는 바에 의하여 보장한다.

第125條 國家는 對外貿易을 육성하며, 이를 規制·調整할 수 있다.

第126條 國防上 또는 國民經濟上 緊切한 필요로 인하여 法律이 정하는 경우를 제외하고는, 私營企業을 國有 또는 公有로 移轉하거나 그 경영을 統制 또는 관리할 수 없다.

第127條 ① 國家는 科學技術의 革新과 情報 및 人力의 開發을 통하여 國民經濟의 발전에 노력하여야 한다.

② 國家는 國家標準制度를 확립한다.

③ 大統領은 第1項의 目的을 達成하기 위하여 필요한 諮問機構를 둘 수 있다.

第10章 憲法改正

第128條 ① 憲法改正은 國會在籍議員 過半數 또는 大統領의 發議로 提案된다.

② 大統領의 任期延長 또는 重任變更을 위한 憲法改正은 그 憲法改正 提案 당시의 大統領에 대하여는 效力이 없다.

第129條 提案된 憲法改正案은 大統領이 20日이상의 期間 이를 公告하여야 한다.

第130條 ① 國會는 憲法改正案이 公告된 날로부터 60日이내에 議決하여야 하며, 國會의 議決은 在籍議員 3分의 2이상의 贊成을 얻어야 한다.

② 憲法改正案은 國會가 議決한 후 30日이내에 國民投票에 붙여 國會議員選擧權者 過半數의 投票와 投票者 過半數의 贊成을 얻어야 한다.

③ 憲法改正案이 第2項의 贊成을 얻은 때에는 憲法改正은 확정되며, 大統領은 즉시 이를 公布하여야 한다.

附 則

第1條 이 憲法은 1988年 2月 25日부터 施行한다. 다만, 이 憲法을 施行하기 위하여 필요한 法律의 制定·改正과 이 憲法에 의한 大統領 및 國會議員의 選擧 기타 이 憲法施行에 관한 準備는 이 憲法施行전에 할 수 있다.

第2條 ① 이 憲法에 의한 최초의 大統領選擧는 이 憲法施行日 40日전까지 실시한다.

② 이 憲法에 의한 최초의 大統領의 任期는 이 憲法施行日로부터 開始한다.

第3條 ① 이 憲法에 의한 최초의 國會議員選擧는 이 憲法公布日로부터 6月이내에 실시하며, 이 憲法에 의하여 選出된 최초의 國會議員의 任期는 國會議員選擧후 이 憲法에 의한 國會의 최초의 集會日로부터 開始한다.

② 이 憲法公布 당시의 國會議員의 任期는 第1項에 의한 國會의 최초의 集會日 前日까지로 한다.

第4條 ① 이 憲法施行 당시의 公務員과 政府가 任命한 企業體의 任員은 이 憲法에 의하여 任命된 것으로 본다. 다만, 이 憲法에 의하여 選任方法이나 任命權者가

변경된 公務員과 大法院長 및 監査院長은 이 憲法에 의하여 後任者가 選任될 때까지 그 職務를 행하며, 이 경우 前任者인 公務員의 任期는 後任者가 選任되는 前日까지로 한다.

② 이 憲法施行 당시의 大法院長과 大法院判事가 아닌 法官은 第1項 但書의 規定에 불구하고 이 憲法에 의하여 任命된 것으로 본다.

③ 이 憲法중 公務員의 任期 또는 重任制限에 관한 規定은 이 憲法에 의하여 그 公務員이 최초로 選出 또는 任命된 때로부터 適用한다.

第5條 이 憲法施行 당시의 法令과 條約은 이 憲法에 違背되지 아니하는 한 그 效力을 지속한다.

第6條 이 憲法施行 당시에 이 憲法에 의하여 새로 設置될 機關의 權限에 속하는 職務를 행하고 있는 機關은 이 憲法에 의하여 새로운 機關이 設置될 때까지 存續하며 그 職務를 행한다.

• 저자약력
영남대학교 법과대학 졸업
영남대학교 대학원 졸업(법학석사)
서울대학교 대학원 법학박사과정
프랑스 Paris 2 대학교 대학원 공법학 D·E·A
프랑스 Paris 2 대학교 법학박사(Docteur en droit)
전남대학교 법과대학 교수 역임
프랑스 Paris 1 대학교 · IEP d'Aix · Cergy-Pontoise대학교 초청교수
사법시험·행정고시·외무고시·입법고시 시험위원 역임
영남대학교 법과대학장 역임
한국비교공법학회·유럽헌법학회·한국공법학회 회장 역임
영남대학교 법학전문대학원 교수
영남대학교 유럽연합연구원(Yu-Eu Centre) 원장

• 저서 및 논문
La nonarchie Républicaine Accentuée
-Contribution à la théorie de la suprématie présidentielle
sous la Ve République française(법학박사학위논문, 1987. 2)
법학개론(공저, 박영사, 2005)
유럽헌법연구 I (공저, 영남대학교출판부, 2006)
국민투표에 관한 헌법이론적 연구, 프랑스의 대통령 선거제도,
퍼블리시티권의 형성과 내용, EU헌법의 주요내용과 특징 외 다수

한국헌법의 이해

제4판

4판 발행 2012년 4월 20일 **초판 발행** 2000년 3월 20일
지은이 박인수 **펴낸이** 이효수 **펴낸곳** 영남대학교출판부 **출판등록** 1975년 9월 5일 경산 제16-1호
주소 경북 경산시 대동 214-1 **전화** 053) 810-1801~3 **FAX** 053) 810-4722 **홈페이지** book.yu.ac.kr
ISBN 978-89-7581-450-1 93360

· 값은 표지 뒷면에 있습니다.
· 잘못 만들어진 책은 바꾸어 드립니다.